東洋古典譯註叢書 23

# 譯註 近思錄集解 1

成 百 曉 譯註

傳統文化硏究會

**성백효**成百曉

충남 예산 출생
가정에서 부친 월산공(月山公)으로부터 한문 수학
월곡(月谷) 황경연(黃璟淵), 서암(瑞巖) 김희진(金熙鎭) 선생 사사(師事)
민족문화추진회 국역연수원 수료
고려대학교 교육대학원 한문교육과 수료
한국고전번역원 부설 고전번역교육원 명예한학교수(現)
전통문화연구회 부회장(前)
해동경사연구소 소장(現)
고전국역상 수상

**논문 및 역저**
논문 〈艮齋의 性理說小考〉〈燕岩의 學問思想研究〉
역서 四書集註 ≪詩經集傳≫ ≪書經集傳≫ ≪周易傳義≫ ≪古文眞寶≫ ≪牛溪集≫ 등
공역 ≪宣祖實錄≫ ≪宋子大全≫ ≪茶山集≫ ≪退溪集≫ 등 다수

# 刊行辭

우리의 古典國譯事業은 민족문화진흥의 기초사업으로 1960년대부터 政府 支援으로 古文獻 現代化 작업을 추진하여 많은 成果를 거두었다. 당시 이 사업 추진의 先行課題로 東洋古典이라 일컬어지는 중국의 基本古典을 먼저 飜譯하여야 한다는 學界의 주장이 있어 왔음에도 불구하고 우리 고전이 아니라는 일부의 偏狹한 視覺과 財政 事情 등으로 인하여 배제되어 왔다.

전통적으로 중국의 기본고전은 우리 歷史와 함께 숨을 쉬어 각종 교육기관의 敎科書로 활용됨은 물론이고 지식인들의 必讀書가 되어 왔으며, 우리 文化의 基底에 자리잡고 거의 모든 방면의 體系와 根幹을 형성하여 왔다. 그래서 학문연구의 기본서 역할을 해 왔을 뿐만 아니라 오늘날에도 우리의 國學徒 및 東洋學 硏究者들에게 같은 역할을 하고 있음은 주지의 사실이다.

그럼에도 불구하고 中國古典은 우리 것이 아니라 하여 專門機關의 飜譯對象에 포함하지 않음으로써 대부분 原典아닌 重譯이나 拔萃譯이 敎養水準으로 出版되어 왔다.

오늘날 東洋三國 중에서 우리의 東洋學 연구가 가장 부진한 이유는 東洋基本古典에 대한 폭넓은 이해의 부족과 漢文古典 讀解力의 저하에 기인함을 우리는 솔직히 인정하여야 한다. 따라서 이들 중국고전에 대한 신뢰할 만한 國譯이 이루어지는 것이 한국학 연구를 촉진시키는 시급한 先行課題라 할 수 있다.

이에 韓國學 및 東洋學의 연구와 古典現代化의 基盤構築을 위해서는 전문기관으로 하여금 동양고전을 단기간에 각 분야의 專門 硏究者와 漢學者가 상호협동하여 연구번역하여 飜譯의 傳統性과 效率性, 硏究의 專門性을 높일 수 있도록 政策的 配慮가 있어야 한다.

이에 本會에서는 元老 및 中堅 漢學者와 斯界의 專攻者로 하여금 協同硏究飜譯하여 공부하는 사람들이 믿고 引用하거나 깊이 있는 註釋 등을 활용할 수 있게 하고, 知識人들의 敎養을 증진시켜 줄 수 있는 東洋古典의 國譯書 간행을 지속적으로 추진해 왔다. 근래에 다행히 이 사업에 대하여 각계 지도층의 폭넓은 이해와 지원에 힘입어 2001년도부터 國庫補助를 받아 東洋古典譯註叢書를 간행하게 되었다. 이를 계기로 우리 先學의 註釋과 見解를 반영하는 등 국역사업의 內實을 기하게 되었음을 이 자리를 빌어 衷心으로 감사드리며, 아울러 國譯에 參與하신 관계자 여러분의 勞苦에 깊은 謝意를 표한다.

끝으로 우리의 이러한 작업은 오랜 역사 위에 축적된 先賢들의 業績과 現代學問을 이어주는 튼튼한 架橋와 礎石이 되어 진정한 韓國學과 東洋學 발전에 기여할 것이며, 21세기를 우리 文化의 世紀로 열어 가는 밑거름이 될 것을 다짐한다.

2001. 12. 12

社團法人 傳統文化硏究會 會長 李 啓 晃

# 目 次

刊行辭
解 題 / 成百曉 / 6
凡 例 / 22

近思錄集解序 / 25
進近思錄表 / 28
近思錄 目錄 / 32
集解 目錄 / 34
近思錄 書題 / 朱熹 / 35
近思錄 書題 / 呂祖謙 / 37

**近思錄集解 卷之一**
道 體 凡五十一條 ······························· 39

**近思錄集解 卷之二**
爲 學 凡百十一條 ······························· 189

**〔附 錄〕**
≪近思錄集解≫ 參考圖書 / 416

# 解 題

成百曉(民族文化推進會 敎授)

## 1. 《近思錄》 編著 過程

《近思錄》은 朱子가 친구인 呂東萊(呂祖謙)와 함께 周濂溪, 程明道, 程伊川 그리고 張橫渠의 여러 글을 뽑아 엮은 책이다. 朱子는 序文에서 이 책을 엮게 된 동기를 다음과 같이 밝히고 있다.

"淳熙 乙未年(1175) 여름에 東萊 呂伯恭(呂祖謙)이 東陽에서 寒泉精舍로 나를 방문하였다. 그리하여 열흘 동안 머물면서 周子·程子·張子의 책을 함께 읽고는 내용이 廣大하여 끝이 없음에 감탄하였으며, 初學者가 入門할 곳을 알지 못할까 두려워하였다. 이로 인해 大體에 관계되고 日用에 간절한 것들을 뽑아 이 編을 만드니, 총 622條이다. 14권으로 나누니, 무릇 배우는 자가 端緖를 찾고 힘을 쓰며 處身하고 사람을 다스리며 異端을 분별하고 聖賢을 관찰하는 大略으로 모두 그 대강을 볼 수 있다."

그리고 尤菴 宋時烈은《靜菴集》序文에서 "朱子는 二程의 글 중에 門人들이 기록한 내용은 간혹 순수하지 못한 부분이 있고, 張子는 간혹 지나친 부분이 있다고 생각하여, 마침내 呂東萊先生과 함께 네 先生의 글 중에 精要한 것만을 뽑아 이《近思錄》을 만드니, 세상에서는 이《近思錄》을 四書의 階梯라고 평하고 있는바, 이는 참으로 옳은 평론이라 하겠다." 하였다.

위에서 보는 바와 같이 이《近思錄》은 朱子와 東萊 두 분이 1175년 여름에 寒泉精舍에 모여 함께 編述한 著述이다. 열흘이라는 짧은 기간에 濂溪와 二程, 橫渠의 방대한 文集들을 읽고 그 精髓를 뽑아 이《近思錄》을 만들었다는 데에 깊이 탄복하지 않을 수 없다. 물론 東萊의 後序가 거의 1년이 지난 뒤에 나온 점으로 보아 그후 상당 기간 修正을 거쳤을 것임을 추측할 수 있으나 그 내용이 모두 이처럼 체계적이고 질서정연하다는 점에서 두 學者의 學問世界와 力量을 높이 평가하지 않을 수 없다.

'近思'란 높고 먼 理想을 추구하는 것이 아니라 가까이 생각한다는 뜻으로 일상생활의 卑近한 일을 가지고 미루어 연구함을 이르는바, 이 말은《論語》〈子張篇〉의 "배우기를 널리하고 뜻을 독실히 하며 간절히(절실히) 묻고 가까이 생각하면 仁이 이 안에 있다.〔博學而篤志 切問而近思 仁在其中矣〕"라는 子夏의 말에서 따온 것이다.

西山 眞德秀는 "切問은 자기 몸에 간절한 것을 남에게 묻는 것이요, 近思는 高遠함에 마음을 달리지 않고 切近한 것에 나아가 생각하는 것이다." 하였다. 그리고 "近思란 類推하는 것이다."라고 답한 伊川의 말씀이《近思錄》제3권 〈致知篇〉에 보인다.

東萊 역시 이 책의 序文에서 제1권에 太極 등의 道體를 앞에 놓은 이유를 설명하면서 "기타 講學하는 방법과 일상생활에 몸소 실천하는 내용이 모두 체계적으로 이 책에 나와 있으니, 이것을 따라 專心하여 낮은 데로부터 높은 데에 이르고 가까운 데로부터 먼 데에 이른다면 이 책을 편집한 뜻을 거의 잃지 않을 것이다. 만일 卑近한 것을 싫어하고 高遠한 것을 좋아하여 等級과 節次를 뛰어넘어 空虛한 데로 흘러서 依據할 데가 없게 된다면 어찌 이른바 近思란 것이겠는가." 하여 近思의 뜻이 卑近한 것임을 밝히고 있다.

즉 近이란 우리의 일상생활의 비근한 일로서 자주 대하고 가장 알기 쉬운 倫理道德을 이른다. 그러나《近思錄》에 실린 네 先生의 말씀은 朱子 당시로부터 가장 가까운 시대 先賢들의 가르침이란 뜻도 들어 있는 것으로 보인다.《朱子語類》의 賀孫錄에도 "《近思錄》은 최근의 말씀이므로 더욱 절실하다." 하였다. 朱子는 "四子(四書)는 六經의 階梯이고《近思錄》은 四子의 階梯이다." 하였다. 孔子 이전에 있었던 六經을 알려면 먼저 四書를 알아야 하고, 四書를 알려면 먼저《近思錄》을 보라는 뜻이다. 그만큼《近思錄》은 性理學은 물론이요, 修己 治人 등 政治하는 방법에 이르기까지 당시에 가장 절실한 문제들을 체계적으로 정리한 책이라 할 것이다.

《近思錄》은 이와 같이 宋代 哲學의 기본이 되는 네 先生의 학문적 요점을 朱子의 입장에서 정리한 책이다. 周濂溪는 濂溪 사람이고 明道와 伊川은 洛陽 사람이며, 張橫渠는 關中 사람이고 朱子는 閩中 사람이었으므로 後人들이 이 분들을 濂洛關閩이라고 지칭하였으며, 이 분들과 그 제자들이 闡明한 理學 思想을 소위 宋代 理學 혹은 程朱學이라 지칭하여, 이들 先生의 學問 및 思惟가 일정한 연속성 아래에 있음을 드러내었다. 그만큼《近思錄》은 宋代의 性理學을 이해하는데 가장 소중한 책으로 인식되어 宋代의《論語》라고까지 불려졌다.

다음은《近思錄》의 原著者인 네 先生과 編著者인 朱子와 東萊에 대하여 간략히 살펴보겠다.

### 1) 濂溪 周惇頤(1017~1073)

濂溪는 北宋의 儒學者로 宋學의 鼻祖이다. 처음 이름은 惇實이었으나 英宗의 이름을 諱하여 惇(敦)頤로 改名하였다. 字는 茂叔이며 道州 營道縣 사람이다. 고향에 있는 시내 이름을 따서 號를 濂溪라 하였다. 宋나라 眞宗 天禧 원년(1017)에 태어나서 일찍 부친을 여의고 외조부인 龍圖閣學士 鄭向의 집에서 자라면서 수학하였다.

仁宗 康定 원년(1040)에 洪州 分寧縣의 主簿에 임명된 후 桂陽 縣令을 거쳐 嘉祐 원년(1056)에 合州의 簽判, 廣南東路의 提點刑獄을 역임한 후 神宗 熙寧 3년(1070)에 은퇴하여 廬山 아래에 書堂을 짓고 後學을 養成하였다. 熙寧 6년(1073) 6월에 享年 57세로 廬山에서 별세하였다. 寧宗 嘉定 13년(1220)에 시호를 元이라 하고, 理宗 淳祐 원년(1241)에 汝南伯으로 追封되었다.

《近思錄》 제14권 〈觀聖賢篇〉 16항에 보면 濂溪는 "가슴속이 깨끗하여 마치 화창한 바람과 맑게 갠 하늘의 밝은 달과 같다.〔胸中灑落 如光風霽月〕"고 하였다. 文章 역시 간결하고 함축성이 있어 그가 지은 〈愛蓮說〉은 맑고 깨끗한 성격을 잘 표현한 글로 인식되어 세상에 애송되고 있다.

저서로는《太極圖說》·《易說》·《易通》 등이 있으며, 門人들이 편찬한《周子全書》·《周元公集》·《濂溪集》 등이 있다.

濂溪는 특히 程明道와 程伊川의 스승으로 알려져 있다. 확실한 내용은 자세히 알 수 없으나 程伊川도《程氏遺書》卷2에 "일찍이 내가 周茂叔에게 수학하였다."고 인정하였으니, 二程이 수학한 사실은 의심할 여지가 없다 하겠다.

太極이란 말이《周易》〈繫辭傳〉에 보이지만 이때까지는 특별히 太極을 들어 언급한 사람이 없었는데, 周濂溪가 太極을 萬物의 原理로 끌어올리고, 다시 無極을 강조하여 形而上인 無形無爲의 理와 形而下인 二氣五行의 氣를 조화시킨 것은 宋學에 있어 金字塔을 세운 것이라 하지 않을 수 없다.

그러나 周濂溪가 이처럼 宋學의 鼻祖로 알려진 것은 거의 朱子 때문이었다고 말해도 과언이 아니다. 朱子는《太極圖說解》를 지으면서 그의 논리를 한층 더 보완 진전시켰으며, 원래 '无極爲太極'이란 말을 '無極而太極'으로 고쳐 '無極이 太極이 되었다'는 본래의 뜻을 '太極이면서 無極'이란 뜻으로 해석함으로써 程朱學의 이론적 발판을 구축하였다. 無極은 자칫 無爲自然과 空虛寂滅을 道의 本體로 보는 老佛思想과 혼동되기 때문이었다.

濂溪의 太極說이 朱子에 의해 변질되었다고 보는 견해도 없지 않다. 無極이란 말 자체를 佛敎와 道家 思想의 영향을 받은 것으로 보기도 한다. 그러나 宋代의 性理學이 하루아침에 정립될 수는 없는 것이다. 周·張과 二程의 수많은 論理的 變遷을 거친 끝에 朱子에 이르러 완성되었다고 보아야 할 것이다.

朱子의 理論 成立도 佛家에 기본을 둔 감이 없지 않다. 그러나 先秦 儒學 자체가 理論이나 概念보다는 실천을 위주한 까닭에 이론적 뒷받침이 부족하였던 섬을 감안한다면 朱子의 이러한 입장은 충분히 이해된다 하겠다. 오늘날 西洋의 이론 체계를 모방하는 東洋 學問의 현실만 보아도 이를 쉽게 알 것이다.

### 2) 明道 程顥(1032~1085)와 伊川 程頤(1033~1107)

明道는 北宋 中期의 儒學者로 이름은 顥, 자는 伯淳이며, 後人들이 明道라 칭하였다. 顥와 淳은 大의 뜻이라 하며, 明道는 道를 밝힌다는 뜻으로 그가 별세한 후 文彦博이 그의 墓에 '大宋明道先生程君伯淳之墓'라고 쓰면서 시작되었다. 明道는 仁宗 때 태어났는데, 태어나면서부터 비범하여 4, 5세 때 詩書를 암송하고 10세 때에는 詩를 지었다고 한다. 또한 그 아우 伊川의 강한 성격과는 달리 침착 온화하고 도량이 넓어 사람들을 널리 포용했다고 한다.

仁宗 嘉祐 2년(1057) 3월에 進士에 급제하니, 그때 나이 26세였다. 嘉祐 4년(1059)에 鄠縣의 主簿에 임명되고, 6년(1061)에는 康寧府 上元縣의 主簿에 임명되었으며, 이어서 山西省 澤州 晉城縣의 수령에 임명되었다. 晉城縣에 있기를 3년, 神宗 熙寧 2년(1069)에 監察御史裏行에 임명되었으며, 동시에 정치에 관한 여러 가지 사항을 상소하여 정책에 반영시켰다. 元豊 8년(1085) 6월에 병으로 세상을 떠나니, 享年 54세였다. 寧宗 13년(1207)에 純이란 시호를 내리고, 理宗 淳祐 원년(1241)에 河南伯으로 추봉되었다.

伊川은 程朱學의 創始者로 이름은 頤이고 자는 正叔이며, 伊川은 호이다. 頤는 기르다〔養〕의 뜻으로 《周易》 蒙卦 卦辭의 "蒙以養正 聖功也"와 頤卦 〈彖傳〉의 "頤貞吉 養正則吉也"에서 따온 것으로 보인다. 明道의 한 살 아래 아우로서 明道와 함께 소년시절에 周濂溪에게 배웠으나 伊川은 곧 首都인 開封의 太學에 진학하여 당시 이름 있는 학자인 胡瑗을 사사하였다. 이때 伊川은 〈顔子所好何學論〉이란 제목의 글을 지어 큰 칭찬을 받았다고 한다. 伊川은 그후 禮部試의 進士試에 합격하였으나 嘉祐 4년(1059)에 庭試에 낙방하고 다시는 응시하지 않았다. 元豊 8년(1085)에 당시 門下侍郎 司馬光, 尙書左丞 呂公著 등의 추천으로 西京國子監 教授로 임명되면서 많은 제자를 거느리게 되었다.

元祐 5년(1090) 정월에 부친 太中公(이름은 珦)의 喪을 당하여 관직을 물러났다가 7년(1092) 3월에 탈상하고 다시 國子監 教授로 복직하였다. 그러나 紹聖 4년(1097) 2월에 黨論으로 인하여 쫓겨나고 11월에 涪州에 유배되었다. 元符 3년(1100) 4월에 大赦令으로 사면되어 洛陽으로 돌아와 또다시 國子監 教授로 복직되었으나 그 다음해인 靖國 원년(1101) 5월에 교수직에서 물러나 後學 養成에 힘쓰다가 大觀 원년(1107) 9월에 享年 75세로 세상을 떠났다. 寧宗 嘉定 13년(1220)에 正이란 시호를 내리고, 理宗 淳祐 원년(1241)에 伊川伯으로 추봉되었다.

明道와 伊川은 兄弟間이므로 兄인 明道를 伯程子, 아우인 伊川을 叔程子라 칭하였으며, 때로는 두 분 모두 程子라 칭하기도 하였다. 明道와 伊川 두 분의 學問的 경향은 큰 차이가 없으나 氣像에 있어서는 크게 다른 것으로 알려져 있다. 일반적으로 明道는 春風, 伊川은 秋霜으로 비유하며, 明道는 孔門의 顔子에, 伊川은 曾子에 비유되곤 한다.

春風처럼 溫和하고 度量이 넓은 明道는 대인관계가 원만하여 남과 다투는 일이 거의 없었던 반면, 主一無適과 整齊嚴肅의 敬을 주장하여 작은 일도 빠뜨리지 않고 不義와 타협할 줄 모르는 伊川의 태도는 新法을 주장한 王安石 一派와 자유분방을 표방하는 東坡蘇軾 一派와 不和할 수밖에 없었다. 특히 蜀黨으로 불리는 東坡와 洛黨으로 불리는 伊川은 氷炭不相合의 관계에 있었다. 이 때문에 老年에 涪州로 유배 가는 수난을 겪었으며, 스승을 배반한 邢恕라는 門人이 나오기도 하였다. 이러한 伊川의 꼿꼿하고 철두철미한 성품은 朱子에게 그대로 전수되었다고 보여진다.

著書로는 伊川의 《易傳》이 유명하며, 二程의 글을 함께 묶어 文集 · 經說 · 遺書 · 外書 · 粹言 등으로 엮은 《二程全書》가 전한다.

### 3) 橫渠 張載(1020~1077)

長安의 大學者로 이름은 載, 자는 子厚이다. 《周易》 坤卦 象辭의 '君子以厚德載物'에서 이름과 자를 따온 것이고, 호는 그가 살던 고장인 鳳翔 郿縣의 橫渠鎭을 따서 橫渠라 하였다. 眞宗 天禧 4년(1020)에 태어났고 부친은 어렸을 때 별세하였다. 어려서부터 才氣가 비범하고 兵事에 관한 일을 좋아하였다. 程伊川보다 13세 연상이었으나 서로 친하게 교제하면서 학문적 교류가 활발하였다.

《近思錄》 제14권 〈觀聖賢篇〉 25항에 呂與叔이 찬한 橫渠의 傳記에 나와 있는 대로 18세 때 나라에 전쟁이 있자 功名을 세우려고 당시 名相인 范仲淹에게 글을 올려 뵙게 되었다. 范仲淹이 그의 인품을 알아보고 《中庸》을 읽을 것을 권하니, 橫渠는 깨닫고 道에 뜻을 두었다. 그리고 처음에는 道敎와 佛敎를 연구하였으나 곧 程氏 兄弟와 만나면서 두 학문을 버리고 오로지 儒敎에만 전념하였다.

嘉祐 2년(1057) 3월에 明道와 함께 進士에 급제하였고, 36세에 처음으로 祁州 司法參軍에 임명되었으며, 곧이어 丹州 雲巖의 縣令으로 옮겼다. 이어서 著作佐郞, 簽書渭州軍事判官이 되고, 마침내 궁중의 編纂官에 임명되었다. 그러다가 王安石의 新法에 반대하여 벼슬을 버리고 고향으로 돌아와 讀書와 思索에 힘쓴 끝에 《正蒙》이란 저서를 남겼다.

熙寧 10년(1077)에 다시 기용되어 大常禮院이 되었다가 뜻에 맞지 않아 벼슬을 버리고 臨潼客舍에서 세상을 하직하니, 享年 58세였다. 理宗 淳祐 원년(1241)에 郿伯으로 추봉되었다. 주요 저서로는 《正蒙》·《易說》·《經學理窟》·《語錄》 등이 있는데, 후인들이 이것을 편집하여 《張子全書》라 하였다.

橫渠는 湛一淸虛한 氣와 氣質之性을 주요 강령으로 하여 자신의 학설을 전개하였다. 湛一淸虛란 순수하고 깨끗한 氣의 本體를 이른다. 二程은 本體의 氣도 한번 消盡하면 완전히 없어지고 만다고 본 반면 橫渠는 항상 존재한다고 본 것이다. 이러한 주장은 佛家의 輪回說과도 一脈相通한다 할 것이다. 이 때문에 일부에서는 橫渠의 學問을 氣哲學이라 하기도 한다. 朱子 역시 이러한 이유로 橫渠가 간혹 지나친 부분이 있다고 비평하였던 것이다.

그리고 처음으로 氣質之性을 강조하여 "形體가 있은 뒤에 氣質之性이 있으니, 氣質之性을 잘 다스려 원래의 상태를 회복한다면 天地之性이 보존된다. 그러므로 氣質

之性을 君子는 性이라고 하지 않는다.〔形而後有氣質之性 善反之 則天地之性存焉 故氣質之性 君子有弗性者焉〕" 하였다.

孟子가 性善說을 제창한 이후 程子는 性卽理說을 내세워 性은 바로 理이고 理는 純善無惡한 것임을 강조하였다. 그러나 荀子가 주장한 것처럼 惡人이 수없이 많은 현실을 감안할 때 과연 性이 善한가라는 의문이 끊임없이 제기되어 왔다. 그런데 橫渠는 이것을 氣質之性과 天地之性이란 표현으로 性惡說을 주장하는 여러 論據들을 一擧에 해결한 것이다.

天地之性은 사람이 형체를 받기 이전의 純粹한 性으로 이것을 本然之性이라 하기도 한다. 孟子가 주장하는 仁義禮智의 本性이 바로 이것이다. 이 本然之性은 純善無惡하다. 그러나 사람은 氣質과 形體를 받음으로 말미암아 마음에 善·惡이 나뉘고 智·愚, 賢·不肖의 구별이 있으니, 이것을 氣質之性이라 한다. 그러므로 이 氣質之性을 잘 다스려 본래의 純粹性을 회복하면 天地之性, 즉 本然之性이 보존된다는 것이다. 이에 대하여 朱子는 聖門에 큰 공로가 있다고 극구 칭찬하였다.

그리고 橫渠 思想에 중요한 위치를 차지하는 것 중 하나는 〈西銘〉의 理一分殊라 할 것이다. 〈西銘〉은 原名이 訂頑으로 하늘을 아버지, 땅을 어머니, 그리고 자신을 아들로 보아 萬物이 모두 天地에 근본하였으니, 사람은 나와 같은 형제들이고 萬物은 나와 동무라는 仁思想이다. 〈西銘〉은 이 《近思錄》에 수록되었으므로 자세히 언급할 필요가 없으나 明道는 "橫渠의 〈正蒙〉에는 문제되는 부분이 없지 않지만 이 〈西銘〉은 지극히 순수하여 잡된 것이 없다."고 칭찬하였다.

朱子는 그의 畵像贊에서 "일찍이 孫·吳의 兵法을 좋아하였고 晩年에 佛·老에서 피해 왔네. 용감히 皐比를 거두어 한 번 변하여 道에 이르렀네.〔早悅孫吳 晩逃佛老 勇撤皐比 一變至道〕" 하였다. 皐比는 虎皮 방석으로 橫渠가 일찍이 여기에 앉아 제자들을 가르쳤는 바, 용감히 皐比를 거두었다는 것은 스승의 자리를 타인에게 양보함을 이른다. 橫渠는 易學에도 造詣가 깊어 關中에서 이미 높은 명성을 얻고 있었는데, 때마침 明道와 伊川이 방문하였다. 그는 이들에게 《周易》을 설명하게 하고는 이들의 높은 學問에 깊이 탄복하여 弟子들에게 말하기를 "그 동안 내가 설명한 것은 모두 허튼 소리였으니, 너희들은 이제 이 분 스승에게 배우라." 하고 虎皮 방석을 내놓았다 한다. 자신보다 십여 세나 젊은 學者들에게 이토록 자신을 낮춘 橫渠의 겸손과 용기는 진정한 學者의 자세라 하지 않을 수 없다.

### 4) 朱子(朱熹, 1130~1200)

朱子는 南宋의 大儒學者로 宋代 性理學을 완성한 인물이다. 江西省 婺源 사람으로 이름은 熹이고 자는 元晦이며, 호는 晦庵·紫陽·遯翁·晦翁·雲谷老人 등 여러 가지가 있다. 熹는 밝음이고 晦는 어둠이다. 옛날에는 智·愚와 明·晦를 이름과 字에 나누어 쓴 경우가 자주 보인다. 婺源은 원래 新安 땅이기 때문에 주로 新安 사람으로 불리기도 하는데, 그의 출생지는 南劍(福建省 武夷)이며 그의 부친 朱松(號 韋齋)은 당시 道學을 공부한 사람으로 閩땅에서 벼슬하다가 北宋이 망하여 이곳에 살게 되었다. 이 때문에 朱子를 閩中 사람이라고 말하기도 한다.

朱子는 高宗 建炎 4년(1130) 9월 15일에 태어나서 다섯 살 때 공부를 시작하여 여덟 살에《孝經》을 배웠고, 열살 때《孟子》를 배웠다고 한다. 열네살 때 부친이 별세하자 부친의 遺言에 따라서 胡籍溪(胡憲)·劉屛山(劉子翬)·劉白水(劉勉之) 세 사람을 스승으로 모셨다. 19세 때 進士試에 급제하여 泉州 同安縣의 主簿가 되었으며 그후 福建·廣西·浙江·湖南 등에서 관리를 지낸 다음 47세 때 內職인 秘書省 秘書郎이 되었다. 그러나 얼마 안 되어 그만두고 오로지 後學 養成에 전력하였다.

그는 高宗·孝宗·光宗·寧宗의 四朝를 歷事하고 말년인 65세 때 寶文閣 侍講에 임명되어《大學》을 進講하였다. 그러나 얼마 안 되어 당시의 權臣인 韓侂(탁)冑의 미움을 사서 면직되었다. 韓侂冑 일파는 朱子를 위시하여 道學者들을 僞學이라 규정짓고 관직에서 내쫓았으며 著述의 流布도 금하였다. 이것이 저 유명한 '慶元僞學의 禁'이니, 이때 朱子의 나이 67세였다. 朱子는 관직에서 물러난 뒤 雲谷에 草堂을 짓고 白鹿洞書院이라 이름하고 많은 인재를 양성하였다. 寧宗 慶元 6년(1200) 3월 9일에 享年 71세로 별세하자, 11월에 建陽縣 唐石里 大林谷에 장사지냈으며, 嘉定 원년(1208)에 시호를 文이라 하였고, 理宗 3년(1227)에 太師라는 칭호와 함께 信國公으로 추봉되었다.

朱子는 젊었을 때부터 저술에 힘써 저서가 약 80종에 이르는데, 지금까지 전하는 주요 저서로는《易經本義》·《蓍卦考誤》·《詩經集傳》·《四書集註》·《太極圖》·《通書解》·《西銘解》·《楚辭集註》·《韓文考異》등이 있다. 편찬서로는《小學》·《資治通鑑綱目》·《古今家祭禮》·《河南程氏遺書》·《伊洛淵源錄》등이 있으며, 후인이 모은《朱子文集》·《朱子語錄》등이 있다.

後世의 學者들은 흔히 孔子를 群聖의 集大成, 朱子를 群賢의 集大成이라 칭하였다. 옛부터 聖經賢傳이라 하여 聖人이 처음 지은 것을 經이라 하고 賢人이 이것을 부연설명하여 지은 것을 傳이라 하였다. 經은 四書와 五經을 이르고 傳은 이들 책을 註解한 것을 이른다. 《詩經集傳》, 《書經集傳》, 《易傳》이 그 代表的인 例이다. 물론 箋, 解, 釋을 붙이기도 하였으며, 集傳처럼 여러 가지를 모아 集解, 集釋이라 하기도 하였다. 그런데 朱子는 수많은 經傳을 주해하였다. 經傳뿐만 아니라 《易學啓蒙》과 《楚辭》는 물론이요, 道家類인 魏伯陽의 《參同契》까지도 알기 쉽게 풀이하였다. 字句의 訓詁와 해석에 그치지 않고 全體의 뜻을 歸納的으로 설명한 朱子의 註釋은 註釋書의 표준으로 알려져 있다. 뿐만 아니라 당시 論理體系가 확립되지 않은 儒家의 思想을 哲學的으로 분석하여 새로운 體系를 확립하였다. 즉 心性 · 理氣 등의 哲學的 論據를 六經과 四書에 두고 周 · 程 · 張의 文集을 정리하여 宋學을 완성하였는바, 이 《近思錄》이 그 중에 代表的인 著書이다.

물론 이에 대하여 淸代 考證學者들은 先秦 儒學이 아니라고 비판하였고, 《詩經》 등의 訓詁에 있어서도 틀린 부분이 많음을 지적하였다. 그중 특히 毛奇齡은 그 대표적 인물이라 할 것이다. 우리나라 茶山 丁若鏞 역시 朱子의 註釋을 일부 비판하고 자신의 견해를 제시하기도 하였다. 그러나 朱子가 이때까지 이룩해 놓은 업적은 그 누구도 쉽게 허물 수 없음을 인정하지 않을 수 없다.

### 5) 東萊 呂祖謙(1137~1181)

東萊는 朱子의 친구로 安徽省 壽州 사람이다. 자가 伯恭이며 先祖가 山東의 萊州 사람이었으므로 호를 東萊라 하였다. 呂好問의 손자로서 高宗 7년(1137)에 태어났으며, 그의 수학 경위는 밝혀져 있지 않으나 隆興 원년(1163)에 進士에 급제하여 太學博士를 제수 받고 이어서 直秘閣 著作郎 兼 國史院 編修에 이르렀다.

그는 孝宗 淳熙 8년(1181)에 45세로 세상을 떠났다. 처음에는 시호를 成이라고 하였다가 후에 忠亮이라 하였으며, 金華의 麗澤書院에 모셔졌는데, 이 곳은 東萊가 평소 친우들과 만나던 곳이다. 그는 朱子와 張栻과 친하게 지냈는바, 이들을 東南三賢이라고 불렀다 한다.

저서로는 《近思錄》 외에 《東萊左氏博議》 · 《大事紀》 · 《呂氏家塾讀詩記》 · 《編宋

文鑑》·《古文關鍵》·《古周易》·《春秋左氏傳說》·《呂東萊文集》 등이 전하고 있다.

東萊는 특히 時文(科文)과 史學의 大家로 알려진 인물로 그가 지은 《東萊博議》는 論理的 思考와 流麗한 文章으로 論文의 標本이 되기도 하였다. 史學을 중시하는 東萊에 대하여 朱子는 때로 비판을 가하였으나 큰아들인 塾을 그에게 수학시킨 것으로 보아 당시 朱子와 雙璧을 이룬 인물임을 알 수 있다.

## 2. 《近思錄》의 體制와 內容

朱子의 序文에는 《近思錄》의 編制를 총 14권 622개 조항으로 나누고 이것을 6개 綱領으로 분류하였다. 그 내용을 살펴보면 첫째는 求端으로 1권의 道體를 말하고, 둘째는 用力으로 2권 爲學·3권 致知·4권 存養을, 셋째는 處己로 5권 克己·6권 家道·7권 出處를, 넷째는 治人으로 8권 治體·9권 治法·10권 政事·11권 教學·12권 警戒를, 다섯째는 辨異端으로 13권을, 여섯째는 觀聖賢으로 14권을 말하였다.

朱子가 원래 分卷한 篇名은 긴 제목을 붙이거나 두 字로 붙여진 것도 있어 일정하지 않다. 즉 1권 道體, 2권 爲學大要, 3권 格物窮理, 4권 存養, 5권 改過遷善克己復禮, 6권 齊家之道, 7권 出處進退辭受之義, 8권 治國平天下之道, 9권 制度, 10권 君子處事之法, 11권 教學之道, 12권 改過及人心疵病, 13권 異端之學, 14권 聖賢氣象 등이었다.

朱子가 別世한 50년 후에 葉采는 그의 《近思錄集解》에서 篇題를 고쳐 두 字 내지 석 字로 만들어 簡明하게 하였는바, 이후 이것이 慣例가 되어 통행되고 있다. 즉 1 道體, 2 爲學, 3 致知, 4 存養, 5 克己, 6 家道, 7 出處, 8 治體, 9 治法, 10 政事, 11 教學, 12 警戒, 13 辨異端, 14 觀聖賢 등으로 朱子의 篇名과 비교하면 1권과 4권만 같고 모두 다름을 알 수 있다. 後代 日本學者 闇齋는 13과 14를 異端과 聖賢이라 하여 모두 두 글자로 만들었다.

이를 좀더 구체적으로 설명한다면 1권은 太極과 性命의 道體(原理)를 밝힌 것이고, 2권은 學問하는 요점을 총체적으로 논한 것이며, 3권은 格物·致知의 窮理工夫이고, 4권은 存養하는 敬工夫로 靜에 해당하고, 5권은 改過遷善과 克己復禮로 動에 해당한다. 나음의 6권은 집안을 나스리는 齊家의 道이고, 7권은 出處(출세와 은둔)와 進退(벼슬길에 나아감과 은퇴), 辭受(사양함과 받음)의 義理를 밝힌 것이며, 8권은 治

國・平天下의 道이고, 9권은 制度이며, 10권은 君子가 일을 처리하는 방법으로 政事하는 내용을 논한 것이다. 11권은 가르치고 배우는 내용이고, 12권은 행실의 과오와 마음의 병통 등 경계해야 할 내용이며, 13권은 楊朱와 墨翟, 老莊과 佛敎 등 異端을 배척하였고, 14권은 聖賢의 氣象(像)을 논하였다. 이를 다시 정리한다면 5권까지는 修身에 해당하며, 7권의 出處와 進退, 辭受는 齊家의 연장이고, 9권의 制度와 10권의 政事는 治國・平天下의 연장으로 齊家와 治國・平天下는 모두 治人에 해당한다. 그리고 11권의 教學 이후는 일반적인 것을 다시 종합적으로 논한 것이다.

道體를 논한 1권을 맨 앞에 놓은 것은 배우는 자들로 하여금 太極과 道, 理와 性의 名義를 알아 學問의 綱領을 확립하기 위한 것이다. 이 때문에 學問의 端緖를 찾는다 하여 求端이라 한 것이다. 朱子가 지은 《小學》의 題辭에도 元亨利貞과 仁義禮智를 말하였으며, 〈立教篇〉에는 《中庸》의 "天命之謂性 率性之謂道 修道之謂教"를 싣고 있는바, 같은 脈絡으로 이해해야 할 것이다. 그러나 本書의 臺本에는 이러한 題目이 붙어 있지 않고 각권마다 '凡○條'라고만 표시되었으므로 《集解》의 原本을 따라 보충하였음을 밝혀둔다. 다음은 이 책에 수록된 原典의 出處를 살펴보겠다.

- ○ 濂溪先生 太極通書 10條外 遺文 1條, 附錄 1條 (12條)
- ○ 明道先生文集 4條, 附錄 3條, 哀詞 1條 (8條)
- ○ 伊川先生文集 22條, 手帖 1條 (23條)
- ○ 周易程氏傳(伊川의 易傳) 106條
- ○ 程氏經說 16條(易說 1條, 書說 2條, 詩說 3條, 春秋說 1條, 論語說 9條)
- ○ 程氏遺書(明道・伊川) 296條
- ○ 程氏外書(明道・伊川) 50條
- ○ 橫渠先生正蒙 28조, 橫渠先生文集 19條, 行狀 4條 (23條)
- ○ 橫渠先生經說 23條(易說 8條, 詩說 2條, 禮樂說 1條, 樂說 1條, 禮記說2條, 論語說 2條, 孟子說 7條)
- ○ 橫渠先生語錄 36條, 雜說 1條(37條)

위의 내용으로 살펴볼 때 《程氏遺書》가 296條로 가장 많고 伊川의 《易傳》이 그 다음임을 알 수 있다.

《近思錄》에 수록된 순서는 대체로 濂溪가 제일 앞에 있고 다음에 明道와 伊川, 그리고 橫渠가 맨 뒤에 있다. 그러나 때로는 明道와 伊川의 말씀이 번갈아 나오기도 한다. 二程보다 연세가 많은 橫渠가 맨 뒤에 있는 것은 宋學에 있어 차지하는 비중으로 볼 때 二程이 절대적으로 우위에 있으며 수록된 분량도 상대적으로 많은 데에서 연유한 것으로 보인다.

《近思錄》은 古文體가 대부분으로 經書의 句를 직접 인용하였거나 周·張·二程의 文集에서 인용 설명하는 것이 거의 전부이다. 그러나 이 중에는 당시 쓰던 口語體(語錄體)로 表記한 곳이 적지 않다. 13권 6항에 실려 있는 것이 바로 대표적인 例라 할 것이다.

"所以謂萬物一體者 皆有此理 只爲從那裏來 生生之謂易 生則一時生 皆完此理 人則能推 物則氣昏 推不得 不可道他物不與有也 人只爲自私 將自家軀殼上頭起意 故看得道理小了他底 放這身來 都在萬物中 一例看 大小大快活 釋氏以不知此 去他身上起意思 奈何那身不得 故却厭惡 要得去盡根塵 爲心源不定 故要得如枯木死灰 然沒此理 要有此理 除是死也 釋氏其實 是愛身 放不得 故說許多"

이중 '看得道理小了他底'는 小了에서 句를 떼고 他底는 밑으로 내려 읽기도 하며, '大小大快活'은 大小를 한 單語로 보느냐 大小大를 한 단어로 보느냐에 따라 해석이 각기 다르기도 하다.

## 3. 《近思錄》이 우리나라에 流入된 時期와 끼친 影響

《近思錄》이 우리나라에 언제 들어왔는지 분명한 기록은 아직까지 발견하지 못하였다. 다만 高麗時代에 中國과의 貿易이 많았고, 특히 書籍 등 文物 交流가 활발했던 점으로 미루어 최소한 高麗 後期 이전에 도입되었을 것으로 추측될 뿐이다. 그러나 이 《近思錄》이 대대적으로 보급된 것은 아마도 儒敎를 숭상한 朝鮮 初期였을 것이다. 世宗 연간인 正統 원년(1436)에 甲寅字로 印出한 것을 비롯하여 수많은 版本이 현재 國立中央圖書館과 奎章閣 등 여러 도서관에 보관되어 있다.

이 《近思錄》이 儒敎의 최고 哲學書로 인식되어 中國과 우리나라에 끼친 영향은 참으로 지대하였다. 日本 역시 예외가 아니었다. 江戶幕府時代에는 昌平黌으로부터 諸藩의 藩校에 이르기까지 必讀書로 강의되었다고 한다.

程朱의 性理學을 숭상한 朝鮮朝에는 모든 學者의 必讀書로 인식되었다. 退溪와 栗谷은 말할 것도 없고 그 이전의 寒暄堂 金宏弼先生도 예외가 아니며, 沖齋 權橃(벌)의 袖珍本에 대한 故事가 유명하다. 특히 尤菴은 靜菴(趙光祖)이 이 《近思錄》을 응용하여

王道政治를 실현하려 하였음을《靜菴集》序文에서 다음과 같이 喝破하고 있다.

"靜菴先生의 學問은 오로지《近思錄》을 위주로 하였다. 靜菴先生은 이《近思錄》을 매우 좋아하시어 참으로 알고 실제로 행하였다. 그리하여 이미 이것으로써 자기 몸을 닦으셨고 장차 이것을 미루어 백성을 다스리려 하였다."

退溪先生 역시 門人들에게《近思錄》을 專講하여 西厓 柳成龍은 16세에 鄕試에 합격하고 陶山書堂에서 退溪에게 이 책을 배웠다고 한다. 栗谷 역시 그가 지은《擊蒙要訣》의 〈讀書章〉에서 배우는 자가 반드시 읽어야 할 책으로《小學》과《大學》등의 五書·五經을 들고 이어서 근세에 지어진《近思錄》과《心經》,《二程全書》와《朱子大全》같은 책들을 순환하여 익숙히 읽어야 함을 강조하였다. 이후 朝鮮朝에 性理說을 연구한 學者치고 이《近思錄》과《心經》을 공부하지 않은 분이 없었다.

사실《心經》과《近思錄》,《近思錄》과《心經》은 朝鮮朝 儒教 經傳의 絶對的인 위치를 차지하고 있었다. 心性을 수양하는 데에는《心經》, 修己와 治人에는《近思錄》이라는 思考가 팽배하였다. 그러나 일부 학자들은 程敏政의《心經附註》가 草廬 吳澄이 禪學을 빌어 陸象山을 높였다 하여 비판을 가하였다. 이로 인해 退溪의 高弟인 月川 趙穆은 朱子보다 陸象山을 높인 程敏政의 행위와 학문 경향에 불만을 품고 따로《心經附註》를 짓기도 하였다. 또한 韓末의 學者인 淵齋 宋秉璿은 제자들에게 吳草廬의 학설을 기재한《心經附註》를 이렇게 비판하였다.

"《心經》은 배우는 자들의 요긴한 글이 된다. 그러므로 우리나라 先賢들이 모두 믿고 높였다. 그러나 篇 끝에 吳草廬의 說을 집어넣어 朱門의 末學의 병폐를 장황하게 말하였으니, 이는 후래 陸學의 盛行을 조장할 수 있는 바, 진실로 정밀하고 간절하여 병폐가 없는《小學》과《近思錄》만 못하다.(《行狀》)"

그리고 후일 黨爭이 激化됨에 따라 退溪를 頂點으로 하는 嶺南學派에서는《心經》을, 栗谷과 牛溪를 정점으로 하는 畿湖學派에서는《近思錄》을 더욱 소중히 여기는 경향이 없지 않았는바, 이 두 책을 해석한 註釋書에서도 이것을 감지할 수 있을 것이다. 물론 이들 두 책을 초학자들이 무조건 학습하는데 따른 문제점이 제기되기도 하였다. 旅軒 張顯光은 초학자들이 자신의 행실을 힘쓰지 않고《心經》과《近思錄》에 치중하여 空理空談에 빠지는 것을 다음과 같이 비판하였다.

"蒙學의 선비는《心經》을 읽기가 쉽지 않은데 세상의 학자들은 高遠한 것을 좋아하여, 《心經》과 《近思錄》이 아니면 남에게 묻기를 부끄러워하여 오직 남의 耳目에 별다르게 보이려고만 한다. 그리하여 애당초 몸을 닦는 큰 방법과 德에 들어가는 규모가 四書와 《小學》에서 벗어나지 않음을 알지 못하니, 매우 한탄할 만하다."(《就正錄》)

## 4. 《近思錄》의 註釋書

朱子가 별세한 50년 뒤에 葉采의 《近思錄集解》가 皇命에 의하여 간행되었다. 이것이 最初의 註釋書라 할 것이다. 물론 우리나라에서도 이 책이 도입되어 朝鮮朝 5백년을 이어왔다. 이 밖에도 宋의 陳埴 · 何基, 明의 周公恕 · 吳勉學, 淸의 江永 · 張伯行 · 施璜 등 10餘家가 있으며, 日本에는 무려 20餘本의 註釋書가 있는 것으로 알려져 있다. 우리나라 역시 수많은 註釋書가 나왔으며 《近思錄》의 내용을 問答한 기록이 각종 문집에 보이는데, 宋熹準氏의 《近思錄註解叢編》에 수록된 것만도 84家에 이른다.

그런데 우리나라 주석서의 특징은 거의 모두 葉采의 集解本을 對象으로 하고 있는 점이다. 淸代 張伯行의 《集解》 역시 葉采의 《集解》를 底本으로 하고 있으나 이 주석은 《集解》를 그대로 따르면서도 내용을 부연 설명하여, 註解를 註解한 것이 아니고 一家를 이루고 있음이 우리나라 本과 다르다 할 것이다. 그리고 江永의 註釋은 朱子의 각종 학설을 뽑아 이론 정립에 치중하였고, 일부만 본인이 註解하였는데, 이 본은 石版本으로 舊韓末 上海에서 출판되어 우리나라에 많이 보급되었으며, 張伯行의 《集解》는 中國(臺灣)의 《國學基本叢書》에 편입되어 우리나라에 많이 알려지게 되었다.

위에서도 언급한 바와 같이 우리나라에서 나온 註釋書들은 모두 葉采의 集解本을 底本으로 하고 있는바, 그 시초는 《心經附註》와 마찬가지로 退溪와 門人들과의 問答에서 비롯되었다. 다만 《心經》은 語錄體가 상당히 많은 데 비하여 《近思錄》은 상대적으로 적으므로 字句에 대한 해석이 적은 점이 다르다 할 것이다.

그리고 朝鮮朝에서는 性理學이 발달하여 소위 理氣二元論의 嶺南學派와 理氣一元論의 畿湖學派가 대립하다 보니, 자연 道體를 말한 1권에 註釋이 집중되는 현상을 가져왔다.

## 5. 譯註에 참고한 註釋書

本書를 譯註함에 있어서는 葉采의 集解本을 臺本으로 하고 守夢 鄭曄(1563~1625)의 《近思錄釋疑》를 주로 참고하였으며, 《集解》 내용이 불충분하거나 註釋이 없는 것은 張伯行의 註를 보입하였다. 또한 日本에서 나온 《漢文大系》本의 補註를 삽입하였다. 이 補註는 내용이 간단명료하면서도 日本의 學者뿐만 아니라, 施璜 등 中國學者의 說까지 취하여 참고에 편리하기 때문이었다. 守夢의 《釋疑》를 참고한 이유는 이 註釋書가 어느 本에 비하여 가장 완벽하다고 생각되었기 때문이다. 이 《釋疑》는 처음 栗谷의 高弟인 沙溪 金長生이 만든 것으로 그의 同門友인 守夢 鄭曄이 다시 손질하였고 최종적으로 尤菴이 添削을 가하여 官撰하였다. 沙溪의 《釋疑》는 退溪와 栗谷의 學說을 절충하였으며 이것을 다시 守夢과 尤菴을 거쳐 최종 완성하였는바, 가위 退溪學派와 畿湖學派의 合作品이라고 하여도 지나치지 않을 것이다.

이 《釋疑》가 만들어진 과정을 자세히 살펴보겠다.

守夢이 지은 《近思錄釋疑》는 그의 혼자 힘으로 이룬 것이 아니고, 沙溪 金長生의 《近思錄釋疑》에서 많은 도움을 받은 것이다. 守夢의 序文에 의하면 沙溪는 일찍부터 《近思錄》을 공부하면서 난해한 곳은 先儒의 學說을 인용하고, 때로는 자신의 견해를 붙여 守夢에게 刊正을 요청하였다고 한다. 守夢은 沙溪보다 15세 아래이지만 둘 다 栗谷을 스승으로 모셨고, 서로 친구로서 切磋琢磨하였다. 따라서 守夢의 이 저술은 沙溪가 시작한 작업을 더욱 체계적으로 연구 정리한 것이라 하겠다.

그후 沙溪의 제자 宋時烈이 손질을 더하여 1661년에 간행하였으니, 현재 전하고 있는 것은 바로 이것이다. 尤菴은 本文과 註釋을 구분하여 本文을 큰 글자로 써서 綱으로 하고 그 아래 註를 작은 글자로 雙行으로 놓아 目으로 하였다. 그리고 《近思錄》 原文은 한 칸 높였고 葉采의 《近思錄》 註는 한 칸 낮추었다. 尤菴은 이 책의 序文에서 '책의 體制에만 손질하였을 뿐 내용은 거의 고치지 않았으며, 그 중에 혹 고칠 것이 있으면 沙溪에게 들은 것을 반영했다.' 하였다.

책 전체의 體制를 보면 제일 앞부분에 1629년에 지은 沙溪의 序文과 1661년에 지은 尤菴의 序文이 있다. 내용은 《近思錄》 14권의 체제와 동일하게 전체를 14권으로 나누었다. 字句나 故事의 註釋은 沙溪의 《近思錄釋疑》와 비교해서 많이 줄어든

반면 난해한 구절 아래에 붙인 註釋은 상대적으로 많아진 것이 특징이다. 뿐만 아니라 沙溪의 《近思錄釋疑》에서는 주로 朱子의 글을 인용하였지만 이 책에서는 朱子뿐만 아니라 黃幹, 邵雍 등 많은 性理學者들의 견해가 제시되어 있다. 우리나라 학자의 견해는 退溪와 栗谷의 學說이 많이 반영되어 있고 沙溪의 견해도 종종 보인다.

위에서도 언급한 바와 같이 이 《近思錄》과 《心經》은 宋代 철학을 연구하는 데에 필수 불가결한 책이다. 특히 朝鮮朝의 性理學 研究에 있어서는 더욱 그러하다. 그러나 내용이 어려워 韓·中·日 三國에서 수많은 註釋書가 나왔으며 이에 따라 주석의 주석이 필요한 데까지 이르게 되었다. 또한 語錄體가 상당수 들어있는바, 이 난해한 語錄體가 과연 모두 정확하게 해석되었는지는 아직도 의문이다. 旅軒 張顯光은 일찍이 《心經附註》에 대하여 이렇게 지적한 바 있다.

"나도 《心經》에 있어 또한 분명히 알지 못하는 곳이 많으니, 語錄과 같은 따위가 이것이다. 中國에 語錄이 있음은 우리나라에 시속의 말이 있는 것과 같으니, 先儒들이 語錄을 諺解한 것이 혹 세상에 많이 유행하나 애당초 중국 사람에게 질정하여 안 것이 아니요, 다만 文勢의 歸趣와 向背를 따라 해석했을 뿐이니, 반드시 本意에 적절하게 맞지는 않을 것이다."(《就正錄》)

語錄體에 대한 문제는 《近思錄》 역시 마찬가지라 할 것이다.

본인은 이 《近思錄》과 《心經附註》를 강독하면서 譯註할 것을 결심하고 일부 원고를 작성한 것이 거의 20년에 가까워 온다. 그러나 내용이 워낙 어려워 완성하지 못하다가 宋熹準씨가 編하고 學民文化社에서 간행한 《近思錄註解叢編》 10책이 나옴으로 인하여 다시 번역을 계속할 수 있었다. 그러나 紙面 관계로 이 주석서들을 다 소개하지 못하는 것이 한스러우며, 이 譯註本 《近思錄集解》를 통하여 宋代 性理學의 올바른 이해에 다소나마 보탬이 된다면 더 이상 바램이 없겠다.

끝으로 시종 원고정리를 도와준 朴勝珠 研究員과 註釋 정리 및 潤文에 수고해 준 許瑄烋 孃에게 감사의 뜻을 표한다.

檀紀 四千三百三十七年(西紀 2003年) 癸未 立冬節에 成百曉는
漢陽의 觀一軒에서 쓰다.

# 凡 例

1. 本書는 東洋古典譯註叢書의 한 책이다.
2. 本書의 國譯은 葉采의 《近思錄集解》를 底本으로 하되, 原著者의 文集을 對照하여 일부를 補充하고 〈 〉로 표시하였다.
3. 葉采의 《集解》가 없거나 내용이 不充分할 경우에는 淸代學者인 張伯行의 註를 넣어 참고하게 하였으며, 日本 漢文大系本의 補註를 넣고 이를 **【張伯行註】**, **【漢文大系】**로 표시하였다. 우리나라 註釋書의 集成인 《近思錄註解叢編》(10책 學民文化社刊)을 참고하되 守夢 鄭曄의 《近思錄釋疑》를 基本으로 하고, 이를 **【釋疑】**로 표시하였다.
4. 註釋書의 미비한 부분과 難解한 내용은 譯者가 보충하고 **【譯註】**, **【補註】**로 표시하였다.
5. 번역은 原義에 충실하게 하여 原典講讀에 도움이 되도록 하였고 難解한 부분은 意譯하였다.
6. 讀者의 理解를 돕기 위하여 本文과 註釋에 모두 懸吐하였다.
7. 本書를 譯註함에는 기본 經傳인 四書五經과 原著者의 文集 및 韓國·中國·日本의 각종 주석서를 참고하였다.
8. 本文은 註와 구별하기 위해 글상자에 넣어 처리하였으며, 여러 단락으로 되어 있는 경우, 번호를 부여하여 재수록하고 譯註하였다.
9. 原文은 校勘하고, 假借字나 僻字는 音을 달았다.
10. 索引은 譯註本 제3책에 原文索引을 附錄할 예정이다.
11. 本書에 사용된 주요 부호와 약호는 다음과 같다.

“ ” : 각종 引用
‘ ’ : 再引用, 强調
《 》: 書名이나 出典
〈 〉: 篇章節名, 作品名 또는 補充
( ) : 漢字의 音, 간단한 註釋, 原文의 假借字나 俗字에 대한 正字
〔 〕: 原文 倂記, 音이 다른 漢字
〔 〕: 原文의 誤字에 대한 正字
* ❶ : 原註의 譯註
◎ : 原文 가운데 ‘又曰’로 표시하고 한 字를 낮추어 쓴 것은 이를 구분하기 위하여 ◎로 표기하였다.

# 近思錄集解 1

# 近思錄集解序

皇宋受命에 列聖傳德하사 跨唐越漢하야 上接三代統紀러시니 至天禧明道[1]間하야 仁深澤厚하야 儒術興行이라 天相斯文하사 是生濂溪周子하야 抽關發矇하야 啓千載無傳之學하고 旣伊洛二程子와 關中張子 纘承羽翼하야 闡而大之하니 聖學湮而復明하고 道統絶而復續하니 猗與盛哉라 中興再造[2]에 崇儒務學하사 遹(휼)遵祖武[3]하시니 是以鉅(巨)儒輩出하야 沿泝大原하야 考合緖論하니 時則朱子與呂成公[4]이 採摭四先生之書하야 條分類別하니 凡十四卷이니 名曰近思錄이라 規模之大而進修有序하고 綱領之要而節目詳明하야 體用兼該하고 本末殫擧하며 至於闢邪說, 明正宗에 罔不精覈洞盡하니 是則我宋之一經이라 將與四子竝列하야 詔後學而垂無窮者也라 嘗聞朱子曰 四子[5]는 六經之階梯요 近思錄은 四子之階梯라하니 蓋時有遠近하고 言有詳約이 不同이라 學者必自近而詳者하야 推求遠且約者 斯可矣라 采年在志學[6]에 受讀是書하야 字求其訓하고 句探其旨하야 硏思積久하야 因成集解하니 其諸綱要 悉本朱子舊註하고 參以升堂記聞[7] 及諸儒辨論하야 擇其精純하고 刊除繁複하야 以次編入하고 有闕略者어든 乃出臆說하여 朝刪暮輯하야 踰三十年에 義稍明備어늘 以授家庭訓習호니 或者謂 寒鄕晩出이 有志古學而旁無師友에 苟得是集觀之하면 亦可粗通大義니 然後以類而推하야 以觀四先生[8]之大全이 亦近思之意云이라 淳祐戊申[9]長至[10]日에 建安葉采는 謹序하노라

皇宋이 天命을 받음에 여러 聖君이 德을 전하여 唐나라를 뛰어넘고 漢나라를 건너뛰어 위로 三代의 실마리를 이었다. 天禧·明道 연간에 이르러 仁澤이 깊고 후하여 儒學이 흥행하였다. 하늘이 儒學(斯文)을 도우시어 이에 濂溪 周子를 낳아 關鍵을 뽑아 啓蒙하여 천년동안 전하지 못하던 學問을 열었고, 일마후 伊洛의 두 程子와 關中의 張子가 계승하고 羽翼하여 밝혀서 크게 하니, 聖學이 어두워졌다가 다시 밝아지고 道統이 끊어졌다가 다시

이어졌으니, 아! 거룩하다.

中興하여 다시 國家를 創建함에 儒學을 높이고 학문을 힘써 祖宗의 발자취를 따르시니, 이에 大儒가 배출되어 큰 根原을 거슬러 올라가 여러 의논을 상고하여 합하였다. 이때에 朱子와 呂成公(呂祖謙)이 네 선생의 책을 뽑아 조목별로 나누고 분류하여 구별하니, 모두 14권으로 《近思錄》이라 이름하였다. 規模가 크면서도 進修함에 차례가 있고 綱領이 요긴하면서도 節目이 상세하고 밝아서 體·用을 겸비하고 本·末을 모두 들었으며 不正한 학설을 배척하고 正宗(正統)을 밝힘에 있어서도 자세히 조사하고 꿰뚫어 다하지 않음이 없으니, 이것은 우리 宋나라의 한 經傳이다. 장차 四子(四書)와 함께 나열하여 後學들을 가르쳐 무궁한 후세에 남길 것이다.

일찍이 들으니, 朱子가 말씀하기를 "四子는 六經의 階梯요 《近思錄》은 四子의 階梯이다." 하였으니, 시대는 멀고 가까움의 차이가 있고, 말은 상세하고 간략함의 차이가 있으나 배우는 자가 반드시 가깝고 상세한 것으로부터 멀고 또 간략한 것을 미루어 추구하는 것이 옳을 것이다.

나는 志學의 나이에 이 책을 받아 읽었는데, 글자마다 訓을 찾고 구절마다 뜻을 상고하여, 오랫동안 연구하고 생각하여 《集解》를 완성하였으니, 모든 綱要는 실로 朱子의 옛 註에 근거하였고 《升堂記聞》과 儒者들의 辯論을 참작하여, 정밀하고 순수한 것을 가리고, 번다하고 중복된 것을 삭제하여 차례로 編入하였으며, 빠진 부분이 있으면 마침내 臆說을 내어 아침에 삭제하고 저녁에 편집하여 30년이 넘음에 뜻이 다소 밝아지고 구비되었다. 이에 家庭에서 가르치고 익히도록 전수해 주니, 어쩌면 寒微한 시골의 晩學으로서 옛 학문에 뜻을 두고 있으나 곁에 師友가 없는 자가 만일 이 《集解》를 얻어 본다면 또한 大義를 통달할 수 있을 것이며, 그런 뒤에 類推하여 네 선생의 大全을 본다면 또한 近思의 뜻일 것이다.

淳祐 戊申年(1248) 長至日(夏至日)에 建安 葉采는 삼가 쓰다.

**1** 【譯註】天禧明道 : 天禧는 北宋 眞宗의 연호이고 明道는 仁宗의 연호이다.

**2** 【譯註】中興再造 : 北宋이 멸망하고 高宗에 의하여 南宋이 다시 세워졌으므로 이렇게 말한 것이다.

3 【釋疑】 遹(휼)遵祖武 : 遹은 詩註에 義未詳이라 疑與聿同하니 發語辭라 祖武는 祖宗之跡也라

遹은 《詩經》 註에 "뜻이 상세하지 않다. 의심컨대 聿(율)과 같은 듯하니, 發語辭이다." 하였다. 祖武는 祖宗의 발자취이다.

4 【譯註】 呂成公 : 東萊 呂祖謙을 가리키는바, 成公은 그의 시호이다. 朱子와 南軒 張栻과 함께 당시 三賢으로 알려졌다.

5 【譯註】 四子 : 四子書로 곧 《論語》·《孟子》·《大學》·《中庸》의 四書를 이른다.

6 【譯註】 志學 : 志學之年의 줄임말인 바, 학문에 뜻을 둘 나이, 곧 15세를 가리킨다. 《論語》 〈爲政〉에 "孔子는 15세에 학문에 뜻을 두었다.〔吾十有五而志于學〕" 한 데서 유래하였다.

7 【釋疑】 升堂記聞 : 疑朱門人이 記先生所言也라

의심컨대 朱子의 門人이 선생이 말씀한 것을 기록한 책인 듯하다.

8 【譯註】 四先生 : 《近思錄》에 수록된 周濂溪와 程明道, 程伊川 및 張橫渠를 가리킨다.

9 【譯註】 淳祐戊申 : 淳祐는 理宗의 연호이며, 戊申은 淳祐 8년(1248)이다.

10 【釋疑】 長至 : 程子曰 冬以長至祭也라 ○ 禮記月令에 五月日長至라하니라 ○ 禮記郊特牲에 郊之祭也 迎長日至註에 冬至에 日短極而漸舒故로 云迎長日之至라하니라 ○ 按 程子及特牲說은 與月令不同하니 葉氏所引은 未知何說이라

程子가 말씀하기를 "겨울에는 長至에 제사한다." 하였다.

○ 《禮記》 〈月令〉에 "5월에는 日長至"라 하였다.

○ 《禮記》 〈郊特牲〉에는 "郊祭를 지낼 적에 長日至를 맞이한다." 하였는데, 註에 "冬至는 해가 극도로 짧아졌다가 점점 길어지기 때문에 긴 해가 이름을 맞이하여 迎長日之至라 한 것이다." 하였다.

○ 살펴보건대 程子와 〈郊特牲〉의 말이 〈月令〉과 다르니, 葉氏가 인용한 것은 어느 것을 가리킨 것인지 알 수 없다. 【補註】 冬至를 日南至라 하는바, 이는 해가 남쪽 끝까지 갔다는 뜻이다. 여기서는 우선 〈月令〉을 따라 冬至로 보는 것이 옳을 듯하다.

# 進近思錄表 -近思錄을 올리는 表文

臣采言하노이다 先儒鳴道에 萃爲聖代之一經하고 元后崇文에 兼取微臣之集傳하야 用扶世教하야 昭揭民彝하시니 臣采는 實惶實恐하야 頓首頓首하노이다 竊惟鄒軻旣沒而理學不明하고 秦斯所焚而經籍幾息이라 漢專門之章句에 訓詁僅存하고 唐造士以詞華에 藻繪彌薄이러니 天開皇宋하야 星聚文奎[1]하니 列聖相承하야 治純任於王道하고 諸儒輩出하야 學大明於正宗이라 逮淳熙之初元하야 有朱熹之繼作하야 考圖書傳集之精粹하고 遡濂洛關陝[2]之淵源하야 摭其訓辭하고 名近思錄이라 彙分十有四卷에 六百二十二條니 凡求端用力之方과 暨處己治人之道요 破異端之扃鐍(경휼)하고 闢大學之戶庭하야 體用相涵하고 本末洞貫이라 會六藝之突奧[3]하고 立四子之階梯하야 人文載開하고 道統復續이니이다 臣昔在志學에 首受是書라 博參師友之傳하야 稍窮文義之要하니 大旨는 本乎朱氏하고 旁通은 擇於諸家라 間有闕文이면 乃出臆說하야 刪輯已逾於二紀[4]하야 補綴僅成於一編이라 祇欲備初學之記言이니 詎敢塵乙夜之睿覽[5]이릿고 玆蓋恭遇皇帝陛下天錫聖智하사 日就緝熙[6]하야 遵累朝之尙儒하사 講誦不違於寒暑하고 列五臣於從祀[7]하사 表章遠邁於漢唐이라 豈徒褒顯其人이리오 正欲闡明斯道라 俯詢集解之就緖하야 遽命繕寫以送官하시니 儻於宮庭朝夕之間에 時加省閱이면 卽是周程張朱之列이 日侍燕閒이니 固將見天地之純全하고 明國家之統紀하야 表範模於多士하고 垂軌轍於百王하리니 粤自中古以來로 未有若今之懿하니이다 臣幸逢上聖하야 獲效愚衷이라 顧以螢爝之微로 仰裨日月之照하오니 五千文, 十萬說이 雖莫贊於法言[8]이나 四三王, 七六經[9]하야 願益恢於聖化하노이다 所有近思錄集解壹部拾冊을 謹隨表上進以聞하노이다 干冒宸嚴하오니 臣無任戰汗屛營之至로소이다 臣采는 實惶實恐하야 頓首頓首謹言하노이다

淳祐十二年正月日에 朝奉郞監登聞鼓院[10]兼景獻府教授臣葉采는 上表하노이다

臣 葉采는 아룁니다. 先儒가 道를 彰明함에 모아서 聖代의 한 經傳을 만들고, 훌륭한 군주가 文을 숭상함에 미천한 신하의 集傳을 겸하여 취해서 世敎를 붙들어 백성의 떳떳한 성품을 밝게 揭示하시니, 臣 葉采는 실로 황공하여 머리를 조아립니다.

적이 생각하건대 鄒땅의 孟子가 이미 별세함에 性理學이 밝혀지지 못하였고 秦나라 李斯가 책을 불태움에 經傳이 거의 없어졌습니다. 漢나라는 章句를 專門으로 하여 訓詁學이 겨우 남아 있고 唐나라는 文章으로 선비를 취하여 文章(藻繪)만 익혀 더욱 천박해졌는데, 하늘이 皇宋을 열어 五星이 文昌星인 奎星에 모여 찬란하니, 여러 聖人이 서로 계승하여 나왔습니다. 그리하여 정치는 순전히 王道에 맡기고 여러 儒者가 배출되어 학문이 正宗을 크게 밝혔습니다.

淳熙 初年에 이르러 朱熹가 뒤이어 나와서 圖書(河圖와 洛書)와 集傳의 精粹를 상고하고 濂·洛·關·陜의 淵源을 거슬러 올라가, 훈계하신 말씀을 뽑고 《近思錄》이라 이름하였습니다. 14卷으로 나눔에 6백 22條이니, 무릇 단서를 찾고 힘을 쓰는 방법과 處身하고 治人하는 道이며 異端의 扃鐍(문과 자물쇠)을 부수고 大學의 門庭을 열어, 體·用이 서로 포함하고 本·末이 관통되었습니다. 六經(六藝)의 심오한 것을 모으고 四子의 階梯를 세워 人文이 비로소 열리고 道統이 다시 이어졌습니다.

臣은 옛날 志學의 나이에 맨먼저 이 책을 받아 읽었습니다. 師友의 傳註를 널리 참고하여 글뜻의 요점을 대강 연구하니, 큰뜻은 朱氏(朱子)에게 근본하고 널리 통함은 諸家의 학설을 택하였습니다. 사이에 빠진 글이 있으면 마침내 억측하는 말을 내어 삭제하고 편집한 것이 이미 2紀를 넘어 깁고 꿰매어 겨우 한 편을 이루었습니다. 다만 初學者들의 記問之學에 대비하려고 하였을 뿐이니, 어찌 감히 乙夜의 睿覽을 더럽힐 수 있겠습니까? 이는 공손히 皇帝陛下를 만났기 때문이니, 陛下께서는 하늘이 聖智를 내리시어 공부가 날로 緝熙에 나아가, 여러 朝廷의 儒學을 숭상함을 따르시어 추울 때나 더울 때나 講誦을 피하지 않고, 다섯 신하를 文廟의 從祀에 나열하여 表章함이 멀리 漢·唐을 뛰어넘으셨습니다. 어찌 다만 그 사람을 表彰할 뿐이겠습니까? 바로 이 道를 천명하고자 하셨습니다. 《集解》가 이루어진 것을 下問하시고는 급히 베껴서 官에 보내라고 명하시니, 만일 宮庭에서 朝夕 사이에 때로 살펴보신다면 바로 周·程·張·朱가 열을 지어 날마다 한가한 겨를에 모시는 것과 같을 것이니, 진실로 天地의 純全함을 보고 國家의 統紀를 밝혀서 많은 선비에게 模範이 되고 百王에게 法度를 남길 것입니다. 아! 中古 이래로 이처럼 아름다운 경우는 있지 않았습니다.

臣은 다행히 上聖을 만나 어리석은 衷情을 바치게 되었습니다. 다만 반딧불과 작은 촛불의 미미함으로 해와 달의 밝음을 우러러 도우니, 五千字와 十萬의 말이 비록 《法言》에 도움은 못되오나 三王에 넷이 되고 六經에 일곱이 되어 더욱 聖人의 敎化를 넓히기를 바랍니다. 이에 臣이 가지고 있는 《近思錄集解》 1部 10冊을 삼가 表文과 함께 올리고 아뢰옵니다. 지엄하신 聖上의 위엄을 범하오니, 신은 두려움이 지극함을 감당할 수 없습니다. 臣 葉采는 실로 황공해 하며 머리를 조아리고 삼가 아룁니다.

淳祐 12년(1252) 正月 日에 朝奉郎 監登聞鼓院 兼 景獻敎授 臣 葉采는 表文을 올립니다.

1 【譯註】 星聚文奎 : 星은 金·木·水·火·土의 五星을 이르고 文奎는 文昌星인 奎星을 이른다. 天文學상 떠돌이별인 五星이 붙박이별인 二十八宿의 奎星에 모이면 文運이 크게 창성한다고 한다. 北宋 초기에 天文에 이러한 현상이 있었는데, 그후 宋나라가 크게 文明하였다고 한다.

2 【譯註】 濂洛關陝 : 濂은 濂溪로 周惇頤를 가리키고 洛은 洛陽으로 明道와 伊川을 가리키며, 關陝은 關中으로 張橫渠가 거주한 곳이다.

3 【譯註】 六藝之窔奧 : 六藝는 六經으로 《禮經》·《樂經》·《春秋經》·《易經》·《詩經》·《書經》을 가리킨다. 窔는 音이 '요'인데 방의 동남쪽 귀퉁이이고, 奧는 서남쪽 귀퉁이로 집의 깊숙한 곳, 곧 經傳의 심오한 뜻을 비유한다.

4 【譯註】 二紀 : 12년이 1紀이므로 곧 24년을 뜻한다.

5 【譯註】 乙夜之睿覽 : 乙夜는 초저녁으로 밤을 甲·乙, 丙·丁, 戊·己, 庚·辛, 壬·癸의 다섯으로 나누어 5更에 속하게 한 것이다. 睿覽은 군주가 보는 것을 이른다.

6 【譯註】 日就緝熙 : 緝熙는 공부를 계속하여 밝히는 것으로 《詩經》 〈大雅 文王〉에 '於緝熙敬止' 라고 보인다.

7 【譯註】 列五臣於從祀 : 五臣은 周子, 明道와 伊川의 두 程子, 張子와 朱子를 가리키며, 從祀는 文廟에 종사함을 뜻한다.

8 【譯註】 五千文……法言 : 《老子》가 5천 자이고 《莊子》가 10만 자이며, 《法言》은 법도에 맞는 말이란 뜻으로, 前漢 때의 학자 揚雄이 《論語》를 모방하여 지은 책이다. 곧 5천 자인 《노자》와 10만 자인 《장자》를 자신의 주석에 비유하고 《近思錄》의 원문을 《法言》에 비유하여 말한 것이다.

9 【譯註】 四三王 七六經 : 三王은 夏나라 禹王, 商나라 湯王, 周나라 文王·武王을 가리키는 바, 南宋의 理宗이 이 책의 내용을 잘 수행하면 三王과 같은 훌륭한 군주가 되어 四王이 될 수 있고, 《近思錄》은 六經과 같은 반열에 올라 七經이 될 수 있음을 말한 것이다.

10 【釋疑】 登聞鼓院 : 訴冤者 擊之上聞이라

억울함을 하소연하는 자가 이 북을 쳐서 임금께 아뢰는 것이다.

# 近思錄 目錄 -引用書目

## 周子 太極·通書

周子는 名惇實이요 字茂叔이니 避厚陵[1]藩邸名하야 改惇頤라 世爲道州營道人이요 營道縣出郭三十里에 有村落하니 曰濂溪[2]니 周氏家焉이라 先生晩年에 卜居廬阜하야 築室臨流하고 寓濂溪之名하니라

周子는 이름이 惇實이고 字가 茂叔이니, 英宗(厚陵)의 藩邸 때의 이름을 피하여 惇頤로 고쳤다. 대대로 道州 營道縣 사람이었으며 營道縣에서 城郭을 나가 30리 지점에 촌락이 있는데, 이름을 濂溪라 하니, 周氏가 世 居하였다. 선생은 만년에 廬山(廬阜)에 집터를 정하여 시냇가에 집을 짓고 濂溪라는 이름을 붙였다.

## 明道先生文集

先生은 姓程氏요 名顥요 字伯淳이니 太師文潞公이 題其墓曰明道先生이라하니라

선생은 姓이 程氏이고 이름이 顥이며 자가 伯淳이다. 太師인 文潞公(文彦博)이 그의 묘에 明道先生이라고 썼다.

## 伊川先生文集

先生은 名頤요 字正叔이니 明道先生之弟也라 家居河南伊水之上하니라

선생은 이름이 頤이고 자가 正叔인데, 明道先生의 아우이다. 대대로 河南의 伊水가에 거주하였다.

周易程氏傳

程氏經說

程氏遺書

程氏外書

橫渠先生正蒙

先生은 姓張氏요 名載요 字子厚니 世大梁人이러니 父迪이 知涪州事라가 卒于官하고 遂僑寓鳳翔郿縣橫渠鎭南大振谷口러니 晩年에 居于橫渠하니라

선생은 姓이 張氏이고 이름이 載이며 자가 子厚이다. 대대로 大梁 사람이었는데, 아버지 迪이 知涪州事로 있다가 官府에서 별세하니, 마침내 鳳翔의 郿縣 橫渠鎭 남쪽 大振 谷口에 우거하였으며, 말년에 橫渠에 살았다.

橫渠先生文集

橫渠先生易說

橫渠先生禮樂說

橫渠先生論語說

橫渠先生孟子說

橫渠先生語錄

1 【譯註】厚陵 : 英宗의 능으로 英宗은 初名이 宗實이었다. 周惇頤는 처음 이름이 惇實이었는데 英宗의 藩邸 때의 이름인 實을 諱하여 이름을 惇頤로 고친 것이다. 惇은 敦으로도 쓴다.

2 【釋疑】濂溪 : 在道州어늘 先生移其名於廬山이라

원래 道州에 있었는데, 선생이 그 명칭을 廬山에 옮겨 놓은 것이다.

# 集解 目錄

紫陽先生朱文公

南軒先生張宣公

東萊先生呂成公

勉齋先生黃文肅公

名幹이요 字直卿이라

이름은 幹이요 字는 直卿이다.

節齋先生蔡氏

名淵이요 字伯靜이라

이름은 淵이요 字는 伯靜이다.

果齋先生李氏

名方子이요 字公晦라

이름은 方子요 字는 公晦이다.

# 近思錄 書題

淳熙[1]乙未之夏에 東萊呂伯恭이 來自東陽하야 過予寒泉精舍[2]할새 留止旬日하야 相與讀周子程子張子之書하고 歎其廣大閎博하야 若無津涯요 而懼夫初學者 不知所入也하야 因共掇取其關於大體而切於日用者하야 以爲此編하니 總六百二十二條라 分十四卷하니 蓋凡學者所以求端〔首卷論道體〕 用力〔二卷總論爲學大要 三卷論致知 四卷論存養〕 處己〔五卷論克己 六卷論家道 七卷論出處義利〕 治人〔八卷論治體 九卷論治法 十卷論政事 十一卷論教學 十二卷論警戒〕과 與夫所以辨異端〔十三卷〕 觀聖賢〔十四卷〕之大略이 皆粗見其梗槩라 以爲窮鄕晩進이 有志於學이나 而無明師良友以先後之者 誠得此而玩心焉이면 亦足以得其門而入矣리라 如此然後에 求諸四君子之全書하야 沈潛反覆하고 優柔厭飫하야 以致其博而反諸約焉이면 則其宗廟之美와 百官之富[3]를 庶乎其有以盡得之리라 若憚煩勞, 安簡便하야 以爲取足於此而可면 則非今日所以纂集此書之意也로라 五月五日에 朱熹는 謹識(지)하노라

淳熙 乙未年(1175) 여름에 東萊 呂伯恭(呂祖謙)이 東陽으로부터 와서 나를 寒泉精舍로 방문하였다. 그리하여 열흘 동안 머물면서 서로 周子·程子·張子의 책을 읽고는 내용이 廣大하고 宏博하여 끝이 없는 듯함에 감탄하였으며, 또한 初學者가 入門할 곳을 알지 못할까 두려워하였다. 인하여 함께 大體에 관계되고 日用에 간절한 것들을 뽑아 이 編을 만드니, 총 6백 22條이다. 14권으로 나누니, 무릇 배우는 자가 端緖를 구하고〔道體를 논한 首卷을 가리킴〕 힘을 쓰며〔학문하는 大要를 總論한 2권, 致知를 논한 3권, 存養을 논한 4권을 가리킴〕 處身하고〔克己를 논한 5권, 家道를 논한 6권, 出處의 義理를 논한 7권을 가리킴〕 사람을 다스리는 것〔治體를 논한 8권, 治法을 논한 9권, 정사를 논한 10권, 教學을 논한 11권, 경계를 논한 12권을 가리킴〕과 異端을 분별하고〔13권을 가리킴〕 聖賢을 관찰하는〔14권을 가리킴〕 바의 大略이 모두 그 내용의 대강을 볼 수 있다.

생각하건대, 궁벽한 시골의 晩學이 學問에 뜻이 있으나 앞뒤에서 인도해 주는 밝은 스승과 좋은 벗이 없는 자가 진실로 이 책을 얻어 마음속으로 찾아본다면 또한 門을 얻어 들어갈 수 있을 것이다. 이와 같이 한 뒤에 네 君子의 全書를 구하여 沈潛하고 反覆하며 優柔하고 厭飫해서 그 넓음을 지극히 한 다음 요약해 간다면 宗廟의 아름다움과 百官의 많음을 거의 다 얻을 수 있을 것이다. 만약 번거로움과 수고로움을 꺼리고 간편함을 편안히 여겨서 이에 만족함을 취하고 可하다고 한다면 오늘날 이 책을 纂集한 本意가 아니다.

5월 5일에 朱熹는 삼가 쓰다.

1 【譯註】淳熙 : 孝宗의 연호이다.

2 【譯註】寒泉精舍 : 朱子의 墳菴(齋閣)이 있는 곳이다.

3 【譯註】宗廟之美 百官之富 : 큰 궁궐 안에 여러 가지 아름다운 경관이 있음을 말한다. 《論語》〈子張〉에 보이는 바, 이 책 안에 각종 진리가 담겨져 있음을 비유한다.

# 近思錄 書題

近思錄既成이어늘 或疑首卷陰陽變化性命之說이 大抵非始學者之事라하니 祖謙이 竊嘗與聞次緝之意호니 後出晩進이 於義理之本原에 雖未容驟語나 苟茫然不識其梗槩면 則亦何所底(지)止리오 列之篇端하야 特使之知其名義하야 有所嚮望而已요 至於餘卷所載講學之方과 日用躬行之實하여는 具有科級하니 循是而進하야 自卑升高하고 自近及遠이면 庶幾不失纂集之指리라 若乃厭卑近而騖高遠하야 躐等陵節하야 流於空虛하야 迄無所依據면 則豈所謂近思者耶리오 覽者는 宜詳之니라
淳熙三年四月四日에 東萊呂祖謙은 謹書하노라

《近思錄》이 이미 이루어지자, 혹자는 首卷의 陰陽 變化와 性命에 대한 말은 대체로 初學者의 일이 아니라고 의심하였다. 내가 일찍이 이 책을 차례로 엮은 뜻을 들었으니, 뒤에 나온 晩學이 義理의 本原에 대하여 비록 갑자기 말할 수 없으나 만일 아득히 그 大槪를 모른다면 또한 어디에 이르겠는가. 이것을 첫머리에 나열하여 다만 그 名義를 알아서 향하고 바라는 바가 있게 할 뿐이요, 나머지 卷에 실려 있는 講學하는 방법과 일상생활에 몸소 행하는 실제로 말하면 모두 등급(科級)이 있으니, 이를 따라 나아가 낮은 데로부터 높은 곳에 오르고 가까운 데로부터 먼 곳에 이른다면 거의 이 책을 纂集한 本旨를 잃지 않을 것이다. 만약 卑近한 것을 싫어하고 高遠한 것에 달려서 等級을 건너뛰고 節次를 무시하여 空虛한 데로 흘러서 마침내 依據할 곳이 없게 된다면 어찌 이른바 近思라는 것이겠는가. 보는 자는 마땅히 자세히 살펴야 할 것이다.

淳熙 3년(1176) 4월 4일에 東萊 呂祖謙은 삼가 쓰다.

近思錄集解 卷之一

# 道體 凡五十一條

此卷은 論性之本原, 道之體統하니 蓋學問之綱領也라

이 卷은 性의 本原과 道의 體統(전체)을 논하였으니, 學問의 綱領이다.

**1. 濂溪先生曰 無極而太極이니 太極動而生陽하야 動極而靜하고 靜而生陰하야 靜極復動하니 一動一靜이 互爲其根하야 分陰分陽에 兩儀立焉이니라 陽變陰合하야 而生水火木金土하니 五氣順布에 四時行焉이니라 五行은 一陰陽也요 陰陽은 一太極也니 太極은 本無極也라 五行之生也에 各一其性이니라 無極之眞과 二五之精이 妙合而凝하야 乾道成男하고 坤道成女하야 二氣交感하야 化生萬物하니 萬物生生而變化無窮焉이니라 惟人也 得其秀而最靈하니 形旣生矣에 神發知矣라 五性感動하야 而善惡分하고 萬事出矣니라 聖人이 定之以中正仁義而主靜하사 立人極焉이라 故聖人은 與天地合其德하며 日月合其明하며 四時合其序하며 鬼神合其吉凶하나니 君子는 修之라 吉하고 小人은 悖之라 凶이니라 故로 曰 立天之道는 曰陰與陽이요 立地之道는 曰柔與剛이요 立人之道는 曰仁與義라하고 又曰 原始反終이라 故知死生之說이라하니 大哉라 易也여 斯其至矣로다**

**1-1 濂溪先生曰 無極而太極[1]이니**

濂溪先生이 말씀하였다.
"無極이면서 太極이니,

朱子曰 上天之載 無聲無臭[2]而實造化之樞紐요 品彙之根柢也라 故曰 無極而太極이라하니 非太極之外에 復有無極也[3]라 ○ 蔡節齋[4]曰 朱子曰 太極者는 象數未形而其理已具之稱이라하시고 又曰 未有天地之先에 畢竟[5]是先有此理라하시고 又曰 無極者는 只是說這道理니 當初元無一物이요 只是有此理而已니 此箇道理 便會[6]動而生陽, 靜而生陰이라하시니 詳此三條컨대 皆是主太極而爲言也라 又曰 從陰陽處看이면 則所謂太極者便只是在陰陽裏어늘 而今人은 說陰陽上面에 別有一箇無形無影底 是太極이라하니 非也라하시고 又曰 太極은 只是天地萬物之理니 在天地則天地中에 有太極이요 在萬物則萬物中에 有太極이라하시고 又曰 非有以離乎陰陽이라 卽陰陽而指其本體라하시니 詳此三條컨대 皆是主陰陽而爲言也라 故主太極而言이면 則太極在陰陽之先이요 主陰陽而言이면 則太極在陰陽之內니 蓋自陰陽未生而言이면 則所謂太極者 必當先有[7]요 自陰陽旣生而言이면 則所謂太極者 卽在乎陰陽之中也라 謂陰陽之外에 別有太極하야 常爲陰陽主者는 固爲陷乎列子不生不化[8]之謬요 而獨執夫太極 只在陰陽之中之說者는 則又失其樞紐根柢之所爲하야 而大本을 有所不識矣니라
愚按 節齋先生此條所論이 最爲明備어늘 而或者於陰陽未生之說에 有疑焉하나니 若以循環言之면 則陰前是陽이요 陽前又是陰이라 似不可以未生言이어니와 若截自一陽初動處 萬物未生時[9]言之면 則一陽未動之時를 謂之陰陽未生이라도 亦可也니 未生陽而陽之理已具하고 未生陰而陰之理已具하니 在人心則爲喜怒哀樂未發之中이니 總名曰太極이라 然具於陰陽之先而流行陰陽之內 一太極而已[10]이니라

朱子가 말씀하였다.

"上天의 일은 소리도 없고 냄새도 없으나 실로 造化의 樞紐이고 品彙(만물)의 根柢이다. 그러므로 '無極이면서 太極'이라 하였으니, 太極 이외에 다시 無極이 있는 것은 아니다."

○ 蔡節齋(蔡淵)가 말하였다.

"朱子가 말씀하기를 '太極은 象數가 나타나기 전에 그 理致가 이미 갖추어진 것의 명칭이다.' 하였고, 또 말씀하기를 '天地가 있기 이전에 필경 먼저 이 이치가 있다.' 하였고, 또 말씀하기를 '無極이란 다만 이 道理를 말한 것이니, 당초에는 원래 한 물건도 없었고 다만 이 이치만 있을 뿐이었는데, 이 道理(太極)가 곧 動하여 陽을 낳고 靜하여 陰을 낳은 것이다.' 하였으니, 이 세 조항을 자세히 살펴보면 모두 太極을 위주로 하여 말씀한 것이다. 또 말씀하기를 '陰陽의 입장에서 보면 이른바 太極이란 것이 다만 陰陽의 속에 있는데, 지금 사람들은「陰陽의 上面에 별도로 하나의 형체가 없고 그림자가 없는 것이 있는 바, 이것을 太極이라 한다」하니, 잘못이다.' 하였고, 또 말씀하기를 '太極은 天地 萬物의 이치이니, 天地에 있으면 天地 가운데에 太極이 있고 萬物에 있으면 萬物 가운데에 太極이 있다.' 하였고, 또 말씀하기를 '陰陽을 떠나 따로 있는 것이 아니요, 陰陽에 나아가 그 本體를 밝힌 것이다.' 하였으니, 이 세 조항을 살펴보면 모두 陰陽을 위주로 하여 말씀한 것이다. 그러므로 太極을 위주로 하여 말하면 太極이 陰陽의 이전에 있었고, 陰陽을 위주로 하여 말하면 太極이 陰陽의 안에 있는 것이니, 陰陽이 생겨나기 이전의 입장에서 말하면 이른바 太極이라는 것이 반드시 마땅히 먼저 있었을 것이요, 陰陽이 이미 생겨난 뒤의 입장에서 말하면 이른바 太極이라는 것이 곧 陰陽의 가운데에 있는 것이다. '陰陽 이외에 별도로 太極이 있어서 항상 陰陽의 주장이 된다.'고 말하는 자는 진실로 列子의 '낳지도 않고 化하지도 않는다.'는 잘못에 빠진 것이요, '太極이 다만 陰陽의 가운데에 있다.'는 말을 홀로 고집하는 자는 또 樞紐와 根柢가 하는 바를 잃어서 큰 근본을 알지 못하는 것이다."

내(葉采)가 살펴보건대 節齋先生이 이 조항에서 논한 것이 가장 분명하고 구비되었는데, 혹자는 '陰陽이 생겨나기 이전'이라는 말에 대하여 의심함이 있으니, 만약 循環하는 입장에서 말한다면 陰이 되기 이전은 陽이고 陽이 되기 이전은 또 陰이어서 未生으로 말할 수 없을 듯하다. 그러나 만약 한 陽이 처음 動하는 곳에 萬物이 생겨나기 이전을 잘라서 말한다면 한

陽이 동하지 않았을 때를 陰陽未生이라고 일러도 可하다. 陽이 아직 생겨나지 않았으나 陽의 이치가 이미 갖추어져 있고, 陰이 아직 생겨나지 않았으나 陰의 이치가 이미 갖추어져 있으니, 人心에 있어서는 喜怒哀樂 未發의 中이 되는 바, 총괄하여 이름하기를 太極이라 한다. 그러나 陰陽의 이전에 갖추어져 있고 陰陽의 안에 流行하는 것은 한 太極일 뿐이다.

**【張伯行 註】此는 周子因易有太極之辭하야 默契道體之本原하고 立象盡意하며 而復著說以明其蘊也라 無極은 止言其無形이요 太極者는 大而無以復加之至理也라 言上天之載 無聲無臭로되 而沖漠無朕之中에 萬象萬化森然已具하니 蓋本無形迹可求로되 而實爲無以復加之至理라 此其所以爲造化之樞紐요 品彙之根柢也니라**

이는 周子(周惇頤)가 '易에 太極이 있다.'는 말을 인하여 道體의 本原을 묵묵히 알고 象을 세워 뜻을 다하며 다시 〈太極圖說〉을 지어 그 깊은 뜻을 밝힌 것이다. 無極은 다만 無形임을 말했을 뿐이요, 太極은 커서 다시 더할 수 없는 지극한 이치이다. 上天의 일이 소리도 없고 냄새도 없으나 沖漠無朕(沖漠하여 조짐이 없음)한 가운데 萬象과 萬化가 森然히 이미 갖추어짐을 말하였으니, 본래 찾을 만한 形迹이 없으나 실로 다시 더할 수 없는 지극한 이치이다. 이 때문에 造化의 樞紐가 되고 品彙의 뿌리가 되는 것이다.

1 【釋疑】無極而太極 : 問無極而太極은 固是一物이 有積漸否아 曰 無積漸이니 無極者는 無形이요 太極者는 有理니라 ○ 恐人將太極하야 做一箇有形象底看이라 故又說無極하니 只是此理也라 極은 是道理之極至니 摠天地萬物之理 便是太極이니라 ○ 問邵子說無極之前하니 無極을 如何說前고 曰 邵子就圖上하야 說循環之意라 自姤至坤은 是陰含陽이요 自復至乾은 是陽分陰이며 坤復之間은 乃無極이요 自坤反姤는 是無極之前이니라

"無極而太極은 진실로 한 물건이 점점 쌓여서 이루어진 것입니까?" 하고 묻자, 朱子가 말씀하였다. "점점 쌓인 것이 아니니, 無極이란 無形이고 太極이란 이치가 있는 것이다."

○ 사람들이 太極을 가지고 하나의 形象이 있는 것으로 여길까 염려하였다. 그러므로 또 無極을 말씀한 것이니, 無極은 다만 理致이다. 極은 道理의 지극함이니, 온갖 天地萬物의 이치가 곧 太極이다.

○ "邵子(邵雍)가 無極의 前을 말씀하였으니, 無極을 어떻게 前이라고 말했습니까?" 하고 묻자, 朱子가 말씀하였다. "邵子는《周易》의 圖式上에 나아가 循環의 뜻을 말씀한 것이다. 姤卦부터 坤卦까지는 陰이 陽을 머금었고 復卦부터 乾卦까지는 陽이 陰을 나눈 것이며, 坤卦와 復卦 사이가 바로 無極이고 坤卦부터 姤卦로 돌아오는 것이 바로 無極의 前이다."

2 【譯註】上天之載 無聲無臭 : 眞理나 지극한 德을 가리킨다.《詩經》〈大雅 文王〉에 "上天의 일은 소리도 없고 냄새도 없다.〔上天之載 無聲無臭〕" 하였는데,《中庸》에 不顯의 德을 말하면서 "《詩經》에 '德은 가볍기가 터럭과 같다.' 하였는데, 터럭도 오히려 비교할 만한 것이 있으니, '上天의 일은 소리도 없고 냄새도 없다.'는 표현이어야 지극하다." 하였다.

3 【釋疑】上天之載……復有無極也 : 問上天之載 是太極否아 朱子曰 蒼蒼者는 是上天이요 理는 在載字上이라 上天之載無聲無臭는 是就有中說無요 無極而太極은 是就無中說有니라 ○ 北溪陳氏曰 無聲無臭는 是解無極二字요 造化樞紐, 品彙根柢는 是解太極二字니라 ○ 謝氏方叔曰 言造化之樞紐는 所以明陰陽五行一太極이요 言品彙之根柢는 所以明男女萬物一太極이니라

"上天의 일이 바로 太極입니까?" 하고 묻자, 朱子가 말씀하였다. "蒼蒼은 바로 上天이고 이치는 載字 위에 있다. 上天의 일이 소리도 없고 냄새도 없다는 것은 바로 有 가운데에 나아가 無를 말한 것이며, 無極而太極은 바로 無 가운데에 나아가 有를 말한 것이다."

○ 北溪陳氏(陳淳)가 말하였다. "無聲無臭는 無極 두 글자를 풀이한 것이고, 造化의 樞紐와 品彙의 根柢는 바로 太極 두 글자를 풀이한 것이다."

○ 謝氏方叔이 말하였다. "造化의 樞紐라고 말한 것은 陰陽五行이 한 太極임을 밝힌 것이고, 品彙의 根柢라고 말한 것은 男女와 萬物이 한 太極임을 밝힌 것이다."

4 【釋疑】蔡節齋 : 名淵이요 字伯靜이니 西山元定之子라 與弟九峯沈으로 皆不仕하야 隱德不耀하니 有易訓解라

이름은 淵이고 字는 伯靜이니 西山 元定의 아들이다. 아우 九峯 沈과 함께 벼슬하지 않고 숨어 德을 지키며 드러내지 않았으며, 저서에《易訓解》가 있다.

5 【釋疑】畢竟 : 退溪曰 要其終而言也라하고 沙溪曰 猶言定是也라

退溪는 "그 終을 요약하여 말한 것이다." 하였고, 沙溪는 "定是(정히 이것)라고 말함과 같다." 하였다.

**6** **【釋疑】便會：沙溪曰 會字**는 **猶能字意**라

沙溪가 말씀하였다. "會字는 能字의 뜻과 같다."

**7** **【釋疑】必當先有：按性理大全**컨대 **太極動而生陽註**에 **北溪陳氏曰 所謂太極者**는 **其理已具云云而無必當先有四字**하니라

살펴보건대 《性理大全》의 '太極이 동하여 陽을 낳는다.'는 註에 北溪陳氏가 말하기를 "이른바 太極이라는 것은 그 이치가 이미 갖추어져 있다." 하였고, '必當先有'의 네 글자는 없다.

**8** **【漢文大系】列子不生不化：列子天瑞篇云 有生不生**이요 **有化不化**하니 **不生者**는 **能生生**이요 **不化者**는 **能化化**라하니라

《列子》〈天瑞〉에 이르기를 "낳음이 있으면서도 낳은 체하지 않고 化함이 있으면서도 化한 체하지 않으니, 낳은 체하지 않는 자는 낳고 또 낳으며, 化한 체하지 않는 자는 화하고 또 화한다." 하였다.

**9** **【釋疑】一陽初動處 萬物未生時：康節詩**에 **冬至子之半**❶에 **天心無改移**라 **一陽初動處**❷요 **萬物未生時**라 **玄酒味方淡**이요 **大音聲正希**❸라 **此言如不信**이어든 **更請問包義**하라

邵康節(邵雍)의 詩에 "동짓날 子時의 半에 하늘의 마음이 고치거나 옮김이 없네. 한 陽이 처음 動하는 곳이요 萬物이 아직 생겨나지 않을 때라오. 玄酒는 맛이 담담하고 大音은 소리가 드문 법. 이 말을 만일 믿지 않거든 다시 包義(伏羲氏)에게 물어보라." 하였다.

❶ **【譯註】冬至子之半**：옛날 曆法에 甲子年 子月(동짓달) 甲子日 朔日 夜半인 子正(밤 12시)에 冬至가 되는 때를 책력의 紀元으로 삼기 때문에 말한 것이다.

❷ **【譯註】一陽初動處**：옛날 사람들은 冬至에 작은 陽이 처음 땅속에서 생긴다고 생각하였다. 《周易》 八卦中 震은 長男이어서 陽이고 또 우레〔雷〕의 象이며 動함이 되는 바, 地雷復卦는 땅속에서 우레가 동하는 뜻이 되어 冬至에 해당한다. 一陽初動은 바로 復卦의 맨 아래에 있는 한 陽爻가 처음 생겨남을 말한 것이다.

❸ **【譯註】玄酒味方淡 大音聲正希**：玄酒는 첫새벽에 떠 온 井華水로 옛날 술이 없을 때에 제사에 이것을 올렸다. 大音은 큰 소리인데, 여기서는 꾸밈이 없는 진솔한 소리를 이른다. 동지에는 비록 陽 하나가 처음 생기고 땅속에서 우레가 진동하지만 양의 따뜻한 기운을 느낄 수 없고 우레소리를

들을 수 없으므로 맛이 없는 현주와 소리가 들리지 않는 대음에 비유한 것이다.

10 【漢文大系】朱子曰……太極而已：欄外書❶曰 朱子原註是也라 圈外所引이 却成轇轕하니 可抹이라 又曰 注愚案上에 宋本有圈이라

《欄外書》에 말하였다. "朱子의 原註가 옳다. 圈(○을 가리킴) 밖에 인용한 것은 도리어 세 갈래를 이루니, 지워야 할 것이다." 또 말하였다. "注의 愚案 위에 宋本에는 圈이 있다."

❶ 【譯註】欄外書：日本 學者인 佐藤一齋가 지은《近思錄欄外書》3권을 가리킨다.

## 1-2 太極動而生陽하야 動極而靜하고 靜而生陰하야 靜極復動하니 一動一靜이 互爲其根하야 分陰分陽에 兩儀立焉[1]이니라

太極이 動하여 陽을 낳아 動이 極에 달하면 靜하고, 靜하여 陰을 낳아 靜이 극에 달하면 다시 動하니, 한 번 動하고 한 번 靜함이 서로 그 뿌리가 되어, 陰으로 나뉘고 陽으로 나뉨에 兩儀가 확립되었다.

朱子曰 太極之有動靜은 是天命之流行也니 所謂一陰一陽之謂道[2]요 誠者는 聖人之本[3]이니 物之終始[4]而命之道[5]也라 其動也는 誠之通也라 繼之者善이니 萬物之所資以始也요 其靜也는 誠之復也라 成之者性[6]이니 萬物各正其性命也라 動極而靜, 靜極復動하야 一動一靜이 互爲其根은 命之所以流行而不已也요 動而生陽, 靜而生陰하야 分陰分陽에 兩儀立焉은 分之所以一定而不移[7]也라 蓋太極者는 本然之妙也요 動靜者는 所乘之機[8]也니 太極은 形而上之道也요 陰陽은 形而下[9]之器也라 是以로 自其著者而觀之면 則動靜不同時하고 陰陽不同位로되 而太極無不在焉이요 自其微者而觀之면 則沖漠無朕이로되 而動靜陰陽之理 已悉具於其中矣라 雖然이나 推之於前而不見其始之合하고 引之於後而不見其終之離也[10]이라 故程子曰 動靜無端하고 陰陽無始하니 非知道者면 孰能識之리오하시니라 ○ 愚謂 動而生陽하야

**動極而靜**하고 **靜而生陰**하야 **靜極復動者**는 **言太極流行之妙 相推於無窮也**요 **一動一靜**이 **互爲其根**하야 **分陰分陽**에 **兩儀立焉者**는 **言二氣對待之體 一定而不易也**라 **邵子曰 用起天地先**이요 **體立天地後**[11]라하니 **是也**라 **然詳而分之**하면 **則動而生陽, 靜而生陰者**는 **是流行之中**에 **定分**이 **未嘗亂也**요 **一動一靜**이 **互爲其根者**는 **是對待之中**에 **妙用**이 **實相流通也**니라

朱子가 말씀하였다.

"太極에 動靜이 있음은 天命이 流行하는 것이니 이른바 '한 번 陰이 되고 한 번 陽이 되는 것을 道'라 한다는 것이요, 誠이란 聖人의 근본이니 물건의 終과 始이며 命의 道이다. 그 動함은 誠이 통함이니 잇는 것은 善으로 만물이 의뢰하여 시작하는 것이요, 靜함은 誠이 회복함이니 이루는 것은 性으로 만물이 각각 性命을 바르게 간직하는 것이다. 動이 極에 달하면 靜하고 靜이 極에 달하면 다시 動해서 한 번 動하고 한 번 靜함이 서로 그 뿌리가 됨은 天命이 유행하여 그치지 않는 것이요, 動하여 陽을 낳고 靜하여 陰을 낳아 陰으로 나뉘고 陽으로 나뉨에 兩儀가 확립됨은 분수가 일정하여 바뀌지 않는 것이다. 太極은 本然의 묘함이요 動靜은 탄 바의 기틀이니, 太極은 形而上의 道이고 陰陽은 形而下의 器이다. 이러므로 그 드러난 입장에서 보면 動靜이 때가 똑같지 않고 陰陽이 자리가 같지 않으나 太極이 있지 않은 곳이 없고, 그 隱微한 입장에서 보면 沖漠하여 조짐이 없으나 動靜과 陰陽의 이치가 이미 그 안에 다 갖추어져 있는 것이다. 그러나 앞에 미루어도 그 시작이 합함을 볼 수 없고 뒤로 끌어내어도 그 끝이 떠남을 볼 수 없다. 그러므로 程子가 말씀하기를 '動靜은 단서가 없고 陰陽은 시작이 없으니, 道를 아는 자가 아니면 누가 이것을 알겠는가.' 하신 것이다."

○ 내가 생각하건대 '動하여 陽을 낳아 動이 극에 달하면 靜하고, 靜하여 陰을 낳아 靜이 극에 달하면 다시 動한다.'는 것은 太極이 유행하는 묘함이 서로 무궁함에 미루어감을 말한 것이요, '한 번 動하고 한 번 靜함이 서로 그 뿌리가 되어 陰으로 나뉘고 陽으로 나뉨에 兩儀가 확립되었다.'는 것은 두 기운의 待對(상대)하는 體가 일정하여 바뀌지 않음을 말한 것이다. 邵子가 말하기를 "用(운용)은 天地 이전에 일어나고 體(형체)는 天地 이후에 확립

되었다.”는 것이 이것이다. 그러나 자세히 나누면 ‘動하여 陽을 낳고 靜하여 陰을 낳는다.’는 것은 流行하는 가운데 분수가 일찍이 어지럽지 않고, ‘한 번 動하고 한 번 靜함이 서로 그 뿌리가 된다.’는 것은 待對한 가운데에 妙用이 실로 서로 유통하는 것이다.

**1** 【釋疑】太極動而生陽……兩儀立焉：朱子曰 動而生陽, 靜而生陰은 不是動後에 方生陽이라 蓋纔動이면 便屬陽이요 纔靜이면 便屬陰이니라 ○ 理有動靜故로 氣有動靜하니 若理無動靜이면 則氣何自而有動靜乎아 ○ 兩儀는 是天地니 與畫卦兩儀로 自別이라 玉齋胡氏曰 儀는 匹也니 如俗謂一雙, 一對爾니라 ○ 臨川吳氏曰 一元[1]은 凡十二萬九千六百歲니 分爲十二會하면 一會는 計一萬八百歲라 天地之運이 至戌會之中하면 爲閉物하야 兩間人物俱無矣요 如是又五千四百年而戌會終하며 自亥會始로 五千四百年에 當亥會之中하면 而地之重濁凝結者悉皆融散하야 與輕淸之天으로 混合爲一이라 故曰混沌이라 淸濁之混이 逐漸轉甚하야 又五千四百年而亥會終하니 昏暗極矣니 是天地之一終也라 貞下起元하야 又肇一初하야 爲子會之始로되 仍是混沌이라 是謂太始라하니 言一元之始也요 是謂太一이라하니 言淸濁之氣混合爲一而未分也라 自此逐漸開明하야 又五千四百年에 當子會之中하면 輕淸之氣騰上하야 有日有月有星有辰하니 日月星辰四者成象하야 而共爲天이요 又五千四百年에 當子會之終이라 故曰 天開於子라 濁氣雖摶在中間이나 然未凝結堅實故로 未有地요 又五千四百年에 當丑會之中하면 重濁之氣凝結者 始堅實而成土石하며 濕潤之氣爲水하야 流而不凝하고 燥烈之氣爲火하야 顯而不隱하니 水火土石四者成形而共爲地라 故曰 地闢於丑이라 又五千四百年而丑會終이요 又自寅會之始로 五千四百年에 當寅會之中하면 兩間人物始生이라 故曰 人生於寅也니라

朱子가 말씀하였다. “動하여 陽을 낳고 靜하여 陰을 낳는다는 것은 動한 뒤에 비로소 陽이 생기는 것이 아니다. 조금만 動하면 곧 陽에 속하고 조금만 靜하면 곧 陰에 속하는 것이다.”

○ 이치가 動靜이 있기 때문에 氣가 動靜이 있는 것이니, 만약 이치가 動靜이 없다면 氣가 어디로부터 動靜이 있겠는가.

○ 兩儀는 바로 天地이니, 卦를 그을 때의 兩儀(陰陽)와는 자연 구별된다. 玉齋胡氏(胡方平)가 말하였다. “兩儀는 짝이니, 세속에서 말하는 한 雙과 한 對와 같은 것이다.”

○ 臨川吳氏(吳澄)가 말하였다. “一元은 모두 12만 9천 6백年이니, 이것을

12會로 나누면 1會는 모두 1만 8백年이다. 天地의 運이 戌會의 중간에 이르면 물건이 닫혀 天地 사이에 사람과 물건이 모두 없어지며, 이와 같이 또 5천 4백년을 지나면 戌會가 끝난다. 그리고 亥會가 시작되면서부터 5천 4백년을 지나 亥會의 중간을 당하면 땅의 重濁하고 凝結된 것이 모두 다 녹아 흩어져서 輕淸한 하늘과 혼합하여 하나가 되므로 〈이때를〉 混沌이라 한다. 淸하고 濁한 것의 혼합이 점점 더 심해져서 또 5천 4백년을 지나면 亥會가 끝나는 바, 어둠이 지극하니 이것이 天地가 한 번 끝나는 것이다. 貞 아래에 元이 시작되어서 또 一初가 시작되어 子會의 시작이 되나 그대로 混沌이다. 이것을 太始라고 말하니 一元의 시작을 말한 것이며, 이것을 太一이라고도 말하니 淸濁의 기운이 혼합하여 하나가 되어서 아직 나누어지지 않음을 말한 것이다. 이로부터 점점 開明하여 또 5천 4백년을 지나 子會의 중간을 당하면 輕淸한 기운이 위로 올라가서 해가 있고 달이 있고 星辰이 있게 되니, 日·月·星·辰 네 가지가 象을 이루어 함께 하늘이 되며, 또 5천 4백년을 지나면 子會의 終을 당한다. 그러므로 하늘이 子會에서 열린다고 말한 것이다. 탁한 기운이 비록 중간에 뭉쳐 있으나 아직 단단하게 응결되지 않았으므로 아직 땅은 생겨나지 않았으며, 또 5천 4백년을 지나 丑會의 중간을 당하면 重濁한 기운이 凝結되는 것이 비로소 단단해져 흙과 돌을 이루며, 습한 기운이 물이 되어 흘러가 응결되지 않고 건조한 기운이 불이 되어 드러나 숨지 않으니, 水·火·土·石 네 가지가 形體를 이루어 함께 땅이 되므로 땅이 丑會에서 열린다고 한 것이다. 또 5천 4백년을 지나 丑會가 끝나고 또 寅會가 시작됨으로부터 5천 4백년을 지나 寅會의 중간을 당하면 天地 사이에 사람과 물건이 처음으로 생겨난다. 그러므로 사람이 寅會에서 생긴다고 말한 것이다."

❶ 【譯註】一元 : 康節 邵雍의 運會說에 입각한 것으로 1元은 하늘과 땅이 한번 개벽하여 끝나는 기간으로 12會가 있으며, 1회는 1만 8백년이어서 총 12만 9천 6백년이 되는 바, 하늘은 子會에서 열리고 땅은 丑會에서 열리고 사람은 寅會에서 태어났다 한다. 즉 처음에는 하늘과 땅이 구분되지 않고 먼지로 덮여 있다가 1만 8백년이 지난 뒤에 하늘이 생기고 다시 1만 8백년이 지난 뒤에 땅이 생기고 그후 또다시 1만 8백년이 지난 뒤에 사람과 물건이 태어났다는 것이다.(《皇極經世書》)

**2** 【釋疑】一陰一陽之謂道 : 繫辭라 問陰陽은 氣也요 所以陰陽은 道也니 道也者는 陰陽之理也잇가 朱子曰 此說得之라 若只言陰陽之謂道라하면 則陰陽是道어늘 今曰一陰一陽이라하니 則是一陰一陽이 往來循環不已者 乃道也니라

《周易》〈繫辭傳〉에 보인다. "陰陽은 氣이고 陰陽이 되게 하는 所以는 道이니, 道란 것은 陰陽의 理致입니까?" 하고 묻자, 朱子가 말씀하였다. "이 말이 맞는다. 만약 다만 陰陽을 道라고 말했다면 陰陽이 바로 道인데, '한 번 陰이 되고 한 번 陽이 된다.'고 말하였으니, 그렇다면 이는 한 陰과 한 陽이 왕래하고 순환하여 그치지 않는 것이 바로 道인 것이다."

**3** 【釋疑】聖人之本 : 通書라 問誠者聖人之本한대 朱子曰 此는 言本領之本이니 聖人之所以聖者는 誠而已니라

《通書》에 보인다. 誠이 聖人의 근본이라 한 것에 대해 묻자, 朱子가 말씀하였다. "이는 本領의 根本을 말한 것이니, 聖人이 聖人이 된 까닭은 성실하기 때문일 뿐이다."

**4** 【釋疑】物之終始 : 中庸이라 朱子曰 天下之物이 皆實理之所爲故로 必得是理然後에 有是物이니 所得之理旣盡이면 則是物亦盡而無有矣라 凡有一物이면 則其成也에 必有所始오 其壞也에 必有所終인대 而其所以始者는 實理之至而向於有也요 其所以終者는 實理之盡而向於無也라 若無是理면 則亦無是物矣리니 此誠所以爲物之終始니라

《中庸》에 보인다. 朱子가 말씀하였다. "天下의 事物이 모두 진실한 이치가 하는 바이므로 반드시 이 이치를 얻은 연후에 이 물건이 있는 것이니, 얻은 바의 이치가 이미 다하면 이 물건도 다하여 없어진다. 무릇 한 물건이 있으면 이루어짐에 반드시 시작하는 바가 있고, 파괴됨에 반드시 끝마치는 바가 있는데, 시작하게 되는 所以는 진실한 이치가 이르러 有로 향하는 것이고, 끝나게 되는 所以는 진실한 이치가 다하여 無로 향하는 것이다. 만약 이 이치가 없으면 또한 이 물건도 없을 것이니, 이것이 誠이 물건의 始와 終이 되는 所以이다."

**5** 【釋疑】命之道 : 胡子知言이라 朱子曰 誠者命之道, 中者性之道, 仁者心之道 此數句는 說得密이라 伯恭云 知言이 勝正蒙이라하니 似此等處誠然이라 天之所以命乎人者는 實理而已라 故로 言誠者命之道니라 問道字不如德字한대 曰 所以程子云 中者性之德이 爲近之라 但言其自然이면 則謂之道요 言其實體면 則謂之德이니 德字較緊이요 道字較實이니라 ○ 按 自所謂로 至命之道也는 此朱子引繫辭通書中庸知言之語하야 釋太極之有動靜이 是天命流行之意也라

胡子(胡宏)의 《知言》에 보인다. 朱子가 말씀하였다. '"誠이란 命의 道이고 中이란 性의 道이고 仁이란 마음의 道이다.'라는 이 몇 구는 말한 것이 매우 치밀하다. 呂伯恭은 말하기를 '《知言》이 《正蒙》보다 낫다.' 하였는데, 이런 부분은 참으로 그러하다. 하늘이 인간에게 명한 것은 진실한 이치일 뿐이다. 그러

므로 誠이란 命의 道라고 말한 것이다." 道字가 德字만 못하다는 것에 대해 묻자, 朱子가 말씀하였다. "이 때문에 程子께서 中이란 性의 德이라고 하는 것이 가깝다고 말씀하신 것이다. 다만 그 自然을 말하면 道라 이르고, 實體를 말하면 德이라 이르니, 德字가 비교적 긴요하고 道字가 비교적 진실하다."

○ 살펴보건대 所謂로부터 命之道也까지는 朱子가 〈繫辭傳〉과 《通書》, 《中庸》과 《知言》의 말씀을 인용하여 太極에 動靜이 있는 것은 天命이 流行하는 뜻임을 풀이한 것이다.

**6** 【釋疑】 繼之者善……成之者性 : 繫辭라 朱子曰 通者는 方出而成於物이요 復者는 各得而藏於己라 繼之者는 氣之方出而未有所成之謂也요 善則理之方行而未有所立之名也며 成은 則物之已成이요 性은 則理之已立者니라 問繼是動靜之間否아 曰 是靜之終, 動之始也라 繼字는 便是動之頭니 若只一闔一闢而無繼면 便是闔殺了라 繼之爲義는 接續之意니 言旣有此道理면 其接續此物者 莫非善이니 而物之成形이 各具此理而爲性也라

〈繫辭傳〉에 보인다. 朱子가 말씀하였다. "通은 막 나와서 물건을 이루는 것이요, 復은 각각 얻어서 자기 몸에 간직하는 것이다. 繼之란 기운이 막 나왔으나 아직 이룬 바가 있지 않음을 말하고, 善이란 이치가 막 행하나 아직 성립한 바가 있지 않음을 이름한 것이며, 成은 물건이 이미 이루어진 것이고, 性은 이치가 이미 성립된 것이다." "繼는 바로 動과 靜의 중간입니까?" 하고 묻자, 朱子가 말씀하였다. "이는 靜의 終이고 動의 시작이다. 繼字는 곧 動의 첫머리이니, 만약 단지 한 번 닫히고 한 번 열릴 뿐이요 계속함이 없다면 곧 닫히고 만다. 繼의 뜻은 接續한다는 뜻이니, 이미 이러한 道理가 있으면 이러한 물건을 접속하는 것이 善 아님이 없으니, 물건이 형체를 이루는 것은 각기 이 이치를 간직하여 性이 되는 것이다."

**7** 【釋疑】 分之所以一定而不移 : 問分之所以一定而不移는 不知名分之分, 性分之分이로소이다 朱子曰 分은 猶定位耳니라

"分之所以一定而不移라는 것은 名分의 分인지, 性分의 分인지 모르겠습니다." 하고 묻자, 朱子가 말씀하였다. "分은 定位와 같은 것이다."

**8** 【漢文大系】 動靜者 所乘之機 : 朱子曰 識者曰 此語最精이라하니라 蓋太極은 是理요 陰陽은 是氣니 理無形而氣有迹이라 氣旣有動靜이면 則所載之理 亦安得無動靜이리오 太極은 只是理니 理不可以動靜言이요 理寓氣하니 不能無動靜이니라 又曰 氣行則理亦行하야 二者相依而未嘗相離也라 又曰 理有動靜이나 理不可見이요 因陰陽而知라 云云하니 如人之跨馬相似라 又曰 機는 氣機也니라 ○ 勉齋黃氏曰

太極動而生陽하고 靜而生陰이라하니 太極은 不是會動靜底物이요 動靜은 陰陽也라 所以圖解云 動靜者는 所乘之機也라하니 所乘之機四字 最難看이라 舊蔡季通이 對朱先生問호되 所乘之機如何라야 下得恁地好잇가한대 先生微笑하시니 大抵只看太極乘著甚麼라 機乘著動機면 便動이요 乘著靜機면 便靜이니 那太極은 却不自會動靜이니라 旣是陰陽이면 如何又說生陰生陽이닛고 曰 生陰生陽은 亦猶陽生陰生이라 太極隨陰陽而爲動靜하니 陰陽則於動靜而見이라 其生은 不是太極在這邊이요 陰陽在那邊生이라 譬如蟻在磨盤上一般하여 磨動則蟻隨他動하고 磨止則蟻隨他止하니 蟻隨磨轉而因蟻之動靜하여 可以見磨之動靜이니라 ○ 臨川吳氏曰 太極은 無動靜하니 動靜者는 氣機也라 氣機一動則太極亦動하고 氣機一靜則太極亦靜이니라 又曰 機는 猶弩牙하니 弩弦乘此機는 如乘馬之乘이라 機動則弦發이요 機靜則弦不發이며 氣動則太極亦動하고 氣靜則太極亦靜하니 太極之乘此氣 猶弩弦之乘機也라 故曰 動靜者는 所乘之機라하니 謂其所乘之氣機 有動靜이요 而太極本然之妙는 無動靜也라 然弩弦與弩機는 却是兩物이어니와 太極與此氣는 非有兩物이라 只是主宰此氣者便是요 非別有一物在氣中而主宰之也라 機字는 是借物爲喩니 不可以辭害意니라

朱子가 말씀하였다. "識者들이 말하기를 '이 말씀이 가장 정밀하다.' 한다. 太極은 理이고 陰陽은 氣이니 理는 형체가 없고 氣는 자취가 있다. 氣가 이미 動靜이 있으면 싣고 있는 理 역시 어찌 動靜이 없겠는가. 太極은 다만 理이니 理는 動靜으로 말할 수가 없고, 理는 氣에 붙여 있으니 動靜이 없을 수 없다." 또 말씀하기를 "氣가 행하면 理 또한 행하여 두 가지가 서로 의지하여 일찍이 서로 떨어지지 않는다." 하고, 또 말씀하기를 '"理에 動靜이 있으나 理는 볼 수가 없고 陰陽을 인하여 안다.'고 하니, 마치 사람이 말을 타는 것과 같다." 하고, 또 말씀하기를 "機는 氣機이다." 하였다.

○ 勉齋黃氏(黃榦)가 말하였다. "'太極이 動하여 陽을 낳고 靜하여 陰을 낳는다.' 하였으니, 太極은 動하고 靜할 수 있는 물건이 아니요 動하고 靜하는 것은 陰陽이다. 이 때문에 朱子의 〈太極圖解〉에 이르기를 '動하고 靜하는 것은 탄 바의 機(기틀)이다.〔動靜者 所乘之氣〕' 하였으니, '所乘之機' 네 글자가 가장 알기 어렵다. 옛날 蔡季通(蔡元定)이 朱先生을 대하여 '탄 바의 機를 어떻게 하여야 좋게 할 수 있습니까?' 하고 묻자, 선생은 미소만 지으셨으니, 대저 다만 太極이 어떤 것을 탔는가를 보아야 한다. 機가 動하는 機를 타고 있으면 곧 動하고, 靜하는 機를 타고 있으면 곧 靜하니, 太極은 스스로 動하고 靜하지 못한다. '이미 陰陽이라면 어찌하여 또 陰을 낳고 陽을 낳는다고 말했습니까?' 하고

묻자, 〈朱子는〉 다음과 같이 말씀하였다. '陰을 낳고 陽을 낳는 것은 또한 陽이 생겨나고 陰이 생겨난다고 말하는 것과 같으니, 太極이 陰陽을 따라 動하고 靜하니, 陰陽은 動하고 靜함에서 볼 수 있다. 생겨난다는 것은 太極이 그 속에 있는 것이 아니요, 陰陽이 그 쪽에 있어서 생겨나는 것이다. 비유하면 개미가 맷돌 위에 있는 것과 똑같아서 맷돌이 움직이면 개미도 따라 움직이고 맷돌이 멈추면 개미도 따라 멈추니, 개미가 맷돌을 따라 돌지만 개미의 動하고 靜함으로 인하여 맷돌의 動하고 靜함을 볼 수 있는 것이다.'"

○ 臨川吳氏가 말하였다. "太極은 動하고 靜함이 없으니, 動하고 靜하는 것은 氣機이다. 氣機가 한 번 動하면 太極이 또한 動하고 氣機가 한 번 靜하면 太極 또한 靜하는 것이다." 또 말하였다. "機는 弩牙(쇠뇌의 기아)와 같으니, 弩弦(쇠뇌의 줄)이 이 機를 타는 것은 乘馬(말을 탐)의 乘과 같다. 機가 動하면 쇠뇌의 줄이 발사되고 機가 靜하면 쇠뇌의 줄이 발사되지 않으며, 氣가 動하면 太極이 또한 動하고 氣가 靜하면 太極이 또한 靜하니, 太極이 이 氣를 타는 것은 弩弦이 機를 타는 것과 같다. 그러므로 '動하고 靜하는 것은 탄 바의 機'라 한 것이니, 탄 바의 氣機가 動靜이 있음을 이른 것이요, 太極의 本然의 묘함은 動靜이 없다. 그러나 弩弦과 弩機는 두 물건이지만 太極과 이 氣는 두 물건이 있는 것이 아니다. 다만 이 氣를 주재하는 것이 바로 이 太極이요, 별도로 한 물건이 氣 가운데 있어 주재하는 것이 아니다. 機字는 바로 물건을 빌어 비유한 것이니, 말을 가지고 本意를 해쳐서는 안 된다."

**9** 【釋疑】形而上……形而下：繫辭라 程子曰 有形은 皆器也라 ○ 朱子曰 器는 是形迹이니라

〈繫辭傳〉에 보인다. 程子가 말씀하였다. "形體가 있는 것은 모두 器이다." ○ 朱子가 말씀하였다. "器는 바로 形迹이다."

**10** 【釋疑】推之於前……其終之離也：沙溪曰 理與氣 推之於陰陽未生之前하고 引之於陰陽已生之後也라

沙溪가 말씀하였다. "理와 氣가 陰陽이 생기기 이전에 미루어가고, 陰陽이 이미 생긴 뒤에 이끌어가는 것이다."

**11** 【釋疑】用起天地先 體立天地後：沙溪曰 用與體는 皆指陰陽而言이라 陰陽之用은 起於天地未形之先이요 陰陽之體는 乃立於天地已成之後하니 天地亦陰陽中之物也라 體는 形體之體니 氣爲用이요 質爲體니라 ○ 按 朱子以動而生陽, 靜而生陰으로 爲一定而不移어늘 葉氏는 則以此로 爲流行하고 朱子는 以動靜互爲其根으로 爲流行이어늘 葉氏는 以此로 爲一定而不易하니 語意頗不同이라 然葉氏亦

以爲流行中에 定分未嘗亂이요 對待中에 妙用實相流通이라하니라

沙溪가 말씀하였다. "用과 體는 모두 陰陽을 가리켜 말한 것이다. 陰陽의 用은 天地가 나타나기 전에 시작되고 陰陽의 體는 天地가 이미 이루어진 뒤에 비로소 성립되니, 天地 또한 陰陽 가운데의 한 물건이다. 體는 形體의 體이니, 氣가 用이 되고 質이 體가 된다."

○ 살펴보건대 朱子는 動하여 陽을 낳고 靜하여 陰을 낳는 것을 가지고 一定하여 옮길 수 없는 것이라고 하였는데 葉氏는 이것을 流行이라 하였고, 朱子는 動과 靜이 서로 뿌리가 되는 것을 가지고 流行이라 하였는데 葉氏는 이것을 一定하여 바뀌지 않는 것이라고 하였으니, 말뜻이 자못 다르다. 그러나 葉氏 또한 '流行하는 가운데에 定分이 일찍이 어지럽지 않고 對待하는 가운데에 妙用이 실로 서로 流通된다.'고 말하였다.

## 1-3 陽變陰合하야 而生水火木金土하니 五氣順布에 四時行焉[1]이니라

陽이 변하고 陰이 합하여 水·火·木·金·土를 낳으니, 五行의 기운이 순차적으로 펴짐에 四時가 행하게 된다.

朱子曰 有太極則一動一靜而兩儀分하고 有陰陽則一變一合而五行具라 然五行者는 質具於地而氣行於天者也니 以質而語其生之序하면 則曰水火木金土而水木은 陽也요 火金은 陰也며 以氣而語其行之序[2]하면 則曰木火土金水而木火는 陽也요 金水는 陰也니라 〈又統而言之하면 則氣陽而質陰也요 又錯而言之하면 則動陽而靜陰也라 蓋五行之變이 至於不可窮이나 然無適而非陰陽之道요 至其所以爲陰陽者하야는 則又無適而非太極之本然也니 夫豈有所虧欠間隔哉아〉[3] ○ 或問 陽何以言變이며 陰何以言合이닛가 曰 陽動而陰隨之라 故云變合이니라 ○ 愚謂 水火木金土者는 陰陽生五行之序也요 木火土金水者는 五行自相生之序也니라 曰 五行之生이 與五行之相生으로 其序不同은 何也오 曰 五行之生也는 蓋二氣之交 變合而各成하니 天一生水하고 地二生火하고 天三生木하고 地四生金하고 天五生土하니 所謂陽變陰合而生水火木金土 是也라 五行之相生也는 蓋一氣之推 循環相

**因**하야 **木生火**하고 **火生土**하고 **土生金**하고 **金生水**하고 **水復生木**하니 **所謂五氣順布**에 **四時行焉**이 **是也**니라 **曰 其所以有是二端**은 **何也**오 **曰 二氣變合而生者**는 **原於對待之體也**요 **一氣循環而生者**는 **本於流行之用也**[4]니라

朱子가 말씀하였다.

"太極이 있으면 한 번 動하고 한 번 靜하여 兩儀가 나누어지고, 陰陽이 있으면 한 번 변하고 한 번 합하여 五行이 갖추어진다. 그러나 五行이란 것은 形質은 땅에 갖추어지고 기운은 하늘에 운행하니, 形質로써 태어나는 순서를 말하면 水·火·木·金·土인데 水·木은 陽이고 火·金은 陰이며, 기운으로써 운행하는 순서를 말하면 木·火·土·金·水인데 木·火는 陽이고 金·水는 陰이다. 〈또 통합하여 말하면 氣는 陽이고 質은 陰이며, 또 번갈아 말하면 動은 陽이고 靜은 陰이다. 五行의 변함이 다할 수 없음에 이르나 가는 곳마다 陰陽의 道 아님이 없고, 그 陰陽이 된 所以에 이르러서는 또 가는 곳마다 太極의 本然 아님이 없으니, 어찌 부족함과 間隔이 있겠는가.〉"

○ 혹자가 "陽을 어찌하여 變이라 말하고 陰을 어찌하여 合이라 말합니까?" 하고 묻자, 朱子가 말씀하였다.

"陽이 동하면 陰이 따르므로 변하고 합했다고 말한 것이다."

○ 내가 생각하건대 水·火·木·金·土는 陰陽이 五行을 낳은 순서이고, 木·火·土·金·水는 五行이 스스로 相生하는 순서이다.

"五行의 생겨남이 五行의 相生과 순서가 같지 않음은 어째서입니까?" 하고 묻자, 朱子가 말씀하였다.

"五行의 생겨남은 陰陽 두 기운의 사귐이 변하고 합하여 각각 이루어지니, 하늘이 1로 水를 낳고 땅이 2로 火를 낳고 하늘이 3으로 木을 낳고 땅이 4로 金을 낳고 하늘이 5로 土를 낳으니, 이른바 '陽이 변하고 陰이 합하여 水·火·木·金·土를 낳는다.'는 것이 이것이다. 五行의 相生은 한 기운의 미룸이 순환하여 서로 인해서 木은 火를 낳고 火는 土를 낳고 土는 金을 낳고 金은 水를 낳고 水는 다시 木을 낳으니, 이른바 '五行의 기운이 순차적으로 펴짐에 四時가 운행하게 되었다.'는 것이 이것이다."

"이 두 가지가 있는 까닭은 어째서입니까?" 하고 묻자, 朱子가 말씀하였다.

"이 두 기운이 변하고 합하여 낳는 것은 待對의 體에 근원한 것이요, 한 기운이 순환하여 낳는 것은 流行의 用에 본원한 것이다."

1 【釋疑】陽變陰合……四時行焉 : 問陰盛이 何以居右며 陽盛이 何以居左오 朱子曰 左右는 但以陰陽之分耳니라 ○ 水는 質陰而性本陽이요 火는 質陽而性本陰이라 水는 外暗而內明하니 以其根於陽也요 火는 外明而內暗하니 以其根於陰也일새라

"陰이 盛한 것이 어찌하여 오른쪽에 있고 陽이 盛한 것이 어찌하여 왼쪽에 있습니까?" 하고 묻자, 朱子가 말씀하였다. "左와 右는 다만 陰과 陽을 나눈 것일 뿐이다."

○ 물은 質은 陰이지만 性은 본래 陽이고, 불은 質은 陽이지만 性은 본래 陰이다. 水는 밖은 어둡고 안은 밝으니 이는 陽에 뿌리하였기 때문이요, 火는 밖은 밝고 안은 어두우니 이는 陰에 뿌리하였기 때문이다.

2 【釋疑】以質而語其生之序……以氣而語其行之序 : 問以質而語其生之序는 此豈就圖而指其序耶아 水木을 何以謂之陽이며 火金을 何以謂之陰고 朱子曰 天一生水하고 地二生火하고 天三生木하고 地四生金하니 一三은 陽也요 二四는 陰也니라 問以氣而語其行之序하면 則木火土金水라하니 此豈卽其運用處而言之耶아 木火를 何以謂之陽이며 金水를 何以謂之陰고 曰 此는 以四時而言이니 春夏는 爲陽이요 秋冬은 爲陰이니라

"質로써 낳는 순서를 말했다는 것은 圖式에 나아가 그 순서를 가리킨 것입니까? 水와 木을 어찌하여 陽이라 이르고 火와 金을 어찌하여 陰이라 일렀습니까?" 하고 묻자, 朱子가 말씀하였다. "하늘이 一로 水를 낳고 地가 二로 火를 낳았으며 天이 三으로 木을 낳고 地가 四로 金을 낳았으니, 一과 三은 陽이고 二와 四는 陰이다." "氣로써 운행하는 순서를 말하면 木·火·土·金·水라고 하였으니, 이는 아마도 運用하는 곳에 나아가 말한 것입니까? 木과 火를 어찌하여 陽이라 이르고, 金과 水를 어찌하여 陰이라 일렀습니까?" 하고 묻자, 朱子가 말씀하였다. "이것은 四時로 말한 것이니, 봄과 여름은 陽이 되고 가을과 겨울은 陰이 된다."

3 【譯註】〈又統而言之……間隔哉아〉 : 葉采가 〈太極圖說〉의 註解에, 朱子의 註를 全文 그대로 싣지 않고 删略하였으므로 빠진 부분을 〈 〉으로 묶어 구분하여 보충해서 참고하도록 하였다. 이하도 이와 같다.

4 【譯註】二氣變合而生者……本於流行之用也 : 二氣는 陰·陽을 가리키고 對待는 1과 6, 2와 7, 3과 8, 4와 9, 5와 10을 이른다. 앞의 내용은 陽이 변하고

陰이 합하여 一六水, 二七火, 三八木, 四九金, 五十土를 낳았음을 이르고, 뒤의 내용은 造化의 기운이 四時에 유행하여 봄은 木, 여름은 火, 季夏는 土, 가을은 金, 겨울은 水로 순환함을 말한 것이다.

## 1-4 五行은 一陰陽也요 陰陽은 一太極也[1]니 太極은 本無極也라

五行은 한 陰·陽이요 陰·陽은 한 太極이니, 太極은 본래 無極이었다.

朱子曰 五行具면 則造化發育之具 無不備矣라 故又卽此而推本之하야 以明其渾然一體 莫非無極之妙요 而無極之妙 亦未嘗不各具於一物之中也라 蓋五行異質하고 四時異氣나 而皆不能外乎陰陽하니 五殊二實이 無餘欠也요 陰陽異位하고 動靜異時나 而皆不能離乎太極하니 精粗本末이 無彼此也[2]라 至於所以爲太極者하야는 又無聲臭之可言也니라 〈是性之本體然也라 天下에 豈有性外之物哉아 然五行之生이 隨其氣質하야 而所稟不同하니 所謂各一其性也라 各一其性이면 則渾然太極之全體 無不各具於一物之中하야 而性之無所不在를 又可見矣리라〉 ○ 愚按 此圖는 卽繫辭易有太極 是生兩儀, 兩儀生四象之義而推明之也라 但易以卦爻言이요 圖以造化言이니 卦爻固所以擬造化也니라

朱子가 말씀하였다.

"五行이 갖추어지면 造化의 發育하는 도구가 갖추어지지 않음이 없다. 그러므로 또 여기에 나아가 미루어 근본하여, 渾然의 一體가 無極의 묘함 아님이 없고 無極의 묘함이 또한 각각 한 물건의 가운데에 갖추어지지 않음이 없음을 밝힌 것이다. 五行은 形質이 다르고 四時는 기운이 다르나 모두 陰陽을 벗어나지 못하니, 다섯 가지(五行) 다른 것과 두 가지(陰·陽) 실제가 남거나 부족함이 없으며, 陰陽이 자리가 다르고 動靜이 때가 다르나 모두 太極을 떠나지 못하니, 精粗와 本末이 彼此가 없는 것이다. 太極이 된 所以에 이르러서는 또 말할 만한 소리와 냄새가 없는 것이다. 〈이는 性의 本體가 그러한 것이다. 天下에 어찌 性 밖의 물건이 있겠는가. 그러나 五行의 낳

음이 그 氣質에 따라서 품부받은 것이 똑같지 않으니, 이른바 '각기 그 性을 하나씩 간직했다.'는 것이다. 각기 그 性을 하나씩 간직하면 渾然한 太極의 全體가 한 물건의 안에 각기 갖추어지지 않음이 없어서 性이 있지 않은 곳이 없음을 또 알 수 있을 것이다.〉"

○ 내가 살펴보건대 이 〈太極圖〉는 곧 〈繫辭傳〉에 "易에 太極이 있으니 이것이 兩儀를 낳고 兩儀가 四象을 낳는다."는 뜻을 미루어 밝힌 것이다. 다만 《周易》은 卦爻로 말하였고, 〈太極圖〉는 造化로 말하였으니, 卦爻는 진실로 造化를 모의한 것이다.

**1** 【釋疑】五行……一太極也 : 韻會曰 五行이 運於天地間에 未嘗停息故로 名五行이라하니라 ○ 朱子曰 太極陰陽五行을 只將元亨利貞看이면 甚好라 太極은 是元亨利貞이 都在上面이요 陰陽은 是利貞是陰이요 元亨是陽이며 五行은 是元是木, 亨是火, 利是金, 貞是水니라

《韻會》에 말하였다. "五行이 天地 사이에 運行함에 일찍이 멈추거나 쉬지 않는다. 그러므로 五行이라 이름한 것이다."

○ 朱子가 말씀하였다. "太極과 陰陽과 五行을 다만 元·亨·利·貞을 가지고 보면 매우 좋다. 太極은 元·亨·利·貞이 모두 上面에 있고, 陰陽은 利貞은 바로 陰이고 元亨은 바로 陽이며, 五行은 元은 木이고 亨은 火이고 利는 金이고 貞은 水이다."

**2** 【釋疑】精粗本末 無彼此也 : 沙溪曰 熊氏註에 云 太極爲精이요 陰陽爲粗며 太極爲本이요 陰陽爲末이라하니 此註恐誤라 栗谷嘗曰 精粗本末은 以氣言也라 一理는 通於無精無粗하야 無本末彼此之間也라하시니라 後來에 讀朱子書하니 有曰 不論氣之精粗하고 而莫不有是理云云하니 栗谷之說이 實出於此라 熊說을 不可從也니라

沙溪가 말씀하였다. "熊氏의 註에 '太極이 精한 것이 되고 陰陽이 거친 것이 되며, 太極이 本이 되고 陰陽이 末이 된다.' 하였으니, 이 註는 잘못된 것인 듯하다. 栗谷이 일찍이 말씀하기를 '精粗와 本末은 氣로 말한 것이다. 한 이치는 정한 것과 거친 것을 모두 통하여 本末과 彼此의 간격이 없다.'고 하였다. 後日에 朱子의 책을 읽어보니, 거기에 '氣의 精粗를 막론하고 이 이치가 있지 않은 것이 없다.' 하였으니, 栗谷의 말씀은 실로 여기에서 나온 것이다. 熊氏의 말을 따를 수 없다."

## 1-5 五行之生也에 各一其性[1]이니라

五行이 생겨남에 각기 그 性을 하나씩 간직하였다.

張南軒曰 五行生質이 雖有不同이나 然太極之理未嘗不存也요 五行各一其性이면 則爲仁義禮智信之理而五行各專其一이니라

張南軒(張栻)이 말하였다.

"五行의 생겨남과 形質이 비록 같지 않음이 있으나 太極의 이치가 일찍이 존재하지 않음이 없고, 五行이 각각 그 性을 하나씩 간직하면 仁·義·禮·智·信의 이치가 되어 五行이 각각 그 한 가지를 오로지 하는 것이다."

1 【釋疑】五行之生也 各一其性 : 勉齋黃氏曰 所謂五行之生 各一其性者는 言五行之成質이 雖其別有五나 而各具一太極也니라 ○ 按 朱子又嘗曰 無極之妙亦未嘗不各具於一物之中이라하시니 則此性字는 以理言也라 大槪以文勢觀之하면 則自五行而推本之하야 至於無極이요 又反言其無極之妙 無不各具於一物之中이라 朱子論此非一이나 而恐此爲定論也로라

勉齋黃氏가 말하였다. "이른바 五行이 생겨남에 각기 그 性을 하나씩 간직했다는 것은 五行의 質을 이룸이 비록 그 분별은 다섯 가지가 있으나 각기 한 太極을 갖추고 있음을 말한 것이다."

○ 살펴보건대 朱子가 또 일찍이 말씀하기를 "無極의 妙가 또한 일찍이 한 물건의 가운데에 각각 갖추어져 있지 않음이 없다." 하였으니, 그렇다면 이 性字는 理로 말한 것이다. 대체로 文勢를 가지고 보면 五行으로부터 미루어 근본하여 無極에 이르렀고, 또 無極의 妙가 한 물건의 가운데에 각각 갖추어져 있지 않음이 없음을 다시 말한 것이다. 朱子가 이것을 논한 것이 한두 가지가 아니나 아마도 이것이 定論일 듯하다.

## 1-6 無極之眞과 二五之精이 妙合而凝하야 乾道成男하고 坤道成女하야 二氣交感하야 化生萬物하니 萬物生生而變化無窮焉[1]이니라

無極의 眞理와 二氣·五行의 精氣가 묘하게 합하고 엉기어, 乾道는

男(수컷)을 이루고 坤道는 女(암컷)를 이루어 두 기운이 交感하여 萬物을 化生하니, 萬物이 낳고 낳아 변화가 무궁하게 된다.

朱子曰 〈夫天下無性外之物하야 而性無不在하니 此無極二五所以混融而無間者也니 所謂妙合者也라〉 眞은 以理言하니 無妄之謂也요 精은 以氣言하니 不二之名也라 妙合者는 太極二五 本混融而無間也라 凝者는 聚也니 氣聚而成形也라 蓋性爲之主而陰陽五行이 爲之經緯錯綜[2]호되 又各以類凝聚而成形焉하니 陽而健者成男은 則父之道也요 陰而順者成女는 則母之道也니 是人物之始에 以氣化而生者也라 氣聚成形이면 則形交氣感하야 遂以形化而人物生生하야 變化無窮矣라 自男女而觀之하면 則男女各一其性하야 而男女一太極也요 自萬物而觀之하면 則萬物各一其性하야 而萬物一太極也니 蓋合而言之하면 萬物統體一太極也요 分而言之하면 一物各具一太極也니라 〈所謂天下無性外之物하야 而性無不在者를 於此에 尤可以見其全矣리라 子思子曰 君子語大인댄 天下莫能載焉이요 語小인댄 天下莫能破焉이라하시니 此之謂也니라〉 ○ 愚按 繫辭에 天地絪縕에 萬物化醇은 氣化也요 男女構精에 萬物化生은 形化也니 圖說이 蓋本諸此하니라

朱子가 말씀하였다.

"〈天下에는 性 밖의 물건이 없어서 性이 있지 않은 곳이 없다. 이는 無極과 二氣·五行이 混融하여 間隔이 없는 것이니, 이른바 妙合이라는 것이다.〉 眞은 이치로 말하였으니 無妄을 이르고, 精은 기운으로 말하였으니 不二(둘로 하지 않음)의 명칭이다. 妙合이라는 것은 太極과 二氣·五行이 본래 混融하여 간격이 없는 것이다. 凝은 모임이니 氣가 모여 形體를 이루는 것이다. 性이 主體가 되고 陰陽과 五行이 經緯와 錯綜이 되는데, 또 각각 類에 따라 모여 형체를 이룬다. 陽으로서 굳센 것이 男을 이루니 이는 아버지의 道요, 陰으로서 순한 것이 女를 이루니 이는 어머니의 道인 바, 이는 사람과 물건이 처음에 氣로써 化하여 생겨난 것이다. 氣가 모여 形體를 이루면 형체가 교접하고 기운이 감동되어 마침내 형체로써 化하여 사람과 물건이 낳고 낳아 변화가 무궁하다. 男女의 입장에서 보면 남녀가 각각 그 性을

하나씩 간직하여 남녀가 한 太極이요, 萬物의 입장에서 보면 만물이 각각 그 性을 하나씩 간직하여 만물이 한 太極이다. 합하여 말하면 萬物이 한 太極을 統合하여 本體로 간직하였고, 나누어 말하면 한 물건이 각각 한 太極을 간직하고 있는 것이다. 〈이른바 '天下에는 性 밖의 물건이 없어서 性이 있지 않은 곳이 없다.'는 것을 여기에서 더욱 그 온전함을 볼 수 있을 것이다. 子思子가 말씀하기를 '君子가 큰 것을 말하면 天下가 실을 수 없고, 작은 것을 말하면 天下가 깨뜨릴 수 없다.' 하였으니, 이것을 말한 것이다.〉"

○ 내가 살펴보건대 〈繫辭傳〉에 '天地의 기운이 絪緼함에 만물이 化醇한다.'는 것은 氣化이고, '男女가 精氣를 맺음에 만물이 化生한다.'는 것은 形化이니, 〈太極圖說〉은 여기에서 근본한 것이다.

**【張伯行 註】五行雖各一性**이나 **而其本**은 **實出於無極**하니 **蓋無極**은 **原是實有之理**니 **所謂眞也**요 **至於二氣五行**하야는 **載理以出**하니 **其中**이 **無非粹然之氣**니 **所謂精也**라 **眞實之理**와 **精醇之氣 妙於會合**하야 **而凝聚成形**이면 **則見其陽之健者乾道也**니 **實成爲男而父道以立**이요 **陰之順者坤道也**니 **實成爲女而母道以立**이라 **於是**에 **理宰乎氣**하야 **而二氣錯綜變化**하야 **以生萬物**하니 **是人物之以氣化而生者**니 **原得理氣眞精之妙**하야 **而萬物同出於太極也**라 **旣氣化成形**이면 **而萬物**이 **遂各以形氣交感**하야 **生生不已**하야 **而陽變陰化 靡有窮盡**하니 **是人物之以形化而生者**니 **又各得理氣眞精之妙**하야 **而萬物各有一太極也**라 **夫合言之**면 **而萬物統體一太極**이요 **分言之**면 **而萬物各具一太極**이니 **則物之不能離性而性之隨在各足**이 **不又大彰明較著哉**아

五行이 비록 각기 性을 간직하였으나 그 근본은 실로 無極에서 나왔다. 無極은 원래 실제로 있는 이치이니 이른바 眞이란 것이고, 二氣와 五行에 이르러서는 理를 싣고 나오니 그 가운데가 순수한 氣 아님이 없어서 이른바 精이란 것이다. 진실한 이치와 精醇한 氣가 묘하게 會合하여 응집되어 형체를 이루면, 陽의 굳셈은 乾道이니 실로 男이 되어 아버지의 道가 확립되고, 陰의 순함은 坤道이니 실로 女가 되어 어머니의 道가 확립됨을 볼 수 있다. 이에 理가 氣를 주재하여 陰陽 두 기운이 錯綜하고 變化해서 萬物을 낳으

니, 이는 사람과 물건이 氣化로 생긴 것으로, 원래 理氣의 眞精의 妙를 얻어서 만물이 똑같이 太極에서 나온 것이다. 그리고 이미 氣化하여 형체를 이루면 萬物이 마침내 각각 形氣로 交感하여 낳고 낳아 그치지 않아서 陽의 변함과 陰의 화함이 다함이 없으니, 이는 사람과 물건이 形化로 태어난 것으로, 또 각각 理氣의 眞精의 妙를 얻어서 萬物이 각기 한 太極을 소유한 것이다. 합하여 말하면 萬物이 한 太極을 統體한 것이고, 나누어 말하면 萬物이 각기 한 太極을 갖춘 것이니, 물건이 性을 떠날 수 없고 性이 있는 곳을 따라 각각 충족함이 또 크게 분명하고 드러나지 않겠는가.

**1** 【釋疑】無極之眞……變化無窮焉：乾道成男，坤道成女는 繫辭라 說卦에 乾은 健也요 坤은 順也라하니라 ○ 朱子曰 變者는 化之漸이요 化者는 變之成이니라 ○ 問周子言無極之眞하고 却不言太極하니 如何오 朱子曰 無極之眞이 已該得太極在其中하니 眞字便是太極이니라 ○ 眞者는 理也요 精者는 氣也니 理與氣合故로 能成形이라 先有理，後有氣하고 先有氣，後有理를 皆不可得而推究니 以意度之하면 則疑此氣是依傍這理行이라가 及此氣之聚하야는 則理亦在焉이라 蓋氣는 則能凝聚造作이요 理는 却無情意，無造作하니 卽此氣凝聚處에 理便在其中이니라 ○ 凝은 是此氣結聚하야 自然生物이라 乾道成男，坤道成女는 通人物言之라 在動物에 如牝牡之類요 在植物에 亦有男女하니 如麻有牡麻하고 及竹有雌雄之類니라 ○ 潛室陳氏曰 氣化는 謂未有種類之初에 陰陽之氣 合而生이요 形化는 謂旣有種類之後에 牝牡之形이 合而生이니 皆兼人物言之니라

乾道가 男을 이루고 坤道가 女를 이룬다는 것은 〈繫辭傳〉에 보인다. 〈說卦傳〉에 “乾은 굳셈이고 坤은 순함이다.” 하였다.

○ 朱子가 말씀하였다. “變은 化의 점진이고 化는 變의 완성이다.”

○ “周子가 無極의 眞을 말씀하고 太極을 말씀하지 않았으니, 어째서입니까?” 하고 묻자, 朱子가 말씀하였다. “無極의 眞이 이미 太極을 포함하여 그 가운데 있으니, 眞字가 바로 太極이다.”

○ 眞은 理이고 精은 氣이니 理와 氣가 합하였으므로 형체를 이루는 것이다. 먼저 理가 있고 뒤에 氣가 있으며 먼저 氣가 있고 뒤에 理가 있음을 모두 미루어 연구할 수가 없으니, 뜻으로 헤아려보면 의심컨대 이 氣는 이 理를 의지하여 행하다가 이 氣가 모임에 이르면 理가 또한 그 안에 들어있는 것이다. 氣는 凝聚하여 造作할 수 있고 理는 情意가 없고 造作이 없으니, 바로 이 氣가 응취하는 곳에 理가 그 가운데에 들어 있는 것이다.

○ 凝은 이 氣가 結集되어 자연히 물건을 낳는 것이다. 乾道가 男을 이루고 坤道가 女를 이룬다는 것은 사람과 물건을 통틀어 말한 것이다. 동물 중에 암컷과 수컷이 있는 것과 같은 따위이고, 식물에도 男女가 있으니 삼에도 수삼이 있고 대나무에도 雌雄이 있는 것과 같은 따위이다.

○ 潛室陳氏(陳埴)가 말하였다. "氣化는 종류가 있기 이전의 초기에 陰과 陽의 氣가 합하여 생김을 이르고 形化는 이미 종류가 있은 뒤에 암컷과 수컷의 形體가 결합하여 낳음을 이르니, 이는 모두 사람과 물건을 겸하여 말한 것이다."

**2** 【釋疑】性爲之主……經緯錯綜 : 朱子曰 無極之理는 便是性이니 性爲之主하고 而二氣五行이 經緯錯綜於其間也라 ○ 按 程子曰 絪縕은 陰陽之感이라하고 本義에 絪縕은 交密之狀요 醇은 謂厚而凝也라 臨川吳氏曰 天地之二氣交故로 物之以氣化者 其氣醲厚而能醇이요 男女之二氣交故로 物之以形化者 其精이 凝聚而能生이라하니라

朱子가 말씀하였다. "無極의 理는 바로 性이니, 性이 주체가 되고 二氣와 五行이 이리저리 그 사이에 번갈아 교착하는 것이다."

○ 살펴보건대 程子가 말씀하기를 "絪縕은 陰陽의 감동이다." 하였고, 朱子의 《本義》에 "絪縕은 사귐이 치밀한 모양이요, 醇은 후하여 엉김이다." 하였다. 臨川吳氏가 말하였다. "天地의 두 기운이 사귀므로 물건 중에 氣로 化生하는 것은 기운이 醲厚하여 뭉치고, 男女의 두 기운이 사귀므로 물건 중에 形體로 化生하는 것은 그 精이 응집되어 생기는 것이다."

## 1-7 惟人也 得其秀而最靈하니 形既生矣에 神發知矣라 五性感動하야 而善惡分하고 萬事出矣[1·2]니라

오직 사람만이 빼어난 기운을 얻어 가장 영특하니, 形體가 이미 생김에 神이 지혜를 발한다. 그리하여 五性이 감동하여 善·惡이 나누어지고 萬事가 나오는 것이다.

朱子曰 此는 言衆人이 具動靜之理而常失之於動也라 蓋人物之生에 莫不有太極之道焉이나 然陰陽五行氣質交運而人之所稟이 獨得其秀라 故 其心이 爲最靈而有以不失其性之全하니 所謂天地之心[3]而人之極也라 然 形生於陰하고 神發於陽하니 五常之性이 感物而動하야 而陽善陰惡[4]이 又以

類分이요 而五性之殊 散爲萬事하니 蓋二氣五行이 化生萬物호되 其在人者 又如此也니라 〈自非聖人全體太極하야 有以定之면 則欲動靜勝하야 利害相攻하야 人極不立而違禽獸不遠矣리라〉

朱子가 말씀하였다.

"이는 衆人이 動靜의 이치를 갖추고 있으나 항상 動에 잃음을 말한 것이다. 사람과 물건이 태어남에 太極의 道가 있지 않음이 없으나 陰陽 五行의 氣質이 서로 운행하는데, 사람의 품부받은 것이 유독 그 빼어난 기운을 얻었다. 그러므로 그 마음이 가장 영특하여 性의 온전함을 잃지 않을 수 있으니, 이른바 天地의 마음으로 사람의 極이라는 것이다. 그러나 形體는 陰에서 생기고 神은 陽에서 나오니 五常의 性이 물건에 감응하여 動함에 陽의 善과 陰의 惡이 또 類에 따라 나누어지고, 五性의 다름이 흩어져 萬事가 되니 二氣와 五行이 만물을 化生하되 사람에게 있는 것은 또 이와 같은 것이다. 〈만일 聖人이 太極의 全體를 온전히 체득하여 定함이 있지 않다면 욕심이 動하고 情이 이겨서 利害가 서로 공격하여 人極이 서지 못하여 禽獸와의 거리가 멀지 않을 것이다.〉"

**1** 【漢文大系】惟人也……萬事出矣 : 朱子曰 及其感動이면 則中節者爲善이요 不中節者爲不善이라 ○ 欄外書曰 秀는 謂精英也라 又曰 心之靈光之謂知니 卽良知也니 神發之也라 繫傳云 乾知大始라하고 又云 乾以易知라하니 周子蓋原本於此어늘 而注家於知字無釋하니 可疑라

朱子가 말씀하였다. "느껴 動함에 이르면 節度에 맞는 것은 善이 되고 節度에 맞지 않는 것은 不善이 된다."

○《欄外書》에 말하였다. "秀는 精英을 이른다." 또 말하였다. "마음의 신령스러움과 빛남을 知라 하니, 바로 良知로 神이 이것을 나오게 하는 것이다.《周易》〈繫辭傳〉에 이르기를 '乾은 大始를 주관하다.〔乾知大始〕' 하고, 또 이르기를 '乾은 쉬움으로 주관한다.〔乾以易知〕' 하였으니, 周子의 말씀이 여기에 근본한 것인데, 註釋家들이 知字에 대하여 해석한 것이 없으니 의심할 만하다."

**2** 【釋疑】惟人也……萬事出矣 : 朱子曰 靈處는 只是心이요 不是性이라 性은 只是理요 知覺은 是心之靈이니 得其秀而最靈은 乃氣質以後之事니라

朱子가 말씀하였다. "신령스러운 곳은 다만 마음이고 性이 아니다. 性은 다

만 理이고 知覺은 바로 마음의 靈이니, 그 빼어난 가운을 얻어 가장 영특하다는 것은 氣質 이후의 일이다."

3 【釋疑】天地之心：按 人者天地之心은 出二程全書라 語類에 亦引之曰 人爲天地之心이라하니라

살펴보건대 人者天地之心은《二程全書》에 보인다.《語類》에서도 이것을 인용하여 "사람은 天地之心이 된다." 하였다.

4 【釋疑】陽善陰惡：朱子曰 以陰陽善惡言之하면 則陰陽之正은 皆善也요 其沴(려)는 皆惡也며 以象類言之하면 則陽善而陰惡이니라

朱子가 말씀하였다. "陰陽과 善惡을 가지고 말하면 陰陽의 바른 것은 모두 善이고 잘못된 것은 모두 惡이며, 象類를 가지고 말하면 陽은 善이고 陰은 惡이다."

## 1-8 聖人이 定之以中正仁義而主靜[1]하사 立人極焉이라

聖人이 中·正·仁·義로써 定하되 靜을 주장하시어 사람의 極을 세우셨다.

本註云 聖人之道 仁義中正而已矣라 無欲故靜이라

本註에 이르기를 "聖人의 道는 仁義中正일 뿐이다. 욕심이 없기 때문에 靜한 것이다." 하였다.

【張伯行 註】此는 承上文하야 言人爲萬物之靈이나 但衆人은 因物有遷하야 而聖人之敎를 不得不立也라 蓋萬物이 雖同具太極하야 同有其性이나 而人則得天地之秀하야 而心獨靈於凡物이라 夫陰之聚而成形者 旣生而有其質矣요 陽之運而爲神者 又發而有其知矣라 於是에 仁義禮智信五性이 感物而動하야 或得義理之正하야 進乎陽明而爲善하고 或任血氣之偏하야 入於陰暗而爲惡하야 善惡從此分而遇事接物하야 萬變不同하야 萬事從此出矣니 不有以定之면 將欲動情勝하야 其不同於禽獸者幾希리라 幸有聖人出하야 氣質淸明하야 尤爲秀中之秀라 乃念人同此性이요 性同此理하사 於是에 修道爲敎而定之以大中之禮와 至正之智와 不忍之仁과 合宜之義하니 凡此皆全體太極이라 無分動靜하야 其動處必如乎靜然後에 爲陰陽合德,

**性量無虧**라 **故一主乎靜**하야 **而人極因以立焉**이라 **然則同具動靜之理**로되 **而衆人**은 **失之於動者**어늘 **聖人則以動亦定, 靜亦定者**로 **立人極**하야 **以一天下之動**하니 **其成己成物之功**이 **抑何大耶**아

이는 윗글을 이어서 사람이 萬物의 영장이 되나 다만 衆人은 물건을 따라 옮겨가서 聖人의 가르침을 세우지 않을 수 없음을 말한 것이다. 萬物이 비록 똑같이 太極을 갖추어 똑같이 性을 가지고 있으나 사람은 天地의 빼어난 기운을 얻어서 마음이 특별히 딴 물건보다 영특하다. 그리하여 陰이 모여서 형체를 이룬 것이 이미 태어나 形質을 소유하고, 陽이 운행하여 神이 된 것이 또 發하여 지혜가 있게 되었다. 이에 仁·義·禮·智·信의 五性이 물건에 감동하여 동해서, 혹 義理의 바름을 얻어 陽明함에 나아가 善이 되고, 혹 血氣의 편벽됨에 맡겨 陰暗에 들어가 惡이 되어서 善惡이 이로부터 나누어지며, 일을 만나고 물건을 접함에 만 가지로 변하고 똑같지 않아서 萬事가 이로부터 나온다. 이것을 정함이 있지 않으면 장차 욕심이 동하고 情이 이겨서 禽獸와 같지 않은 것이 별로 없을 것이다. 다행히 聖人이 나와서 氣質이 淸明하여 더욱 빼어난 가운데에 빼어난 것이 되었다. 마침내 사람은 이 性이 똑같고 性은 이 이치가 같음을 생각하여, 이에 道를 닦아 가르침을 만들어서 大中의 禮와 至正한 智와 不忍의 仁과 마땅함에 합하는 義로써 정하였으니, 무릇 이는 모두 太極을 온전히 體行한 것이다. 動靜을 나눌 것이 없어서 動하는 곳이 반드시 靜하는 것과 같이 한 뒤에야 陰陽이 德을 합하고 性과 量이 이지러짐이 없게 된다. 그러므로 한결같이 靜을 주장하여 人極이 이로 인해 세워지는 것이다. 그렇다면 똑같이 動靜의 이치를 갖추었으나 衆人들은 動에 잃는데, 聖人은 動함도 定하고 靜함도 또한 定하므로 人極을 세워서 天下의 動을 한결같이 했으니, 成己와 成物의 공부가 어쩌면 이리도 큰가.

**1** 【釋疑】聖人定之以中正仁義而主靜 : 朱子曰 此是聖人修道之謂敎處니라 ○ 問 聖人定之以中正仁義라하니 是聖人自定고 是定天下之人고 曰 此는 承上章惟人也得其秀而最靈하야 言之라 五性感動而善惡分故로 定之以中正仁義而主靜하야 以立人極이니라 ○ 中正은 卽禮智니 中正이 尤親切이라 中은 是禮之得宜處요 正은 是智之正當處니라 ○ 智於四德에 屬貞하니 貞은 正而固也라 所以正字較親切이니라

朱子가 말씀하였다. "이것은 聖人이 道를 品節함을 敎라고 이른다는 것이다."

○ "聖人이 中正仁義로써 定한다고 하였으니, 이는 聖人이 스스로 定하는 것입니까? 아니면 천하 사람을 定하게 하는 것입니까?" 하고 묻자, 朱子가 말씀하였다. "이것은 윗장의 '오직 사람만이 그 빼어난 기운을 얻어 가장 영특하다.'는 것을 이어서 말한 것이다. 五性이 감동하여 善惡이 나누어지므로 中正仁義로 定하여 靜을 주장해서 사람의 極(표준)을 세우는 것이다."

○ 中正은 바로 禮智이니 中正이라는 말이 더욱 친절(표현이 긴요함)하다. 中은 바로 禮가 마땅함을 얻은 곳이고 正은 바로 智가 정당한 곳이다.

○ 智는 四德에 있어 貞에 속하니, 貞은 바르고 굳은 것이다. 이 때문에 正字가 더욱 친절한 것이다.

## 1-9 故聖人은 與天地合其德하며 日月合其明하며 四時合其序하며 鬼神合其吉凶[1]하나니

그러므로 聖人은 天地와 더불어 德이 합하며 日月과 더불어 밝음이 합하며 四時와 더불어 차례가 합하며 鬼神과 더불어 吉凶이 합하는 것이니,

朱子曰 此는 言聖人이 全動靜之德而常本之於靜也라 蓋人은 稟陰陽五行之秀氣以生이요 而聖人之生은 又得其秀之秀者라 是以로 其行之也中하고 其處之也正하고 其發之也仁하고 其裁之也義[2]하니 蓋一動一靜이 莫不有以全夫太極之道하야 而無所虧焉하니 則向之所謂欲動情勝하야 利害相攻者於此乎定矣[3]라 然靜者는 誠之復而性之眞也니 苟非此心寂然無欲而靜이면 則亦何以酬酢事物之變而一天下之動哉리오 故로 聖人中正仁義 動靜周流하되 而其動也 必主乎靜하니 此其所以成位乎中[4]하야 而天地日月四時鬼神이 有所不能違也라 蓋必體立而後에 用有以行이니 若程子論乾坤動靜하사 而曰不專一則不能直遂하고 不翕聚則不能發散이라하시니 亦此意爾니라 ○ 李果齋[5]曰 五性感動而善惡分이라하니 是는 五性이 皆有動有靜也라 惟聖人이 能定其性而主於靜이라 故動罔不善하야 而人心之太極이 立焉하니 蓋人生而靜은 性之本體라 湛然無欲이라야 斯能主靜이니 此立極之要領也[6]이라 或問 周子不言禮智而言中正은 何也오 愚謂 此圖辭義 悉出於易하니 易本陰

陽而推之人事라 其德曰仁義요 其用曰中正이니 要不越陰陽之兩端而已라 仁義而匪中正이면 則仁爲姑息이요 義爲忍刻之類라 故易은 尤重中正[7]이니라

朱子가 말씀하였다.

"이는 聖人이 動靜의 德을 온전히 갖추고 있으나 항상 靜에 근본함을 말한 것이다. 사람은 陰陽·五行의 빼어난 기운을 받아 태어났고, 聖人의 태어남은 또 그 빼어난 것 가운데 빼어난 것을 얻었다. 이 때문에 그 행함이 알맞고 처함이 바르고 발함이 仁하고 제재함이 義로운 것이다. 한 번 動하고 한 번 靜함이 모두 太極의 道를 온전히 하여 이지러진 바가 없으니, 앞에서 이른바 '욕심이 동하고 情이 이겨 利害가 서로 공격한다.'는 것이 이에 정해지는 것이다. 그러나 靜이란 誠의 회복이요 性의 진실이니, 만일 이 마음이 寂然히 욕심이 없어 靜함이 아니면 또한 어떻게 사물의 변화를 酬酌하여 천하의 動함을 한결같이 할 수 있겠는가. 그러므로 聖人의 中正 仁義가 動靜에 두루 유행하나 그 動함은 반드시 靜함을 위주로 하는 것이니, 이 때문에 天地의 중간에 자리를 이루어 天地·日月·四時·鬼神이 어기지 못하는 것이다. 반드시 體가 확립된 된 뒤에 用이 행해질 수 있는 것이니, 예컨대 程子가 乾坤의 動靜을 논하면서 '專一하지 않으면 곧바로 이루지 못하고 모이지 않으면 發散하지 못한다.' 하였으니, 이 또한 이러한 뜻이다."

○ 李果齋(李方子)가 말하였다.

"五性이 감동함에 善惡이 나누어진다 하였으니, 이는 五性이 모두 動과 靜이 있는 것이다. 오직 聖人은 그 性을 안정하여 靜을 주장한다. 그러므로 動함에 善하지 않음이 없어서 人心의 太極이 확립하는 것이다. 사람이 태어나 靜함은 性의 本體인 바, 湛然히 욕심이 없어야 靜을 주장할 수 있으니, 이는 極을 세우는 요령이다."

혹자가 "周子가 禮智를 말씀하지 않고 中正을 말씀한 것은 어째서입니까?" 하고 묻기에 내가 다음과 같이 말하였다.

"이 〈太極圖〉의 말뜻은 모두 《周易》에서 나왔으니, 《周易》은 陰陽에 근본하여 人事에 미룬 것이다. 그 德으로 말할 때에는 仁義이고 그 用으로 말할 때에는 中正이니, 요컨대 陰陽의 두 단서에 지나지 않을 뿐이다. 仁義를

하면서 中正이 아니면 仁은 姑息이 되고 義는 忍刻(잔인함과 각박함)이 되는 따위이다. 그러므로《周易》은 中正을 더욱 소중히 여기는 것이다."

1 【釋疑】與天地合其德……合其吉凶 : 乾卦文言이라 栗谷曰 四其字는 指天地日月四時鬼神而言也라 鬼神合其吉凶者는 聖人知事之吉凶이 如鬼神之明也니라 退溪曰 鬼神之屈伸變化無窮하야 而吉凶之應이 相尋於人事라 聖人이 潛見飛躍하고 進退消息하야 與時偕行而不失其正하나니 是爲合其吉凶이라 若以知吉凶言之면 則與合字로 意不相應이니라

《周易》乾卦〈文言傳〉에 보인다. 栗谷이 말씀하였다. "네 개의 其字는 天地와 日月과 四時와 鬼神을 가리켜 말한 것이다. 鬼神과 吉凶이 합한다는 것은 聖人이 일의 吉凶을 아는 것이 鬼神과 같이 밝은 것이다." 退溪가 말씀하였다. "鬼神의 屈伸과 變化가 무궁하여 吉凶의 응함이 서로 사람의 일에 찾아온다. 聖人이 숨고 나타나고 날고 뛰며 나아가고 물러나고 사라지고 불어나서 때와 함께 행하여 그 바름을 잃지 않으니, 이것이 그 吉凶이 합하는 것이다. 만약 吉凶을 아는 것으로 말하면 合字와 뜻이 서로 응하지 않는다."

2 【釋疑】處之也正……裁之也義 : 問處與裁字義相近이로이다 朱子曰 然하다 處는 是居之요 裁는 就事上裁度이니라 又曰 處字는 作居字라야 卽分曉니라

"處字와 裁字는 뜻이 서로 비슷합니까?" 하고 묻자, 朱子가 말씀하기를 "그렇다. 處는 바로 거함이요 裁는 일 위에 나아가 헤아리는 것이다." 하였고, 또 말씀하기를 "處字는 居字로 보아야 뜻이 분명하다." 하였다.

3 【釋疑】向之所謂欲動情勝……於此乎定矣 : 按 此는 承上文本註에 自非聖人全體太極하야 有以定之면 則欲動情勝하야 利害相攻而言也어늘 葉氏於上文註에 刪去此語라 故向之所謂云者 便無來歷이니라

살펴보건대 이는 윗글의 本註에 '만일 聖人으로 전체가 太極이어서 定함이 있는 자가 아니면 欲이 동하고 情이 이겨서 利害가 서로 공격한다.'는 것을 이어 말한 것인데, 葉氏가 윗글의 註에 이 말을 삭제하였다. 그러므로 위에서 말했다고 한 것이 곧 내력이 없어지게 된 것이다.

4 【釋疑】成位乎中 : 繫辭라 本義曰 成位는 謂成人之位요 其中은 謂天地之中이니 此는 則體道之極功이요 聖人之能事라 可以與天地參者矣니라

〈繫辭傳〉에 보인다.《本義》에 이르기를 "成位는 사람의 자리를 이룸을 이르고 가운데라는 것은 천지의 가운데를 이르니, 이것은 道를 體行하는 지극한 공부이고 聖人의 能事여서 天地와 함께 참여할 수 있는 것이다." 하였다.

5 【譯註】李果齋 : 이름은 方子이고 字는 公晦이니, 邵武 光澤 사람으로 朱門의 高弟이다. 嘉定 연간에 3등으로 進士에 급제하여 國子學錄이 되었다. 타고난 자질이 道에 가까워 학문을 함에 큰 근본을 보았으며, 저서로《傳心精語》와《紫陽年譜》가 있다.

6 【釋疑】五性感動……立極之要領也 : 按 五性感動이 面貌不同이나 而當其靜也에 渾然一體而已니 若如果齋之說이면 則五性이 各自動自靜하야 靜時에 亦有間架하야 而不得爲渾然一體也라 且能定其性云者는 亦失朱子利害相攻者定矣之意也라

살펴보건대 五性의 감동함이 面貌가 다르나 靜했을 때를 당해서는 渾然히 한 體일 뿐이니, 만일 果齋의 말과 같다면 五性이 각자 動하고 靜하여 靜할 때에도 間架가 있어서 渾然히 한 體가 될 수 없는 것이다. 또 '그 性을 定한다.'는 것은 또한 朱子의 '利害가 서로 공격하는 것이 定한다.'는 뜻을 잃은 것이다.

7 【釋疑】或問……尤重中正 : 按 朱子以中正爲禮智하아 而中爲用하고 正爲體矣어늘 葉氏以易之中正으로 引而同之하며 又以仁義爲體하고 中正爲用하니 此說亦有病矣니라

살펴보건대 朱子는 中正을 禮智라 하여 中을 用으로 삼고 正을 體로 삼았는데, 葉氏는《周易》의 中正을 가지고 인용하여 함께 하였으며, 또 仁義를 體라 하고 中正을 用이라 하였으니, 이 말이 또한 병폐가 있다.

## 1-10 君子는 修之라 吉하고 小人은 悖之라 凶[1]이니라

君子는 이것을 닦기 때문에 吉하고 小人은 어기기 때문에 凶하다.

朱子曰 聖人은 太極之全體라 一動一靜이 無適而非中正仁義之極이니 蓋不假修爲而自然也라 未至此而修之는 君子之所以吉也요 不知此而悖之는 小人之所以凶也니 修之悖之 亦在乎敬肆之間而已矣라 敬則欲寡而理明이니 寡之又寡하야 以至於無면 則靜虛動直하야 而聖可學矣리라

朱子가 말씀하였다.

"聖人은 太極을 온전히 體行하여 한 번 動하고 한 번 靜함이 가는 곳마다 中正仁義의 極이 아님이 없으니, 닦음을 빌리지 않고 저절로 그러한 것이다. 이에 이르지 못하여 닦는 것은 君子가 길한 이유요, 이것을 알지 못하고 어기는 것은 小人이 흉한 까닭이니, 닦고 어김은 또한 공경하고 함부로 하는

사이에 달려 있을 뿐이다. 敬하면 욕심이 적어 이치가 밝아지니, 욕심을 적게 하고 또 적게 하여 없음에 이르면 靜할 때에는 마음이 비워지고 動할 때에는 마음이 곧아져서 聖人을 배울 수 있을 것이다."

1 【釋疑】君子修之吉 小人悖之凶 : 朱子曰 太極은 首言性命之源이요 用力處는 却在修吉, 悖凶하니 其本則主於靜이니라

朱子가 말씀하였다. "〈太極圖說〉은 첫 번째로 性命의 근원을 말하였고, 힘을 쓸 곳은 닦으면 길하고 어그러지면 흉함에 있으니, 그 근본은 靜을 주장한다."

## 1-11 故로 曰 立天之道는 曰陰與陽이요 立地之道는 曰柔與剛이요 立人之道는 曰仁與義라하고 又曰 原始反終이라 故知死生之說[1·2]이라하니

그러므로 말하기를 '하늘의 道를 세움은 陰과 陽이요 땅의 道를 세움은 柔와 剛이요 사람의 道를 세움은 仁과 義이다.' 하였고, 또 말하기를 '始를 근원해 보고 終을 맞추어 본다. 그러므로 死生의 말(이론)을 안다.' 하였으니,

朱子曰 陰陽成象은 天道之所以立也요 剛柔成質은 地道之所以立也요 仁義成德은 人道之所以立也니 道一而已로되 隨事著見이라 故有三才之別이요 而於其中에 又各有體用之分焉하니 其實은 則一太極也라 陽也剛也仁也는 物之始也요 陰也柔也義也는 物之終也니 能原其始而知所以生이면 則反其終而知所以死矣[3]라 此天地之間에 綱紀造化하고 流行古今[4]하야 不言之妙니 聖人作易에 其大意蓋不出此라 故引之하야 以證其說하시니라 ○ 愚謂 一陰一陽之謂道의 道는 卽太極也라 在天에 以氣言曰陰陽이요 在地에 以形言曰剛柔요 在人에 以德言曰仁義니 此는 太極之體所以立也요 死生者는 物之終始也라 知死生之說이면 則盡二氣流行之妙矣리니 此는 太極之用[5]所以行也라 凡此二端은 發明太極之全體大用이라 故引以結證一圖之義하시니라

朱子가 말씀하였다.

"陰陽이 象을 이룸은 天道가 확립하는 것이요 剛柔가 形質을 이룸은 地道가 확립하는 것이요 仁義의 德을 이룸은 人道가 확립하는 것이니, 道는 하나(태극)일 뿐이나 일에 따라 나타나므로 三才의 구별이 있는 것이요, 이 가운데에 또 각각 體用의 구분이 있으니 실상은 하나의 太極이다. 陽과 剛과 仁은 물건의 시작이고 陰과 柔와 義는 물건의 끝이니, 그 시작을 근원하여 태어난 바를 알면 그 끝을 맞추어 죽을 바를 안다. 이는 天地의 사이에 造化의 紀綱이 되고 古今에 流行하여 말할 수 없는 妙理이니, 聖人이 《周易》을 지음은 그 大意가 여기에서 벗어나지 않는다. 그러므로 이것을 인용하여 그 말을 증명한 것이다."

○ 내가 생각하건대 '한 번 陽이 되고 한 번 陰이 됨을 道라 이른다.'는 道는 곧 太極이다. 하늘에 있어 氣로써 말하면 陰陽이요, 땅에 있어 形質로써 말하면 剛柔요, 사람에 있어 德으로써 말하면 仁義이니, 이는 太極의 體가 성립하는 것이다. 死와 生은 물건의 終과 始이니, 死와 生의 말을 알면 두 기운이 유행하는 묘함을 알 것이니, 이는 太極의 用이 행해지는 것이다. 무릇 이 두 단락은 太極의 全體와 大用을 발명하였으므로 이것을 인용하여 한 〈太極圖〉의 뜻을 맺어 증명한 것이다.

【張伯行 註】此는 言太極之理 非獨聖人宜全이니 乃人品所由分이요 吉凶所由係니 兼三才者惟此요 徹死生者亦惟此也라 夫聖人은 主靜立極하야 固不思不勉하고 全體太極하야 而動靜循環이 皆從容而中乎中正仁義之道矣라 未能如此면 則必修之하야 敬義夾立하야 而作德日休하니 君子所以吉也요 不知有此면 則相與悖之하야 肆欲妄行하야 而作僞日拙하니 小人所以凶也라 君子小人之分은 止在敬肆하니 人可不勉力持敬하야 使靜虛動直하야 以庶幾聖人之學乎아 聖人所以能兼三才之道하고 通死生之說者는 止是實體太極道理耳라 故易說卦曰 立天之道曰陰與陽이라하니 陰陽者는 太極之成象者也요 立地之道曰柔與剛이라하니 柔剛者는 太極之成質者也요 立人之道曰仁與義라하니 仁義者는 太極之成德者也라 隨處著見하야 爲三才면 則皆一太極也라 繫辭曰 原始反終이라 故知死生之說이라하니 推原本始는 乃神之伸이나 然亦祗

**陽耳剛耳仁耳**니 **太極之動**이 **爲之也**요 **反觀厥終**은 **乃鬼之歸**나 **然猶是陰耳柔耳義耳**니 **太極之靜爲之也**라 **人能兼通乎此**하면 **則三才旣備**하고 **而參贊在我**하야 **死生順受**하야 **而造化無違**하리니 **吉凶**을 **又不足言矣**리라

이는 太極의 이치가 단지 聖人만이 온전히 해야 하는 것이 아니니, 바로 人品이 이로 말미암아 나누어지고 吉凶이 이로 말미암아 관계된다. 〈聖人이〉 三才를 겸함이 오직 이 때문이요 死生을 관통함이 또한 이 때문임을 말한 것이다. 聖人은 靜을 주장하여 極을 세워서 진실로 생각하지 않고 힘쓰지 않으면서도 太極을 온전히 體行하여, 動靜과 循環이 모두 종용하여 中正仁義의 道에 맞는다. 이렇게 할 수 없으면 반드시 닦아서 敬과 義를 좌우로 세워서 德을 행하여 날로 아름다워지니 君子가 吉한 이유이고, 이것이 있음을 알지 못하면 서로 어그러져서 욕심을 부리고 망령되이 행동하여 거짓을 행하여 날로 졸렬해지니 小人이 凶한 까닭이다. 君子와 小人의 구분은 단지 공경하는가 함부로 하는가에 달려 있으니, 사람이 힘써 공경을 지켜서 靜할 때에는 마음을 비우고 動할 때에는 곧게(바르게) 하여 聖人의 학문을 바라지 않을 수 있겠는가. 聖人이 三才의 道를 겸하고 死生의 이론을 통한 까닭은 다만 太極의 道理를 실제로 체행하기 때문일 뿐이다. 그러므로《周易》〈說卦傳〉에 '하늘의 道를 세움은 陰과 陽이다.' 하였으니 陰陽은 太極이 象을 이룬 것이고, '땅의 道를 세움은 柔와 剛이다.' 하였으니 柔剛은 太極이 質을 이룬 것이고, '사람의 道를 세움은 仁과 義이다.' 하였으니 仁義는 太極이 德을 이룬 것이다. 곳에 따라 나타나서 三才가 되면 모두 한 太極인 것이다. 〈繫辭傳〉에 '시작을 미루어 근원하고 終을 맞추어 본다. 그러므로 死生의 이론을 안다.' 하였으니, 本始를 미루어 근원하는 것은 바로 神의 펴짐이다. 그러나 또한 다만 陽이고 剛이고 仁일 뿐이니 太極의 動함이 하는 것이요, 그 終을 맞추어 봄은 바로 鬼의 돌아감이다. 그러나 오히려 陰이고 柔이고 義일 뿐이니 太極의 靜함이 하는 것이다. 사람이 이것을 겸하여 通하면 三才가 이미 구비되고 天地의 化育에 참여하여 도움이 나에게 있어서 죽고 삶에 순히 받아들여서 造化를 따라 어김이 없을 것이니, 吉凶을 또 굳이 말할 것이 없다.

1 【漢文大系】立天之道……故知死生之說：欄外書曰 此節兩引易하니 蓋結上文聖人定之節이라 前證中正仁義하고 後證主靜하니라

《欄外書》에 말하였다. "이 節은 두 번 《周易》을 인용하였으니, 윗글의 聖人이 〈中正仁義로써〉 定한다는 節을 맺은 것이다. 앞에서는 中正仁義를 증명하고 뒤에서는 主靜을 증명하였다."

2 【釋疑】立天之道……知生死之說：繫辭라 朱子曰 陰陽은 以氣言剛柔면 則有形質可見矣어니와 至仁與義하야는 則又合氣與形而理具焉이라 然이나 亦一而已矣니라 蓋陰陽者는 陽中之陰陽이요 柔剛者는 陰中之陰陽也며 仁義者는 陰陽合氣하고 剛柔成質하야 而是理始爲人道之極也라 然仁爲陽剛하고 義爲陰柔하며 仁主發生하고 義主收斂이라 故其分屬이 如此하니라 ○ 或問揚子雲云 君子於仁也柔하고 於義也剛이라하니 蓋取其相濟而相爲用之意로소이다 曰 仁은 體剛而用柔요 義는 體柔而用剛이니라 ○ 程子曰 以春爲始而原之면 其必有冬이요 以冬爲終而反之면 其必有春이니 死生者其與是類也니라 ○ 朱子曰 原者는 推之於前이요 反者는 要之於後니라

〈繫辭傳〉에 보인다. 朱子가 말씀하였다. "陰陽은 氣를 가지고 剛柔를 말하면 形質이 있어 볼 수 있지만 仁과 義에 이르러서는 또 氣와 形을 합하여 이치가 갖추어 있다. 그러나 또한 하나일 뿐이다. 〈하늘의〉 陰陽은 陽 가운데의 陰陽이고, 〈땅의〉 柔剛은 陰 가운데의 陰陽이며, 〈사람의〉 仁義는 陰陽이 氣를 합하고 剛柔가 質을 이루어 이 이치가 비로소 人道의 極이 된 것이다. 그러나 仁은 陽剛이 되고 義는 陰柔가 되며, 仁은 발생을 주장하고 義는 수렴을 주장한다. 그러므로 分屬함이 이와 같은 것이다."

○ 或者가 "揚子雲(揚雄)이 이르기를 '君子는 仁에 있어서 柔하고 義에 있어서 剛하다.' 하였으니, 이는 서로 구제하여 서로 用이 되는 뜻을 취한 것입니까?" 하고 묻자, 朱子가 말씀하였다. "仁은 體는 剛이고 用은 柔이며, 義는 體는 柔이고 用은 剛이다."

○ 程子가 말씀하였다. "봄을 始로 삼아 근원해 보면 반드시 겨울이 있고, 겨울을 終으로 삼아 맞추어 보면 반드시 봄이 있으니, 死와 生도 이와 똑같은 것이다."

○ 朱子가 말씀하였다. "原은 앞에 미루어 보는 것이고 反은 뒤에 맞추어 보는 것이다."

3 【漢文大系】陽也剛也……知所以死矣：欄外書曰 原始는 原太極也요 反終은 反太極也라 注에 以陽剛仁爲始하고 以陰柔義爲終이라하니 恐非周子之本意로라

《欄外書》에 말하였다. "原始는 太極을 근원하는 것이요, 反終은 太極으로

돌아감이다. 注에 陽剛仁을 始라 하고 陰柔義를 終이라 하였으니, 周子의 本意가 아닌 듯하다.”

**4** 【漢文大系】 **綱紀造化 流行古今 : 欄外書曰 綱紀**는 **是三才之道**요 **流行**은 **是死生之說**이라

《欄外書》에 말하였다. “綱紀는 三才의 道이고 流行은 死生의 說(이론)이다.”

**5** 【釋疑】 太極之體……太極之用 : **按 朱子曰 於其中**에 **各有體用云**이라하시니 **則葉氏之以陰陽剛柔仁義**로 **爲太極之體**하고 **以死生**으로 **爲太極之用者**는 **恐未穩**이라

살펴보건대 朱子가 말씀하기를 “이 가운데에 각각 體와 用이 있다.” 하였으니, 그렇다면 葉氏가 陰陽과 剛柔와 仁義를 太極의 體라 하고 死生을 太極의 用이라 한 것은 온당치 못할 듯하다.

## 1-12 大哉라 易也여 斯其至矣로다

위대하다. 《周易》이여! 그 지극하도다.”

**〈易之爲書 廣大悉備**나 **然語其至極**하면 **則此圖盡之**하니 **其指豈不深哉**아 **抑嘗聞之**하니 **程子昆弟之學於周子也**에 **周子手是圖以授之**하시니 **程子之言性與天道 多出於此**라 **然卒未嘗明以此圖示人**하시니 **是則必有微意焉**이라 **學者亦不可以不知也**니라〉 **蔡節齋曰 易有太極**이라하니 **易**은 **變易也**[1]니 **夫子所謂無體之易也**요 **太極**은 **至極也**니 **言變易無體而有至極之理也**라 **故周子太極圖說**에 **特以無極而太極**으로 **發明易有太極之義**하니 **其所謂無極而太極者**는 **蓋亦言其無體之易而有至極之理也**라 **是其無極之眞**은 **實有得於夫子易之一言**[2]이어늘 **而或以爲周子妄加者**는 **謬也**라 **且其圖說**이 **無非取於易者**요 **而其篇末**에 **又以大哉易也**로 **結之**하니 **聖賢之言**을 **斷可識矣**[3]로다

〈《周易》 책이 광대하여 다 갖추어져 있으나 그 지극한 것으로 말하면 이 〈太極圖〉에 다 말하였으니, 그 뜻이 어찌 깊지 않겠는가. 내 일찍이 들으니, 程子 형제분이 周子에게 배울 적에 周子가 손수 이 〈太極圖〉를 그려서 전수해 주셨다고 하니, 程子가 性과 天道를 말씀한 것은 대부분 여기에서 나왔다. 그러나 끝내 이 〈太極圖〉를 남에게 분명히 보여주지 않으셨으니, 이

는 반드시 깊은 뜻이 있었을 것이다. 배우는 자는 또한 이것을 알지 않아서는 안 된다.〉

蔡節齋가 말하였다.

"易에 太極이 있다 하였으니, 易은 變易이니 夫子의 이른바 '形體가 없는 易'이라는 것이요, 太極은 至極함이니 變易함에 일정한 형체가 없으나 지극한 이치가 있음을 말한 것이다. 그러므로 周子의 〈太極圖說〉에 특별히 '無極而太極'으로 易에 太極이 있는 뜻을 밝혔으니, 이른바 '無極而太極'이라는 것은 또한 그 형체가 없는 易이면서 지극한 이치가 있음을 말한 것이다. 이 無極의 眞은 실로 夫子(孔子)의 《周易》의 한 말씀에서 얻은 것인데, 혹자는 '周子가 망령되이 가했다.' 하니, 이는 잘못이다. 또 이 〈太極圖說〉은 易에서 취하지 않은 것이 없으며, 篇 끝에 또 '大哉易也'로 맺었으니, 聖賢의 말씀임을 결단코 알 수 있다."

1 【漢文大系】易變易也 : 程子易傳序云 易은 變易也니 隨時變易하야 以從道也라하니라

程子의 《易傳》 序에 이르기를 "易은 變易함이니, 때에 따라 變易하여 道를 따르는 것이다." 하였다.

2 【譯註】實有得於夫子易之一言 : 《周易》의 한 말씀이란 〈繫辭傳〉의 '易有太極 是生兩儀'를 가리키는 바, 周濂溪의 '無極而太極'이란 말씀은 실로 易에 太極이 있다는 孔子의 이 말씀에서 나왔음을 말한 것이다.

3 【釋疑】蔡節齋曰……斷可識矣 : 易有太極과 神無方而易無體를 繫辭註에 易之變化 無有形體也라하니라 ○ 按 易者는 陰陽之變이요 太極者는 其理也라 節齋引易有太極之語하야 以釋之曰 變易無體而有至極之理也라하고 至謂無極者는 亦言其無體之易云云하니 其說之差 恐不細也로라

'易에 太極이 있다.'는 것과 '神은 方所가 없고 易은 體가 없다.'는 것을 〈繫辭傳〉의 註에는 "易의 變化가 형체가 없다." 하였다.

○ 살펴보건대 易은 陰陽의 變化이고 太極은 그 이치이다. 節齋는 '易에 太極이 있다.'는 말을 인용하여 이것을 해석하기를 "變易은 體가 없으나 지극한 이치가 있다." 하고, 심지어는 "無極이라고 말한 것은 또한 그 형체가 없는 易을 말한 것이다." 하였으니, 그 말의 잘못이 작지 않을 듯하다.

**2. 誠은 無爲요 幾는 善惡이니 德은 愛曰仁이요 宜曰義요 理曰禮요 通曰智요 守曰信이니 性焉安焉之謂聖이요 復焉執焉之謂賢이요 發微不可見하고 充周不可窮之謂神이니라**

## 2-1 誠은 無爲요

〈濂溪先生이 말씀하였다.〉

“誠은 無爲이고

朱子曰 實理自然이니 何爲之有리오 卽太極也라

朱子가 말씀하였다.

“진실한 이치가 저절로 그러한 것이니, 억지로 함이 어찌 있겠는가. 이것이 바로 太極이다.”

【張伯行 註】 此는 周子欲人全盡天理而先指未發之體하야 使人知本然之至善也라 誠者는 眞實無妄之謂요 無爲者는 實理自然하야 不涉人爲也라 蓋人生而靜에 此理眞實無妄하니 何爲之有리오 寂然不動之中에 但覺渾然至善하니 能守最初之靜正이 便是天地之全人이니 此卽太極也라

이는 周子가 사람들이 天理를 온전히 다하게 하고자 하면서 먼저 未發의 體를 가리켜 사람들로 하여금 本然의 至善을 알게 한 것이다. 誠은 眞實無妄(진실하고 邪佞이 없음)을 이르고 無爲는 진실한 이치가 저절로 그러하여 人爲에 간여되지 않은 것이다. 사람이 태어나 靜함에 이 이치가 眞實無妄하니 무슨 허물이 있겠는가. 寂然不動한 가운데에 다만 渾然히 至善함을 깨달을 뿐이니, 最初의 靜正을 지킴이 바로 天地의 全人인바, 이것이 바로 太極이다.

## 2-2 幾는 善惡[1]이니

幾는 善惡이 나누어지니

**朱子曰 幾者**는 **動之微**[2]니 **善惡之所由分也**라 **蓋動於人心之微**면 **則天理固當發見**(현)이요 **而人欲亦已萌乎其間矣**니 **此**는 **陰陽之象也**라

朱子가 말씀하였다.

“幾는 動함이 은미한 것이니, 善惡이 이로 말미암아 나누어진다. 人心의 은미한 것에 동하면 天理가 진실로 드러나고 人欲 또한 이미 그 사이에 싹트니, 이는 陰陽의 象이다.”

**【張伯行 註】此**는 **欲人之愼動也**라 **幾者**는 **動之微也**니 **自然之發**이면 **則爲善**이요 **一有所雜**이면 **卽爲惡**이라 **其端甚微**하야 **辨之貴早**라 **蓋人心**이 **不能無動**하니라 **一有所動**이면 **則天理自此呈露**요 **人欲亦自此潛萌**이니 **所謂道心惟微, 人心惟危者也**니 **此陰陽之象也**라

이는 사람들이 愼動을 하고자 한 것이다. 幾는 동함이 은미한 것이니, 자연히 발하면 善이 되고 한 번이라도 섞임이 있으면 惡이 된다. 그 단서가 매우 미미하여 이것을 분변하기를 일찍 해야 한다. 사람의 마음은 동함이 없을 수 없으니, 한번이라도 동하는 바가 있으면 天理가 이로부터 드러나고 人欲이 또한 이로부터 잠복되어 싹트니, 이른바 ‘道心은 미미하고 人心은 위태롭다.’는 것이다. 이는 陰陽의 象이다.

**1** 【漢文大系】幾善惡 : **欄外書曰 幾善惡**이라하니 **幾者**는 **情之發端**이니 **人心道心之介也**라 **圖說所云 五性感動而善惡分**하고 **萬事出矣**가 **是也**니라

《欄外書》에 말하였다. ‘“幾는 善惡이 나누어진다.’ 하였으니, 幾는 情이 처음 나오는 것이니 人心과 道心의 분기점이다. 〈太極圖說〉에 이른바 ‘五性이 감동하여 善惡이 나누어지고 萬事가 나온다.’ 는 것이 이것이다.”

**2** 【漢文大系】幾者動之微 : **朱子曰 極力說箇幾字**하니 **儘有警發人處**라 **近則公私邪正**이요 **遠則廢興存亡**이니 **只於此處看破**하면 **便斡轉了**니 **此日用第一親切功夫**라 **精粗隱顯**을 **一時穿透**니 **堯舜所謂惟精惟一**이요 **孔子所謂克己復禮 便是此事**니라

朱子가 말씀하였다. “힘을 다하여 이 幾字를 말씀하였으니, 참으로 사람을 경계하여 깨우치는 부분이다. 가까이는 公私와 邪正, 멀리는 興廢와 存亡이 달려 있는 바, 다만 이 곳에서 看破한다면 곧 전환할 수가 있으니, 이는 일상생활하는 사이에 제일 親切한 공부이다. 精粗와 隱顯을 일시에 通透할 수 있으니, 堯舜이 말씀한 惟精惟一과 孔子가 말씀한 克己復禮가 바로 이 일이다.”

## 2-3 德은 愛曰仁이요 宜曰義요 理曰禮요 通曰智요 守曰信이니

德은 사랑함을 仁이라 하고 마땅함을 義라 하고 다스림(조리에 맞음)을 禮라 하고 통함을 智라 하고 지킴을 信이라 하니,

朱子曰 道之得於身者를 謂之德이니 其別이 有是五者之用하야 而因以名其體焉하니 卽五行之性也라

朱子가 말씀하였다.

"道를 몸에 얻은 것을 德이라 이르니, 그 분별이 이 다섯 가지의 用이 있어서 인하여 그 體를 이름하였으니, 바로 五行의 性이다."

## 2-4 性焉安焉之謂聖이요

性대로 하고 편안히 함을 聖人이라 이르고

朱子曰 性者는 獨得於天[1]이요 安者는 本全於己요 聖者는 大而化之之稱이니 此는 不待學問强勉而誠無不立, 幾無不明, 德無不備者也라

朱子가 말씀하였다.

"性은 홀로 하늘에서 얻은 것이요, 安은 본래 자기에게 온전한 것이요, 聖은 大人이면서 化함(저절로 됨)을 일컬으니, 이는 배우고 묻고 억지로 힘쓰기를 기다리지 않고도 誠이 서지 않음이 없고 幾가 밝지 않음이 없고 德이 구비되지 않음이 없는 것이다."

1 【釋疑】性者獨得於天 : 問如何言獨得이닛고 朱子曰 此는 言聖人이 合下淸明完具하야 無所虧欠이니 此是人所獨得者라 此는 對了復字說이니 復者는 已失而反其初라 便與聖人獨得處로 不同이라 安字는 對了執字說이니 執은 是執持요 安은 是自然이라 性此理而安焉者는 聖人也요 復此理而執焉者는 賢人也라

"어찌하여 홀로 얻었다고 말하였습니까?" 하고 묻자, 朱子가 말씀하였다. "이것은 聖人이 본래 淸明하고 완전히 구비하여 이지러진 바가 없으니, 이는 사람이 홀로 얻은 것임을 말한 것이다. 이는 復字와 상대하여 말한 것이니, 復은 이미 잃었다가 그 처음을 회복하는 것인 바, 聖人이 홀로 얻은 것과는 똑같

지 않다. 安字는 執字와 상대하여 말하였으니, 執은 잡아 지키는 것이고 安은 자연스러운 것이다. 이 이치를 性대로 하고 편안히 하는 것은 聖人이고 이 이치를 회복하여 지키는 것은 賢人이다."

## 2-5 復焉執焉之謂賢[1]이요

회복하고 잡음(지킴)을 賢人이라 이르고

朱子曰 復者는 反而至之요 執者는 保而持之요 賢者는 才德過人之稱이니 此는 思誠硏幾[2]하야 以成其德而有以守之者也라

朱子가 말씀하였다.

"復은 돌아와 이르는 것이요, 執은 보전하여 지킴이요, 賢은 재주와 덕이 보통사람보다 뛰어남을 일컬으니, 이는 성실히 할 것을 생각하고 기미를 연구하여 그 德을 이루고 지키는 자이다."

1 【漢文大系】性焉安焉之謂聖 復焉執焉之謂賢 : 欄外書曰 四焉字는 指德性이니라

《欄外書》에 말하였다. "네 개의 焉字는 德性을 가리킨 것이다."

2 【釋疑】思誠硏幾 : 思誠❶은 孟子註에 欲此理之在我者를 皆實而無僞라하니라 硏幾는 繫辭라 本義에 硏은 猶審也라

思誠은 《孟子》의 註에 "나에게 있는 이 이치를 모두 성실하게 하여 거짓됨이 없고자 하는 것이다." 하였다. 硏幾는 〈繫辭傳〉에 보인다. 《本義》에 "硏은 審과 같다." 하였다.

❶ 【譯註】思誠 : 《孟子》〈離婁 上〉에 "성실히 할 것을 생각하는 것은 사람의 道이다.〔思誠者 人之道也〕" 하였다.

## 2-6 發微不可見하고 充周不可窮之謂神[1·2]이니라 〈通書〉

발함이 은미하여 볼 수 없고 채움이 두루하여 다할 수 없음을 神이라 이른다."〈《通書》에 보인다.〉

朱子曰 發之微妙而不可見하고 充之周徧而不可窮하니 則聖人之妙用而不可知者也라 ○ 愚謂 性焉復焉은 以誠而言也요 安焉執焉은 以幾而言

也요 發微充周는 則幾之動而神也니 卽通書次章誠幾神之義[3-4]니라

朱子가 말씀하였다.

"발함이 미묘하여 볼 수 없고 채움이 두루하여 다할 수 없으니, 이는 聖人의 妙用으로 측량하여 알 수 없는 것이다."

○ 내가 생각하건대 性焉과 復焉은 誠으로써 말하였고 安焉과 執焉은 幾로써 말하였고 發微와 充周는 幾가 동하여 신묘한 것이니, 바로《通書》의 다음 章에 나오는 誠·幾·神의 뜻이다.

1 【釋疑】誠無爲……不可窮之謂神：朱子曰 誠은 實理也요 無爲는 猶寂然不動也라 實理該貫動靜이나 而其本體則無爲也요 幾者는 動之微니 動則有爲而善惡形矣라 誠은 無爲하니 則善而已요 動而有爲면 則有善有惡이라 誠은 是實理니 無所作爲라 便是天命之謂性이요 喜怒哀樂未發之謂中이며 幾者는 動之微니 微動之初에 是非善惡을 於此可見이니라 ○ 德者는 人之得於身에 有此五者而已라 仁義禮智信者는 德之體요 愛宜理通守者는 德之用이니 理는 謂有條理요 通은 謂通達이요 守는 謂確實이라 此三句는 就人身而言하니 誠은 性也요 幾는 情也요 德은 兼性情而言也라 元來誠幾德은 便是太極二五니라 ○ 神은 只是聖之事요 非聖外에 又有一箇神하야 別是箇地位也라 性焉安焉之謂聖은 是就聖人性分上說이요 發微不可見, 充周不可窮之謂神은 是他人見其不可測耳니라

朱子가 말씀하였다. "誠은 實理이고 無爲는 寂然不動과 같다. 實理는 動과 靜을 포함하여 관통하나 그 本體는 無爲이며, 幾는 動함의 은미함이니 動하면 함이 있어서 善惡이 나타난다. 誠은 無爲이니 善뿐이요, 動하여 함이 있으면 善이 있고 惡이 있는 것이다. 誠은 바로 實理이니 작위하는 바가 없다. 그리하여 곧 天命을 性이라 하고 喜·怒·哀·樂이 발하지 않음을 中이라 한다는 것이며, 幾는 動함의 은미함이니 은미하게 동하는 초기에 是非와 善惡을 이때에 볼 수 있는 것이다."

○ 德이란 사람이 몸에서 얻은 것으로 이 仁·義·禮·智·信의 다섯 가지가 있을 뿐이다. 仁·義·禮·智·信은 德의 體이고 愛·宜·理·通·守는 德의 用이니, 理는 條理가 있음을 이르고 通은 통달함을 이르고 守는 확실함을 이른다. 이 세 句는 사람의 몸을 가지고 말하였으니, 誠은 性이고 幾는 情이고 德은 性情을 겸하여 말한 것이다. 원래 誠·幾·德은 곧 太極과 二五(陰陽과 五行)이다.

○ 神은 다만 聖人의 일이요, 聖人 외에 또 한 개의 神人이 있어서 별도로 이러한 지위가 있는 것이 아니다. 性대로 하고 편안히 함을 聖人이라 이른다는 것은 바로 聖人의 性分 上에 나아가 말한 것이며, 발함이 은미하여 볼 수 없고 채

움이 두루하여 다할 수 없음을 神이라 이른다는 것은 바로 저 사람들이 측량할 수 없음을 본 것일 뿐이다.

2 【漢文大系】充周不可窮之謂神：孟子曰 聖而不可知之之謂神이라하니라

孟子가 말씀하기를 "聖人이면서 측량하여 알 수 없는 것을 神人이라 이른다" 하였다.

3 【釋疑】愚謂性焉復焉……誠幾神之義：按 性焉復焉은 以誠而言也니 此與朱子性也復也發微也主性而言之說로 似矣라 但主字之意는 則若分而言之하니 是乃主此云云耳라 況此章本註에 釋之曰 不待勉强而誠無不立하고 幾無不明하고 德無不備하며 思誠硏幾하야 以成其德하야 有以守之云云하니 則性安, 復執은 通誠幾德而言之也라 然則葉氏之分屬이 似未洽當이라 至於次章誠神幾하야는 乃聖人之事也라 故朱子曰 幾善惡者는 言衆人也요 動而未形有無之間者는 言聖人毫釐發動處에 此理無不見이라하시니 然則通書此章幾字는 與動而未形有無之間者幾也之幾로 不同이며 而且充周不可窮之謂神은 與感而遂通之神으로 其意亦異하니 葉氏之說은 恐失於牽合也로라

살펴보건대 性대로 하고 회복한다는 것은 誠을 가지고 말한 것이니, 이는 朱子의 '性과 復과 發微는 性을 주장하여 말한 것'이라는 말씀과 같은 것이다. 다만 主字의 뜻은 나누어 말씀한 듯하니, 이것을 주장했다고 말씀한 것이다. 더구나 이 章의 本註에 해석하기를 "勉强하기를 기다리지 않고도 誠이 서지 않음이 없고 幾가 밝지 않음이 없고 德이 구비되지 않음이 없으며, 성실히 할 것을 생각하고 幾微를 연구하여 그 德을 이루어서 지킴이 있다." 하였으니, 性安과 復執은 誠·幾·德을 통틀어 말한 것이다. 그렇다면 葉氏가 이것을 나누어 소속시킨 것은 지극히 합당하지 못할 듯하다. 그리고 다음 章의 誠神幾에 이르러서는 바로 聖人의 일이다. 그러므로 朱子가 말씀하기를 "幾善惡이라는 것은 衆人을 말한 것이고, 動하였으나 아직 나타나지 않아서 有·無의 사이에 있다는 것은 聖人이 털끝만큼 발동하는 곳에도 이 이치가 나타나지 않음이 없음을 말한 것이다." 하였으니, 그렇다면 《通書》의 이 章의 幾字는 '動하였으나 아직 나타나지 않아서 有·無의 사이에 있는 것이 幾'라는 幾字와 같지 않으며, 또 '채움이 두루하여 다할 수 없는 것을 神이라고 이른다.'는 것은 '감동하여 마침내 통함을 神'이라고 하는 것과 그 뜻이 또한 다르다. 그러하니 葉氏의 말은 억지로 끌어다 꿰어맞춘 잘못이 있는 듯하다.

4 【漢文大系】通書次章誠幾神之義：通書聖第四曰 寂然不動者는 誠也요 感而遂通者는 神也며 動而未形有無之間者는 幾也니라

《通書》〈聖〉第4卷에 이르기를 "고요하여 動하지 않음은 誠이요, 感動하여 마침내 통함은 神이며, 動하였으나 아직 나타나지 않아서 有·無의 사이에 있는 것은 幾이다." 하였다.

**3. 伊川先生曰 喜怒哀樂之未發**을 **謂之中**이라하니 **中也者**는 **言寂然不動者也**라 **故曰天下之大本**이요 **發而皆中節**을 **謂之和**라하니 **和也者**는 **言感而遂通者也**라 **故曰天下之達道**[1·2]라하니라 〈**文集 下同**〉

伊川先生이 말씀하였다.

"'喜·怒·哀·樂이 未發한 것을 中이라 이른다.' 하였으니, 中은 고요하여 동하지 않음을 말하므로 천하의 大本이라 하였고, '발하여 모두 절도에 맞는 것을 和라 한다.' 하였으니, 和는 감동하여 마침내 통함을 이르므로 천하의 達道라 한 것이다."〈《伊川先生文集》에 보인다. 이하도 같다.〉

說見中庸이라 朱子曰 喜怒哀樂은 情也요 其未發은 則性也니 無所偏倚故로 謂之中이요 發皆中節은 情之正也니 無所乖戾故로 謂之和라 大本者는 天命之性이니 天下之理皆由此出하니 道之體也요 達道者는 循性之謂니 天下古今之所共由니 道之用也[3]니라

해설이 《中庸》에 보인다.

朱子가 말씀하였다.

"喜·怒·哀·樂은 情이고, 이것이 未發함은 곧 性이니 편벽되고 치우침이 없으므로 中이라 이르며, 발하여 모두 절도에 맞음은 올바른 情이니 어그러진 바가 없으므로 和라 이른다. 大本은 하늘이 명해 준 性으로 천하의 이치가 모두 이로 말미암아 나오니 道의 體이고, 達道는 性을 따름을 이르는 바, 天下와 古今에 함께 행하는 것이니 道의 用이다."

【張伯行 註】程子引易大傳之文하야 以證明中庸未發已發之義라 言喜怒

哀樂은 皆性之動而爲情者인대 而未接於物하야 在未發之時면 乃性體之本然也라 以其渾淪無所偏倚라하야 謂之中하니 卽易所云寂然不動者라 雖曰不動이나 萬事萬物이 皆從此出하니 正是源頭處故로 爲天下之大本이라 及夫喜怒哀樂之發하야는 道理流露而適如其本然之節이면 則情之自然也니 以其無過不及하야 無所拂戾일새 謂之和니 卽易所云感而遂通者니 隨其所感하야 有箇恰好準則하야 不待安排하고 而實天下古今所共由故로 爲天下之達道라 要而言之하면 中者는 和之體요 和者는 中之用이며 寂은 卽所謂體니 以其靜者言也니 性也요 感은 卽所謂用이니 以其動者言也니 情也라 性情이 非兩事요 寂感이 非兩理니 易與中庸相發明而程子示人之意切矣로다

程子가 《周易》〈大傳(繫辭傳)〉의 글을 인용하여 《中庸》의 未發, 已發의 뜻을 증명한 것이다. 喜·怒·哀·樂은 모두 性이 動하여 情이 된 것인데, 아직 사물을 접하지 아니하여 未發의 때에 있으면 이것이 바로 性體의 本然이다. 渾淪하여 치우치거나 기대는 바가 없다 하여 中이라 이르니, 곧《周易》에서 말한 '寂然不動'이라는 것인 바, 비록 動하지 않으나 萬事와 萬物이 모두 이로부터 나오니, 바로 이것이 源頭(根本)인 자리이다. 그러므로 天下의 大本이라 한 것이다. 그리고 喜·怒·哀·樂이 발함에 이르러서는 道理가 유행하여 드러나서 마침 本然의 節度와 같이 하면 情의 자연함이니 過와 不及이 없어서 어기는 바가 없다 하여 和라 이르니, 곧《周易》에서 말한 '感而遂通'이라는 것인 바, 그 감동하는 바에 따라 매우 좋은 準則이 있어서 安排하기를 기다리지 않고 실로 天下와 古今에 함께 말미암는 바이다. 그러므로 天下의 達道라 한 것이다. 요약하여 말하면 中은 和의 體이고 和는 中의 用이며, 寂은 곧 이른바 體라는 것이니 靜으로 말하였는 바 性이고, 感은 곧 이른바 用이라는 것이니 動으로 말하였는 바 情이다. 性과 情이 두 가지 일이 아니고 寂과 感이 두 가지 이치가 아니니, 《周易》과 《中庸》이 서로 발명하였는 바, 程子가 사람에게 보여준 뜻이 간절하다.

**1** 【漢文大系】喜怒哀樂之未發……故曰天下之達道 : 欄外書曰 寂然不動은 卽太極也라 又曰 感通則陰陽이니 幾善惡也라

《欄外書》에 말하였다. "고요하여 動하지 않는 것이 바로 太極이다." 또 말하

였다. "감동하여 통하면 陰·陽이니, 幾에 善과 惡이 나누어지는 것이다."

**2** 【釋疑】喜怒哀樂之未發……故曰天下之達道：感而遂通天下之故는 繫辭라
감동하여 마침내 天下의 故(원인)를 통한다는 것은 〈繫辭傳〉에 보인다.

**3** 【漢文大系】朱子曰……道之用也：欄外書曰 注所引은 朱子中庸章句也라 章圖王氏云 中節二字는 代了無過不及四字라
《欄外書》에 말하였다. "注에 인용한 것은 朱子의 《中庸章句》이다." 章圖王氏가 말하였다. "中節 두 字는 無過不及 네 字를 대신한 것이다."

## 4. 心은 一也로되 有指體而言者하고 有指用而言者하니 惟觀其所見如何耳니라

### 4-1 心은 一也로되 有指體而言者하고

〈伊川先生이 말씀하였다.〉
"마음은 하나인데 體를 가리켜 말한 것이 있고

本註云 寂然不動이 是也라
本註에 "고요하여 동하지 않는다는 것이 이것이다." 하였다.

### 4-2 有指用而言者하니

用을 가리켜 말한 것이 있으니,

本註云 感而遂通天下之故 是也라
本註에 "감동하여 마침내 天下의 故(所以然)를 통한다는 것이 바로 이것이다." 하였다.

### 4-3 惟觀其所見如何耳[1]니라

오직 보는 바가 어떠한지 살펴볼 뿐이다."

1 【釋疑】心一也……所見如何耳 : 答呂與叔書라 ○ 朱子曰 此語는 與橫渠心統性情相似라 ○ 沙溪曰 心은 有指體言하고 有指用言하니 惟觀言者所見如何耳니라

呂與叔(呂大臨)에게 답한 편지에 보인다.

○ 朱子가 말씀하였다. "이 말씀은 橫渠의 心統性情(마음이 性情을 통합함)과 서로 비슷하다."

○ 沙溪가 말씀하였다. "마음은 體를 가리켜 말한 것이 있고 用을 가리켜 말한 것이 있으니, 오직 말한 자의 所見이 어떠한가를 살펴볼 뿐이다."

**5. 乾은 天也니 天者는 乾之形體요 乾者는 天之性情이라 乾은 健也니 健而無息之謂乾이라 夫天을 專言之則道也니 天且弗違是也요 分而言之면 則以形體謂之天이요 以主宰謂之帝요 以功用謂之鬼神이요 以妙用謂之神이요 以性情謂之乾이니라**

## 5-1 乾은 天也니 天者는 乾之形體요 乾者는 天之性情이라 乾은 健也니 健而無息之謂乾이라

〈伊川先生이 말씀하였다.〉

"乾은 하늘이니, 하늘은 乾의 形體이고 乾은 하늘의 性情이다. 乾은 굳셈이니, 굳세어 쉼이 없음을 乾이라 이른다.

朱子曰 性情二者 常相參이니 有性便有情이요 有情便有性이라 火之性情則是熱이요 水之性情則是寒이요 天之性情則是健이니 健之體爲性이요 健之用是情이라 惟其健이라 所以不息[1]이니라

朱子가 말씀하였다.

"性과 情 두 가지를 항상 서로 참고해야 하니, 性이 있으면 곧 情이 있고 情이 있으면 곧 性이 있다. 불의 性情은 뜨거움이요, 물의 性情은 차가움이요, 하늘의 性情은 굳셈이니, 굳센 體가 性이고 굳센 用이 情이다. 굳세기 때문에 쉬지 않는 것이다."

1 【漢文大系】朱子曰……所以不息：欄外書曰 水火之性情을 爲寒熱하고 而不言體用하니 蓋略也라 今補之曰 火는 熱性而爲體요 其燥物則情而爲用이며 水는 寒性而爲體요 其潤物則情而爲用이니 文公蓋亦此意니라

《欄外書》에 말하였다. "水火의 性情을 寒熱이라 하고 體用을 말하지 않았으니, 이는 생략한 것이다. 이제 보충하기를 '火는 뜨거운 것은 性이어서 體가 되고 물건을 건조시키는 것은 情이어서 用이 되며, 水는 차가운 것은 性이어서 體가 되고 물건을 적셔주는 것은 情이어서 用이 된다.' 하니, 朱文公(朱子)도 이러한 뜻이다."

## 5-2 夫天을 專言之則道也니 天且弗違[1]是也요 分而言之하면 則以形體謂之天이요 以主宰謂之帝요 以功用謂之鬼神이요 以妙用謂之神이요 以性情謂之乾[2·3]이니라 〈易傳 下同〉

하늘을 오로지(총체) 말하면 道이니 하늘도 어기지 않는다는 것이 이것이요, 나누어 말할 경우 形體로써 말하면 天이라 이르고 主宰로써 말하면 上帝라 이르고 功用으로써 말하면 鬼神이라 이르고 妙用으로써 말하면 神이라 이르고 性情으로써 말하면 乾이라 이른다."〈《易傳》에 보인다. 이하도 같다.〉

道者는 天理當然之路[4]니 專言天者는 卽道也라 分而言之컨대 指其形體高大而無涯면 則謂之天이요 指其主宰運用而有定이면 則謂之帝니 天所以主宰萬化者는 理而已라 功用은 造化之有迹者니 如日月之往來, 萬物之屈伸이 是也라 往者爲鬼요 來者爲神이며 屈者爲鬼요 而伸者爲神也라 妙用은 造化之無迹者니 如運用而無方, 變化而莫測이 是也라 ○ 朱子曰 功用은 言其氣也요 妙用은 言其理[5]也니 功用은 兼精粗而言하고 妙用은 言其精者라 黃勉齋曰 合而言之하야 言鬼神이면 則神在其中矣요 析而言之하면 則鬼神者는 其粗迹이요 神者는 其妙用也라 伊川言 鬼神者는 造化之迹이라하시니 此는 以功用言也요 橫渠言 鬼神은 二氣之良能[6]이라하시니 此는 合妙用而言也니라

道는 天理의 당연한 길이니, 오로지 말하면 天은 곧 道이다. 나누어서 말할 경우 形體가 높고 커서 끝이 없음을 가리켜 말하면 天이라 이르고, 主宰하고 運用하여 일정함이 있음을 가리켜 말하면 帝라 이르니, 하늘이 萬化를 主宰하는 것은 이치일 뿐이다. 功用은 造化에 자취가 있는 것이니, 해와 달이 가고 오는 것과 萬物이 굽히고 펴는 것과 같은 것이 이것이다. 가는 것은 鬼가 되고 오는 것은 神이 되며 굽히는 것은 鬼가 되고 펴는 것은 神이 된다. 妙用은 造化에 자취가 없는 것이니, 運用하되 方所가 없고 변화하여 측량할 수 없는 것과 같은 것이 이것이다.

○ 朱子가 말씀하였다.

"功用은 氣를 말한 것이고 妙用은 理를 말한 것이니, 功用은 精粗를 겸하여 말하였고 妙用은 精한 것만을 말하였다."

黃勉齋가 말하였다.

"합하여 말할 경우 鬼神이라고 말하면 神이 그 가운데에 들어 있고, 나누어 말할 경우 鬼神은 거친 자취이고 神은 그 妙用이다. 伊川이 '鬼神은 造化의 자취'라고 말씀하였으니 이는 功用을 가지고 말씀한 것이며, 橫渠가 '鬼神은 陰陽 두 기운의 良能'이라고 말씀하였으니 이는 妙用을 합하여 말씀한 것이다."

**1** 【漢文大系】天且弗違：**欄外書曰 程子引之**는 **非擧用字例**라 **蓋謂上天不能違**니 **以道卽爲天理**요 **非二也**라 **程語往往有如此之類**하니 **以意逆而解之可也**라 **朱子疑之**는 **恐未透**라 **功用**은 **是氣**요 **妙用**은 **是理**니라

《欄外書》에 말하였다. "程子가 인용한 것은 글자의 用例를 든 것이 아니다. 上天이 어길 수 없음을 말한 것이니, 道가 바로 天理이고 두 가지가 아니다. 程子의 말씀은 왕왕 이와 같은 類가 있으니, 뜻으로 맞추어 해석하는 것이 옳다. 朱子가 의심한 것은 通透하지 못해서인 듯하다. 功用은 氣이고 妙用은 理이다."

**2** 【釋疑】乾天也……以性情謂之乾：**按 天且不違**는 **易文言語**라 **以大人**이 **與天地合德**하야 **先天而天不違故**로 **言天且不違也**라 **今於天專言則道也**에 **引用此句**하니 **則是天與道爲二也**라 **故朱子云 某亦未敢以爲然**이라 **然大概語意好故**로 **又稱其好意思**하시니라

살펴보건대 '天且不違'는《周易》〈文言傳〉의 내용이다. 大人은 天地와 德

이 합하여 하늘에 먼저 하여도 하늘이 어기지 않는다. 그러므로 하늘도 어기지 않는다고 말한 것이다. 이제 '하늘을 오로지 말하면 道'란 것에 이 句를 인용하였으니, 이는 하늘과 道가 둘이 된 것이다. 그러므로 朱子가 말씀하기를 "나 또한 감히 이것을 옳게 여기지 않는다."고 한 것이다. 그러나 대체로 말뜻이 좋기 때문에 또 '좋은 意思'라고 칭찬한 것이다.

**3** 【漢文大系】夫天專言之則道也……以性情謂之乾：朱子曰 鬼神은 只是往來屈伸이요 功用은 只是論發見者니라

朱子가 말씀하였다. "鬼神은 다만 往來하고 屈伸하는 것이며, 功用은 다만 發現한 것만을 논한 것이다."

**4** 【釋疑】道者 天理當然之路：按 此雖祖先賢之語나 而凡下語에 各有攸當이라 故於中庸率性之謂道에 朱子釋之曰 日用事物之間에 莫不各有當行之路하니 是則所謂道也라하시니 然則路는 以人物日用當行言也어늘 今於天에 以當行之路로 釋之하니 恐不精切이라

살펴보건대 이는 비록 先賢의 말씀에 근본한 것이기는 하나 무릇 글을 쓸 때에는 각기 해당하는 바가 있다. 그러므로 《中庸》의 '率性之謂道'에 대하여 朱子가 해석하기를 "날로 쓰는 사물의 사이에 각기 당연한 길이 있지 않음이 없으니, 이것이 이른바 道이다." 하였으니, 그렇다면 路는 사람과 물건이 날로 쓰는 사이에 마땅히 행해야 할 것으로 말씀한 것인데, 이제 하늘에 소속시키고 마땅히 행해야 할 길로 풀이하였으니, 정밀하고 간절하지 못할 듯하다.

**5** 【釋疑】妙用 言其理：按 妙用은 言其功用之妙處니 易所謂妙萬物이 是也라 今曰 妙用은 言其理라하야 若以妙用爲太極者然하니 可疑라

妙用은 그 功用의 묘한 것을 말한 것이니, 《周易》에 이른바 '만물을 묘하게 한다.'는 것이 이것이다. 그런데 이제 '妙用은 그 이치를 말한 것'이라 하여 마치 妙用을 太極이라 여긴 듯하니, 의심할 만하다.

**6** 【釋疑】造化之迹……二氣之良能：朱子曰 良能은 是說往來屈伸하니 乃理之自然이요 非有安排措置라 二氣則陰陽이요 良能은 是其靈處니라 ○ 雙峯饒氏曰 造化之迹은 指其屈伸者而言이요 二氣良能은 指其能屈能伸者而言이라 程子는 只說他屈伸之迹하고 不說他靈處하시니 張子說得精이니라

朱子가 말씀하였다. "良能은 往來와 屈伸을 말한 것이니, 바로 이치의 자연함이요 安排하거나 措處함이 있는 것이 아니다. 두 기운은 바로 陰·陽이고 良能은 신령스러운 부분이다."

○ 雙峯饒氏(饒魯)가 말하였다. "造化의 자취는 屈伸을 가리켜 말한 것이고, 二氣의 良能은 능히 굽히고 펼 수 있는 것을 가리켜 말한 것이다. 程子는 단지 저 屈伸의 자취만 말씀하고 그 신령스러운 부분은 말씀하지 않았으니, 張子의 말씀이 정밀하다."

## 6. 四德之元은 猶五常之仁하야 偏言則一事요 專言則包四者니라

伊川先生이 말씀하였다.

"四德의 元은 五常의 仁과 같아서 한쪽만을 말하면 한 가지 일이고 오로지 말하면 元·亨·利·貞 네 가지를 포괄한다."

**乾卦彖傳[1]이라 在天에 爲四德이니 元亨利貞也요 在人에 爲五常이니 仁義禮智信也라 分而言之하면 則元者는 四德之一이요 仁者는 五常之一이며 專言元則亨利貞이 在其中이요 專言仁則義禮智信이 在其中이리 蓋元者는 天地之生理也요 亨者는 生理之達이요 利者는 生理之遂요 貞者는 生理之正也며 仁者는 人心之生理也요 禮者는 仁之節文이요 義者는 仁之裁制요 知者는 仁之明辨이요 信者는 仁之眞實也[2]라 ○ 朱子曰 仁之一事所以包四者니 不可離其一事而別求兼四者之仁이니라 又曰 仁是生底意思라 通貫周流於四者之中하니 須得辭遜斷制是非三者라야 方成得仁之事니라**

乾卦 〈彖傳〉에 보인다.

하늘에 있으면 四德이 되니 元·亨·利·貞이요, 사람에 있으면 五常이 되니 仁·義·禮·智·信이다. 나누어서 말하면 元은 四德의 하나이고 仁은 五常의 하나이며, 元을 오로지 말하면 亨·利·貞이 그 안에 들어있고, 仁을 오로지 말하면 義·禮·智·信이 그 안에 들어있다. 元은 天地의 生理(물건을 낳는 이치)이고 亨은 生理의 통달함이고 利는 生理의 이루어짐이고 貞은 生理의 바름이며, 仁은 人心의 生理이고 禮는 仁의 節文이고 義는 仁의 裁制이고 智는 仁의 밝게 분별함이고 信은 仁의 眞實이다.

○ 朱子가 말씀하였다.

"仁의 한 가지 일이 네 가지를 포함하니, 한 가지 일을 떼어 놓고 별도로 네 가지를 겸한 仁을 구해서는 안 된다."

또 말씀하였다.

"仁은 낳는 意思라서 네 가지 가운데에 관통하고 두루 유행하니, 모름지기 辭遜(禮), 斷制(義), 是非(智) 세 가지를 얻어야 비로소 仁의 일을 이룰 수 있다."

1 【釋疑】乾卦彖傳 : 按 彖은 文王所繫卦辭以斷一卦之吉凶이니 彖은 斷也라

살펴보건대 彖은 文王이 卦辭를 달아 한 卦의 吉凶을 결단한 것이니, 彖은 決斷의 뜻이다.

2 【釋疑】信者仁之眞實也 : 按 眞字似未穩하니 下確字 未知如何라

살펴보건대 眞字는 온당하지 못할 듯하니, 確字를 놓는 것이 어떨지 모르겠다.

## 7. 天所賦爲命이요 物所受爲性[1]이니라

〈伊川先生이 말씀하였다.〉

"하늘이 부여한 것을 命이라 하고 물건이 받은 것을 性이라 한다."

1 【釋疑】天所賦爲命 物所受爲性 : 乾卦彖傳이라 ○ 朱子曰 理는 一也로되 自天之所賦與萬物言之라 故謂之命이요 以人物之所稟受于天言之라 故謂之性이니 其實은 所從言之地頭不同耳니라

乾卦 〈彖傳〉에 보인다.

○ 朱子가 말씀하였다. "理는 하나인데 하늘이 만물에게 부여한 입장에서 말하였으므로 命이라 이르고, 사람과 물건이 하늘에서 부여받은 입장에서 말하였으므로 性이라 이른 것이니, 실제는 연유하여 말한 바의 地頭(위치, 또는 입장)가 같지 않을 뿐이다."

朱子曰 命은 猶誥勅이요 性은 猶職任이니 天以此理命於人이어든 人稟受此理하니 則謂之性이니라

朱子가 말씀하였다.

"命은 誥勅(勅命)과 같고 性은 職任과 같으니, 하늘이 이 이치를 사람에게 명해 주면 사람이 이 이치를 받으니, 이것을 性이라 이른다."

## 8. 鬼神者는 造化之迹也[12]니라

〈伊川先生이 말씀하였다.〉

"鬼神은 造化의 자취이다."

**【張伯行 註】** 天地間에 無物不具陰陽하야 陰陽無所不在하니 則鬼神無所不有라 蓋以二氣言之하면 鬼是陰之靈이요 神是陽之靈이며 以一氣言之하면 神之爲言은 伸也니 氣之方伸而來者는 屬陽爲神이요 鬼之爲言은 歸也니 氣之已屈而往者는 屬陰爲鬼니 其實은 二氣只是一氣라 造化之迹은 以陰陽流行하야 著見於天地間者로 言之라 自無而有를 謂之造요 自有而無를 謂之化니 非鬼神이면 何以造化며 非鬼神之屈伸往來면 造化何以有迹이리오 自其迹觀之하면 則實有是理하고 實有是氣하니 鬼神之不爲荒幻杳冥也 明矣니라

天地 사이에 사물마다 陰陽을 갖추지 않은 것이 없어서 陰陽이 있지 않은 곳이 없으니, 그렇다면 鬼神이 있지 않은 곳이 없는 것이다. 두 기운을 가지고 말하면 鬼는 陰의 靈이고 神은 陽의 靈이며, 한 기운을 가지고 말하면 神이라는 말은 펴는 것이니 氣가 막 펴져서 오는 것은 陽에 속하여 神이 되고, 鬼라는 말은 돌아가는 것이니 氣가 이미 굽혀서 가는 것은 陰에 속하여 鬼가 되니, 그 실제는 두 기운이 단지 한 기운일 뿐이다. 造化의 자취란 陰陽이 流行하여 天地 사이에 드러남을 가지고 말한 것이다. 無에서 有로 감을 造라 이르고 有에서 無로 감을 化라 이르니, 鬼神이 아니면 어떻게 造化하며 鬼神의 屈伸往來가 아니면 어떻게 造化가 자취가 있겠는가. 자취의 입장에서 보면 진실로 이 이치가 있고 진실로 이 기운이 있으니, 鬼神이 허황하고 아득하지 않음이 분명하다.

1 【漢文大系】鬼神者 造化之迹也：欄外書曰 程子曰 鬼神은 天地之功用而造化之迹也라 大全小注에 朱子曰 風雨霜露와 日月晝夜는 此鬼神之迹也라 又曰 造化之妙를 不可得而見이요 於其氣之往來屈伸者에 以見之니 微鬼神이면 則造化無迹矣리라

《欄外書》에 말하였다. "程子가 말씀하기를 '鬼神은 天地의 功用이고 造化의 자취이다.' 하였다. 《性理大全》의 小注에 朱子가 말씀하기를 '風雨와 霜露와 日月과 晝夜는 鬼神의 자취이다.' 하였고, 또 말씀하기를 '造化의 묘함을 볼 수가 없고, 氣가 往來하고 屈伸하는 데에서 이것을 볼 수 있으니, 鬼神이 아니면 造化는 자취가 없을 것이다.' 하였다."

2 【釋疑】鬼神者 造化之迹也：乾卦文言傳이라 朱子曰 風雨霜露日月晝夜는 此鬼神之迹也라 ○ 北溪陳氏曰 造化之迹은 以陰陽流行著見於天地間者言之니라

乾卦 〈文言傳〉에 보인다.

朱子가 말씀하였다. "風雨와 霜露, 日月과 晝夜는 바로 鬼神의 자취이다."

○ 北溪陳氏가 말하였다. "造化의 자취는 陰陽이 天地 사이에 유행하여 나타나는 것을 가지고 말한 것이다."

**9. 剝之爲卦 諸陽이 消剝已盡하고 獨有上九一爻尙存하니 如碩大之果不見食하야 將有復生之理하니 上九亦變이면 則純陰矣라 然陽無可盡之理하야 變於上則生於下하니 無間可容息也라 聖人이 發明此理하야 以見(현)陽與君子之道不可亡也니라 或曰 剝盡則爲純坤이니 豈復有陽乎아 曰 以卦配月하면 則坤當十月하니 以氣消息言이면 則陽剝爲坤이요 陽來爲復이니 陽未嘗盡也라 剝盡於上이면 則復生於下矣니라 故十月을 謂之陽月이라하니 恐疑其無陽也라 陰亦然이로되 聖人이 不言耳시니라**

**9-1 剝之爲卦 諸陽이 消剝已盡하고 獨有上九一爻尙存하니**

**如碩大之果不見食**하야 **將有復生之理**하니 **上九亦變**이면 **則純陰矣**라 **然陽無可盡之理**하야 **變於上則生於下**하니 **無間可容息也**라 **聖人**이 **發明此理**하야 **以見**(현)**陽與君子之道不可亡也**니라 **或曰 剝盡則爲純坤**이니 **豈復有陽乎**아 **曰 以卦配月**하면 **則坤當十月**하니 **以氣消息言**이면 **則陽剝爲坤**이요 **陽來爲復**이니 **陽未嘗盡也**라 **剝盡於上**이면 **則復生於下矣**니라

〈伊川先生이 말씀하였다.〉

"剝卦는 모든 陽이 사라져 이미 다하고 홀로 上九 한 爻만이 아직 남아 있으니, 큰 과일이 먹힘을 당하지 아니하여 장차 다시 날 이치가 있는 것과 같으니, 上九도 변하면 純陰이다. 그러나 陽은 다할 이치가 없어서 위에서 변하면 아래에서 생겨나니, 그 틈이 숨 한 번 쉴 간격도 용납하지 않는다. 聖人이 이 이치를 발명하여 陽과 君子의 道가 없을 수 없음을 나타내신 것이다."

혹자가 말하기를 "陽이 사라져 다하면 純坤卦가 되니, 어찌 다시 陽이 있겠습니까?" 하자, 다음과 같이 말씀하였다.

"卦를 달에 배합하면 坤卦는 10월에 해당하니, 氣의 消息(사람짐과 자라남)을 가지고 말할 경우 陽이 사라지면 坤卦가 되고 陽이 다시 오면 復卦가 되어 陽은 일찍이 다하지 않는다. 陽이 위에서 사라져 다하면 다시 아래에서 생기는 것이다.

一氣無頓消하고 亦無頓息하니 以卦配月하면 積三十日而成一月하고 亦積三十分[1]而成一爻라 九月中이 於卦爲剝이니 陽未剝盡하야 猶有上九一爻요 剝三十分하야 至十月中하면 陽氣消盡而爲純坤이라 然陽纔盡於上이면 則已萌於下하야 積三十分하야 至十一月中然後에 陽氣應於地上而成復之一爻也라 蓋陰陽二氣 語其流行則一氣耳라 息則爲陽이요 消則爲陰이니 消之終은 卽息之始라 不容有間斷[2]이니라

한 기운이 갑자기 사라짐이 없고 또한 갑자기 자라남이 없으니, 卦를 달에 배합하면 30일을 쌓아 한 달을 이루고 또한 30分을 쌓아 한 爻를 이룬다. 9월은 卦에 있어서 剝卦가 되니, 陽이 완전히 사라지지 아니하여 아직 上九 한 爻가 남아 있고, 30分이 사라져 10월에 이르면 陽氣가 완전히 사라져 純坤卦가 된다. 그러나 陽이 잠시라도 위에서 다하면 이미 아래에서 싹터서 30分을 쌓아 11월에 이른 뒤에는 陽氣가 地上에 응하여 復卦의 한 爻를 이룬다. 陰·陽 두 기운은 그 流行을 말하면 한 기운일 뿐이다. 자라나면 陽이 되고 사라지면 陰이 되니, 사라짐의 마침은 바로 자라남의 시작이어서 間斷함이 있음을 용납하지 않는다.

**1** 【漢文大系】積三十分 : 朱子曰 自觀至剝三十日이라야 剝方盡이요 自剝至坤三十日이라야 方成坤이라 三十日에 陽漸長하야 至冬至하면 方是一陽이니 第二陽이 方從此生이라 陰剝에 每日剝三十分之一하야 一月에 方剝得盡이요 陽長에 每日長三十分之一하야 一月에 方長得成一陽이니라

朱子가 말씀하였다. "觀卦로부터 剝卦에 이르기까지 30일이 되어야 陽이 비로소 다 사라지고, 剝卦로부터 坤卦에 이르기까지 30일이 되어야 비로소 坤卦를 이룬다. 30일에 陽이 점점 자라서 冬至에 이르면 비로소 한 陽이 되니 두 번째 陽이 비로소 이때부터 생긴다. 陰이 사라질 적에는 매일 30分의 1씩 깎여서 한 달이 걸려야 비로소 모두 다 사라지며, 陽이 자라날 적에는 매일 30分의 1씩 자라서 한 달이 걸려야 비로소 한 陽이 자란다."

**2** 【釋疑】一氣無頓消……不容有間斷 : 按 程子以卦配月之說은 乃以剝卦配九月하고 復卦配十一月之類也라 葉氏引此語하야 以言其積累而成月成爻之意하니 此各自爲一義也라 朱子曰 到冬至하야 方生得就一畫在地下라하니 葉氏所謂應於地上者는 恐誤也라

살펴보건대 '卦를 달에 배합한다.'는 程子의 말씀은 바로 剝卦를 9월에 배합하고 復卦를 11월에 배합하는 것과 같은 따위이다. 그런데 葉氏는 이 말씀을 인용하여 여러 번 쌓아 달을 이루고 爻를 이루는 뜻을 말하였으니, 이는 각기 따로 한 뜻이 된다. 朱子가 말씀하기를 "冬至에 이르러 비로소 한 陽畫이 생겨 地下에 있다." 하였으니, 葉氏의 이른바 '地上에 응한다'는 것은 잘못된 것인 듯하다.

**9-2 故十月**을 **謂之陽月**[1]이라하니 **恐疑其無陽也**라 **陰亦然**이로되 **聖人**이 **不言耳**[2]시니라

그러므로 10월을 陽月이라 하였으니, 이는 陽이 없다고 의심할까 두려워해서이다. 陰 또한 그렇지만 聖人이 말씀하지 않았을 뿐이다."

十月이 於卦爲坤이라 恐人疑其無陽이라 故特謂之陽月이라하니 所以見陽氣已萌也라 陰於四月純乾之時에 亦然이로되 陰之類는 爲小人이라 故聖人不言耳시니라

10월은 卦로는 坤이 되는데 사람들이 陽이 없다고 의심할까 두려우므로 특별히 10월을 陽月이라 이른 것이니, 陽氣가 이미 싹튼 것이다. 陰이 4월 純乾의 때에 또한 그러하나 陰의 類는 小人이 되기 때문에 聖人이 말씀하지 않았을 뿐이다.

【張伯行 註】承上文而言호되 聖人之以十月爲陽月者는 正恐人疑坤之卦有陰而無陽故로 特以陽名之라 陰於四月純乾之時에 蓋亦如此로되 只是陽之類爲君子하니 所以聖人言之요 陰之類爲小人하니 聖人不言耳라 扶陽抑陰之意則然이요 其無間息은 一也니라

윗글을 이어 말하기를 聖人이 10월을 陽月이라 한 것은 사람들이 坤卦에 陰만 있고 陽이 없다고 의심할까 두려우므로 특별히 陽이라고 명칭한 것이다. 陰이 4월 純乾의 때에 있어서도 이와 같으나 다만 陽의 類는 君子가 되니 이 때문에 聖人이 말씀하였고, 陰의 類는 小人이 되니 聖人이 말씀하지 않았을 뿐이다. 陽을 붙들고 陰을 억제하는 뜻이 그러한 것이요, 陰陽이 사이에 끊김이 없음은 똑같다.

1 【漢文大系】故十月 謂之陽月 : 爾雅釋天曰 十月爲陽이라한대 疏曰 君子愛陽而惡陰이라 故以陽名之라 無陽而得陽名者는 以分陰分陽하야 迭用柔剛하야 十二月之消息에 見其用事耳니 其實은 陰陽常有라

《爾雅》〈釋天〉에 "10월을 陽月이라 한다." 하였는데, 疏에 이르기를 "君子는 陽을 좋아하고 陰을 싫어한다. 그러므로 〈10월을〉 陽月이라 이름한 것이다.

陽이 없는데도 陽이란 이름을 얻은 것은 陰으로 나누고 陽으로 나누어 번갈아 柔와 剛을 써서, 열두 달의 消息(陰陽이 사라지고 자라남)에 用事함을 나타내려고 한 것이니, 실제로는 陰陽은 언제나 있는 것이다." 하였다.

**2** 【釋疑】 剝之爲卦……聖人不言耳 : 孔氏曰 卦者는 卦也니 縣卦物象하야 以示人也라 ○ 繫辭에 爻也者는 效天下之動者也라하니 本義에 效는 放也라하니라 ○ 問十月을 何以爲陽月고 曰 剝盡爲坤이요 復則一陽生也나 復之一陽이 不是頓然便生이요 乃是自坤卦中積來라 且一月은 三十日이니 以復之一陽으로 分作三十分이라 從小雪後하야 便一日에 生一分하야 上面에 趲得一分이면 下面에 便生一分하니 到十一月半이면 一陽始成也라 以此로 便見得天地無休息處니라 且以一月로 分作三十分하고 細以時分之하면 是三百六十分이니라

孔氏(孔安國)가 말하였다. "卦는 걸어 놓는다는 뜻이니 卦의 物象을 걸어 놓아 사람들에게 보여 준다는 뜻이다."

○ 〈繫辭傳〉에 "爻라는 것은 天下의 동함을 본받는 것이다." 하였는데, 《本義》에 "效는 똑같게 하는 것이다." 하였다.

○ "10월을 어찌하여 陽月이라고 합니까?" 하고 묻자, 〈朱子는〉 다음과 같이 대답하였다. "陽이 사라져 다한 것이 坤卦이고 陽이 회복되면 한 陽爻가 생긴다. 그러나 復卦의 한 陽爻가 갑자기 곧 생기는 것이 아니요, 바로 坤卦 가운데로부터 쌓여서 오는 것이다. 또 한 달은 30일이니, 復卦의 한 陽을 가지고 나누어 30分을 만든다. 그리하여 小雪이 지난 뒤로부터 하루에 1分씩 생겨서 上面에 陰이 1분씩 쫓겨가면 下面에는 곧 陽이 1분씩 생겨나니, 11월의 半에 이르면 한 陽이 비로소 이루어진다. 이로써 天地가 휴식함이 없는 곳을 볼 수 있다. 또 한 달을 나누어 30분을 만들고 다시 시간으로 나누면 〈하루는 12시간이어서〉 360分이 된다."

**10. 一陽이 復於下는 乃天地生物之心也라 先儒皆以靜爲見天地之心이라하니 蓋不知動之端이 乃天地之心也라 非知道者면 孰能識之[12]리오**

〈伊川先生이 말씀하였다.〉

"한 陽이 아래에서 회복함은 바로 天地가 물건을 낳는 마음이다. 先儒

는 모두 靜에서 天地의 마음을 볼 수 있다 하였으니, 動의 단서가 바로 天地의 마음임을 알지 못한 것이다. 道를 아는 자가 아니면 누가 이것을 알겠는가."

**復卦彖曰 復**에 **其見天地之心乎**인저하야늘 **朱子曰 十月積陰**이면 **陽氣收斂**하나니 **天地生物之心**은 **固未嘗息**이로되 **但無端倪可見**이라가 **一陽旣復**이면 **則生意發動**이라 **乃始復見其端緖也**니라

復卦 〈彖傳〉에 "復卦에서 天地의 마음을 볼 수 있다." 하였는데, 朱子가 말씀하였다.

"10월에 陰이 쌓이면 陽氣가 收斂되니, 天地가 물건을 낳는 마음은 진실로 일찍이 그친 적이 없으나 다만 볼 만한 단서가 없다가 한 陽이 이미 회복하면 生意가 발동한다. 이에 비로소 다시 그 단서를 볼 수 있는 것이다."

**【張伯行 註】此**는 **釋復卦彖辭**라 **言十月純陰**하야 **生意亦幾乎息**이나 **而一陽復生於下**하니 **乃天地生物無時止息之心也**라 **蓋天地之心**이 **原無間於動靜**이요 **且動未始不根乎靜**이나 **然當其靜時**하야 **陽氣伏藏**하야 **天地之心**을 **旣無端緖可見**이요 **及陽氣長盛**하야 **萬物繁茂**하야는 **則又散漫而無由見**이라 **惟於將絶復續**하야 **靜極而動之時**니 **所謂端也**니 **天地之心**을 **正於此見耳**라 **先儒皆以靜屬體**하야 **爲見天地之心**이라하야 **而不知其見於動之端也**하니 **苟誠知之**면 **則知一陰一陽之謂道**하야 **道無止息矣**라 **故程子曰 非知道者**면 **孰能識之**리오하시니라

이는 復卦 〈彖辭〉를 해석한 것이다. 10월은 純陰이 되어서 生意(물건을 낳는 뜻)가 또한 거의 끊기게 되었으나 한 陽이 다시 아래에서 생기니, 이는 바로 天地가 물건을 낳는 마음이 한시도 그침이 없는 것이다. 天地의 마음이 원래 動靜에 간격이 없고, 또 動이 일찍이 靜에 뿌리하지 않음이 없다. 그러나 靜할 때를 당해서는 陽氣가 숨어 있어서 天地의 마음을 볼 수 있는 단서가 없고, 또 陽氣가 장성하여 萬物이 무성함에 미쳐서는 또 산만하여 볼 수가 없다. 오직 장차 끊기려 하다가 다시 이어져서 靜이 지극하여 동하려 할 때에 볼 수 있으

니, 이른바 端이라는 것이니 天地의 마음을 바로 이때에 볼 수 있다. 先儒들은 모두 靜을 體에 소속시켜 天地의 마음을 볼 수 있다 하여, 動의 단서에서 볼 줄을 알지 못하였으니, 만일 진실로 이것을 안다면 한 번 陰이 되고 한 번 陽이 되는 것을 道라 하여 道가 그침이 없음을 알 것이다. 그러므로 程子가 말씀하기를 "道를 아는 자가 아니면 누가 이것을 알겠는가." 하신 것이다.

**1** 【漢文大系】一陽復於下……孰能識之：王弼曰 復者는 反本之謂也니 天地以本爲心者也라 凡動息則靜이니 靜非對動者也라

王弼이 말하였다. "復은 근본으로 돌아감을 이르니, 天地는 근본을 마음으로 삼는다. 무릇 動함이 그치면 靜하니, 靜은 動과 상대되는 것이 아니다."

**2** 【釋疑】一陽復於下……孰能識之：復은 非天地心이요 復에 則見天地心이라 蓋天地以生物爲心하니 此卦之下一陽爻 卽天地所以生物之心也라 至於復之得名하야는 則以此陽之復生而已니 猶言臨, 泰, 大壯, 夬也라 但於其復에 而見此一陽之萌於下하면 則是因其復而見天地之心耳니라 ○ 沙溪云 先儒는 乃王弼也라 ○ 按 程子曰 自古儒者皆言靜見天地之心이러니 惟某言動而見天地之心이라하시니 據此면 所謂先儒는 非獨一王弼也라

復卦가 天地의 마음이 아니고 復卦에서 天地의 마음을 볼 수 있는 것이다. 天地는 물건을 낳는 것을 마음으로 삼으니, 復卦 아래의 한 陽爻가 바로 天地가 물건을 낳는 바의 마음인 것이다. 復卦가 復이라는 이름을 얻음에 이르러서는 이 陽爻가 다시 생겼기 때문일 뿐이니, 臨卦·泰卦·大壯卦·夬卦와 같은 것이다. 다만 復卦에서 한 陽爻가 아래에서 싹트는 것을 보면 이는 復으로 인하여 天地의 마음을 볼 수 있는 것이다.

○ 沙溪가 말씀하였다. "先儒는 바로 王弼이다."

○ 살펴보건대 程子가 말씀하기를 "예로부터 儒者들이 모두 '靜에서 天地의 마음을 볼 수 있다.' 하였는데, 오직 나만은 動함에서 天地의 마음을 볼 수 있다." 하였으니, 이것을 근거해 보면 이른바 先儒는 단지 王弼 한 사람만이 아니다.

## 11. 仁者는 天下之公이니 善之本[1]也라

〈伊川先生이 말씀하였다.〉

"仁은 天下의 公이니, 善의 根本이다."

復卦六二傳이라 仁者는 以天地萬物로 爲一體라 故曰天下之公이요 四端萬善이 皆統乎仁이라 故曰善之本也라하니라

復卦 六二爻 〈象傳〉의 傳이다. 仁한 자는 天地萬物을 一體로 삼으므로 天下의 公이라 말하였고, 四端과 萬善이 모두 仁에 통솔되므로 善의 근본이라 말한 것이다.

1 【漢文大系】仁者……善之本 : 欄外書曰 文言에 以元配仁하야 爲善之長하고 九卦에 又以復爲德之本❶하니 善之本이 本於此라

《欄外書》에 말하였다. "《周易》〈文言傳〉에 元을 仁에 배합하여 '善의 으뜸'이라 하였고, 〈繫辭傳〉의 아홉 卦에 또 復卦를 '德의 근본'이라 하였으니, 善의 근본이란 말은 여기에서 근본한 것이다."

❶ 【譯註】九卦又以復爲德之本 : 九卦란 履·謙·復·恒·損·益·困·井·巽을 가리키는 바, 《周易》〈繫辭 下〉에 "履德之基也 謙德之柄也 復德之本也 恒德之固也 損德之修也 益德之裕也 困德之辨也 井德之地也 巽德之制也"라고 보인다.

**12. 有感必有應이니 凡有動이 皆爲感이요 感則必有應이니 所應이 復爲感하고 所感이 復有應하야 所以不已也라 感通之理를 知道者默而觀之可也[1·2]니라**

〈伊川先生이 말씀하였다.〉

"감동함이 있으면 반드시 응함이 있으니 무릇 동함이 있음은 모두 感이 되고, 感하면 반드시 應이 있으니 應하는 바가 다시 感이 되고 感하는 바가 다시 應이 되어서 그치지 않는다. 感通하는 이치를 道를 아는 자가 묵묵히 관찰한다면 가할 것이다."

咸卦九四傳이라 屈伸往來에 感應無窮하니 自屈而伸이면 則屈者는 感也요 伸者는 應也며 自伸而屈이면 則伸者는 感也요 屈者는 應也라 明乎此면 則天地陰陽之消長變化와 人心物理之表裏盛衰 要不外乎感應之理而已니라

咸卦 九四爻의 《易傳》이다. 屈伸하고 往來함에 感應함이 무궁하니, 굽힘에서 펴짐에 이르면 굽힘은 感이고 펴짐은 應이며, 펴짐에서 굽힘에 이르면 펴짐은 感이고 굽힘은 應이니, 이것을 분명히 안다면 天地 陰陽의 消長과 變化, 人心 物理의 表裏와 盛衰가 요컨대 感應하는 이치에서 벗어나지 않을 뿐이다.

**1** **【漢文大系】有感必有應……默而觀之可也 : 朱子曰 感**은 **是事來感我**요 **通**은 **是自家受他感處**라 **○ 欄外書曰 施璜虹〈玉〉發明**[1]**曰 天地間感應二者 循環無端**하니 **所云定數莫逃者 皆應也**요 **君子盡道其間者 皆感也**라 **應**은 **是受命之事**요 **感**은 **是造命之事**라 **自感自應**하야 **非有別物**이요 **惟盡其道而已**라 **故君子只做感邊事**로되 **但聖人**은 **重無心之感**이라 **知道者 默而觀之**하면 **毫忽不爽也**니라

朱子가 말씀하였다. "感은 일이 와서 나를 감동시키는 것이요, 通은 자신이 저〔他〕에게 감동을 받는 것이다."

○《欄外書》에 말하였다. "施璜虹玉의 《發明》에 이르기를 '天地間에 感과 應 두 가지가 순환하여 끝이 없으니, 이른바 운수가 정해져서 도피할 수 없다는 것은 모두 應이고 君子가 그 사이에 道理를 다한다는 것은 모두 感이다.' 하였다. 應은 天命을 받아들이는 일이고, 感은 이 天命을 만드는 일이니, 스스로 感動하고 스스로 應하여, 딴 물건이 있는 것이 아니고 오직 그 도리를 다할 뿐이다. 그러므로 君子는 感하는 쪽의 일을 하되 다만 聖人은 무심한 감동을 중하게 여긴다. 道를 아는 자가 묵묵히 관찰한다면 털끝만큼도 어긋나지 않을 것이다."

[1] **【譯註】施璜虹〈玉〉發明** : 施璜은 明나라 學者로 虹玉은 그의 字이고 號는 誠齋이며 《發明》은 그의 저서인 《近思錄發明》을 가리키는 바, 모두 14권으로 되어 있다. 原文에 玉字가 빠져 있는 것을 보충하였다.

**2** **【釋疑】有感必有應……默而觀之可也 : 按 感通之理以下**는 **彖傳語**어늘 **朱子合而成一說**하니 **後多類此**하니라

살펴보건대 '感通之理' 이하는 〈彖傳〉에 대한 《程傳》의 내용인데, 朱子가 합쳐서 한 말씀으로 만들었으니, 뒤에도 이와 같은 경우가 많다.

**13. 天下之理 終而復始**하니 **所以恒而不窮**이라 **恒**은 **非一定之謂也**니 **一定則不能恒矣**라 **唯隨時變易**이 **乃常道也**라 **天地常久之道**와 **天下常久之理**를 **非知道者**면 **孰能識之**리오

〈伊川先生이 말씀하였다.〉

"天下의 이치가 끝나면 다시 시작되니, 이 때문에 항상하고 다하지 않는 것이다. 恒은 일정함을 말한 것이 아니니, 일정하면 항상하지 못한다. 오직 때에 따라 變易함이 바로 常道(떳떳한 道)이다. 天地의 항상하고 오래하는 道와 天下의 항상하고 오래하는 이치를 道를 아는 자가 아니면 그 누가 알겠는가."

**恒卦彖傳**이라 **隨時變易不窮**이 **乃常道也**니 **日月往來**와 **萬化屈伸**이 **無一息之停**이나 **然其往來屈伸**은 **則亘萬古而常然**[1]**也**라

恒卦 〈彖傳〉의 傳이다. 때에 따라 變易하여 다하지 않는 것이 바로 常道이니, 해와 달의 往來함과 萬化의 屈伸함이 한 순간도 停滯함이 없으나 그 往來하고 屈伸함은 萬古에 뻗쳐 항상 그러하다.

1 【釋疑】 隨時變易……亘萬古而常然 : 按 程子之意는 則謂往來屈伸하야 終而復始라 故天下之理 恒而不窮矣어늘 葉氏는 以往來屈伸之亘萬古而常然으로 爲恒하니 語意微不同이라

살펴보건대 程子의 뜻은 '往來하고 屈伸하여 끝나면 다시 시작하므로 天下의 이치가 항상하고 다하지 않는다.'고 말씀한 것인데, 葉氏는 往來와 屈伸이 萬古에 뻗쳐 항상 그러한 것을 恒常이라고 하였으니 말뜻이 약간 다르다.

**14. 人性本善**이어늘 **有不可革者**는 **何也**오 **曰 語其性則皆善也**요 **語其才則有下愚之不移**라 **所謂下愚有二焉**하니 **自暴也**와 **自棄也**라 **人苟以善自治**면 **則無不可移者**하니 **雖昏愚之至**라도 **皆可漸磨而進**이어니와 **唯自暴者**는 **拒之以不信**하고 **自棄者**는 **絶之以不爲**하니 **雖聖人與居**라도 **不能化而入也**니 **仲尼之所謂下愚也**니라 **然天下**에 **自棄自暴者 非必皆昏愚也**라 **往往强戾而才力有過人者**하니 **商**

辛이 是也라 聖人이 以其自絶於善이라하여 謂之下愚어니와 然考其歸하면 則誠愚也니라 旣曰下愚로되 其能革面은 何也오 曰 心雖絶於善道나 其畏威而寡罪는 則與人同也라 唯其有與人同이라 所以知其非性之罪也니라

## 14-1 人性本善이어늘 有不可革者는 何也오 曰 語其性則皆善也요 語其才則有下愚之不移[1]라

〈伊川先生이 말씀하였다.〉

“사람의 性은 본래 善하지만 고칠 수 없는 자가 있음은 어째서인가? 그 性을 말하면 모두 善하나 그 재질을 말하면 下愚여서 옮길 수 없는 자가 있는 것이다.

革卦上六傳이라 性은 無不善이요 才者는 性之所能이라 合理與氣而成氣質[2]하면 則有昏明强弱之異하니 其昏弱之極者爲下愚니라

革卦 上六爻의 《易傳》이다. 性은 善하지 않음이 없고 才는 性에 능한 것이다. 理와 氣를 합하여 氣質을 이루면 어둡고 밝고 강하고 약한 차이가 있으니, 어둡고 약함이 지극한 자가 下愚가 된다.

1 【漢文大系】人性本善……下愚之不移：論語曰 唯上智與下愚不移라하니라 ○ 欄外書曰 才는 是才質之才니 卽氣質也라 注에 別擧氣質은 恐贅라
《論語》〈陽貨〉에 이르기를 “오직 上智와 下愚는 바꿀 수 없다.” 하였다. ○《欄外書》에 말하였다. “才는 才質의 才이니 바로 氣質이다. 注에서 별도로 氣質을 든 것은 군더더기인 듯하다.”

2 【釋疑】合理與氣而成氣質：栗谷曰 合理與氣此言은 未穩이니 言氣則理在其中이니라 沙溪曰 大學首章小註에 北溪陳氏曰 人生에 得天地之理하고 又得天地之氣하야 理與氣合하야 所以虛靈이니 理氣元不相離하야 本混融無間이라하니 如陳氏說이면 則人物未生時에 理氣相離라가 至始生時하야 得天地之理하고 又得天地之氣하야 與之相合而生이라 如陰陽男女相合而生人物이니 其可乎아 且人得理氣

而虛靈하고 物不得理氣而蔽塞乎아 人物通塞之分은 不在於合理氣요 而在於得氣之正且通과 偏且塞也라 種種下語 無非有病이라 按 無極之眞과 二五之精이 妙合而凝하니 則理氣合之說이 未爲不可나 而但葉氏謂合理與氣而成氣質이라하야 有若理氣上에 別有主張者合而成之하니 此語有病이라 北溪所云旣得天地之理하고 又得天地之氣者는 果似有先後之次요 而且謂理與氣合하야 所以虛靈이라하니 亦皆未穩이니라

栗谷이 말씀하였다. "理와 氣를 합하였다는 이 말은 온당치 못하니, 氣를 말하면 理가 이 가운데 들어있는 것이다."

沙溪가 말씀하였다. "《大學》의 首章 小註에 北溪陳氏가 말하기를 '사람이 태어날 적에 天地의 이치를 얻었고, 또 天地의 기운을 얻어서 理와 氣가 합하여 이 때문에 마음이 虛靈한 것이니, 理와 氣는 원래 서로 떨어지지 않아서 본래 混融하여 간격이 없다.' 하였다. 陳氏의 말과 같다면 사람과 물건이 태어나지 않았을 때에는 理와 氣가 서로 떨어져 있다가 태어날 때에 이르러서 天地의 이치를 얻고 또 天地의 기운을 얻어서 理와 氣가 서로 합하여 생겨난 것이다. 이는 마치 陰陽과 男女가 서로 합하여 사람과 물건을 낳는 것과 같으니, 될 수 있겠는가. 또 사람은 理氣를 얻어 虛靈하고 물건은 理氣를 얻지 못하여 가리고 막혔단 말인가. 사람과 물건이 통하고 막히는 구분은 理와 氣를 합하는 데에 있지 않고, 氣의 바르고 또 통함과 편벽되고 또 막힘을 얻음에 달려 있는 것이다. 여러 가지 말들이 모두 병통이 있다."

살펴보건대 無極의 眞과 二五의 精이 묘하게 합하여 엉기니, 그렇다면 理와 氣가 합하였다는 말이 불가한 것은 아니나 다만 葉氏가 '理와 氣를 합하여 氣質을 이루었다.'고 말해서 마치 理와 氣 위에 별도로 주장하는 것이 있어 합하여 이루는 듯하니, 이 말은 병통이 있다. 北溪의 이른바 '이미 天地의 이치를 얻고 또 天地의 기운을 얻었다.'는 것은 과연 先後의 차례가 있는 듯하며, 또 '理와 氣가 합하여 이 때문에 마음이 虛靈하다.' 하였으니, 이 또한 모두 온당치 못하다.

**14-2 所謂下愚有二焉하니 自暴也와 自棄也라 人苟以善自治면 則無不可移者하니 雖昏愚之至라도 皆可漸磨而進이어니와 唯自暴者는 拒之以不信하고 自棄者는 絶之以不爲하니 雖聖人與居라도 不能化而入也니 仲尼之所謂下愚也니라**

이른바 下愚라는 것이 두 가지가 있으니, 自暴와 自棄이다. 사람이 만일 善으로 스스로 다스리면 고칠 수 없는 자가 없으니, 비록 昏愚함이 지극하더라도 모두 점점 연마하여 나아갈 수 있으나 오직 自暴하는 자는 거절하여 믿지 않고 自棄하는 자는 체념하고 하지 않으니, 비록 聖人과 함께 거처하더라도 敎化하여 들어가지 못하는 바, 仲尼의 이른바 下愚라는 것이다.

**人性本善**이어늘 **自暴者**는 **咈戾而不信乎善**하니 **是自暴害其性也**요 **自棄者**는 **雖知其善**이나 **然怠廢而不爲**하니 **是自棄絶其性也**니 **此愚之又下者**라 **不可移矣**니라 ○ **朱子曰 自暴者**는 **剛惡之所爲**요 **自棄者**는 **柔惡之所爲**니라

사람의 性이 본래 善한데 自暴하는 자는 어기고 거슬려서 善을 믿지 않으니 이는 스스로 性을 해치는 것이요, 自棄하는 자는 비록 善임을 아나 게으르고 포기하여 하지 않으니, 이는 스스로 그 性을 버리고 끊는 것이다. 이는 어리석음이 또(더욱) 심한 자로 고칠 수가 없는 것이다.

○ 朱子가 말씀하였다.

"自暴는 剛惡이 하는 것이고 自棄는 柔惡이 하는 것이다."

**14-3 然天下**에 **自棄自暴者 非必皆昏愚也**라 **往往强戾而才力有過人者**하니 **商辛**이 **是也**라 **聖人**이 **以其自絶於善**이라하여 **謂之下愚**어니와 **然考其歸**하면 **則誠愚也**니라

그러나 天下에 自棄하고 自暴하는 자가 반드시 모두 昏愚한 것은 아니다. 왕왕 강하고 사나우며 재주와 힘이 보통사람보다 뛰어난 자가 있으니, 商나라 辛(紂王)이 이러한 경우이다. 聖人이 스스로 善을 끊는다 하여 下愚라고 말씀하였다. 그러나 그 귀결을 살펴보면 진실로 어리석은 것이다.

**史記稱紂資辨捷疾**하야 **聞見甚敏**하고 **材力過人**하야 **手格猛獸**하며 **知(智)足**

**以拒諫**하고 **言足以飾非**[1]라하니 **則其天資固非昏愚者**언마는 **然其勇於爲惡而自絶於善**하니 **要其終**하면 **則眞下愚耳**니라

《史記》에 이르기를 "紂는 天資(天稟)가 말을 잘하고 분별력이 빨라서 聞見이 매우 민첩하고 材力이 보통사람보다 뛰어나 손으로 맹수를 잡았으며 지혜는 諫言을 막기에 충분하고 말은 잘못을 文飾하기에 충분하였다." 하였으니, 그렇다면 그 天資는 진실로 昏愚한 자가 아니다. 그러나 惡을 함에 용감하고 善을 스스로 끊었으니, 그 終末을 요약해 보면 진실로 下愚일 뿐이다.

1 【譯註】史記稱……言足以飾非 : 《史記》 卷3 〈殷本紀〉에 보인다.

## 14-4 既曰下愚로되 其能革面은 何也오 曰 心雖絶於善道나 其畏威而寡罪는 則與人同也라 唯其有與人同이라 所以知其非性之罪也[1]니라

이미 下愚라고 말했는데 능히 얼굴을 고칠 수 있음은 어째서인가? 마음은 비록 善한 道를 끊었으나 위엄을 두려워하여 죄를 적게 함은 일반인과 같다. 오직 일반인과 같은 점이 있기 때문에 性의 죄가 아님을 알 수 있는 것이다."

**革卦上六曰 小人**은 **革面**이라하니 **下愚小人**이 **自絶於善**이나 **然畏威刑而欲免罪**는 **則與人無以異**라 **是以**로 **亦能掩其不善**[2]**而著其善**하나니 **唯其畏懼有與人同者**라 **是以**로 **知其性之本善也**니라

革卦 上六爻辭에 "小人은 얼굴빛만 고친다." 하였으니, 下愚의 小人이 스스로 善을 끊어 체념하나 위엄을 두려워하여 죄를 면하고자 함은 일반인과 다를 것이 없다. 이 때문에 또한 不善을 掩蔽하고 善을 드러내는 것이니, 오직 두려워함이 일반인과 같은 점이 있기 때문에 性이 본래 선함을 알 수 있는 것이다.

1 【漢文大系】既曰下愚……所以知其非性之罪也 : 程傳云 小人昏愚難遷者는 雖未能心化나 亦革其面하야 以從上之教令也라 又曰 不敢肆其惡하고 革易其外하야

以順從君上之敎令이니 是革面也라

程子의 《易傳》에 이르기를 "昏愚하여 바꾸기 어려운 小人은 비록 마음은 교화되지 못하나 또한 얼굴빛을 고쳐서 윗사람의 가르침과 명령을 따른다." 하였고, 또 이르기를 "감히 그 惡을 함부로 부리지 못하고 그 외면을 바꾸어서 君上의 가르침과 명령에 순종하니, 이는 얼굴빛을 고치는 것이다." 하였다.

2 【漢文大系】 掩其不善 : 大學傳之六章曰 見君子而后에 厭然揜其不善하고 而著其善이라하니라

《大學》 傳文의 6章에 이르기를 "君子를 본 뒤에 겸연쩍게 그 不善함을 가리고 그 善함을 드러낸다." 하였다.

## 15. 在物爲理요 處物爲義[1][2]니라

〈伊川先生이 말씀하였다.〉

"사물에 있으면 理가 되고 사물에 대처하면 義가 된다."

理卽是義나 然事物各有理하니 裁制事物而合乎理者爲義니라 ○ 朱子曰 義者는 心之制요 事之宜也니 彼事之宜 雖若在外나 然所以制其宜는 則在心也니 非程子一語면 則後人이 未免有義外之見[3]이니라

理가 바로 義이나 사물에는 각각 이치가 있으니, 사물을 裁制하여 이치에 합하게 하는 것이 義가 된다.

○ 朱子가 말씀하였다.

"義는 마음의 裁制이고 일의 마땅함이니, 저 일의 마땅함이 비록 외면에 있는 듯하나 마땅하게 만드는 것은 마음에 달려 있으니, 程子의 이 한 마디 말씀이 아니면 後人들이 義가 밖에 있다는 견해를 면치 못할 것이다."

1 【漢文大系】 在物爲理 處物爲義 : 益軒曰 愚謂如扇하야 固有可鼓扇之理하니 是在物之理也요 操之動之는 則處物之義也니라

益軒이 말하였다. "내가 생각하건대 부채와 같아서 진실로 부채를 부치는 이치가 있으니 이는 사물에 있는 이치이고, 잡고서 흔드는 것은 사물에 대처하는 義이다."

2 【釋疑】在物爲理 處物爲義 : 按 或問伊川云 在物爲理요 處物爲義라하시고 又曰 在義爲理라하시니 何如오 潛室陳氏曰 理對義言이면 則理爲體而義爲用이요 對道言이면 則道爲體而理爲用이라하니 然則在義爲理도 亦伊川語也니라

살펴보건대 或者가 "伊川께서 '사물에 있으면 理가 되고 사물에 대처하면 義가 된다.' 하였고, 또 '義에 있으면 理가 된다.'고 하였으니, 어떻습니까?" 하고 묻자, 潛室陳氏가 말하기를 "理를 義와 상대하여 말하면 理가 體가 되고 義가 用이 되며, 道와 상대하여 말하면 道가 體가 되고 理가 用이 된다."고 하였으니, 그렇다면 義에 있으면 理가 된다는 것도 伊川의 말씀이다.

3 【譯註】未免有義外之見 : 告子는 일찍이 仁은 사람의 마음속에 고유하여 사랑하는 마음이 저절로 나오나 義는 그때그때 상황에 맞추고 일에 마땅하게 처리하는 것이므로 마음속에 고유한 것이 아니라고 하여 仁內義外說을 주장하였으므로 말한 것이다.

## 16. 動靜無端하고 陰陽無始하니 非知道者면 孰能識之리오 〈經說[1] 下同〉

伊川先生이 말씀하였다.

"動과 靜은 단서가 없고 陰과 陽은 시작이 없으니, 道를 아는 자가 아니면 그 누가 이것을 알겠는가." 〈《程氏經說》에 보인다. 이하도 같다.〉

動靜相推하고 陰陽密移[2]하야 無有間斷하니 有間斷則有端始어니와 無間斷이라 故曰無端, 無始也라하니 其所以然者는 道也니 道固一而無間斷也니라 異時에 論剝復之道曰 無間可容息[3]也라하시고 又曰 其間에 元不斷續[4]이라하시니 皆此意也라 朱子曰 動靜相生이 如循環之無端이니라

動靜이 서로 미루고 陰陽이 은밀하게 움직여 間斷함이 없다. 간단함이 있으면 단서와 시작이 있지만 간단함이 없으므로 단서가 없고 시작이 없다고 말하였으니, 그 所以然은 道인 바, 道는 진실로 하나여서 간단함이 없다. 다른 때에 剝卦와 復卦의 道를 논하여 말씀하기를 "그 틈이 숨 한 번 쉴 간격도 용납하지 않는다." 하시고 또 말씀하기를 "그 사이에 원래 끊기거나 이어지지 않는다." 하였으니, 모두 이 뜻이다.

朱子가 말씀하였다.

"動靜이 서로 낳음은 순환하여 단서가 없는 것과 같다."

1 【釋疑】經說 : 二程全書篇名이라

《二程全書》의 篇名이다.

2 【釋疑】陰陽密移 : 按 列子曰 運轉無已하야 天地密移라하니 註說은 實出於此라

살펴보건대 《列子》에 "運轉하여 그침이 없어서 天地가 은밀하게 움직인다." 하였으니, 註의 해설은 실로 여기에서 나온 것이다.

3 【釋疑】無間可容息 : 見上剝之爲卦條라

위의 '剝之爲卦'條에 보인다. 【補註】 p.92의 9에 보인다.

4 【釋疑】其間元不斷續 : 見下近取諸身條라

아래의 '近取諸身'條에 보인다. 【補註】 p.152의 33에 보인다.

## 17. 仁者는 天下之正理니 失正理면 則無序而不和니라

〈伊川先生이 말씀하였다.〉

"仁은 天下의 바른 이치이니, 바른 이치를 잃으면 질서가 없고 和하지 못하다."

子曰 人而不仁이면 如禮何며 人而不仁이면 如樂何[1]오하시니 人而不仁이면 則私慾交亂하야 害于正理라 固宜舛逆而無序요 乖戾而不和也니 序者는 禮之本이요 和者는 樂之本이니라

孔子가 말씀하기를 "사람으로서 仁하지 못하면 禮를 어떻게 하며 사람으로서 仁하지 못하면 樂을 어떻게 하겠는가." 하였으니, 사람으로서 仁하지 못하면 私慾이 서로 어지럽혀 正理를 해친다. 〈이렇게 되면〉 진실로 마땅히 어그러지고 거슬려 질서가 없고 어그러져 和하지 못할 것이니, 질서는 禮의 근본이고 和는 樂의 근본이다.

1 【漢文大系】子曰……如樂何 : 論語八佾篇이라

《論語》〈八佾〉에 보인다.

**18. 明道先生曰 天地生物에 各無不足之理하니 常思天下君臣父子兄弟夫婦 有多少不盡分處[1]니라 〈遺書 下同〉**

〈明道先生이 말씀하였다.〉

"天地가 물건을 낳음에 각각 부족한 이치가 없으니, 항상 天下의 君臣·父子·兄弟·夫婦間에 다소(많이) 직분을 다하지 못한 부분이 있음을 생각하여야 한다."〈《程氏遺書》에 보인다. 이하도 같다.〉

分者는 天理當然之則[2]이니 天之生物에 理無虧欠이어늘 而人之處物에 每不盡理하나니 如君臣父子兄弟夫婦 一毫不盡其心하야 不當乎理면 是爲不盡分이라 故君子貴精察而力行之也니라

分은 天理에 당연한 法則이니, 하늘이 물건을 낼 적에는 이치가 부족함이 없으나 사람이 사물에 대처함에 있어서는 언제나 이치를 다하지 못한다. 예를 들면 君臣間과 父子間과 兄弟間과 夫婦間에 털끝만큼이라도 그 마음을 다하지 못하여 이치에 합당하지 않으면 이는 분수를 다하지 못한 것이 된다. 그러므로 君子는 정밀하게 살피고 힘써 행함을 귀하게 여기는 것이다.

1 【漢文大系】明道先生曰……不盡分處：欄外書曰 施璜虹〔玉〕曰 欲盡分者는 擇善而固執之爲貴니라

《欄外書》에 말하였다. "施璜虹玉이 말하기를 '직분을 다하고자 하는 자는 善을 택하여 굳게 잡아지키는 것을 귀하게 여긴다.' 하였다."

2 【釋疑】分者天理當然之則：按 此語不切하니 分은 恐是職分之分이라 葉氏之意는 則以君臣父子로 爲物하야 而謂君臣父子各無不足之理也라 然則此分字는 當以各其分限看이 可也리라 然이나 鄙意則以爲天地之生人物에 各得其理而無不足하니 君臣之義와 父子之親이 皆在我所當然之理也라 然則此分字는 以職分看이 可也니라

살펴보건대 이 말은 간절하지 않으니, 分은 職分의 分인 듯하다. 葉氏의 뜻은 君臣과 父子를 物이라 하여 君臣과 父子가 각각 충족하지 않은 이치가 없다고 한 것이다. 그렇다면 이 分字는 마땅히 각자의 分限(분수)으로 보아야 할 것이다. 그러나 내 생각에 天地가 사람과 물건을 낳을 적에 각각 그 이치를 얻어 충족하지 않음이 없으니, 君臣間의 義와 父子間의 親함이 다 나의 所當然의 이치에 들어 있는 것이다. 그렇다면 이 分字는 職分으로 보는 것이 옳을 것이다.

**19. 忠信**은 **所以進德**이니 **終日乾乾**은 **君子當終日對越在天也**니라 **蓋上天之載 無聲無臭**하니 **其體則謂之易**이요 **其理則謂之道**요 **其用則謂之神**이요 **其命于人則謂之性**이요 **率性則謂之道**요 **修道則謂之教**니라 **孟子去其中**하야 **又發揮出浩然之氣**하시니 **可謂盡矣**로다 **故說神**호되 **如在其上**하고 **如在其左右**라하니 **大小大事**어늘 **而只曰 誠之不可揜**이 **如此夫**인저하니 **徹上徹下 不過如此**니라 **形而上爲道**요 **形而下爲器**니 **須著如此說**이나 **器亦道**요 **道亦器**니라 **但得道在**면 **不繫今與後, 己與人**이니라

## 19-1 忠信은 所以進德이니 終日乾乾은 君子當終日對越在天也[1]니라

〈明道先生이 말씀하였다.〉

"忠信은 德을 진전시키는 것이니, 종일토록 부지런히 힘씀은 君子가 마땅히 종일토록 하늘을 대하는 것이다.

說見乾卦九三文言이라 發乎眞心之謂忠[2]이요 盡乎實理之謂信이니 忠信은 乃進德之基라 終日乾乾者는 謂終日對越在天也니 越은 於也라 君子一言一動에 守其忠信하야 常瞻對乎上帝하야 不敢有一毫欺慢之意也라 以下는 皆發明所以對越在天之義하니라

해설이 乾卦 九三爻 〈文言傳〉의 傳에 보인다.

眞心에서 발함을 忠이라 이르고 實理를 다함을 信이라 이르니, 忠信은 바로 進德의 기초이다. 종일토록 부지런히 힘쓴다는 것은 종일토록 하늘을 대함을 이르니, 越은 於(이에)이다. 君子는 한 마디 말과 한 가지 행동에 忠信을 지켜서 항상 上帝를 바라보고 대하여 감히 一毫라도 속이고 태만히 하는 생각을 두지 않는다. 이하는 모두 하늘을 대하는 뜻을 발명한 것이다.

1 【漢文大系】忠信所以進德……對越在天也：欄外書曰 案乾은 天也니 對越在天은 釋乾乾之道니라

《欄外書》에 말하였다. "살펴보건대 乾은 하늘이니, '對越在天'은 乾乾의 道를 해석한 것이다."

2 【釋疑】發乎眞心之謂忠：按 朱子曰 發己自盡이 爲忠이라하시니 此語攧撲不破라 豈但以發乎眞心而已者로 爲忠乎아 程子曰 盡己之謂忠이요 以實之謂信이라하시니 盡乎實理면 則雖聖人之誠이라도 不過如此니라

살펴보건대 朱子가 말씀하기를 "자기를 발하여 스스로 다하는 것이 忠이다." 하였으니, 이 말씀은 확고하여 아무리 쳐도 깨뜨릴 수가 없다. 어찌 다만 眞心에서 발한 것만을 忠이라 할 수 있겠는가. 程子가 말씀하기를 "자신을 다함을 忠이라 하고 진실되게 함을 信이라 한다." 하였으니, 진실한 이치를 다하면 비록 聖人의 誠이라도 이와 같음에 지나지 않는다.

## 19-2 蓋上天之載 無聲無臭하니 其體則謂之易이요 其理則謂之道요 其用則謂之神[1]이요 其命于人則謂之性이요 率性則謂之道요 修道則謂之教[2]니라

上天의 일은 소리도 없고 냄새도 없으니, 그 體를 易이라 이르고 그 이치를 道라 이르고 그 用을 神이라 이르며, 사람에게 명하면 性이라 이르고 性을 따르면 道라 이르고 道를 品節하면 教라 이른다.

上天之載 無聲無臭는 所謂太極本無極也라 體는 猶質也니 陰陽變易은 乃太極之體也라 故其體謂之易이요 其所以變易之理則謂之道요 其變易之用則謂之神[3]이니 此는 以天道言也며 天理賦於人을 謂之性이요 循性之自然을 謂之道요 因其自然者而修明之를 謂之教니 此는 以人道言也라 惟其天人之理一이라 所以終日對越在天者也니라

上天의 일이 소리도 없고 냄새도 없다는 것은 이른바 '太極은 본래 無極'이란 것이다. 體는 質과 같으니, 陰陽의 變易은 바로 太極의 體이므로 그 體를 易이라 이르고, 變易하는 所以의 이치는 道라 이르고 變易하는 用은

神이라 이르니, 이는 天道를 가지고 말한 것이며, 天理를 사람에게 부여한 것을 性이라 이르고 性의 自然을 따른 것을 道라 이르고 自然스러운 것을 인하여 닦고 밝힌 것을 敎라 이르니, 이는 人道를 가지고 말한 것이다. 하늘과 인간의 이치가 똑같기 때문에 종일토록 하늘을 대하는 것이다.

**1** 【釋疑】其體則謂之易……其用則謂之神 : 問其體則謂之易을 如何看고 朱子曰 體는 是體質之體요 易者는 陰陽錯綜交換代易之謂라 寒暑晝夜闔闢往來而實理於是流行其間하니 非此면 則實理無所頓放이라 君臣父子夫婦長幼朋友 有此五者하야 而實理寓焉이라 故曰 其體則謂之易이라하니 言易爲此理之體質也라 其體則謂之易은 在人則心也요 其理則謂之道는 在人則性也요 其用則謂之神은 在人則情也니라

"그 體를 易이라 한 것을 어떻게 보아야 합니까?" 하고 묻자, 朱子가 말씀하였다. "體는 體質의 體이고, 易은 陰陽이 번갈아 교환하고 代易함을 이른다. 춥고 덥고 낮이 되고 밤이 되고 닫히고 열리고 가고 오는데 진실한 이치가 이에 그 사이에 유행하니, 이것(易)이 아니면 진실한 이치가 머물 곳이 없다. 이는 마치 君臣·父子·夫婦·長幼·朋友 이 다섯 가지가 있어 진실한 이치가 붙여 있는 것과 같다. 그러므로 '그 體를 易이라 이른다.' 하였으니, 易이 이 이치의 體質이 됨을 말한 것이다. '그 體를 易이라 이른다.' 한 것은 사람에게 있어서는 마음이고, '그 이치를 道라 이른다.' 한 것은 사람에게 있어서는 性이며, '그 用을 神이라 이른다.' 한 것은 사람에게 있어서는 情이다."

**2** 【漢文大系】蓋上天之載……修道則謂之教 : 詩經大雅文王詩에 上天之載 無聲無臭라하니라 ○ 四書燃犀解云 載는 當理字하니 指天命之流行說이라 ○ 中庸曰 天命之謂性이요 率性之謂道요 修道之謂教라하니라 ○ 欄外書曰 朱子曰 體는 體質之體니 猶言骨子니 易爲此理之體質이라 又曰 修道는 與修道以仁之修道同하니 謂體道也요 戒懼愼獨은 則是修道之教也니 程子之意亦或然이니라 又曰 終日乾乾은 卽是修道也라

《詩經》〈大雅 文王〉詩에 "上天의 일은 소리도 없고 냄새도 없다." 하였다.

○《四書燃犀解》에 이르기를 "載는 理字에 해당하니, 天命이 流行함을 가리켜 말한 것이다." 하였다.

○《中庸》에 이르기를 "하늘이 명한 것을 性이라 이르고 性을 따름을 道라 이르고 道를 品節한 것을 敎라 이른다." 하였다.

○《欄外書》에 말하였다. "朱子가 말씀하기를 '體는 體質의 體이니 骨子라

는 말과 같으니, 易은 이 이치의 體質이 되는 것이다.' 하였고, 또 말씀하기를 '修道는 〈《中庸》의〉 修道以仁의 修道와 같으니 道를 체행함을 이르고, 戒懼와 愼獨은 道를 品節한 가르침이니, 程子의 뜻도 혹 이러한 듯하다.' 하였고, 또 말씀하기를 '終日乾乾은 바로 道를 品節하는 것이다.' 하였다."

3 【釋疑】變易之用則謂之神 : 按 只下用字는 似泛하니 必帶妙字之意라야 可也리라

살펴보건대 다만 用字를 놓은 것은 泛然한 듯하니, 반드시 妙字의 뜻이 들어가야 할 것이다.

## 19-3 孟子去其中[1]하야 又發揮出浩然之氣하시니 可謂盡矣[2]로다

孟子는 이 가운데에 나아가서 또 浩然之氣를 발휘해 내셨으니, 극진하다고 이를 만하다.

浩然은 盛大流行之貌니 蓋天地正大之氣를 人得之以生하야 本浩然也라 失養則餒而無以配夫道義之用이요 得養則充而有以復其正大之體[3]라 盡矣는 謂無餘事也라 此는 言天人之氣一이라 所以終日對越在天者也니라

浩然은 성대하게 流行하는 모양이니, 天地의 正大한 기운을 사람이 얻어 태어나서 본래 浩然한 것이다. 기름을 잃으면 굶주려 道義의 用에 배합될 수가 없고 기름을 얻으면 充滿하여 正大한 體를 회복할 수 있다. 盡矣는 남은 일이 없음을 이른다. 이는 하늘과 사람의 기운이 하나이기 때문에 종일토록 하늘을 대함을 말한 것이다.

1 【釋疑】孟子去其中 : 沙溪曰 去其中은 去는 猶就也요 其中은 指上文自上天之載로 至修道之敎也라

沙溪가 말씀하였다. "去其中의 去는 就(나아감)와 같고 其中은 윗글의 上天之載부터 修道之敎까지를 가리킨다."

2 【漢文大系】孟子去其中……可謂盡矣 : 孟子公孫丑篇云 我善養吾浩然之氣라하니라 ○ 欄外書曰 去는 猶言脫出이요 又猶言一層이라 孟子所發揮浩然之氣는 蓋其所以終日乾乾在此라 氣之至大至剛하야 配義與道하니 乃天地之正氣也라 於是에 工夫無餘蘊이라 故曰 可謂盡矣라하니라 又曰 浩然之氣는 便是理氣合一이니라

《孟子》〈公孫丑〉에 이르기를 "나는 나의 浩然之氣를 잘 기른다." 하였다.

○《欄外書》에 말하였다. "去는 脫出이라는 말과 같고 또 一層이라는 말과 같다. 孟子가 浩然之氣를 發揮하신 것은 종일토록 부지런히 힘써서 여기에 있게 하려는 것이다. 浩然之氣가 지극히 크고 지극히 剛하여 義와 道에 배합하니, 이것이 바로 天地의 바른 기운이다. 이에 공부할 것이 남은 것이 없으므로 '극진하다고 이를 만하다.'고 말씀한 것이다." 또 말하였다. "浩然之氣는 바로 理와 氣가 하나로 합한 것이다."

3 【釋疑】正大之體 : 按 體는 乃體段之體라 孟子本註曰 蓋天地之正氣而人得以生者其體段이 本如是也라하니라

살펴보건대 體는 바로 體段의 體이다. 《孟子》의 本註(集註)에 "〈浩然之氣는〉 天地의 바른 기운으로서 사람이 얻어서 태어난 것이 그 體段이 본래 이와 같다." 하였다.

## 19-4 故說神호되 如在其上하고 如在其左右라하니 大小大事[1]어늘 而只曰 誠之不可揜이 如此夫인저하니 徹上徹下不過如此[2]니라

그러므로 神을 말하면서 위에 있는 듯하고 좌우에 있는 듯하다고 한 것이다. 이 얼나마 큰 일인데 다만 '誠을 가릴 수 없음이 이와 같다.'고 말하였으니, 上下를 통함이 이와 같음에 불과하다.

大小는 猶多少也라 中庸에 論鬼神如此其盛하고 而卒曰 誠之不可揜이라하니 誠者는 實理니 卽所謂忠信之體[3]라 天人之間에 通此實理라 故君子忠信進德이 所以爲對越在天也니라

大小는 多少라는 말과 같다. 《中庸》에 鬼神이 이와 같이 성함을 논하고 마침내 말하기를 "誠을 가릴 수 없다." 하였으니, 誠은 實理이니 곧 이른바 忠信의 體라는 것이다. 하늘과 인간의 사이에 이 實理가 통하므로 君子가 忠信하여 德을 진전시킴이 하늘을 대함이 되는 것이다.

【張伯行 註】大小는 猶多少也라 理也氣也天人無間이 卽誠也니 卽忠信之

實體也라 故子思論鬼神之盛에 至於如在〈其〉上하고 如在左右하야 流動充滿하니 多少大事로되 而卒曰誠之不可揜이라하시니 言天人之所以相通者 四方上下와 往古來今이 無少空隙하고 無少間斷이 不過此誠而已니 則君子忠信以立誠이라 安得不乾乾對越哉아

大小는 多少라는 말과 같다. 하늘과 인간 사이에 理와 氣가 간격이 없는 것이 바로 誠이니, 곧 忠信의 실체이다. 그러므로 子思가 귀신의 성대함을 논하면서 '그 위에 있는 듯하고 좌우에 있는 듯하여 流動하고 充滿하다.'고 하기까지 하였으니, 이는 매우 큰 일인데도 마침내 '誠을 가릴 수 없다.'고 말씀하였는 바, 이는 하늘과 인간이 서로 통하는 것이 四方과 上下, 往古와 來今에 조금의 빈틈도 없고 조금의 間斷도 없는 것이 이 誠에 불과할 뿐임을 말씀한 것이다. 그렇다면 군자가 忠信하여 誠을 세우는 것이니, 어찌 부지런히 힘써서 하늘을 대하지 않을 수 있겠는가.

1 【譯註】大小大事 : 大小를 葉采 註에는 多少라고 해석하였는 바, 多少는 많은 것과 적은 것을 모두 말하나 여기서는 매우 많음(매우 큼)을 가리킨 것으로 보인다. 《心經釋疑》에도 牛山之木章의 大小大直截을 해석하면서 大小를 多少와 같다고 풀이하였다. 張伯行 역시 이를 그대로 따랐으며, 아래 13권의 大小大快活에서는 '一切大小事極大快活'로 풀이하였다. 그리고 《中文大辭典》에는 《朱子語類》의 大小大了를 예로 들면서 猶如此這般(이와 같이)으로 해석하였다. 그러나 江永의 《近思錄集註》에는 大小大快活을 猶許多快活이라 하여 매우 快活한 것으로 해석하였으며, 《欄外書》에는 大小大를 한 單語로 보아 極大事로 해석하였는 바, 이것이 가장 타당한 풀이로 보인다. 즉 大小大事는 매우 큰 일이고, 大小大快活은 매우 快活함이고, 大小大直截은 매우 直截(간단하고 분명함)함이고, 大小大了는 매우 크다는 뜻으로 때로는 얼마나 큰 일인가, 얼마나 快活한가, 얼마나 直截한가, 얼마나 큰가로 풀이하여도 무방할 듯하다.

2 【漢文大系】故說神……不過如此 : 中庸第十六章曰 使天下之人으로 齊明盛服하야 以承祭祀하고 洋洋乎如在其上하며 如在其左右라하니라 ○ 欄外書曰 大小大事는 俗語니 猶言極大事라 朱子以堯典克明俊德至於(오)變時雍句로 爲大小大하니 亦謂其極大也니라

《中庸》의 第16章에 이르기를 "천하 사람들로 하여금 齋戒하고 깨끗이 하며 盛服을 입고서 제사를 받들게 하고는 洋洋하게 그 위에 있는 듯하며 그 左右에

있는 듯하다." 하였다.

○《欄外書》에 말하였다. "大小大事는 세속의 말이니, 極大事라는 말과 같다. 朱子는 '《書經》〈堯典〉의 「능히 큰 덕을 밝혔다.〔克明俊德〕」는 것으로부터 「黎民들이 아! 변하여 和함에 이르렀다.〔於變時雍〕」는 것까지를 大小大'라고 하였으니, 또한 그 지극히 큼을 이른 것이다."

**3** 【釋疑】 誠者……忠信之體 : 按 此體字는 本體之體也라

살펴보건대 이 體字는 本體의 體이다.

## 19-5 形而上爲道요 形而下爲器니 須著如此說이나 器亦道요 道亦器[1]니라

形而上을 道라 하고 形而下를 器라 하니, 모름지기 이와 같이 말해야 하나 器 또한 道이고 道 또한 器인 것이다.

說見繫辭라 道者는 指事物之理라 故曰形而上이요 器者는 指事物之體라 故曰形而下나 其實은 道寓於器하야 本不相離也라 蓋言日用之間에 無非天理之流行이니 所謂終日對越在天者 亦敬循乎此理而已니라

해설이 〈繫辭傳〉에 보인다.

道는 사물의 이치를 가리키므로 形而上이라 말하고, 器는 사물의 형체를 가리키므로 形而下라 말하였다. 그러나 실제는 道가 器에 붙여 있어서 본래 서로 떨어지지 않는다. 이는 일상생활하는 사이에 天理의 유행 아님이 없음을 말한 것이니, 이른바 '종일토록 하늘을 대한다.'는 것 또한 이 이치를 공경히 따를 뿐인 것이다.

**1** 【釋疑】 形而上……道亦器 : 問伊川云 形而上謂道요 形而下謂器니 須著如此說이라하시니이다 曰 這是伊川見得分明故로 云須著如此說이라 形而上者는 是理요 形而下者는 是物이니 如此開說이라야 方見得分明이라 如此了라야 方說得道不離乎器요 器不違乎道處니라 又曰 理는 只在器上하니 理與器未嘗相離니라 ○ 按 此實明道語어늘 而以伊川爲問答하니 可疑로다

"伊川이 '形而上을 道라 이르고 形而下를 器라 이르니, 모름지기 이와 같이 말해야 한다.'고 말씀했습니다." 하고 묻자, 朱子가 말씀하였다. "이것은 伊川

이 분명히 보셨기 때문에 모름지기 이와 같이 말해야 한다고 말씀한 것이다. 形而上은 바로 理이고 形而下는 바로 物이니, 이와 같이 말해야 비로소 분명하게 알 수 있다. 이와 같이 하여야 비로소 道가 器를 떠나지 않고 器가 道를 떠날 수 없음을 말할 수 있는 것이다." 또 말씀하였다. "理는 다만 器 위에 있으니, 理와 器가 일찍이 서로 떨어져 있지 않다."

○ 살펴보건대 이는 실로 明道의 말씀인데 伊川과 문답했다고 하였으니, 의심할 만하다.

## 19-6 但得道在면 不繫今與後, 己與人이니라

다만 道가 있게 하면 지금과 후세, 자기와 남을 관계하지 않는다."

不繫는 猶不拘也라 言人能體道而不違면 則道在我矣니 不拘人己古今하고 無往而不合이니 蓋道本無間然也니라

不繫는 不拘와 같다. 사람이 道를 體行하여 어기지 않으면 道가 나에게 있으니, 남과 나, 예와 지금을 불구하고 가는 곳마다 부합하지 않음이 없음을 말한 것이니, 道가 본래 간격이 없는 것이다.

**20. 醫書에 言手足痿痺를 爲不仁이라하니 此言이 最善名狀이라 仁者는 以天地萬物爲一體하니 莫非己也라 認得爲己면 何所不至리오 若不有諸己면 自不與己相干이니 如手足不仁에 氣已不貫하야 皆不屬己니라 故博施濟衆은 乃聖之功用이니 仁至難言이라 故止曰 己欲立而立人하며 己欲達而達人이니 能近取譬면 可謂仁之方也已라하시니 欲令如是觀仁하야 可以得仁之體니라**

## 20-1 醫書에 言手足痿痺를 爲不仁이라하니 此言이 最善名狀이라 仁者는 以天地萬物爲一體하니 莫非己也라 認

**得爲己**면 **何所不至**리오 **若不有諸己**면 **自不與己相干**이니 **如手足不仁**에 **氣已不貫**하야 **皆不屬己**[1]니라

〈明道先生이 말씀하였다.〉

“醫書에 手足이 마비됨을 不仁이라 하였으니, 이 말이 仁을 가장 잘 형용하였다. 仁한 자는 天地 萬物을 一體로 여기니, 자기(나) 아님이 없다. 자기가 됨을 인식한다면 어찌 지극하지 않음이 있겠는가. 만약 자기 몸에 두지 않으면 자연 자기와 상관이 없어지니, 手足이 不仁함에 기운이 이미 관통하지 못해서 모두 자기에게 속하지 않는 것과 같다.

**天地萬物**이 **與我同體**라 **心無私蔽**면 **則自然愛而公矣**니 **所謂仁也**라 **苟是理不明而爲私意所隔截**이면 **則形骸爾汝之分**에 **了無交涉**이니 **譬如手足痿痺**(위비)하야 **氣不相貫**이면 **疾痛痾痒**(아양)에 **皆不相干**이니 **此四體之不仁也**니라

天地 萬物은 나와 同體이다. 마음에 사사로운 가림이 없으면 자연히 사랑하고 공정하게 되니, 이른바 仁이란 것이다. 만약 이 이치가 밝지 못하여 사사로운 마음에 막히고 끊기게 되면 形體가 너와 나로 나뉨에 전혀 관섭함이 없게 되니, 비유하면 手足이 마비되어서 기운이 서로 관통하지 못하면 병들어 아프고 가려움에 모두 자기와 상관이 없는 것과 같으니, 이것은 四體(四肢)의 不仁함인 것이다.

**1** 【漢文大系】醫書……皆不屬己 : 欄外書曰 傳習錄에 陸元靜問 程子云 仁者以天地萬物爲一體어늘 何墨子兼愛를 反不得謂之仁이닛고 先生曰 此亦甚難言하니 須是諸君自體認出來라야 始得이라 仁은 是造化生生不息之理니 雖瀰漫周徧하야 無處不是나 然其流行發生이 亦只有箇漸하니 所以生生不息이라 如冬至에 一陽生하니 必自一陽生而後에 漸漸至於六陽하니 若無一陽之生이면 豈有六陽이리오 陰亦然이라 惟其漸일새 所以便有箇發端處요 惟有發端處일새 所以生이요 惟其生일새 所以不息이라 譬之木하면 其如抽芽는 便是木之生意發端處니 抽芽然後發幹하고 發幹然後生枝生葉하고 然後生生不息이라 若無芽면 何以有幹有枝葉이리오 能抽芽는 必是下面有箇根在하니 有根方生이요 無根便死라 無根이면 何從抽芽리오 父子兄弟之愛는 便是人心生意發端處니 如木之抽芽라 自此而仁民而愛物하니 便是發幹

**生枝生葉**이라 **墨氏**는 **兼愛無差等**하야 **將自家父子兄弟**하야 **與途人一般看**하니 **便自沒了發端處**라 **不抽芽**하니 **便知得他無根**이라 **便不是生生不息**이니 **安得謂之仁**이리오 **孝弟爲仁之本**이니 **卻是仁理從裏而發生出來**니라

《欄外書》에 말하였다. "《傳習錄》에 陸元靜이 묻기를 '程子께서 仁한 자는 천지와 만물을 一體로 여긴다고 하였는데, 어째서 墨子의 兼愛(누구나 똑같이 사랑함)를 도리어 仁이라고 이를 수 없다고 하셨습니까?' 하니, 선생(王陽明)이 다음과 같이 말씀하였다. '이는 또한 매우 말하기가 어려우니, 모름지기 제군들이 스스로 體認해야 비로소 될 것이다. 仁은 바로 造化가 낳고 낳아 쉬지 않는 이치이니, 비록 온 천지에 가득하고 두루 미쳐서 곳곳마다 이것 아님이 없으나 유행하고 발생함은 또한 다만 점진함이 있으니 이 때문에 낳고 낳아 쉬지 않는 것이다. 예컨대 冬至에 한 陽이 생겨나니, 반드시 한 陽이 생겨난 뒤에야 점점 여섯 陽에 이른다. 만약 한 陽이 생겨나지 않았다면 어찌 여섯 陽이 있겠는가. 陰 또한 그러하다. 점점하기 때문에 곧 發端하는 곳이 있고, 發端하는 곳이 있기 때문에 낳고, 낳기 때문에 쉬지 않는 것이다. 이것을 나무에 비유하면 싹이 돋아나는 것은 곧 나무의 生意가 발단되는 곳이니, 싹이 돋아난 뒤에 줄기가 발달되고, 줄기가 발달된 뒤에 가지가 생겨나고 잎이 생겨나며, 그런 뒤에야 낳고 낳아 그치지 않는 것이다. 만약 싹이 없으면 어떻게 줄기가 있고 가지와 잎이 있겠는가. 싹이 돋아날 수 있는 것은 반드시 下面에 큰 뿌리가 있기 때문이니, 뿌리가 있어야 비로소 살고 뿌리가 없으면 곧 죽는다. 뿌리가 없으면 어떻게 싹이 돋아날 수 있겠는가. 부자간과 형제간의 사랑은 곧 人心의 生意가 發端되는 곳이니, 나무에 싹이 돋아나는 것과 같다. 이로부터 말미암아 사람을 사랑하고 물건을 아끼는 것이니, 이것이 곧 줄기가 발달되고 가지와 잎이 생겨나는 것이다. 墨氏는 兼愛하여 差等이 없어서 자신의 부자와 형제간을 길가는 사람과 똑같이 보았으니, 이는 곧 스스로 發端되는 곳이 없는 것이다. 싹이 돋아나지 않았으니, 이는 곧 뿌리가 없음을 알 수 있다. 이는 낳고 낳아 쉬지 않는 것이 아니니 어찌 仁이라고 이를 수 있겠는가. 孝弟는 仁을 행하는 근본이니, 仁의 이치가 이 속에서부터 발생하여 나오는 것이다.'"

**20-2 故博施濟衆**은 **乃聖之功用**이니 **仁至難言**이라 **故止曰 己欲立而立人**하며 **己欲達而達人**이니 **能近取譬**면 **可謂仁之方也已**라하시니 **欲令如是觀仁**하야 **可以得仁之體**[12]니라

그러므로 博施濟衆(은혜를 널리 베풀고 많은 사람을 구제함)은 바로 聖人의 功用이니, 仁은 지극히 말하기 어려우므로 다만 '자기가 서고자 함에 남도 세우고 자기가 통달하고자 함에 남도 통달하게 하니, 가까운 데에서 취하여 비유하면 仁을 하는 방법이라고 이를 만하다.'고 말씀하신 것이다. 이와 같이 仁을 관찰하여 仁의 體를 알게 하고자 하신 것이다."

說見論語라 博施濟衆은 乃聖人之功用이니 子貢이 以是言仁하니 未識仁之體일새 夫子告之하야 使知人之欲이 無異己之欲이라 施於人者亦猶施於己하니 近取諸身하야 而譬之於人이면 則得求仁之術이라하시니 卽此면 可見仁之體也리라 ○ 朱子曰 博施濟衆은 是就事上說이요 却不就心上說이라 夫子所以提起 正是就心上하야 指仁之本體而告之시니라 又曰 博施濟衆이 固仁之極功이나 但只乍見孺子將入井時에 有怵惕惻隱之心이 亦便是仁이니 此處最好看이니라

해설이 《論語》에 보인다.

은혜를 널리 베풀고 많은 사람을 구제함은 聖人의 功用이다. 子貢이 이것을 가지고 仁을 말하였으니, 仁의 體를 알지 못한 것이다. 이 때문에 夫子가 이것을 말씀해 주어, 남의 욕망이 자신의 욕망과 다름이 없으므로 남에게 베푸는 것이 또한 자신에게 베푸는 것과 같음을 알게 하였으니, 가까이 자신에게서 취하여 남에게 비유한다면 仁을 구하는 방법을 안다고 이를 수 있다고 하신 것이다. 여기에 나아가면 仁의 體를 볼 수 있을 것이다.

○ 朱子가 말씀하였다.

"博施濟衆은 행하는 일에 나아가 말한 것이요, 마음에 나아가 말한 것이 아니다. 夫子가 이 때문에 提起하기를 바로 心上에 나아가 仁의 本體를 가리켜 말씀한 것이다."

또 말씀하였다.

"博施濟衆은 진실로 仁의 지극한 功效이나 다만 어린 아이가 장차 우물로 들어가려는 것을 갑자기 보았을 때에 깜짝 놀라고 측은해 하는 마음이 있는 것이 또한 곧 仁이니, 이곳을 가장 잘 보아야 한다."

1 【漢文大系】故博施濟衆……可以得仁之體：論語雍也篇曰 子貢曰 如有博施於民而能濟衆이면 何如하니잇고 可謂仁乎잇가 子曰 何事於仁이리오 必也聖乎인저……夫仁者는 己欲立而立人하고 己欲達而達人이니라 能近取譬면 可謂仁之方也已라하니라

《論語》〈雍也〉에 子貢이 말하기를 "만일 백성에게 은혜를 널리 베풀고〔博施〕 많은 사람을 구제한다면〔濟衆〕 어떻습니까? 仁하다고 할 만합니까?" 하니, 孔子께서 말씀하였다. "어찌 仁을 일삼는데 그치겠는가. 반드시 聖人일 것이다.……仁者는 자신이 서고자 함에 남도 서게 하며, 자신이 통달하고자 함에 남도 통달하게 하는 것이다. 가까운 데에서 취하여 비유하면 仁을 하는 방법이라고 이를 수 있다."

2 【釋疑】醫書言手足痿痺……可以得仁之體：朱子曰 程子合而言之하야 上下似不相應하니 不若分兩截看이라 惟仁者之心如此故로 求仁之術이 必如此也라 論語此章은 是三節이니 前面은 說仁之功用이요 中間은 說仁之體요 後面은 說仁之方이니라

朱子가 말씀하였다. "程子께서 합하여 말씀하여 上下가 서로 연관되지 않는 듯하니, 두 단락으로 나누어 보는 것만 못하다. 오직 仁者의 마음이 이와 같기 때문에 仁을 구하는 방법이 반드시 이와 같아야 하는 것이다. 《論語》의 이 장은 세 節이니, 앞부분은 仁의 功用을 말하였고 中間은 仁의 體를 말하였고 뒷부분은 仁의 方法을 말하였다."

**21.** 生之謂性이니 性卽氣, 氣卽性이 生之謂也라 人生氣稟이 理有善惡이나 然不是性中에 元有此兩物이 相對而生也니라 有自幼而善하고 有自幼而惡하니 是氣稟有然也라 善固性也어니와 然惡亦不可不謂之性也니라 蓋生之謂性은 人生而靜以上은 不容說이니 才說性時에 便已不是性也니라 凡人說性은 只是說繼之者善也니 孟子言性善이 是也라 夫所謂繼之者善也者는 猶水流而就下也라 皆水也로되 有流而至海에 終無所汙하면 此何煩人力之爲也리오 有流而未遠에 固已漸濁하며 有出而甚遠에 方有所濁호되 有濁之

多者하고 有濁之少者하니 淸濁이 雖不同이나 然不可以濁者不爲水也니라 如此則人不可以不加澄治之功이라 故用力敏勇則疾淸하고 用力緩怠則遲淸하나니 及其淸也하야는 則却只是元初水也라 不是將淸來하야 換却濁이요 亦不是取出濁來하야 置在一隅也라 水之淸則性善之謂也라 故不是善與惡이 在性中爲兩物相對하야 各自出來니라 此理는 天命也니 順而循之則道也요 循此而修之하야 各得其分則敎也라 自天命以至於敎히 我無加損焉이니 此舜有天下而不與焉者也시니라

## 21-1 生之謂性이니 性卽氣, 氣卽性이 生之謂也[1]라

〈明道先生이 말씀하였다.〉

“낳는 것을 性이라 이르니, 性은 바로 氣이고 氣는 바로 性이라는 것은 生(낳음, 또는 생겨남)을 이른다.

人之有生이 氣聚成形에 理因具焉하니 是之謂性[2]이니 性與氣 本不相離也라 故曰 性卽氣요 氣卽性이라하니라

사람이 태어날 적에 氣가 모여 형체를 이룸에 理가 인하여 갖추어졌으니, 이것을 性이라 하는 바, 性과 氣는 본래 서로 떨어지지 않는다. 그러므로 性이 바로 氣이고 氣가 바로 性이라고 말한 것이다.

【張伯行 註】此是程子兼理與氣以言性이니 正與孟子性善之旨로 互相發明이요 而非如告子生之謂性[3]之說也라 生은 是氣요 生之理는 是性이나 然氣非理면 不立이요 理非氣면 不行이라 人生而成形에 氣與理俱하야 而受之以爲在我之性이라 則言性에 離不得氣하니 性卽氣也요 言氣에 離不得性하니 氣卽性也로되 而總皆生之謂也라 若告子所云은 則遺理言氣하야 專以有生之

**知覺運動者**로 **爲性**하니 **詞同而意縣矣**니라

이것은 程子가 理와 氣를 겸하여 性을 말씀한 것이니, 바로 孟子의 性善의 뜻과 서로 發明되고 告子의 生之謂性이라는 말과는 같지 않다. 生은 곧 氣이고, 生의 理는 곧 性이다. 그러나 氣는 理가 아니면 성립하지 못하고, 理는 氣가 아니면 행해지지 못한다. 사람이 태어나면서 형체를 이루어 氣와 理가 갖추어져서 이것을 받아 나에게 있는 性을 삼았다. 그렇다면 性을 말할 적에 氣를 떠날 수가 없으니 性이 바로 氣이고, 氣를 말할 적에 性을 떠날 수가 없으니 氣가 바로 性이다. 그러나 모두 이것을 다 生이라 이른다. 告子가 말한 것은 이치를 버리고 氣만 말하여 오로지 生의 知覺하고 運動하는 것을 性이라 하였으니, 말은 같으나 뜻은 다르다.

**1** 【釋疑】生之謂性……生之謂也 : **問生之謂性**과 **與天命之謂性**이 **同乎**잇가 **程子曰 性字**를 **不可一槪論**이라 **生之謂性**은 **止訓所稟受也**요 **天命之謂性**은 **此言性之理也**니라 ○ **問氣質之說**이 **起於何人**이닛고 **朱子曰 此起於張程**하시니 **極有功於聖門**이요 **有補於後學**이니라

"生之謂性과 天命之謂性이 같습니까?" 하고 묻자, 程子가 말씀하였다. "性字를 똑같이 논할 수가 없다. 生之謂性은 다만 사람이 품부받은 것을 풀이한 것이요, 天命之謂性은 性의 理를 말한 것이다."

○ "氣質이란 말이 어떤 사람에게서 시작되었습니까?" 하고 묻자, 朱子가 말씀하였다. "이것은 張子와 程子에게서 시작되었으니, 聖門에 지극히 공이 있고 後學들에게 큰 보탬이 있다."

**2** 【釋疑】人之有生……是之謂性 : **按 生之謂性**은 **告子語也**인대 **程子以性卽氣, 氣卽性**으로 **釋之也**라 **故朱子曰 此程子所以發明告子生之謂性之說**하야 **而以性卽氣, 氣卽性者**로 **言之也**라 **謂人生以後**라야 **方可謂之性**이니 **言性時**엔 **已帶氣矣**라 **性與氣**를 **不可分而爲二**니 **此性字**는 **乃氣質之性也**어늘 **葉氏所謂理因具焉**하니 **是之謂性者**는 **此以理言也**니 **釋生之謂性**이 **似不襯切**이로다

살펴보건대 '生之謂性'은 告子의 말인데, 程子가 性이 곧 氣이고 氣가 곧 性이라고 풀이하였다. 그러므로 朱子가 말씀하기를 "이는 程子가 告子의 生之謂性이란 말을 發明하여, 性이 곧 氣이고 氣가 곧 性이라는 것을 말씀한 것이다." 하였다. 사람이 태어난 이후에야 비로소 性을 말할 수 있으니 性을 말할 때에는 이미 氣를 띠고 있어 性과 氣를 나누어서 둘로 삼을 수 없으니, 이 性字는 바로 氣

質之性인데, 葉氏의 이른바 '理가 인하여 갖추어졌으니, 이것을 性이라 한다.'는 것은 이것은 理로 말한 것이니, 生之謂性을 해석함에 적절하지 못할 듯하다.

3 【譯註】告子生之謂性 : 生은 사람과 물건이 知覺하고 運動하는 것을 가리킨 것으로 이 말은《孟子》〈告子 上〉에 보인다. 이에 대하여 朱子는 "性은 사람이 하늘에서 얻은 理로 形而上이고 生은 사람이 하늘에서 얻은 氣로 形而下이다." 하였다.

## 21-2 人生氣稟이 理有善惡이나 然不是性中에 元有此兩物이 相對而生也[1]니라

사람이 태어날 때에 받은 氣稟은 이치상 善惡이 있게 마련이나 性 가운데에 원래 이 두 물건(善·惡)이 상대하여 나온 것은 아니다.

氣稟雜糅에 善惡由分이니 此亦理之所有나 然原是性之本이면 則善而已요 非性中에 元有善惡二者竝生也니라

氣稟이 뒤섞임에 善·惡이 이로 말미암아 나누어지니, 이 또한 이치상 있는 것이나 그 性의 근본을 근원해 보면 善일 뿐이요, 性 가운데에 원래 善·惡 두 가지가 아울러 나오는 것은 아니다.

1 【漢文大系】人生氣稟……相對而生也 : 朱子曰 理는 只作合字看이니라
朱子가 말씀하였다. "理는 다만 合(마땅히)字로 보아야 한다."

## 21-3 有自幼而善하고 有自幼而惡하니

어릴 때부터 선한 사람이 있고 어릴 때부터 악한 사람이 있으니,

本註云 后稷之克岐克嶷(억)[1]과 子越椒[2]始生에 人知其必滅若敖氏之類니라

本註에 이르기를 "后稷의 夙成함과 子越椒가 처음 태어났을 때에 사람들이 반드시 若敖氏의 집안을 멸망시킬 것임을 안 따위와 같은 것이다." 하였다.

1 【漢文大系】后稷之克岐克嶷(억) : 詩經大雅生民篇曰 誕實匍匐하야 克岐克嶷이라하니라

《詩經》〈大雅 生民〉에 이르기를 "〈后稷이〉 실로 기어다닐 때부터 능히 夙成하시었다." 하였다.

2 【漢文大系】子越椒：左傳宣公四年에 楚司馬子良이 生子越椒한대 子文曰 必殺之하라 是子也熊虎之狀而豺狼之聲하니 不殺이면 必滅若敖氏라하니라

《春秋左氏傳》宣公 4년 조에 楚나라 司馬子良이 아들 越椒를 낳았는데, 子文이 말하기를 "반드시 이 아이를 죽여라. 이 아이는 곰과 호랑이의 형상에 豺狼의 소리를 내니, 죽이지 않으면 반드시 若敖氏를 멸망시킬 것이다." 하였다.

## 21-4 是氣稟有然也라 善固性也어니와 然惡亦不可不謂之性也니라

이는 氣稟에 그러함이 있어서이다. 善이 진실로 性이나 惡 또한 性이라고 이르지 않을 수 없다.

程子又曰 善惡이 皆天理니 謂之惡者本非惡이라 但或過或不及하야 便如此니라 朱子曰 天下에 無性外之物하니 本皆善而流於惡[1]耳니라 愚謂 原天命賦予之初컨대 固有善而無惡이어니와 及氣稟拘滯之後하야는 則其惡者를 謂非性之本然則可커니와 謂之非性則不可하니 性은 一也로되 所指之地不同耳니라

程子가 또 말씀하였다.

"善과 惡이 모두 天理이니, 惡이라고 말하는 것이 본래는 惡이 아니요, 다만 過하거나 不及하여 곧 이와 같이 된 것이다."

朱子가 말씀하였다.

"天下에 性 밖의 물건이 없으니, 본래는 모두 善한데 惡으로 흘러갔을 뿐이다."

내가 생각하건대 天命이 賦與된 처음을 근원해 보면 진실로 善만 있고 惡이 없지만 氣稟이 구애하고 막은 뒤에 이르러서는 惡해지니, 이것을 善의 本然이 아니라고 말하는 것은 옳으나 性이 아니라고 말하는 것은 不可하다. 性은 하나인데 가리키는 곳이 같지 않을 뿐이다.

**1** 【釋疑】程子又曰……本皆善而流於惡：按 程朱兩說이 只言其本善而流惡耳라 如朱子所謂因氣偏하야 此性이 爲惡所汨하니 如水爲泥沙所混이나 不成不喚做水等語니 於惡亦不可不謂之性에 意極分曉니라

살펴보건대 程子와 朱子 두 분의 말씀은 다만 그 근본은 善하나 惡으로 흘러감을 말씀하였을 뿐이다. 예컨대 朱子의 이른바 '氣質의 편벽됨으로 인하여 이 性이 惡에게 어지럽힘을 당하니, 물이 진흙에 뒤섞여지더라도 이것을 물이라고 부르지 않으면 안 된다.'는 말씀과 같은 바, 惡 또한 性이라고 이르지 않을 수 없다는 것에 있어서 뜻이 지극히 분명하다.

## 21-5 蓋生之謂性은 人生而靜以上은 不容說이니 才說性時에 便已不是性也[12]니라

生을 性이라 이르는 것은 '人生而靜(人物이 태어나기 이전의 靜한 상태)' 이상은 性을 말할 수가 없으니, 조금이라도 性을 말할 때에는 곧 이미 性이 아니다.

朱子曰 人生而靜以上은 是人物未生時라 只可謂之理요 未可名爲性이니 所謂在天曰命也라 纔說性時엔 便是人生以後니 此理已墮在形氣之中이라 不全是性之本體矣니 所謂在人曰性也니라 ○ 此는 重釋生之謂性이니라

朱子가 말씀하였다.

'"人生而靜' 이상은 사람과 물건이 아직 태어나지 않았을 때이니, 다만 理라고만 이르고 性이라고 이름할 수 없으니, 이른바 '하늘에 있으면 命이라 한다.'는 것이다. 조금이라도 性을 말할 때에는 곧 사람이 태어난 이후이니, 이 理가 이미 形氣의 가운데에 떨어져 있어 온전한 性의 本體가 아니니, 이른바 '사람에게 있으면 性이라 한다.'는 것이다."

○ 이는 生之謂性을 거듭 해석한 것이다.

【張伯行 註】此는 釋生之謂性之意라 人生而靜以上은 是人物未生時니 其有善無惡을 不容說이라 但只可謂之理요 不可謂之性이니 理是天地人物公共底道理요 性是人生以後에 此理具於我而爲我所有者라 性字從

生從心하니 才說性時엔 此理已附於形氣之中하니 便兼氣稟而言이니 不全是性之本體라 張橫渠曰 形而後에 有氣質之性하니 善反之면 則天地之性存焉이라하시니 天地之性은 乃性之本體也라 其實은 天地之性도 亦不離氣質之中이로되 只就其中하야 認出不相雜者而爲之言耳니라

이것은 '生之謂性'의 뜻을 해석한 것이다. 人生而靜 以上은 사람과 물건이 아직 태어나지 않았을 때이니, 善만 있고 惡이 없음을 말할 것이 없다. 그러므로 단지 理라고만 말하고 性이라고 말할 수 없는 것이니, 理는 바로 天地와 人物에 公共한 道理이고 性은 사람이 태어난 이후에 이 이치가 나에게 갖추어져서 내가 소유로 삼는 것이다. 性字는 生을 따르고 心을 따랐으니, 조금이라도 性을 말할 때에는 이 이치가 이미 形氣의 가운데에 붙여 있으니 氣稟을 겸하여 말한 것으로 온전한 性의 本體가 아니다. 張橫渠가 말씀하기를 "형체가 있은 뒤에 氣質之性이 있으니, 이것을 잘 돌이키면 天地의 性이 보존된다." 하였으니, 天地의 性은 바로 性의 本體이다. 그 실제는 天地의 性 역시 氣質 가운데에서 떠나지 않으나 다만 이 가운데에서 서로 뒤섞이지 않은 것을 분별하여 말했을 뿐이다.

1 【釋疑】人生而靜……不是性也：朱子曰 性은 須是箇氣質이라야 方說得箇性字니 若人生而靜以上은 只說得箇天道요 下性字不得이라 所以子貢曰 夫子之言性與天道를 不可得而聞也라하니 便是如此라 所謂天命之謂性者는 是就人身中하야 指出這箇是天命之性이 不雜氣稟者而言爾니라 ○ 纔說性時엔 則便是夾氣質而言이니 所以說時에 便已不是性也니라

朱子가 말씀하였다. "性은 모름지기 氣質이 있어야 비로소 性字를 말할 수 있으니, 人生而靜以上 같은 것은 다만 天道만 말할 수 있고 性字를 놓을 수가 없다. 이 때문에 子貢이 '夫子께서 性과 天道를 말씀한 것을 얻어 듣지 못했다.'고 말한 것이니, 곧 이와 같다. 이른바 天命之謂性이라는 것은 사람의 몸 가운데에 나아가서 이 天命의 性이 기품에 뒤섞이지 않은 것을 가리켜 말한 것일 뿐이다."

○ 조금이라도 性을 말할 때에는 곧 氣質을 뒤섞어서 말한 것이니, 이 때문에 性을 말했을 때에는 곧 性이 아니라고 한 것이다.

2 【譯註】生之謂性……便已不是性也：艮齋 田愚는 이에 대하여 朱子의 語錄

을 열거하고 "내가 살펴보건대 朱先生이 人生而靜以上에 대하여 두 가지 말씀이 있었으니, 하나는 未發로 말씀하였고 하나는 未生(아직 태어나지 않음)으로 말씀하였는 바, 未生으로 말씀한 것이 상당히 많은데 모두 晩年에 있었다. 그러므로 尤菴의《朱子大全箚疑》와 農巖(金昌協)의 問目에 모두 이 말씀을 주장하였다. 그리고 朱先生은 纔說性에 대하여 두 가지 말씀이 있었는데, 하나는 氣質之性으로 말씀하였고 하나는 本然之性으로 말씀하였다.《語類》의 銖錄은 병진년 이후에 있었는데, 不容說을 '하늘에 있으면 命이라 한다.'는 것으로 설명하였고 纔說性을 '사람에 있으면 性이라 한다.'는 것으로 설명하였다. '사람에 있으면 性이라 한다.'는 것을 가지고 '하늘에 있으면 命이라 한다.'는 것과 상대하였다면 이것을 어떻게 氣質之性이라 할 수 있겠는가." 하여, 여기의 性은 本然之性임을 강조하였다.(《艮齋集》後編 권22〈雜著〉)

艮齋는 또 자신의 스승인 全齋(任憲晦)에게 질문한 내용을 다음과 같이 밝히고 있다. '"朱子가 明道의 生之謂性에 대하여 氣質之性으로 말씀한 것이 있고 本然之性으로 말씀한 것이 있는데, 農巖은 本然之性을 주장하여 말씀하였습니다. 그리고 朱子가 人生而靜以上 不容說에 대하여 未發로 말씀한 것이 있고 未生으로 말씀한 것이 있는데, 農巖은 未生의 말씀을 程子의 本意라 하였으며, 尤菴의 語錄에도 人物未生(사람과 물건이 아직 태어나지 않은 것)을 朱子의 晩年 定論이라 하였습니다.' 하고 물었더니, 全齋先生은 '매우 옳다.' 하셨다." 艮齋는 또 이어서 이렇게 밝히고 있다. '"人生而靜은 生之謂性을 해석한 것인데, 이것을 未發이라고 말하는 자는 참으로 이해할 수 없습니다. 朱子가 陳安卿(陳淳)의 물음에 답한 내용에도 또한 쓸데없이 힘을 허비한다 하여 나쁘게 여겼습니다.' 하고 물었더니, 全齋先生 또한 '나의 생각도 그렇다.' 하셨다."(《艮齋集》後編 권7〈語錄〉)

**21-6 凡人說性**은 **只是說繼之者善也**니 **孟子言性善**이 **是也**라 **夫所謂繼之者善也者**는 **猶水流而就下也**라 **皆水也**로되 **有流而至海**에 **終無所汙**하면 **此何煩人力之爲也**리오 **有流而未遠**에 **固已漸濁**하며 **有出而甚遠**에 **方有所濁**호되 **有濁之多者**하고 **有濁之少者**하니 **淸濁**이 **雖不同**이나 **然不可以濁者不爲水也**[1·2]니라

무릇 사람들이 性을 말하는 것은 다만 繼之者善을 말하는 것이니, 孟子가 말씀한 性善이 이것이다. 이른바 繼之者善이라는 것은 물이 흘러 아래로 내려가는 것과 같다. 똑같은 물이지만 흘러서 바다에 이르러서도 끝내 더럽혀진 바가 없다면 이 어찌 번거롭게 人力을 쓸 필요가 있겠는가. 흘러서 멀리 가기도 전에 이미 점점 흐려지는 경우가 있으며 흘러나와 아주 멀리 간 뒤에야 비로소 흐려지는 경우가 있는데, 흐려짐이 많은 경우도 있고 흐려짐이 적은 경우도 있으니, 맑고 흐림이 비록 똑같지 않으나 흐린 것도 물이라고 하지 않을 수 없는 것이다.

繫辭曰 一陰一陽之謂道니 繼之者善也라하시니 蓋天道流行하야 發育萬物호되 賦受之間에 渾然一理 純粹至善하니 所謂性善者也니 繼之云者는 猶水流而就下[3]요 其有淸濁遠近之不同은 猶氣稟昏明純駁이 有淺深也라 水固本淸이나 及流而濁을 不可謂之非水니 猶性雖本善이나 及局於氣而惡을 不可謂之非性이니라 ○ 此는 重釋善固性也나 惡亦不可不謂之性이니라

〈繫辭傳〉에 이르기를 "한 번 陰이 되고 한 번 陽이 되는 것을 道라 이르니, 계속하는 것이 善이다." 하였으니, 天道가 流行하여 萬物을 發育하는데, 부여하고 받는 사이에 渾然한 한 이치가 순수하여 지극히 善하다. 이른바 性善이라는 것이니, 계속한다는 것은 물이 흘러서 아래로 내려가는 것과 같은 것이요, 여기에 淸濁과 遠近의 차이가 있음은 氣稟의 昏明과 純駁에 깊고 얕음이 있는 것과 같다. 물은 진실로 본래 맑으나 흘러가서 흐려진 것을 물이 아니라고 이를 수 없으니, 마치 性이 비록 본래 善하나 氣質에 국한되어 악해진 것을 性이 아니라고 말할 수 없는 것과 같다.

○ 이는 선이 진실로 性이나 악 또한 性이라고 이르지 않을 수 없음을 거듭 해석한 것이다.

1 【漢文大系】凡人說性……不爲水也 : 欄外書曰 繼之者善也는 旣已理氣合一이니 非如後儒判然爲二也니라

《欄外書》에 말하였다. "繼之者善은 이미 理와 氣가 하나로 합한 것이니, 후세의 儒者들이 判然히 둘로 나눈 것과는 같지 않다."

**2** 【釋疑】凡人說性……不爲水也：朱子曰 此繼之者善은 指發處而言之也라 性之在人은 猶水之在山하야 其淸을 不可得而見也요 流出而見其淸然後에 知其本淸也라 所以孟子只就見孺子入井에 皆有怵惕惻隱之心處하야 指以示人하야 使知性之本善者也라 易所謂繼之者善也는 在性之先이요 此所引繼之者善也는 在性之後하니 蓋易은 以天道之流行者言이요 此는 以人性之發見者言이라 唯天道流行如此라 所以人性發見도 亦如此니 若水之就下處는 當時只是袞說了니 蓋水之就下는 便是喩性之善이니라 ○ 流至海而不汚者는 氣稟淸明하야 自幼而善이니 聖人性之而全其天者也요 流未遠而已濁者는 氣稟偏駁之甚하야 自幼而惡者也요 流旣遠而方濁者는 長而見異物而遷焉하야 失其赤子之心者니 濁有多少는 氣之昏明純駁이 有淺深也라 不可以濁者不爲水니 惡亦不可不謂之性也니라 ○ 說水流而就下了하고 又說從淸濁處去하야 與就下로 不相續하니 這處는 只要認得大意可也니라

朱子가 말씀하였다. "여기의 繼之者善은 發하는 곳을 가리켜 말한 것이다. 性이 사람에게 있음은 물이 산속에 있는 것과 같아서 맑음을 볼 수가 없고, 물이 흘러 나와서 맑은 것을 본 뒤에야 본래 맑음을 알 수 있는 것이다. 이 때문에 孟子는 다만 어린 아이가 우물로 들어가려는 것을 보았을 때에 모두 놀라고 측은해하는 마음이 있는 곳에 나아가 사람들에게 가리켜 보여 주어서 사람들로 하여금 性이 본래 善함을 알게 한 것이다. 《周易》에 이른바 繼之者善은 性의 앞에 있고, 여기에 인용한 繼之者善은 性의 뒤에 있으니, 易은 天道가 流行하는 것을 가지고 말하였고 여기서는 人性이 發見한 것을 가지고 말하였다. 오직 天道의 유행함이 이와 같다. 이 때문에 사람의 性이 발현하는 것도 이와 같은 것이니, 물이 아래로 내려가는 것과 같은 부분은 당시에 다만 뒤섞어서 말씀한 것이니, 물이 아래로 내려가는 것은 바로 性의 善함을 비유한 것이다."

○ 물이 흘러서 바다에 이르도록 더러워지지 않는 것은 사람의 氣稟이 淸明하여 어릴 때부터 善한 것이니 聖人이 性대로 하여 그 天性을 온전히 한 것이요, 흘러서 멀리 가기도 전에 이미 탁한 것은 사람의 氣稟이 편벽되고 雜駁함이 심하여 어렸을 때부터 악한 것이요, 흘러서 이미 멀리가고 나서야 비로소 탁한 것은 사람이 장성하매 다른 물건을 보고 옮겨가서 赤子의 마음을 잃은 것이니, 탁함이 많고 적음이 있는 것은 氣의 어둡고 밝음과 순수하고 잡박함에 깊고 얕음이 있기 때문이다. 탁한 것을 물이라고 하지 않을 수 없으니, 惡 또한 性이라고 이르지 않을 수 없는 것이다.

○ 물이 흘러서 아래로 내려감을 말씀하고 또 淸濁을 따라서 흘러감을 말씀해서 아래로 내려가는 것과 서로 이어지지 않으니, 이 부분은 다만 大意를 인식하는 것이 좋다.

3 【釋疑】繫辭曰……猶水流而就下：按 朱子曰 所謂繼之者善은 猶水流而就下也요 皆水也로되 有流而至於海라하시니 他這是兩箇譬喩라 水之就下處엔 他這下更欠言語하니 要須爲他作文補這裏라야 始得이어늘 他當時只是袞說了라 然則水流而就下와 及皆水也此兩語를 當分作別段이요 不可連接看이라 朱子說破繼之者善과 水流而就下等語가 詳且盡矣어늘 而葉氏引易所謂繼之者善하야 混而言之하고 至於繼之云者는 猶水流而就下하야는 此說이 尤不明快니라

살펴보건대 朱子가 말씀하기를 "이른바 繼之者善이라는 것은 물이 흘러 아래로 내려가는 것과 같으며, 똑같은 물이지만 흘러가서 바다에 이른다." 하였으니, 이것은 두 가지의 비유이다. 물이 아래로 내려간다는 부분에는 그 아래에 다시 내용이 빠졌으니, 모름지기 글을 지어 이것을 보충하여야 비로소 말이 되는데 당시에 다만 뒤섞어 말씀한 것이다. 그렇다면 '물이 흘러 아래로 내려간다.'는 것과 '똑같은 물이지만 흘러가서 바다에 이른다.'는 이 두 말씀을 마땅히 나누어 별개의 단락으로 만들어야 하고, 연접하여 보아서는 안 된다. 朱子가 繼之者善과 물이 흘러서 아래로 내려간다는 등의 말씀을 說破한 것이 상세하면서도 극진한데, 葉氏가《周易》의 이른바 繼之者善을 인용하여 뒤섞어 말하였고, 계속한다는 것은 물이 흘러서 아래로 내려가는 것과 같다고 말함에 이르러서는 이 말이 더욱 명쾌하지 못하다.

**21-7 如此則人不可以不加澄治之功**이라 **故用力敏勇則疾淸**하고 **用力緩怠則遲淸**하나니 **及其淸也**하야는 **則却只是元初水也**라 **不是將淸來**하야 **換却濁**이요 **亦不是取出濁來**하야 **置在一隅也**라 **水之淸則性善之謂也**라 **故不是善與惡**이 **在性中爲兩物相對**하야 **各自出來**니라

이와 같다면 사람은 맑게 하는 功力을 가하지 않을 수 없다. 그러므로 힘쓰기를 민첩하게 하고 용맹스럽게 하면 빨리 맑아지고, 힘쓰기를 느리고 게을리하면 더디게 맑아지니, 그 맑아짐에 미쳐서는 단지 元初의 물일 뿐이다. 맑은 것을 가져다가 흐린 것과 바꾸는 것도 아니요, 또한 흐린 것을 꺼내어 한 귀퉁이에 두는 것도 아니다. 물이 맑아지면 性善이라

이른다. 그러므로 善과 惡이 性 가운데에 있어 두 물건이 되어서 상대하여 각각 따로 나오는 것이 아니다.

朱子曰 人雖爲氣所昏이나 而性則未嘗不在其中이라 故不可不加澄治之功이니 惟能學以勝之면 則知此理渾然하야 初未嘗損이니 所謂元初水也라 雖濁而淸者存故로 非將淸來換濁이요 旣淸則本無濁이라 故非取濁置一隅也니 如此則其本善而已矣라 性中에 豈有兩物對立而竝行也哉리오 愚謂不知性之本善이면 則不能自勉以復其初요 不知性有時而陷於惡이면 則不能力加澄治之功[1]이니 二說蓋互相發明也니라 ○ 此는 重釋不是性中에 元有兩物相對而生이라 但前以其本言하면 則曰相對而生이요 此以其用言하면 則曰相對各自出來니라

朱子가 말씀하였다.

"사람이 비록 氣에 어두워졌으나 性은 일찍이 이 안에 들어있지 않은 것이 아니다. 그러므로 맑게 하는 功力을 가하지 않을 수 없으니, 오직 배워서 이겨내면 이 이치가 渾然하여 애당초 일찍이 줄어들지 않았음을 알 수 있으니, 이른바 元初의 물이라는 것이다. 비록 흐리더라도 맑은 것이 남아 있으므로 맑은 것을 가져다가 흐린 것과 바꾸는 것이 아니요, 이미 맑아지면 본래 흐린 것이 없으므로 흐린 것을 취하여 한 귀퉁이에 두는 것이 아니니, 이와 같다면 그 근본은 善일 뿐이다. 性 가운데에 어찌 善·惡 두 물건이 대립하여 竝行함이 있겠는가."

내가 생각하건대 性이 본래 善함을 알지 못하면 스스로 힘써 性의 처음을 회복하지 못하고, 性이 때로 惡에 빠지는 것을 알지 못하면 맑히는 功力을 힘써 가하지 못할 것이니, 두 말씀이 서로 發明된다.

○ 이는 性 가운데에 원래 두 물건(善·惡)이 상대하여 나오는 것이 아님을 거듭 해석한 것이다. 다만 앞에서는 그 근본으로 말하여 '상대해서 나온다.'고 하였고, 여기서는 그 用으로 말하여 '상대하여 각각 따로 나온다.'고 한 것이다.

1 【釋疑】不知性之本善……不能力加澄治之功 : 按 非自勉之外에 復有澄治之功也니 下語亦恐不精이라

살펴보건대 스스로 힘쓰는 것 외에 다시 맑게 다스리는 공부가 있는 것이 아니니, 글을 쓴 것이 또한 정밀하지 못한 듯하다.

**21-8 此理**는 **天命也**니 **順而循之則道也**요 **循此而修之**하야 **各得其分則敎也**라 **自天命以至於敎**히 **我無加損焉**이니 **此舜有天下而不與焉者也**[1·2·3]시니라

이 이치는 天命이니, 순히 하여 따르면 道이고 이것을 따라 닦아서 각각 그 분수(직분)를 얻으면 가르침이다. 天命으로부터 가르침에 이르기까지 내가 더 보태거나 줄이는 것이 없으니, 이는 舜임금이 천하를 소유하고도 관여하지 않으신 것이다."

朱子曰 修道는 雖以人事言이나 然其所以修之者는 莫非天命之本然이니 非人私智所能爲也라 然非聖人이면 有不能盡이라 故以舜事明之하시니라

朱子가 말씀하였다.

"道를 品節함은 비록 人間의 일을 가지고 말하였으나 品節하는 대상은 모두가 天命의 本然이니, 사람이 사사로운 지혜로 할 수 있는 바가 아니다. 그러나 聖人이 아니면 다하지 못하므로 舜임금의 일을 가지고 밝히신 것이다."

**1** 【漢文大系】此理天命也……不與焉者也：欄外書曰 理는 卽性之理也니 不曰性而曰理는 理只是一理라 無內外하고 無彼此하니 因該上文所言인댄 不得不然이니 亦爲天命也라 各得其分은 謂各得性分之所固有요 無加損은 謂於性分에 無增減이라 末引舜者는 證聖人所遇之境有異나 而於性分則無加損也니라 又曰 程意는 蓋指君仁, 臣敬, 父慈, 子孝之類니라 又曰 大行不加하고 窮居不損[❶]이 卽是不與니라

《欄外書》에 말하였다. "理는 바로 性의 이치이다. 性이라고 말하지 않고 理라고 말한 것은 理는 단지 똑같은 이치여서 內外도 없고 彼此도 없으니 윗글에서 말한 것을 포괄하려면 이렇게 하지 않을 수 없는바, 이 또한 天命이 된다. 各得其分은 각각 性分의 고유한 바를 얻음을 이르고, 無加損은 性分에 增減이 없음을 이른다. 마지막에 舜임금의 일을 인용한 것은 聖人이 만난 바의 환경(처지)은 차이가 있으나 性分에는 加損이 없음을 증명한 것이다." 또 말하였다. "程子의 뜻은 군주가 仁하고 신하가 恭敬하고 어버이가 사랑하고 자식이 효도

하는 類를 가리킨 것이다.” 또 말하였다. ‘“〈君子의 本性은〉 비록 크게 행해지더라도 더 보태지지 않으며, 비록 곤궁하게 거하더라도 줄어들지 않는다.〔大行不加 窮居不損〕’는 것이 바로 不與의 뜻이다.”

❶ 【譯註】大行不加 窮居不損 : 《孟子》 〈盡心 上〉에 “君子의 본성은 비록 크게 행해지더라도 더 보태지지 않으며, 비록 곤궁하게 거하더라도 줄어들지 않으니, 분수가 정해졌기 때문이다.〔君子所性 雖大行不加焉 雖窮居不損焉 分定故也〕”라고 보인다.

**2** 【釋疑】生之謂性……不與焉者也 : 按 性理大全에 朱子論生之謂性而段段說破하야 以示人하시니 生之謂性으로 至生之謂也一段이요 人生氣禀으로 至不可不謂之性也一段이요 生之謂性으로 至水流而就下也一段이요 皆水也로 至各自出來一段이요 此理天命也로 至不與焉이 一段이라 而且曰 生之謂性이 是一節이요 水流就下 是一節이요 清濁又是一節이라하야 其作段分節이 互有不同은 何也오 所謂三節者는 此分別天命之性, 氣質之性而言之也니 生之謂性은 氣質之性也요 水流而就下는 天命之性也요 清濁은 又是氣質之性也라 上項作段은 以文意之止處로 爲主하니라

살펴보건대 《性理大全》에 朱子가 生之謂性에 대해 논한 것을 한 단락, 한 단락 설파하여 사람들에게 보여주었는바, 生之謂性에서 生之謂也까지가 一段이고, 人生氣禀에서 不可不謂之性也까지가 一段이고, 生之謂性부터 水流而就下也까지가 一段이고, 皆水也에서 各自出來까지가 一段이고, 此理天命也에서 不與焉까지가 一段이다. 그리고 또 말하기를 “生之謂性이 一節이고 水流就下가 一節이고 清濁이 또 一節이다.” 하여, 단락을 짓고 節을 나눈 것이 같지 않음은 어째서인가. 이른바 세 節이라는 것은 天命之性과 氣質之性을 분별하여 말한 것이니, 生之謂性은 氣質之性이고 水流而就下는 天命之性이고 清濁은 또 氣質之性이다. 그리고 위의 項에서 단락을 지은 것은 글뜻이 끝나는 곳을 위주로 한 것이다.

**3** 【釋疑】人不可以不加澄治之功……不與焉者也 : 論語集註에 不與는 言不以位爲樂也라 ○ 陵陽李氏曰 此又自其性之本然者而推言之라 所引論語는 雖非本文之意❶나 大率以爲一循其本然하야 非私智所能與耳니라 ○ 按 此言舜亦不過率性修道之盡其極耳요 不加毫末於性分之外라 雖至於受堯之禪하야 以有天下之大라도 而此則於舜에 不相關하니 所樂이 不在乎此也니라

《論語集註》에 “不與는 지위로써 즐거움을 삼지 않음을 말한 것이다.” 하였다.

○ 陵陽李氏가 말하였다. “이는 또 그 性의 本然인 입장에서 미루어 말한 것이

다. 인용한 《論語》의 내용은 비록 本文의 뜻은 아니지만 대체로 '한결같이 本然을 따라서 사사로운 지혜가 관여할 수 있는 바가 아니다.' 라고 말한 것이다."

○ 살펴보건대 이는 舜 또한 性을 따르고 道를 品節함에 그 지극함을 다한 것에 불과할 뿐이요, 性分 밖에 털끝만큼도 더하지 않았음을 말한 것이다. 비록 堯임금의 禪讓을 받아 천하의 큼을 소유함에 이르렀으나 이는 舜임금에게 관여됨이 없으니, 즐거워하는 바가 여기에 있지 않은 것이다.

1 【譯註】所引論語 雖非本文之意 : '舜有天下而不與焉'을 '舜임금이 天下를 소유하고는 즐거움으로 삼지 않았다.'고 해석하는 것이 원래의 뜻인데, 여기서는 '舜임금이 사사로운 지혜를 쓰지 않았다.'고 해석하였으므로 말한 것이다.

## 22. 觀天地生物氣象[1]이니라

〈明道先生이 말씀하였다.〉

"天地가 물건을 낳는 氣象을 살펴보아야 한다."

本註云 周茂叔이 看이러시다 ○ 造化流行하야 發育萬物에 溥博周遍하야 生理條達하니 觀之면 使人으로 良心이 油然而生이니 此卽周子窓前草不除去[2]어늘 問之云 與自家意思一般이 是也니라

本註에 이르기를 "周茂叔(周濂溪)이 이것을 보았다."고 하였다.

○ 造化가 유행하여 萬物을 발육할 적에 너르고 두루하여 낳는 이치가 조리있게 발달하니, 이것을 살펴보면 사람으로 하여금 良心이 油然히 생겨나게 한다. 이것은 곧 周子가 창문 앞의 풀을 제거하지 않으시자 물었더니, '自家(자신)의 意思와 일반'이라고 대답하신 것이 이것이다.

1 【釋疑】觀天地生物氣象 : 草不除는 說見下觀聖賢篇이라 ○ 張九成曰 明道書에 窓前有草하야 茂覆砌(부체)어늘 或勸之芟(삼)한대 明道曰 不可하니 欲常見造物生意라하시다 又置盆池하고 畜小魚數尾하야 時時觀之하고 曰 欲觀萬物自得意라하니라

풀을 제거하지 않은 내용은 아래 14권 〈觀聖賢〉에 보인다.

○ 張九成이 말하였다. "明道의 책(문집)에 '창문 앞에 풀이 무성하여 뜰을 뒤덮자 或者가 이를 제거할 것을 권하였는데, 明道는 말씀하기를 「不可하니, 내

항상 造物主의 生意를 보고싶다」 하였으며, 또 동이에 물을 담아놓고 작은 물고기 몇 마리를 기르면서 때때로 구경하고 말씀하기를 「나는 萬物이 自得하는 뜻을 보고자 한다」 했다.' 하였다."

2 【譯註】此卽周子窓前草不除去 : 周濂溪 역시 창문 앞에 자라는 풀을 제거하지 않았으므로 말한 것이다. 朱子는 일찍이 周濂溪의 〈畫像贊〉에서 이 사실을 들어 '庭草交翠'라 하였다.

## 23. 萬物之生意를 最可觀이라 此元者善之長也니 斯所謂仁也[1]니라

〈明道先生이 말씀하였다.〉

"萬物의 生意를 가장 살펴볼 만하다. 이것은 元이 善의 으뜸이라는 것이니, 이것을 仁이라 이른다."

朱子曰 物之初生에 淳粹未散하야 最好看이요 及幹葉茂盛엔 便不好看이니 見孺子入井時에 怵惕惻隱之心이 只這些子면 便見得仁이요 到他發政施仁하야는 其仁固廣이나 然却難看이니라

朱子가 말씀하였다.

"물건이 처음 낳을 적에는 순수함이 흩어지지 아니하여 가장 보기가 좋고, 줄기와 잎이 무성하게 되면 곧 보기가 좋지 않다. 어린 아이가 우물에 들어가는 것을 보았을 때에 놀라고 측은해 하는 마음이 다만 조금 나타나면 여기에서 곧 仁을 볼 수 있으며, 저 훌륭한 정사를 펴고 仁을 베풂에 미쳐서는 그 仁이 진실로 넓으나 도리어 보기가 어려운 것이다."

1 【漢文大系】萬物之生意……斯所謂仁也 : 性理大全卷三十五에 程子曰 天地之大德曰生이라 天地絪縕하야 萬物化醇하야 生之謂性이니 萬物之生意를 最可觀이니 此元者善之長也니 斯所謂仁也니라 ○ 易乾卦文言曰 元者는 善之長也라한대 本義曰 元者는 生物之始니 天地之德이 莫先於此라 故於時爲春이요 於人爲仁이니라

《性理大全》卷35에 程子가 말씀하였다. "天地의 큰 德을 生이라 한다. 천지의 기운이 꽉 뭉쳐서 만물이 화하여 엉겨 생겨나는 것을 性이라 이르니, 萬物의

生意를 여기에서 가장 볼 수 있는 바, 이것이 '元은 善의 으뜸'이라는 것으로 이것이 이른바 仁이다."

○《周易》乾卦〈文言傳〉에 이르기를 "元은 善의 으뜸이다." 하였는데,《本義》에 이르기를 "元은 만물을 낳는 始初이니 天地의 德이 이보다 더 먼저인 것이 없다. 그러므로 四時에 있어서는 봄이 되고 사람에게 있어서는 仁이 된다." 하였다.

## 24. 滿腔(강)子 是惻隱之心[1·2]이니라

〈明道先生이 말씀하였다.〉

"腔子(몸)에 가득한 것이 惻隱之心이다."

腔子는 猶軀殼也라 惻은 傷怛也요 隱은 痛也라 人之一身에 惻隱之心[2]이 無所不至라 故疾痛痾癢(아양)에 觸之則覺하나니 由是推之면 則天地萬物이 本一體也라 無往而非惻隱之心矣니라 ○ 朱子曰 彌滿充實하야 無空缺處니 如刀割著도 亦痛이요 針箚(차)著도 亦痛이니라

腔子는 軀殼(몸통)과 같다. 惻은 서글퍼함이요 隱은 아파하는 것이다. 사람의 한 몸에 惻隱之心이 이르지 못하는 곳이 없으므로 병들어 아프고 가려울 적에 닿으면 깨닫는 것이니, 이로 말미암아 미루어 보면 天地萬物이 본래 一體여서 가는 곳마다 惻隱之心이 아님이 없는 것이다.

○ 朱子가 말씀하였다.

"가득하고 충실하여 비거나 이지러진 곳이 없으니, 칼로 벨 때에도 또한 아프고 침으로 찌를 때에도 또한 아픈 것과 같다."

1 【漢文大系】滿腔子 是惻隱之心 : 欄外書曰 高攀龍曰 朱子發明程子之言이 亦最親切이라 蓋天地之心이 充塞於人身者는 爲惻隱之心이요 人心이 充塞天地者는 卽天地之心이니 人心은 一小腔子요 天地는 卽大腔子也라

《欄外書》에 말하였다. "高攀龍이 이르기를 '朱子가 程子의 말씀을 발명한 것이 가장 친절하다. 天地의 마음이 사람 몸에 가득 채워진 것은 惻隱之心이 되고, 사람의 마음이 天地에 가득 채워진 것은 바로 天地의 마음이니, 사람의 마음은 한 작은 腔子이고 천지는 바로 큰 腔子이다.' 하였다."

2 【釋疑】滿腔子 是惻隱之心：朱子曰 腔子는 猶言軀殼耳니 滿腔子는 只是言充塞周徧하야 本來如此라 是는 就人身上하야 指出理充塞處니 最爲親切이라 若於此에 見得이면 則萬物一體하야 更無內外之別이요 若見不得하고 却去腔子外尋이면 則莽莽蕩蕩하야 無交涉矣리라 又曰 腔子는 身裏也라

朱子가 말씀하기를 "腔子는 軀殼이라는 말과 같으니, 腔子에 가득하다는 것은 다만 충만하고 두루하여 본래 이와 같음을 말한 것이다. 이것은 人身 上에 나아가 이치가 충만한 곳을 가리킨 것이니, 가장 친절하다. 만일 여기에서 〈이러한 진리를〉 본다면 萬物이 一體여서 다시 內外의 분별이 없으며, 만일 이것을 보지 못하고 한갓 腔子 밖에서 찾는다면 아득해서 자신과 交涉(상관)이 없게 될 것이다." 하고, 또 말씀하기를 "腔子는 몸의 속이다." 하였다.

**25. 天地萬物之理無獨하야 必有對하니 皆自然而然이요 非有安排也라 每中夜以思하면 不知手之舞之, 足之蹈之[1]也로라**

〈明道先生이 말씀하였다.〉

"天地 萬物의 이치는 홀로인 것이 없어서 반드시 對(상대)가 있으니, 모두 자연히 그러한 것이요 安排한 것이 아니다. 언제나 한밤중에 이것을 생각하면 자신도 모르게 손으로 춤을 추고 발로 뛰게 된다."

朱子曰 陰與陽對하고 動與靜對하니 以至屈信消長, 左右上下히 或以類而對하고 或以反而對하나니 反覆推之하면 未有兀然無對而孤立者라 程子謂惟道無對나 然以形而上下論之하면 亦未嘗不有對也니라

朱子가 말씀하였다.

"陰은 陽과 대가 되고 動은 靜과 대가 되니, 屈伸과 消長, 左右와 上下에 이르기까지 혹은 같은 類끼리 대가 되고 혹은 반대로 대가 된다. 반복하여 미루어보면 홀로 우뚝하여 상대가 없어 고립된 것은 있지 않다. 程子가 말씀하기를 '오직 道는 상대가 없다.' 하였으나 形而上과 形而下를 가지고 논한다면 또한 상대가 있지 않은 것이 아니다."

1 【漢文大系】天地萬物之理無獨……足之蹈之：欄外書曰 太極本無極이니 何對之有리오마는 此理體於物而不可遺하야 卽成天地萬物之理하니 所謂一本萬殊者也라 程子手舞足蹈深意 蓋在於此하니 恐非謂以形之上與下亦爲對니라

《欄外書》에 말하였다. "太極은 본래 無極이니 어찌 상대가 있겠는가마는 이 이치가 물건에 本體가 되어 빠뜨릴 수 없어서 곧 천지 만물의 이치를 이루니, 이른바 '한 근본이 만 가지로 다르다.〔一本萬殊〕'는 것이다. 程子의 '자기도 모르게 손으로 춤을 추고 발로 뛰게 된다.'는 깊은 뜻이 여기에 있으니, 形而上과 形而下를 또한 상대로 삼을 수 있음을 이른 것이 아닌 듯하다."

**26. 中者는 天下之大本이니 天地之間에 亭亭當當直上直下之正理라 出則不是니 惟敬而無失이라야 最盡[1·2]이니라**

〈明道先生이 말씀하였다.〉

"中은 天下의 大本이니, 天地 사이에 정정당당하고 直上直下한 바른 이치이다. 이것을 벗어나면 옳지 못하니, 오직 공경하여 잃음이 없어야 가장 극진하다."

喜怒哀樂未發之時에 此性이 渾然在中하야 亭亭當當直上直下하야 無所偏倚하니 此天下之大本而萬善之主也라 心有散逸이면 則失其所以爲主니 唯能敬以存之면 則有以全其中之本體矣리라

喜·怒·哀·樂이 未發할 때에는 이 性이 渾然히(온전히) 가운데에 있어서 정정당당하고 直上直下하여 편벽되고 치우친 바가 없으니, 이는 天下의 大本으로 萬善의 주장이다. 마음이 흩어지고 도망함이 있으면 그 주장이 되는 것을 잃게 되니, 오직 공경하여 보존하면 中의 本體를 온전히 보전할 수 있을 것이다.

1 【漢文大系】中者天下之大本……最盡：中庸曰 中也者는 天下之大本也라하니라
○ 欄外書曰 出은 猶離라

《中庸》에 이르기를 "中은 천하의 큰 근본이다." 하였다.
○《欄外書》에 말하였다. "出은 떠남〔離〕과 같다."

2 【釋疑】中者天下之大本……最盡 : 按 亭亭은 猶聳立也요 當當은 猶方正也라 朱子曰 不知如何요 整頓得此心身하야 四亭八當❶하야 無許多凹凸也라하고 又曰 亭當均平이라하시니 以此意推之하면 可想其亭亭當當底氣象也리라 敬而無失은 子夏語니 見論語顏淵篇이라 本註曰 持己以敬而不間斷이라하니 以此註觀之하면 則失은 卽間斷也니라

살펴보건대 亭亭은 우뚝히 서 있다는 것과 같고, 當當은 方正하다는 것과 같다. 朱子가 말씀하기를 "내 어떠한지는 알지 못하겠고 이 몸과 마음을 정돈하여 모든 일이 다 합당하여 허다한 凹凸이 없게 할 뿐이다." 하였으며, 또 말씀하기를 "정당하고 균평하게 한다." 하였으니, 이러한 뜻을 가지고 미루어 보면 亭亭當當한 기상을 미루어 생각해 볼 수 있을 것이다. 敬而無失은 子夏의 말이니, 《論語》〈顏淵〉에 보인다. 本註에 이르기를 "자기 몸을 갖기를 敬으로 하여 間斷(단절)하지 않는다." 하였으니, 이 註를 가지고 보면 失은 바로 間斷이다.

❶ 【譯註】四亭八當 : 사방과 팔방으로 모두 우뚝하고 방정함을 가리킨 것이다.

## 27. 伊川先生曰 公則一이요 私則萬殊니 人心不同如面이 只是私心[1]이니라

伊川先生이 말씀하였다.

"公正하면 하나가 되고 사사로우면 만 가지로 달라지니, 人心이 사람의 얼굴처럼 각기 다른 것은 다만 私心 때문이다."

公則萬物一體[2]요 私則人己萬殊니라

公正하면 萬物이 一體가 되고 사사로우면 남과 자기가 만 가지로 달라지게 된다.

1 【漢文大系】伊川先生曰……只是私心 : 左傳襄公三十一年에 子產曰 人心之不同이 如其面이라하니라

《春秋左氏傳》 襄公 31년 조에 말하였다. "子產이 말하기를 '사람의 마음이 같지 않은 것이 그 얼굴과 같다.' 하였다."

2 【釋疑】公則萬物一體 : 按 公則一者는 義理公共之心이면 則千萬人之心이 一

也하야 無彼此之殊요 而私則不然이라 故人心不同如面은 只是私心也라 葉氏所謂萬物一體者는 似是論仁이니 而恐不襯着於此章之意也니라

살펴보건대 公正하면 하나가 된다는 것은 義理와 公共의 마음을 간직하면 千萬人의 마음이 하나가 되어서 彼此의 다름이 없고, 사사로운 마음을 간직하면 그렇지 못하다. 그러므로 사람의 마음이 얼굴처럼 각기 다른 것은 다만 私心 때문이라고 한 것이다. 葉氏의 이른바 萬物이 一體라는 것은 仁을 논한 듯하니, 이 章의 뜻에 딱 들어맞지 않는 듯하다.

## 28. 凡物이 有本末이나 不可分本末하야 爲兩段事니 洒(灑)掃應對는 是其然이요 必有所以然[1]이니라

〈伊川先生이 말씀하였다.〉

"모든 물건은 本과 末이 있으나 本과 末을 나누어 두 가지로 삼아서는 안 되니, 灑掃應對는 바로 其然(그렇게 하는 일)이고 여기에는 반드시 所以然(그렇게 해야 하는 이유)이 있는 것이다."

朱子曰 治心修身은 是本이요 洒掃應對는 是末이니 皆其然之事也라 至於所以然則理也니 理無精粗本末이니라

朱子가 말씀하였다.

"마음을 다스리고 몸을 닦음은 本이요 灑掃應對는 末이니, 모두 其然의 일이다. 그리고 所以然에 이르러서는 이치이니, 이치는 精·粗와 本·末이 없다."

1 【釋疑】凡物有本末……必有所以然：或問其然所以然之說한대 朱子曰 灑掃應對之事는 其然也니 形而下者也요 灑掃應對之理는 所以然也니 形而上者也라 自形而下者而言이면 則灑掃應對之與精義入神은 本末精粗 不可同日而語矣어니와 自形而上者言之면 則未嘗以其事不同而有餘於此, 不足於彼也니라 曰其曰物有本末하나 不可分者는 何也오 曰 有本末者는 其然之事也요 不可分者는 以其所以然之理也니라 ○ 饒氏曰 程朱所論本末이 不同이라 朱子는 以大學之正心誠意爲本하고 程子는 以理之所以然爲本하니 朱子는 是以子游之意推之[1]니라

或者가 其然과 所以然의 내용을 묻자, 朱子가 말씀하였다. "灑掃應對의 일은 其然이니 形而下의 것이고, 灑掃應對의 이치는 所以然이니 形而上의 것이

다. 形而下의 입장에서 말하면 灑掃應對와 精義入神은 本末과 精粗를 똑같이 말할 수가 없지만 形而上의 입장에서 말하면 그 일이 똑같지 않다 하여 여기에는 有餘하고 저기에는 不足한 것이 아니다." 或者가 "사물에는 本과 末이 있으나 이것을 두 가지로 나눌 수 없다고 한 것은 어째서입니까?" 하고 묻자, 다음과 같이 말씀하였다. "本과 末이 있다는 것은 其然의 일이고, 두 가지로 나눌 수 없다는 것은 所以然의 이치로 말한 것이다."

○ 饒氏가 말하였다. "程子와 朱子가 말씀한 本末이 똑같지 않다. 朱子는 《大學》의 正心과 誠意를 근본으로 삼았고, 程子는 이치의 所以然을 근본으로 삼았으니, 朱子는 子游의 뜻을 가지고 미룬 것이다."

❶ 【譯註】 朱子是以子游之意推之 : 子游의 뜻이란 《論語》 〈子張〉의 '子夏之門人小子 當灑掃應對進退則可矣 抑末也 本之則無'라고 한 말을 가리킨 것이다.

**29. 楊子**는 **拔一毛**라도 **不爲**하고 **墨子**는 **又摩頂放踵**이라도 **爲之**하니 **此皆是不得中**이라 **至如子莫執中**은 **欲執此二者之中**하니 **不知怎麼執得**이리오 **識得則事事物物上**에 **皆天然有箇中**이 **在那上**이라 **不待人安排也**니 **安排著**이면 **則不中矣**[1·2]리라

〈伊川先生이 말씀하였다.〉

"楊子는 터럭 하나를 뽑더라도 하지 않았고 墨子는 또 정수리를 갈아 발꿈치에 이르더라도 하였으니, 이는 모두 中을 얻지 못한 것이다. 子莫의 執中에 이르러서는 이 두 가지의 중간을 잡고자 하였으니, 어떻게 잡을 수 있는지 모르겠다. 이것을 안다면 事事物物 上에 모두 天然의 中이 이 위에 있는 것이다. 사람의 安排함을 기다리지 않으니, 安排하면 中이 아닐 것이다."

楊朱는 爲我故로 以一毫利天下而不爲하고 墨翟은 兼愛故로 雖摩頂至踵이라도 可以利天下면 而亦爲之하니 楊墨이 各守一偏하니 固皆失其中이라 子莫은 魯之

賢人也니 懲二者之偏하야 欲於二者之間而取中하니라 夫中者는 隨時而立[3]하니 不能隨時以權其宜하야 而膠於一定之中[4]이면 則所執者亦偏矣라 故君子貴於格物以致其知니 物格而知至하면 則有以識夫時中之理하야 而於事事物物에 各有天然之中이라 不待著意安排也니 若事安排면 則或雜以意見之私하야 而非天然之中矣리라

楊朱는 자신을 위하였으므로 터럭 하나로 天下를 이롭게 하더라도 하지 않았고, 墨翟은 兼愛하였으므로 정수리를 갈아 발꿈치에 이르더라도 天下에 이로우면 또한 하였으니, 楊朱와 墨翟은 각각 한 쪽을 지켜 진실로 모두 中을 잃었다. 子莫은 魯나라의 賢人이니, 두 가지의 편벽됨을 징계하여 두 가지 사이에서 中을 취하고자 하였다. 中은 때에 따라 확립되니, 때에 따라 마땅함을 저울질하지 못하여 일정한 中에 교착되면 잡은 것이 또한 편벽되다. 그러므로 君子는 물건의 이치를 궁구하여 그 지식을 지극히 함을 소중히 여기는 것이니, 사물의 이치가 궁구되어 지식이 지극해지면 時中의 이치를 알아서 事事物物에 각각 天然의 中이 있음을 알게 될 것이다. 뜻을 두어 안배하기를 기다리지 않으니, 만약 안배함을 일삼는다면 혹 사사로운 의견이 뒤섞이게 되어서 天然의 中이 아닐 것이다.

1 【漢文大系】楊子拔一毛……安排著則不中矣 : 燃犀解曰 摩頂放踵은 自頂至足盡摩動이니 猶俗云粉骨碎身之意라 爲之不復顧有己也니라

《四書燃犀解》에 말하였다. "摩頂放踵은 머리끝부터 발꿈치까지 다 갈리는 것이니, 世俗의 粉骨碎身이라는 뜻과 같은 바, 그를 위하여 다시는 자신이 있음을 돌아보지 않는 것이다."

2 【釋疑】楊子拔一毛……安排著則不中矣 : 列子楊朱篇에 禽子問楊朱曰 去子體之一毛하야 以濟一世인댄 汝爲之乎아 楊朱曰 世固非一毛之所濟니라 禽子曰 假濟면 爲之乎아 楊子不聽하니라 ○ 新安陳氏曰 安排者는 以私意揣度(췌탁)之하야 而不順其自然也니라 ○ 退溪錄云 安是安頓之安이요 排는 排布也니 安頓排布는 皆用意措置之謂니라 ○ 沙溪曰 著은 猶言爲也니라

《列子》〈楊朱〉에 禽子가 楊朱에게 "자네 몸의 털 하나를 뽑아서 한 세상을 구제할 수 있다면 그대는 하겠는가?" 하고 묻자, 楊朱가 말하기를 "세상은 진실로 털 하나로 구제할 수 있는 것이 아니다." 하였다. 禽子가 "가령 구제할 수 있

다면 하겠는가?" 하자, 楊子가 따르지 않았다.

○ 新安陳氏가 말하였다. "安排는 사사로운 뜻으로 헤아려서 自然에 순하지 않은 것이다."

○ 退溪의 기록에 이르기를 "安은 安頓(편안히 놓음)의 安이요 排는 排布이니, 安頓하고 排布함은 모두 사사로운 뜻을 써서 조치함을 이른다." 하였다.

○ 沙溪가 말씀하였다. "著은 爲와 같다."

**3** 【釋疑】中者隨時而立 : 按 立字未穩이니라

살펴보건대 立字는 온당치 못하다.

**4** 【漢文大系】膠於一定之中 : 孟子朱註에 執中而無權이면 則膠於一定之中하야 而不知變하니 是亦執一而已니라

《孟子》〈盡心 上〉의 朱子註에 "중간을 잡고 저울질함〔權道〕이 없으면 일정한 中에 교착되어 변통할 줄을 알지 못하니, 이 또한 한쪽을 잡는 것일 뿐이다." 하였다.

**30. 問時中如何오 曰 中字最難識이니 須是默識心通이라 且試言一廳則中央爲中이요 一家則廳中非中而堂爲中이요 言一國則堂非中而國之中爲中이니 推此類하면 可見矣라 如三過其門不入이 在禹稷之世엔 爲中이니 若居陋巷則非中也며 居陋巷이 在顏子之時엔 爲中이니 若三過其門不入則非中也니라**

"時中은 어떠한 것입니까?" 하고 묻자, 〈伊川先生이〉 말씀하였다.

"中字를 가장 알기 어려우니, 모름지기 묵묵히 알고 마음으로 통달하여야 한다. 우선 시험삼아 한 대청으로 말하면 中央이 中이 되고, 한 집은 대청의 가운데가 中이 아니고 堂이 中이 되며, 한 나라로 말하면 堂이 中이 아니고 國都의 中央이 中이 되니, 이처럼 類推하면 알 수 있다. 예컨대 세 번이나 자기집 문 앞을 지나가면서도 들어가지 않는 것이 禹·稷의 때에 있어서는 中이 되지만 만약 누추한 골목에 거한다면 中이 아니며, 누추한

골목에 거하는 것이 顔子의 때에 있어서는 中이 되지만 만약 세 번이나 자기 집 문 앞을 지나가면서도 들어가지 않는다면 中이 아니다."

時中者는 隨時有中이라 不可執一而求也니 意如上章이라 禹之治水에 九〔八〕年于外[1]하사 三過其門而不暇入하시니 蓋得時行道하야 任天下之責하야 濟斯民之患이라 如是라야 乃合此時之中이요 顔子之世엔 明王不興하야 以夫子之大聖而不得行其道하시니 則其時可以止矣라 故隱居獨善而簞瓢自樂하시니 如是라야 乃合此時之中이니 是二者若違時而易務면 則皆失其中矣리라

時中이란 때에 따라 中이 있으므로 한 가지를 잡아 구할 수가 없는 것이니, 뜻이 윗장과 같다. 禹임금이 홍수를 다스릴 적에 8년 동안 밖에서 지내어 세 번이나 자기 집 문 앞을 지나가면서도 들어갈 겨를이 없었으니, 이는 때를 얻어 道를 행해서 천하의 책임을 맡아 이 백성들의 患難을 구제하려 하였다. 그러므로 이와 같이 하여야 이때의 中에 맞는다. 顔子의 세상에는 明王이 나오지 아니하여 夫子와 같은 大聖人으로서도 그 道를 행할 수가 없었으니, 이때는 머물러 있어야 한다. 그러므로 은거하여 홀로 자기 몸을 善하게 하며 簞瓢로 스스로 즐거워한 것이니, 이와 같이 하여야 비로소 이때의 中에 맞는다. 이 두 가지를 만약 때를 어겨 바꿔서 힘쓴다면 모두 그 中을 잃게 될 것이다.

1 【漢文大系】九年于外 : 欄外書曰 九는 當作八이라
《欄外書》에 말하였다. "九는 마땅히 八이 되어야 한다."

## 31. 無妄之謂誠이요 不欺其次矣[1]니라

〈伊川先生이 말씀하였다.〉
"無妄(僞妄이 없음)을 誠이라 이르고 속이지 않는 것이 그 다음이다."

本註云 李邦直[2]云 不欺之謂誠이라하니 便以不欺爲誠이요 徐仲車[3]云 不息之謂誠이라하니 中庸言至誠無息이요 非以無息解誠也라 或以問先生한대 先生曰 云云이라 ○ 無妄者는 實理之自然而無一毫僞妄也라 故謂之誠이요

**不欺者**는 **知實理之當然而不自爲欺**니 **乃思誠也**니라 ○ **朱子曰 無妄者**는 **自然之誠**이요 **不欺**는 **是著力去做底**라 **故曰其次**니라

本註에 이르기를 "李邦直이 속이지 않는 것을 誠이라 한다." 하였으니, 곧 속이지 않음을 誠이라 한 것이요, 徐仲車(徐積)는 "쉬지 않는 것을 誠이라 한다." 하였으니, 《中庸》의 至誠無息을 말한 것이고 無息으로 誠을 해석한 것은 아니다. 혹자가 이것을 가지고 先生에게 묻자, 先生이 위와 같이 말씀하였다.

○ 無妄은 진실한 이치가 自然하여 털끝만큼이라도 거짓과 망령됨이 없는 것이므로 誠이라 이르고, 不欺는 진실한 이치가 당연함을 알고서 스스로 속이지 않는 것이니, 바로 성실할 것을 생각하는 것이다.

○ 朱子가 말씀하였다.

"無妄은 自然으로 하는 誠이요 不欺는 힘을 써서 하는 것이므로 그 다음이라 한 것이다."

【張伯行 註】 **此二語**는 **因李邦直云 不欺之謂誠**이라하고 **徐仲車**[3]**云 不息之謂誠**이라 **故或以問程子**에 **而程子答之**하시니 **其所謂誠**은 **蓋就人言也**라 **无妄者**는 **實理自然**하야 **無一毫之妄**이요 **不欺者**는 **眞知實理之當然**하야 **無一念之欺**라 **則无妄**은 **乃自然之誠**이니 **聖人地位**라 **在人適如其在天**하니 **所謂誠者天之道也**요 **不欺**는 **是著力去做工夫**니 **善未明**이면 **不敢自謂已明**하야 **必求其明而後已**요 **身未誠**이면 **不敢自謂已誠**하야 **必求其誠而後已**니 **所謂思誠者人之道也**라 **故曰其次**라 **若李邦直**은 **以不欺爲誠**하니 **是指工夫爲本體**라 **遺卻誠字正面**이요 **徐仲車**는 **以不息爲誠**하니 **是將功用做道理**라 **亦與至誠無息之解異矣**니 **得程子分別出來**하야 **誠字之義始明**하니라

이 두 말씀은 李邦直이 '속이지 않는 것을 誠'이라 하고 徐仲車(徐積)가 '쉬지 않음을 誠'이라 한 말에서 연유한 것이다. 그러므로 或者가 이것을 가지고 程子에게 묻자, 程子가 답하신 것이니, 여기에서 말한 誠은 사람을 가지고 말한 것이다. 无妄은 진실한 이치가 자연하여 털끝만큼의 망령됨도 없는 것이요, 不欺는 진실한 이치의 당연함을 참으로 알아서 한 생각의 속임도

없는 것이다. 그렇다면 无妄은 바로 自然의 誠이니, 聖人의 경지로 사람에 있어서도 하늘에 있는 것과 같은 것이니,《中庸》의 이른바 '誠은 하늘의 道' 라는 것이다. 不欺는 힘을 써서 공부하는 것이니, 善이 밝지 못하면 감히 스스로 이미 밝다고 이르지 못하여 반드시 밝기를 구한 뒤에 그만두는 것이요, 몸이 성실하지 못하면 감히 스스로 이미 성실하다고 이르지 못하여 반드시 성실하기를 구한 뒤에 그만두는 것이니,《中庸》에 이른바 '성실할 것을 생각함은 사람의 道' 라는 것이다. 그러므로 '그 다음' 이라고 한 것이다. 李邦直은 속이지 않는 것을 誠이라 하였으니, 이는 工夫를 가리켜 本體라 한 것으로 誠字의 正面을 버린 것이요, 徐仲車는 쉬지 않는 것을 誠이라 하였으니 이는 功用을 道理라 한 것으로 또한 至誠無息의 해석과 다르다. 程子가 이것을 분별해내면서부터 誠字의 뜻이 비로소 분명해졌다.

**1** 【釋疑】無妄之謂誠 不欺其次矣：雲峯胡氏曰 漢儒皆不識誠이러니 李邦直이 始謂不欺之謂誠이라하고 徐仲車謂不息之謂誠이라하며 至程子하야 始曰 无妄之謂誠이라하고 朱子又加以眞實二字하야 誠之說盡矣니라 ○ 程子曰 動以天이 爲无妄이니 動以人欲則妄矣라 无妄者는 至誠也니 至誠者는 天之道也니라 ○ 問此正所謂誠者 天之道也요 思誠者 人之道否잇가 曰 然하다

雲峯胡氏가 말하였다. "漢나라 儒者들은 모두 誠을 알지 못하였는데, 李邦直이 처음으로 속이지 않는 것을 誠이라 하였으며, 徐仲車는 쉬지 않는 것을 誠이라 하였다. 그러다가 程子에 이르러서 비로소 거짓됨이 없음을 誠이라 하였고, 朱子가 또 眞實 두 글자를 가하여 誠에 대한 설명이 극진하게 되었다."

○ 程子가 말씀하였다. "動하기를 天理대로 하는 것이 无妄이니, 動하기를 人欲으로 하면 妄이다. 无妄은 至誠이니 至誠은 하늘의 道이다."

○ "이것이 바로《中庸》의 이른바 '성실히 함은 하늘의 道이고 성실할 것을 생각함은 사람의 道'라는 것입니까?" 하고 묻자, 朱子가 "그렇다." 하였다.

**2** 【釋疑】李邦直：按 伊川祭文曰 惟公은 世推文章이요 位登丞輔라 少服公名이러니 晩識公面이라 重以姻媾하야 始終異眷云云하니 邦直은 疑是伊川壻李通直之兄弟也라

살펴보건대 伊川의 祭文에 "公은 세상에서 文章을 推尊하고 지위는 丞輔에 올랐네. 내 어려서부터 公의 명성 익히 들었는데 말년에 公의 얼굴 알게 되었네. 거듭 혼인을 맺어 시종 특별한 사랑을 받았네." 하였으니, 李邦直은 아마도 伊川의 사위인 李通直의 형제인 듯하다.

3 【釋疑】徐仲車 : 按 徐積은 字仲車니 山陽人이라 三歲에 父沒한대 事母至孝라 後薦孝廉하야 爲楚州敎授러니 卒에 諡節孝先生이라

살펴보건대 徐積은 字가 仲車이니, 山陽 사람이다. 세 살 때 부친이 별세하였는데, 어머니를 지극한 효성으로 섬겼다. 뒤에 孝廉으로 천거되어 楚州敎授가 되었으며 별세하자 시호를 節孝先生이라 하였다.

**32. 沖漠無朕에 萬象이 森然已具하니 未應이 不是先이요 已應이 不是後니라 如百尺之木이 自根本至枝葉히 皆是一貫이라 不可道上面一段事가 無形無兆라가 却待人旋安排引入來하야 敎入塗轍이니 旣是塗轍이면 却只是一箇塗轍이니라**

## 32-1 沖漠無朕에 萬象이 森然已具하니 未應이 不是先이요 已應이 不是後니라

〈伊川先生이 말씀하였다.〉

"沖漠하여 兆朕(조짐)이 없을 적에 萬象이 森然히 이미 갖추어져 있으니, 未應(응하지 않았을 때)이 먼저가 아니고 已應(이미 응했을 때)이 뒤가 아니다.

沖漠未形而萬理畢具하니 卽所謂無極而太極也라 未應者는 寂然不動之時也요 已應者는 感而遂通[1]之時也니 已應之理가 悉具於未應之時故로 未應이 非先이며 已應이 非後니 蓋卽體而用在其中이라 不可以先後分也니라 ○ 朱子曰 未有事物之時에 此理已具하니 少間應處가 亦只是此理니라

沖漠하여 나타나지 않았으나 萬理가 다 갖추어져 있으니, 곧 이른바 '無極이면서 太極'이란 것이다. 未應은 고요하여 동하지 않는 때이고 已應은 감동하여 마침내 동하는 때이니, 已應의 이치가 未應의 때에 모두 갖추어져

있으므로 未應이 먼저가 아니고 已應이 뒤가 아닌 것이니, 體에 나아가면 用이 이 안에 들어 있으므로 先後를 가지고 나눌 수가 없는 것이다.

○ 朱子가 말씀하였다.

"사물이 아직 있지 않았을 때에 이 이치가 이미 갖추어져 있으니, 잠시 응하는 곳도 또한 다만 이 이치이다."

1 【漢文大系】感而遂通 : 易繫辭上傳曰 感而通天下之故하니 非天下之至神이면 其孰能與於此리오

《周易》〈繫辭 上傳〉에 말하였다. "감동하여 마침내 天下의 故(所以然)를 통하니, 천하의 지극히 神妙한 자가 아니면 그 누가 이에 참여하겠는가."

## 32-2 如百尺之木이 自根本至枝葉히 皆是一貫이라 不可道上面一段事가 無形無兆라가 却待人旋安排引入來하야 敎入塗轍이니

百尺의 나무가 뿌리(根本)로부터 枝葉에 이르기까지 모두 一貫된 것과 같다. 上面에 한 가지 일이 형체도 없고 조짐도 없다가 사람이 곧바로 안배하여 끌어들이기를 기다려서 塗轍로 들어오게 하는 것은 아니니,

**轍**은 **車跡**이니 **塗轍**은 **猶路脈也**라 **道有體用**이나 **而非兩端**이니 **猶木有根本**이면 **是生枝葉**하야 **上下一貫**하야 **未嘗間斷**하니 **豈可謂未應之時**에 **空虛無有**라가 **已應之際**에 **旋待安排**하야 **引入塗轍**이리오 **言此理具於氣形事爲之先**하야 **本一貫也**라

轍은 수레바퀴 자국이니, 塗轍은 路脈이란 말과 같다. 道는 體와 用이 있으나 두 가지가 아니니, 마치 나무에 뿌리가 있으면 枝葉이 생겨서 上下가 一貫되어 일찍이 간단하지 않는 것과 같다. 어찌 未應의 때에 空虛하여 아무것도 없다가 已應의 즈음에 곧바로 안배하기를 기다려서 塗轍로 이끌어 들어오게 한다고 말할 수 있겠는가. 이 이치가 氣形과 事爲의 이전에 이미 갖추어져 있어서 본래 一貫됨을 말한 것이다.

## 32-3 旣是塗轍이면 却只是一箇塗轍[123]이니라

이미 塗轍이면 다만 하나의 塗轍일 뿐이다.”

言此理流行於氣形事爲之中하야 亦未嘗有二致也라 ○ 朱子曰 如父之慈, 子之孝 只是一條路 從源頭下來니라

이 이치가 氣形과 事爲의 가운데에 유행하여 일찍이 두 이치가 있지 않음을 말한 것이다.

○ 朱子가 말씀하였다.

“부모가 사랑하고 자식이 효도하는 것과 같이 다만 하나의 길이 源頭로부터 내려오는 것이다.”

【張伯行 註】此는 言寂之與感이 分體用이요 不分先後라 體卽用之存이요 用卽體之發이니 無二致也라 泉之未發曰沖이요 沙地曠遠曰漠이요 物之始生曰朕이니 沖漠無朕은 總以形容本體之渾然耳라 渾然之中에 而森然者已具하니 蓋無其象이나 有其理하야 卽體而用在其中이라 所以應之之用이 無加於未應之體하니 如何分得先後리오 夫所謂未應者는 寂然不動之時也니 靜也요 所謂已應者는 感而遂通之時也니 動也라 動靜非兩端이니 猶木之根本枝葉하야 上下非兩物이라 枝葉是自根本中來者요 根本是自能生枝葉者니 皆是一貫也라 豈可謂未應上面一段事 空虛無有라가 及至已應之時에 待卻安排引入하야 教人去尋塗轍乎아 轍은 車跡也니 塗轍은 猶言路脈也라 朱子曰 如父之慈와 子之孝는 只是一條路라 從源頭下來하니 卽伊川所謂只是一箇塗轍也라 若以塗轍待人安排引入이면 則已應之時에 千條萬緒도 亦必有千萬塗轍矣리라 如塗轍之出於一이면 則未應已應이 一以貫之하야 而不可分先後也明甚이니라

이는 寂과 感이 體·用으로 나뉘고 先·後로 나뉘지 않음을 말한 것이다. 體는 바로 用이 보존되는 것이고 用은 바로 體가 발하는 것이니, 두 가지 이치가 없다. 샘물이 아직 나오지 않은 것을 沖이라 하고 모래땅이 아득히 먼 것을 漠이라 하고 물건이 처음 나오는 것을 朕이라 하니, 沖漠無朕은 모두

本體의 渾然함을 형용한 것이다. 渾然한 가운데에 森然한 것(萬象萬化)이 이미 갖추어졌으니, 그 象은 없으나 그 이치는 있어서 體에 나아가면 用이 이 가운데에 있는 것이다. 이 때문에 應하는 用이 未應의 體보다 더한 것이 없는 것이니, 어떻게 先後를 나눌 수 있겠는가. 이른바 '未應'이라는 것은 寂然히 動하지 않는 때이니 靜이고, 이른바 '已應'이라는 것은 감동하여 마침내 通하는 때이니 動이다. 動과 靜이 두 단서가 아니니, 나무의 根本과 枝葉과 같아서 上下가 두 물건이 아니다. 枝葉은 바로 根本 가운데에서 나온 것이고 根本은 스스로 枝葉을 낳을 수 있는 것이니, 모두 일관된 것이다. 어찌 未應의 上面에 한 가지 일이 공허하여 아무것도 없다가 已應의 때에 이르러 安排하여 이끌어 들여서 사람으로 하여금 가서 塗轍을 찾게 한다고 말할 수 있겠는가. 轍은 수레바퀴 사국이니 塗轍은 路脈이라는 말과 같다.

朱子가 말씀하였다. "父母의 사랑과 자식의 효도와 같은 것은 다만 한 가지 길이다. 근원으로부터 왔으니, 바로 伊川이 말씀한 '다만 하나의 塗轍'이란 것이다. 만약 塗轍을 가지고 사람이 안배하여 끌어들이기를 기다린다고 말한다면 이미 응할 때에 천 가지 만 가지의 단서 또한 반드시 천만 가지의 塗轍이 있을 것이다. 塗轍이 하나에서 나온다면 未應과 已應이 一以貫之여서 先後를 나눌 수 없음이 매우 분명하다."

1 **【漢文大系】既是塗轍 却只是一箇塗轍 : 欄外書曰 塗轍**은 **猶言道理**니 **既是塗轍**은 **謂應前既具天然道理**요 **只是一箇塗轍**은 **謂應後道理不外此理**라 **朱子嘗疑末二句**하야 **謂記者欠了字**라하니 **愚案程子語每簡**하야 **遽讀之**하면 **往往似索解**하니 **其實**은 **非有闕字**니라

《欄外書》에 말하였다. "塗轍은 道理라는 말과 같으니, 既是塗轍은 응하기 전에 이미 天然의 道理를 갖추고 있음을 말한 것이요, 只是一箇塗轍은 응한 뒤에 도리가 이 이치에서 벗어나지 않음을 말한 것이다. 朱子가 일찍이 끝의 두 句를 의심하여 '기록한 자가 了字를 빠뜨렸다.' 하였는데, 내가 살펴보건대 程子의 말씀은 언제나 간략하여 갑자기 읽으면 왕왕 난해한 듯하니, 실제는 빠진 글자가 있는 것이 아니다."

2 **【譯註】既是塗轍 却只是一箇塗轍** : 塗轍은 길과 수레의 바퀴자국으로 道理나 법도(법칙)를 비유한다. 朱子는 '却只是一箇塗轍了'가 되어야 한다고 하였는

바, 곧 하나의 법칙만이 존재할 뿐임을 말한 것이다.

**3** 【釋疑】沖漠無眹……一箇塗轍：問未應不是先一條한대 曰 未應은 如未有此物而此理已具니 到有此物하야도 亦只是這箇道理니라 塗轍은 是車行處니 且如未有塗轍而車行에 必有塗轍之理니라

'未應不是先'의 한 조목을 묻자, 다음과 같이 말씀하였다. "未應은 아직 이러한 물건이 있기 이전에 이미 이러한 이치가 갖추어져 있다는 것과 같으니, 이러한 물건이 있음에 이르러서도 또한 단지 이 도리일 뿐이다. 塗轍은 수레가 다니는 곳이니, 예컨대 아직 塗轍이 있지 않으나 수레가 다닐 때에는 반드시 塗轍의 이치가 있는 것과 같다."

**33. 近取諸身에 百理皆具하니 屈伸往來之義를 只於鼻息之間에 見之니 屈伸往來只是理라 不必將旣屈之氣하야 復爲方伸之氣니 生生之理 自然不息이니라 如復卦에 言七日來復이라하니 其間에 元不斷續하야 陽已復生하나니 物極必返이 其理須如此라 有生便有死며 有始便有終이니라**

**33-1 近取諸身에 百理皆具하니 屈伸往來之義를 只於鼻息之間에 見之니 屈伸往來只是理라 不必將旣屈之氣하야 復爲方伸之氣니 生生之理 自然不息[12]이니라**

〈伊川先生이 말씀하였다.〉

"가까이 자기 몸에서 취해 봄에 온갖 이치가 다 갖추어져 있다. 屈伸하고 往來하는 義(이치)를 다만 코로 숨쉬는 사이에 볼 수 있으니, 屈伸하고 往來하는 것이 다만 이 이치이다. 굳이 이미 굽힌 기운을 가져다가 다시 막 펴지는 기운으로 삼는 것이 아니니, 生生의 이치가 자연 쉬지 않는다.

**鼻息呼吸**에 **可見屈伸往來之義**니 **以理而言**이면 **則屈伸往來自然不息**이요 **以氣而言**[3]이면 **則不是以旣屈之氣**로 **爲方伸之氣**하야 **如釋氏所謂輪廻者也**[4]니라 ○ **朱子曰 此段**은 **爲橫渠形潰反原之說**[56]**而發也**라 **李果齋曰 往而屈者**는 **其氣已散**이요 **來而伸者**는 **其氣方生**하야 **生生之理 自然不窮**이니 **若以旣屈之氣**로 **復爲方伸之氣**면 **則是天地間**에 **只有許多氣 來來去去**라 **造化之理 不幾於窮乎**아 **釋氏不明乎此**라 **所以有輪迴之說**하니라

코로 숨을 쉬어 호흡함에 屈伸하고 往來하는 義(이치)를 볼 수 있으니, 이치로써 말하면 屈伸과 往來가 자연 쉬지 않으며, 기운으로써 말하면 이미 굽힌 기운을 가지고 막 펴지는 기운으로 삼아서 釋氏의 이른바 輪廻와 같은 것이 아니다.

○ 朱子가 말씀하였다.

"이 단락은 橫渠의 '形體가 무너지면 根原으로 돌아간다.'는 말씀을 이어 받아서 말한 것이다."

李果齋가 말하였다.

"가서 굽히는 것은 그 기운이 이미 흩어지고 와서 펴지는 것은 그 기운이 막 생겨서 生生의 이치가 자연 다하지 않으니, 만약 이미 굽힌 기운을 다시 막 펴지는 기운이라고 한다면 이는 天地 사이에 다만 허다한 기운이 오고 또 오고, 가고 또 가는 것이 된다. 그러하니 造化의 이치가 끝남에 가깝지 않겠는가. 釋氏는 이 이치를 알지 못하였다. 이 때문에 輪廻說이 있는 것이다."

**1** **【漢文大系】近取諸身……自然不息：欄外書曰 此條**는 **理氣須做合一說**이어늘 **注分說**하니 **非程君本旨**라 **屈伸**을 **以呼吸言之**하니 **呼爲伸**이요 **吸爲屈**이라 **吸取一團氣**하야 **畜在腹**은 **是屈也**요 **吐出一團氣**하야 **發在外**는 **是伸也**라 **注**에 **往而屈者**와 **來而伸者**는 **則就易言之**하야 **自下而上**을 **爲往爲屈**하고 **自上而下**를 **爲來爲伸**하니 **此與呼吸往來不同**이나 **然理則一也**라 **程君來復之說**은 **固與竺家輪廻異**나 **然天地之理 物極必反**하고 **一氣周流**하야 **循環不已**하니 **則謂之如輪轉**도 **亦無不可**라 **但意義所存**이 **不同耳**니라

《欄外書》에 말하였다. "이 조항은 理와 氣를 모름지기 하나로 합해서 말해야 하는데 注에 나누어서 말했으니, 程子의 本旨가 아니다. 屈伸을 호흡으로 말하였으니, 呼는 伸이 되고 吸은 屈이 된다. 한 기운을 들이마셔서 뱃속에 저장하

는 것은 屈이고, 한 기운을 뱉어내어서 발산하여 밖에 있게 하는 것은 伸이다. 注에 '가서 굽히는 것과 와서 펴진다는 것은《周易》을 가지고 말하여, 아래에서부터 올라가는 것을 往이라 하고 屈이라 하며, 위에서부터 내려오는 것을 來라 하고 伸이라 하였으니, 이는 呼吸의 往來와는 같지 않으나 이치는 똑같다. 程子의 來復에 대한 말씀은 진실로 佛家(竺家)의 輪廻說과는 다르다. 그러나 天地의 이치가, 사물이 極에 이르면 반드시 돌아오고(뒤집어지고) 한 기운이 두루 유행해서 순환하여 그치지 않으니, 그렇다면 수레바퀴가 도는 것과 같다고 하더라도 不可할 것이 없다. 다만 意義에 목적하는 바가 같지 않을 뿐이다."

**2** 【釋疑】近取諸身……自然不息：近取諸身은 出繫辭라

近取諸身은 〈繫辭傳〉에 보인다.

**3** 【釋疑】以理而言……以氣而言：按 呂氏所屈者不亡이라하고 謝氏摧仆歸根等說도 亦反原之意라 故朱子竝非之라 且謂不必將旣屈之氣하야 復爲方伸之氣者는 明其屈伸往來 乃生生自然之理也어늘 葉氏以理以氣之分하니 恐不可也라

살펴보건대 呂氏가 '굽히는 것이 없어지지 않는다.'고 말하였고, 謝氏가 '쓰러져서 뿌리로 돌아간다.'고 말한 것도 根原으로 돌아가는 뜻이다. 그러므로 朱子가 모두 비판한 것이다. 또 '굳이 이미 굽힌 기운을 가져다가 다시 막 펴지는 기운으로 삼는 것이 아니다.' 라고 말한 것은 屈伸과 往來가 바로 낳고 낳는 自然의 이치임을 밝힌 것이다. 그런데 葉氏는 理로써 말하고 氣로써 말했다고 나누었으니, 불가할 듯하다.

**4** 【漢文大系】釋氏所謂輪廻者也：法華經方便品第二에 比丘偈曰 輪廻六趣中에 備受諸苦毒이라하니라

《法華經》〈方便品〉第2의 比丘偈에 말하였다. "六趣(六道) 가운데를 輪廻하여 갖은 苦毒을 빠짐없이 받는다."

**5** 【釋疑】橫渠形潰反原之說：按 中庸或問에 張子曰 形聚爲物이요 物潰反原이라하고 張子他說도 亦有是說이어늘 而程子數辨其非라 東見錄中에 所謂不必以旣反之氣로 復爲方伸之氣者 其類可考也니라

살펴보건대《中庸或問》에 張子가 말씀하기를 "形體가 모이면 물건이 되고 물건이 파괴되면 根原으로 돌아간다." 하였으며, 張子의 다른 말씀에도 이러한 내용이 있는데, 程子가 여러번 그 잘못을 분변하였다.《東見錄》가운데에 이른바 '굳이 이미 돌아간 기운을 다시 막 펴지는 기운으로 삼을 수 없다.'는 등의 말씀에서 상고할 수 있다.

6 【漢文大系】橫渠形潰反原之說：張子曰 形聚爲物하고 形潰反原者는 其遊魂爲變乎인저

張子가 말씀하였다. "形體가 모이면 물건이 되고 形體가 무너지면 本原으로 돌아가니, 이것은 바로 魂이 떠돌아다녀 變하는 것이다."

## 33-2 如復卦에 言七日來復[1]이라하니 其間에 元不斷續하야 陽已復生하나니 物極必返이 其理須如此라 有生便有死며 有始便有終이니라

예컨대 復卦에 '7일(7개월)만에 와서 회복한다.' 하였으니, 그 사이에 원래 끊기거나 이어지지 아니하여 陽이 이미 다시 생겨나는 것이니, 사물이 極에 이르면 반드시 돌아오는 것은 그 이치가 모름지기 이와 같은 것이다. 生이 있으면 곧 死가 있고 始가 있으면 곧 終이 있는 것이다."

日은 卽月也라 以卦配月이면 則自五月陽始消而爲姤요 至十一月陽生而爲復이니 自姤至復이 凡七月也[2]라 消極而生하야 無有間斷하니 物極必返이 理之自然이라 生死始終이 皆一理也니라

日은 곧 月이다. 卦를 달에 배합하면 5월에는 陽이 처음 사라져서 姤卦가 되고 11월에 이르면 陽이 다시 생겨서 復卦가 되니, 姤卦로부터 復卦에 이르기까지 모두 7개월이다. 사라짐이 지극하면 다시 생겨나서 間斷함이 없으니, 사물이 極에 이르면 반드시 돌아오는 것은 自然의 이치이다. 生과 死, 始와 終이 모두 똑같은 이치이다.

1 【釋疑】七日來復：隆山李氏曰 於臨曰 八月有凶이라하고 於復則曰 七日來復이라하니 陽消而數月은 幸其消之遲요 陽長而數日은 幸其長之速也니라 ○ 節齋蔡氏曰 不言月而言日者는 猶詩所謂一之日, 二之日也니라 ○ 鄭氏剛中曰 七者는 陽數요 日者는 陽物이니 於陽長에 言七日이며 八者는 陰數요 月者는 陰物이라 臨剛長하니 以陰爲戒라 故曰 八月이라하니라

隆山李氏(李舜臣)가 말하였다. "臨卦에는 '八月有凶'이라 하였고 復卦에는 '七日來復'이라 하였으니, 陽이 사라질 때에 달수를 센 것은 사라짐이 더디기를 바란 것이요, 陽이 자라날 때에 날짜를 센 것은 자람이 신속하기를 바란 것이다."

○ 節齋蔡氏(蔡淵)가 말하였다. "月이라고 말하지 않고 日이라고 말한 것은 《詩經》〈豳風〉에 이른바 一之日, 二之日과 같은 것이다."

○ 鄭氏剛中이 말하였다. "七은 陽數이고 日은 陽物이니 陽이 자랄 때에는 七日이라고 말하고, 八은 陰數이고 月은 陰物이니 臨卦는 剛이 자라나 陰을 경계하므로 八月이라고 말한 것이다."

**2** 【譯註】以卦配月……凡七月也 : 十二辟卦說에 의하면 10월에는 純陰의 坤卦이다가 11월에는 陽爻 하나가 아래에서 생겨 復卦가 되고 12월에는 두 개가 생겨 臨卦가 되고 정월에는 세 개가 생겨 泰卦가 되고 2월에는 네 개가 생겨 大壯卦가 되고 3월에는 다섯 개가 생겨 夬卦가 되고 4월에는 純陽의 乾卦가 되며, 5월에는 다시 陰爻 하나가 아래에서 생겨 姤卦가 되므로 말한 것이다.

**34. 明道先生曰 天地之間**에 **只有一箇感與應而已**니 **更有甚**(삼)**事**리오

明道先生이 말씀하였다.

"天地의 사이에 다만 한 感과 應이 있을 뿐이니, 다시 무슨 일이 있겠는가."

詳見前이라

앞에 자세히 보인다.

**35. 問仁**한대 **伊川先生曰 此在諸公自思之**니 **將聖賢所言仁處**하야 **類聚觀之**하야 **體認出來**하라 **孟子曰 惻隱之心仁也**라하시니 **後人**이 **遂以愛爲仁**이라 **愛**는 **自是情**이요 **仁**은 **自是性**이니 **豈可專以愛爲仁**이리오 **孟子言 惻隱之心**은 **仁之端也**라하시니 **旣曰仁之端**이면 **則不可便謂之仁**이라 **退之言博愛之謂仁**이라하니 **非也**라 **仁者固博愛**나 **然便以博愛爲仁**이면 **則不可**[1·2]니라

仁을 묻자, 伊川先生이 말씀하였다.

"이는 諸公들이 스스로 생각함에 달려 있으니, 聖賢이 仁을 말씀하신 곳을 가져다가 類끼리 모아 살펴보아서 體認해 내어야 할 것이다. 孟子가 말씀하기를 '惻隱之心은 仁이다.' 하였는데, 後人들은 마침내 사랑을 仁이라 하였다. 사랑은 본래 情이요 仁은 본래 性이니, 어찌 오로지 사랑을 仁이라고 할 수 있겠는가. 孟子가 惻隱之心은 仁의 端緖라고 말씀하였으니, 이미 仁의 단서라고 말했다면 惻隱之心을 곧바로 仁이라고 이를 수 없는 것이다. 韓退之(韓愈)가 널리 사랑함을 仁이라고 말하였는데, 이는 잘못이다. 仁한 자는 진실로 널리 사랑하나 곧 널리 사랑하는 것을 仁이라고 한다면 옳지 않다."

仁者는 愛之性이요 愛者는 仁之情이니 以愛爲仁이면 是는 指情爲性이라 端之云者는 言仁在中而端緖見於外也라 或謂 樊遲問仁이어늘 子曰 愛人이라하시니 是는 夫子亦嘗以愛言仁也니이다 曰 孔門問答이 皆是敎人於已發處에 用功하시니 孟子所謂惻隱之心仁也도 亦是於已發之端에 體認[3]이니라 但後之論仁者 無復知性情之別이라 故程子發此義以示人하야 欲使沿流而遡其源也케하시니 學者其深體之니라

仁은 사랑의 性이요 사랑은 仁의 情이니, 사랑을 仁이라고 한다면 이는 情을 가리켜 性이라고 하는 것이다. 端이라고 이른 것은 仁이 가운데에 있음에 端緖가 밖에 나타남을 말한 것이다.

혹자가 말하기를 "樊遲가 仁을 묻자, 孔子께서 사람을 사랑하는 것이라고 대답하였으니, 이는 夫子께서 일찍이 사랑으로 仁을 말씀하신 것입니다." 하자, 다음과 같이 대답하였다.

"孔門에서 問答함은 모두 이미 발한 곳에 공부를 쓰게 하였으니, 孟子의 이른바 '惻隱之心은 仁이다.'라는 것도 이미 발한 단서에 體認한 것이다. 다만 후세에 仁을 논하는 자들이 다시는 性·情의 구별을 알지 못하였으므로 程子가 이 뜻을 발명하여 사람들에게 보여주어서 흐름을 따라 그 근원을 거슬러 올

라가게 하고자 하신 것이니, 배우는 자들은 깊이 體認하여야 할 것이다.”

1 【漢文大系】問仁……爲仁則不可 : 韓文十一 原道云 博愛之謂仁이요 行而宜之之謂義라하니라

《韓昌黎集》 11卷 〈原道〉에 이르기를 “널리 사랑하는 것을 仁이라 하고 이것을 행하여 마땅하게 하는 것을 義라 한다.” 하였다.

2 【釋疑】問仁……爲仁則不可 : 朱子曰 仁是根이요 愛是苗니 不可便喚苗做根이라 然而這箇苗는 却定是從那根上來니라

朱子가 말씀하였다. “仁은 뿌리이고 사랑은 싹이니, 싹을 뿌리라고 불러서는 안 된다. 그러나 이 싹은 바로 뿌리 위에서 나온 것이다.”

3 【釋疑】體認 : 退溪錄云 體는 驗也요 認은 辨識也라

退溪의 기록에 “體는 징험함이요 認은 분변하여 인식함이다.” 하였다.

## 36. 問 仁與心이 何異니잇고 曰心은 譬如穀種이니 生之性이 便是仁이요 陽氣發處가 乃情也[1]니라

“仁과 마음이 어떻게 다릅니까?” 하고 묻자, 〈伊川先生이〉 말씀하였다. “마음은 비유하면 곡식의 씨와 같으니, 낳는 性(이치)이 곧 仁이요 陽氣가 발하는 곳이 곧 情이다.”

以穀種喩心하니 生之性이 便是愛之理요 陽氣發處가 便是惻隱之情이니라

곡식의 種子를 가지고 마음을 비유하였으니, 낳는 性은 곧 사랑의 이치이고 陽氣가 발하는 곳은 곧 측은한 情이다.

1 【釋疑】問心與仁……乃情也 : 問心與仁何異니잇고 程子曰 於所主曰心이요 名其德曰仁이니라 曰 謂仁者는 心之用乎잇가 曰 不可하다 曰 然則猶五穀之種이 待陽氣而生乎잇가 曰 陽氣所發은 猶之情也요 心은 猶種焉이요 其生之德은 是謂仁也라

“心과 仁이 어떻게 다릅니까?” 하고 묻자, 程子가 말씀하기를 “주장함을 가지고 心이라 하고 그 德을 이름하여 仁이라 한다.” 하였고, “仁은 마음의 用입니까?” 하고 묻자, “그렇지 않다.” 하였으며, “그렇다면 五穀의 種子가 陽氣를 기다려 발생하는 것과 같습니까?” 하고 묻자, “陽氣가 발하는 것은 情과 같고 마음은 種子와 같으며 낳는 德은 바로 仁이다.” 하였다.

**37. 義訓宜, 禮訓別, 智訓知**어니와 **仁當何訓**고 **說者 謂訓覺訓人**이라하니 **皆非也**라 **當合孔孟言仁處**하야 **大概研窮之**니 **二三歲**에 **得之**라도 **未晩也**[1]니라

〈伊川先生이 말씀하였다.〉

"義는 宜(마땅함)라 訓하고 禮는 분별이라 훈하고 智는 아는 것이라 훈할 수 있으나 仁은 마땅히 무엇이라고 훈해야 하는가? 해설하는 자들이 覺(깨달음)으로 훈하고 人으로 훈해야 한다고 하는데, 모두 잘못이다. 마땅히 孔子와 孟子가 仁을 말씀한 곳을 합하여 大概를 연구하여야 하니, 2, 3년이 지난 뒤에 터득하더라도 늦지 않을 것이다."

訓者는 以其字義難明故로 又假一字하야 以訓解之라 義者는 天理之當然이니 所以裁制乎事物之宜라 故訓宜요 禮者는 天理之節文이니 所以別親疎上下之分이라 故訓別이요 智者는 天理之明睿[2]니 所以知事物之是非라 故訓知요 仁道至大하야 包乎三者라 故爲難訓이니 說者謂訓覺者는 言不爲物欲所蔽하야 痒痾疾痛에 觸之卽覺이니 夫仁者固無所不覺이나 然覺不足以盡仁之蘊也라 訓人者는 言天地生人에 均氣同理하니 以人體之면 則惻怛慈愛之意 自然無所間斷이니 夫仁者固以人爲體나 然不可以訓仁也니라 ○ 朱子曰 仁은 是愛之體요 覺은 自是智之用이니 仁統四德이라 故仁則無不覺이나 然便以覺爲仁이면 則不可니라 或謂 仁은 只是人心之生理니 以生字訓之 何如닛고 朱子曰 不必須用一字訓이라 但要識得大意 通透耳니라

訓은 글자의 뜻을 밝히기 어려우므로 또 한 글자를 빌어서 해석하는 것이다. 義는 天理에 당연함이니 사물의 마땅함을 裁制하는 것이므로 宜라 訓하고, 禮는 天理의 節文이니 親疎와 上下의 구분을 통달하는 것이므로 別이라 訓하고, 智는 天理의 밝은 지혜이니 사물의 옳고 그름을 아는 것이므로 知라 訓하고, 仁의 道는 지극히 커서 세 가지를 포괄하므로 訓하기가 어려운 것이다. 해설하는 자들이 覺이라고 訓하는 것은 物慾에 가리워지지 않아서 옴이 올라 가렵고 병이 들어 아픔에 닿으면 즉시 깨달음을 말한 것이다.

仁者는 진실로 깨닫지 않는 바가 없으나 깨달음으로는 仁에 내포된 많은 뜻을 다 표현할 수가 없다. 人으로 訓하는 자는 天地가 사람을 낳을 적에 똑같은 기운과 이치를 부여하였으니, 사람을 體로 삼으면 惻怛하고 慈愛하는 뜻이 자연 間斷하는 바가 없을 것임을 말한 것이다. 仁者는 진실로 사람을 體로 삼으나 이것을 가지고 仁을 訓할 수는 없다.

○ 朱子가 말씀하였다.

"仁은 사랑의 體이고 覺은 본래 智의 用이니, 仁은 四德(仁·義·禮·智)을 통합하므로 仁하면 깨닫지 않음이 없으나 곧 覺을 仁이라고 한다면 불가하다."

혹자가 말하기를 "仁은 다만 人心의 生理(낳는 이치)이니, 生字로 훈하는 것이 어떻습니까?" 하자, 朱子가 말씀하였다.

"굳이 한 글자를 가지고 훈할 필요가 없다. 다만 大意를 알기를 通透하게 할 뿐이다."

**1** 【漢文大系】義訓宜……未晩也 : 欄外書曰 仁者人也와 義者宜也를 中庸孟子에 竝言之하고 禮者履也와 智者知也도 亦古書往往見之하니 凡訓詁는 不過姑借其近似者釋之라 況於一字同音者에 豈能盡其意乎아 程子固不欲學者拘牽字義라 故但曰 二三歲得之라도 未晩也라하시니 其意可見矣니라

《欄外書》에 말하였다. "仁은 사람이고 義는 마땅함이라는 것을 《中庸》과 《孟子》에서 모두 말하였고, 禮는 이행함이고 智는 아는 것이라는 것도 옛책에 왕왕 보이니, 모든 訓詁는 우선 近似한 것을 빌어 해석함에 불과하다. 더구나 音이 같은 한 글자에서 어찌 그 뜻을 다할 수 있겠는가. 程子는 진실로 배우는 자들이 글자의 뜻에 구애받지 않게 하고자 하였다. 그러므로 다만 말씀하기를 '2, 3년이 지난 뒤에 알더라도 늦지 않다.'고 한 것이니 그 뜻을 볼 수 있다."

**2** 【釋疑】智者天理之明睿 : 按 洪範에 思曰睿라한대 註에 睿者는 通乎微也라하니 睿當屬思라 訓智는 恐不穩이로라

살펴보건대 〈洪範〉에 "생각함을 睿라 한다." 하였는데, 註에 "睿는 은미함을 통하는 것이다." 하였으니, 睿는 마땅히 思에 속하여야 한다. 智라고 訓한 것은 온당치 못할 듯하다.

**38. 性**은 **卽理也**라 **天下之理 原其所自**하면 **未有不善**하니 **喜怒哀樂未發**에 **何嘗不善**이리오 **發而中節**이면 **則無往而不善**이라 **故凡言善惡**에 **皆先善而後惡**하고 **言吉凶**에 **皆先吉而後凶**하고 **言是非**에 **皆先是而後非**[1]니라

〈伊川先生이 말씀하였다.〉

"性은 곧 理이다. 천하의 이치가 그 말미암아 나온 바를 근원해 보면 不善함이 없으니, 喜·怒·哀·樂이 未發했을 때에 어찌 일찍이 不善함이 있겠는가. 發하여 節度에 맞으면 가는 곳마다 善하지 않음이 없다. 그러므로 무릇 善惡을 말할 적에 모두 善을 먼저 하고 惡을 뒤에 하며, 吉凶을 말할 적에 모두 吉을 먼저 하고 凶을 뒤에 하며, 是非를 말할 적에 모두 是를 먼저 말하고 非를 뒤에 하는 것이다."

朱子曰 性卽理也一語 自孔子後로 惟伊川이 說得盡이니 攧撲[2]不破라 性은 卽是天理니 那得有惡이리오 又曰 未發之前에 氣不用事라 所以有善而無惡이니라

朱子가 말씀하였다.

"性이 곧 理라는 한 마디 말씀은 孔子 이후로 오직 伊川이 극진하게 설명하였으니, 아무리 쳐도 깨뜨릴 수 없다. 性은 곧 天理이니, 어찌 惡이 있겠는가."

또 말씀하였다.

"未發의 이전에는 氣가 用事하지 않는다. 그러므로 善만 있고 惡은 없는 것이다."

1 【漢文大系】性卽理……皆先是而後非 : 孟子滕文公上篇首章朱註曰 程子曰 性卽理也니 天下之理 原其所自하면 未有不善이라 喜怒哀樂未發에 何嘗不善이리오 發而中節이면 則無往而不善이요 發不中節然後에 爲不善이니라 ○ 欄外書曰 此條를 蔡淸議之曰 性卽理也는 似當云性卽人心之理也라 下文云 喜怒哀樂未發에 何嘗不善이리오하니 可見이니 非泛言理者矣라 凡言善惡도 亦曰 有不盡然者하니 如邪正災祥曲直之類니 蓋從語音所便也라하니라 愚案蔡氏所議是也라 然程子語往往有如此者하니 取其意而略其語 可也니라

《孟子》〈滕文公 上〉首章의 朱子注에 말하였다. "程子가 말씀하기를 '性은 곧 理이니, 천하의 이치가 그 말미암아 나온 바를 근원해 보면 不善함이 없으니, 喜·怒·哀·樂이 未發했을 때에 어찌 일찍이 不善함이 있겠는가. 發하여 節度에 맞으면 가는 곳마다 善하지 않은 것이 없고, 발하여 절도에 맞지 않은 뒤에 不善이 된다.' 하였다."

○《欄外書》에 말하였다. "이 조항을 蔡淸이 비판하기를 '性이 바로 理〔性卽理〕라는 것은 마땅히 性이 바로 人心의 理라고 말해야 할 듯하다. 아랫글에 「喜·怒·哀·樂이 未發했을 때에 어찌 일찍이 不善함이 있겠는가」라고 하였는바, 여기에서도 볼 수 있으니 범연히 理를 말한 것이 아니다. 「무릇 善惡을 말할 적에」라는 것도 다 그렇지 않은 경우가 있으니, 邪正과 災祥과 曲直 같은 따위로, 語音에 편리한 것을 따른 것이다.' 하였다. 내가 살펴보건대 蔡氏의 비판이 옳다. 그러나 程子의 말씀은 왕왕 이와 같은 경우가 있으니 그 뜻만 취하고 그 말씀은 생략하는 것이 좋을 것이다."

2 【釋疑】攧撲 : 攧은 韻會에 作搷하니 急擊如投擲之勢라 撲은 韻會에 打也라

《韻會》에 "攧은 搷으로 되어 있으니, 급히 쳐서 投擲하는 형세와 같은 뜻이다." 하였다. 《韻會》에 "撲은 침이다." 하였다.

**39. 問心有善惡否잇가 曰 在天爲命이요 在物爲理요 在人爲性이요 主於身이 爲心이니 其實은 一也라 心本善이로되 發於思慮면 則有善, 有不善하니 若既發이면 則可謂之情이요 不可謂之心이니라 譬如水를 只可謂之水니 至如流而爲派하야 或行於東, 或行於西는 却謂之流也니라**

**39-1 問心有善惡否잇가 曰 在天爲命이요 在物爲理요 在人爲性이요 主於身이 爲心이니 其實은 一也라 心本善이로되 發於思慮면 則有善, 有不善하니 若既發이면 則可謂之情이요 不可謂之心[1]이니라**

"마음에 善과 惡이 있습니까?" 하고 묻자, 〈伊川先生이〉 말씀하였다.

"하늘에 있으면 命이라 하고 사물에 있으면 理라 하고 사람에 있으면 性이라 하고 몸에 주장하면 마음이라 하니, 그 실제는 하나이다. 마음은 본래 善하나 思慮에 나타나면 善이 있고 不善이 있으니, 만약 이미 발했다면 情이라 이를 수 있고 마음이라 일러서는 안 된다."

天道流行하야 賦與萬物을 謂之命이요 事物萬殊로되 各有天然之則하니 統而名之를 謂之理요 人得是理以生을 謂之性이요 是性所存[2]이 虛靈知覺하야 爲一身之主宰를 謂之心이니 實則非二也라 推本而言이면 心豈有不善이리오 自七情之發而後에 有善惡之分이니라 ○ 朱子曰 旣發을 不可謂之非心이어니와 但有不善이면 則非心之本體니라

天道가 유행하여 萬物에 부여함을 命이라 이르고, 사물이 만 가지로 다르나 각각 天然의 法則이 있으니 이것을 통틀어 명명하기를 理라 하고, 사람이 이 理를 얻어 태어남을 性이라 이르고, 이 性을 보존함이 虛靈하고 知覺하여 한 몸의 主宰가 됨을 마음이라 이르니, 실제는 두 가지가 아니다. 근본을 미루어 말한다면 마음에 어찌 善하지 않음이 있겠는가. 七情이 발한 뒤에야 善惡의 구분이 있는 것이다.

○ 朱子가 말씀하였다.

"이미 발했으면 마음이 아니라고 말할 수 없지만 다만 不善이 있다면 마음의 本體가 아니다."

**1** 【漢文大系】問心有善惡否……不可謂之心 : 欄外書曰 愚案 程君本意는 謂命理性心이 隨所指而異其名이요 非有二也라 心本善은 就本體言이요 發於思慮에 有善不善은 謂混於氣體하야 而有過不及이니 過不及處 卽爲不善也라 程此情字는 只目氣體之感應이요 非指本體니 若專就本體之發見言之면 則性善所發에 情何曾不善이리오 孟子所云 乃若其情則可以爲善矣是也니 斯知程此情字 只目感應耳라 凡讀程語에 不可拘其語以害其意니라

《欄外書》에 말하였다. "내가 살펴보건대 程子의 本意는 命과 理와 性과 心이 가리키는 바에 따라 그 명칭을 달리하였을 뿐이요, 두 가지가 있는 것이 아님을 말씀한 것이다. 마음이 본래 善하다는 것은 本體를 가지고 말한 것이요,

思慮를 발함에 善이 있고 不善이 있다는 것은 氣體를 뒤섞어서 過와 不及이 있음을 말씀한 것이니, 過와 不及이 있는 곳이 바로 不善이다. 程子의 이 情字는 다만 氣體가 感應함을 지목했을 뿐이요 本體를 가리킨 것이 아니니, 만약 오로지 本體가 발현하는 것만을 가지고 말한다면 性의 善함이 발하는 바에 情이 어찌 일찍이 不善하겠는가. 孟子가 '그 情으로 말하면 善을 할 수 있다.'고 말씀한 것이 바로 이것이니, 程子의 이 情字는 다만 感應함을 지목한 것일 뿐임을 알 수 있다. 무릇 程子의 말씀을 읽을 적에는 그 말씀에 구애되어 그 本意를 해쳐서는 안 된다."

**2** 【釋疑】是性所存 : 指心而言邪아 恐未瑩이라

마음을 가리켜 말한 것인가. 분명치 않은 듯하다.

## 39-2 譬如水를 只可謂之水나 至如流而爲派하야 或行於東, 或行於西는 却謂之流也[1]니라

비유하면 물을 다만 물이라 이를 수 있으나 흘러서 물줄기가 되어 혹 동쪽으로 흘러가고 혹 서쪽으로 흘러가는 것은 〈물이라 하지 않고〉 흐름이라 이르는 것과 같다.

**1** 【釋疑】問心有善惡……却謂之流也 : 按 若旣發이면 則不可謂之心은 此恐程子初來所見이라 心은 一也로되 有指體而言者하고 有指用而言者 是乃定論也라 觀朱子答張敬夫書하면 則以已發로 爲人心이러니 而後에 以爲心者는 固所以主於身而無動靜語默之間者也라하시니 然則程朱所見도 亦有前後之異如此니라 ○ 又按水譬心이요 流譬情이니라

살펴보건대 '만약 이미 발했으면 心이라고 이를 수 없다.'는 것은 程子의 처음(초년)의 견해인 듯하다. '마음은 하나이지만 體를 가리켜 말한 것이 있고 用을 가리켜 말한 것이 있다.'는 것이 바로 定論이다. 朱子가 張敬夫(張栻)에게 답한 편지를 보면 '已發을 人心'이라 하였는데, 뒤에 말씀하기를 '心은 진실로 몸을 주장하는 것이어서 動靜과 語默의 간격이 없다.' 하였으니, 그렇다면 程子와 朱子의 소견도 또한 전후에 차이가 있음이 이와 같은 것이다.

○ 또 살펴보건대 물은 心을 비유하고 흐름은 情을 비유한 것이다.

**40. 性出於天**하고 **才出於氣**하니 **氣淸則才淸**하고 **氣濁則才濁**하니 **才則有善有不善**이요 **性則無不善**[1]이니라

〈伊川先生이 말씀하였다.〉

"性은 하늘에서 나오고 才質(재주)은 기운에서 나오니, 기운이 맑으면 재질이 맑고 기운이 흐리면 재질이 흐리다. 才質은 善이 있고 不善이 있으며 性은 不善이 없다."

**性本乎理**하니 **理無不善**이요 **才本乎氣**[2]하니 **氣則不齊**라 **故或以之爲善**하고 **或以之爲惡**이니라 ○ **孟子曰 若夫爲不善**은 **非才之罪也**[3]라하시니 **朱子曰 孟子**는 **專以其發於性者言之**라 **故以爲才無不善**이라하시고 **程子**는 **兼指其稟於氣者言之**하시니 **則人之材質**이 **固有昏明强弱之不同**하니 **張子所謂氣質之性**[4]이 **是也**라 **二說雖殊**나 **各有所當**이어니와 **然程子爲密**이니라

性은 理에 근본하니 理는 不善이 없고, 才質은 氣에 근본하니 氣는 똑같지 않으므로 혹 이것으로 善을 하기도 하고 혹 이것으로 惡을 하기도 하는 것이다.

○ 孟子가 말씀하기를 "만약 不善을 하는 것은 재질의 죄가 아니다." 하였는데, 朱子가 말씀하였다.

"孟子는 오로지 性에서 나온 것을 가지고 말씀하였다. 그러므로 재질은 不善함이 없다고 하였고, 程子는 氣에 받은 것을 겸하여 가리켜 말씀하였으니, 사람의 材質은 진실로 昏明과 强弱의 차이가 있는 바, 張子의 이른바 氣質之性이라는 것이 이것이다. 두 말씀이 비록 다르나 각각 해당하는 바가 있다. 그러나 程子의 말씀이 더 치밀하다."

1 【漢文大系】性出於天……性則無不善：朱子曰 性與氣皆出於天하니 性卽是理요 氣則已屬於形象이라 性善은 人所同이요 氣는 便有不齊處니라

朱子가 말씀하였다. "性과 氣가 모두 하늘에서 나왔으니 性은 바로 理이고 氣는 이미 形象에 속한다. 性의 善함은 사람들이 똑같은 것이고, 氣는 곧 똑같지 않은 부분이 있다."

**2** 【釋疑】性本乎理……才本乎氣：按 分爲二本은 恐未穩이라 朱子發於性, 稟於氣之說이 極精妙어늘 此論才之淸濁而引張子語하야 以爲氣質之性이 是也라하니 才與性은 恐不同也라

살펴보건대 〈'性은 理에 근본하고 재질은 氣에 근본했다.' 하여〉 나누어 두 근본으로 만든 것은 온당치 못한 듯하다. 朱子의 "性에서 발하고 氣에서 받았다."는 말씀이 지극히 精妙한데, 여기서 才의 淸濁을 논하면서 張子의 말씀을 인용하여 "氣質之性이 이것이다." 하였으니, 才와 性은 같지 않을 듯하다.

**3** 【漢文大系】孟子曰……非才之罪也：孟子告子上篇에 朱注曰 才猶才質하니 人之能也라

《孟子》〈告子 上〉의 朱子 注에 말하였다. "才는 才質과 같으니 사람의 능함이다." 하였다.

**4** 【漢文大系】張子所謂氣質之性：孟子告子上篇朱注에 張子曰 形而後有氣質之性하니 善反之면 則天地之性存焉이라 故氣質之性을 君子有弗性者焉이니라

《孟子》〈告子 上〉의 朱子 注에 말하였다. "張子가 말씀하기를 '형체가 있은 뒤에 氣質之性이 있으니 잘 돌이키면 天地의 性이 보존된다. 그러므로 氣質之性을 君子는 性으로 여기지 않는다.' 하였다."

## 41. 性者는 自然完具하니 信은 只是有此者也라 故四端에 不言信[1]하니라

〈伊川先生이 말씀하였다.〉

"性은 자연히 완비되었으니, 信은 다만 이것을 가지고 있을 뿐이다. 그러므로 四端에 信을 말하지 않은 것이다."

仁義禮智를 分而言之하면 則四者各立[2]하야 自然完具하니 實有是四者면 則謂之信이라 故信無定位하니 非於四者之外에 別有信也라 孟子論四端而不及信하시니 蓋信在其中矣니라 ○ 李果齋曰 五常에 言信은 配五行而言이요 四端에 不言信은 配四時而言[3]也니 蓋土分旺於四時之季하니 信已立於四端之中也니라

仁·義·禮·智를 나누어 말하면 네 가지가 각각 독립하여 자연히 완비되었으니, 이 네 가지를 진실하게 가지고 있으면 이것을 信이라 이른다. 그러므

로 信은 일정한 자리가 없으니, 네 가지 밖에 별도로 信이 있는 것이 아니다. 孟子는 四端을 논하면서 信을 언급하지 않았으니, 이는 信이 이 가운데에 들어있기 때문이다.

○ 李果齋가 말하였다.

"五常에 信을 말한 것은 五行에 배합하여 말한 것이요, 四端에 信을 말하지 않은 것은 四時에 배합하여 말한 것이니, 土는 四時의 계절에 나누어 旺盛하니, 이는 信이 이미 四端의 가운데에 서 있는 것이다."

1 **【漢文大系】性者自然完具……不言信：孟子公孫丑上四端註**에 **程子曰 四端**에 **不言信者**는 **旣有誠心**하야 **爲四端**이면 **則信在其中**일새니라

《孟子》〈公孫丑 上〉의 四端 註에 말하였다. "程子가 말씀하기를 '四端에 信을 말하지 않은 것은 이미 誠心을 두어 四端을 하면 信이 이 가운데 들어 있기 때문이다.' 하였다."

2 **【釋疑】四者各立：按 性**은 **是渾然全體**니 **本不可以名字言**이요 **但其中**에 **含具萬理而綱紀之大者有此四者**라 **若曰 仁義禮智四者各立**이라하면 **則是寂然之中**에 **面貌已分**하야 **互相對立也**니 **此語頗有病**이니라

살펴보건대 性은 渾然한 全體이니, 본래 名字로 말할 수가 없고, 다만 이 가운데 萬理를 모두 갖추었는데, 綱紀의 큰 것이 이 네 가지가 있을 뿐이다. 만약 仁·義·禮·智 네 가지가 각각 선다고 말하면 이는 寂然한 가운데에 면모가 이미 나누어져서 서로 대립되는 것이니, 이 말은 자못 병폐가 있다.

3 **【釋疑】四端不言信 配四時而言：按 先儒固有或備言五性**하야 **以配五行**하고 **或只言仁義**하야 **以配陰陽**하고 **或以仁義禮智**로 **配金木水火**나 **然孟子之說四端**에 **不言信**은 **則非爲配四行而不言也**라 **本章集註**에 **程子曰 四端不言信者**는 **旣有誠心爲四端**이면 **則信在其中耳**라하시니 **果齋之說**이 **恐未穩**이로라

살펴보건대 先儒들이 진실로 五性을 다 말하여 五行에 배합하기도 하고, 혹은 다만 仁義만을 말하여 陰陽에 배합하기도 하고, 혹은 仁·義·禮·智를 金·木·水·火에 배합한 자가 있다. 그러나 孟子가 四端을 말씀할 적에 信을 말씀하지 않은 것은 四行에 배합하기 위하여 말씀하지 않은 것이 아니다. 本章의 《集註》에 程子가 말씀하기를 "四端에 信을 말하지 않은 것은 이미 誠心을 두어 四端을 하면 信이 이 가운데 들어 있기 때문이다." 하였으니, 果齋의 말은 온당하지 못한 듯하다.

## 42. 心은 生道也라 有是心이라야 斯具是形以生하니 惻隱之心은 人之生道也[1][2]니라

〈伊川先生이 말씀하였다.〉

"마음은 生道이다. 이 마음이 있어야 이 形體를 갖추어 태어나니, 惻隱之心은 사람의 生道이다."

**心者는 人之生理也라 有是心斯具是形은 此는 言生人之道요 惻隱之心人之生道는 此는 言人得是心故로 酬酢運用하야 生生而不窮[3]이니 苟無是心이면 則同於砂石而生理絶矣리라 ○ 朱子曰 心生道也는 謂天地以生物爲心而人得之以爲心者니라 又曰 心은 是箇活底物이니라**

마음은 사람의 生理이다. '이 마음이 있으면 이 형체를 갖춘다.'는 것은 이는 사람을 낳는 道를 말한 것이요, '惻隱之心은 사람의 生道'라는 것은 사람이 이 마음을 얻었기 때문에 酬酌하고 運用하여 낳고 낳아 다하지 않음을 말한 것이니, 만일 이 마음이 없다면 모래와 돌과 같아서 生理가 끊어질 것이다.

○ 朱子가 말씀하였다.

"마음이 生道라는 것은 天地가 萬物을 낳는 것을 마음으로 삼는데, 사람이 이것을 얻어서 마음으로 삼음을 말한 것이다."

또 말씀하였다.

"마음은 하나의 활동하는 물건이다."

1 **【漢文大系】心生道……人之生道也：性理大全卷三十二曰 雖桀跖이라도 不能無是以生이나 但戕賊之하야 以滅天이라 始則不知愛物하고 俄而至於忍하고 安之以至於殺하고 充之以至於好殺하니 豈人理也哉아**

《性理大全》卷32에 말하였다. "비록 桀王과 盜跖이라도 이것이 없이 태어날 수가 없다. 그러나 다만 이것을 해쳐서 天理를 멸할 뿐이다. 처음에는 물건을 사랑할 줄 모르고, 얼마 후에는 잔인함에 이르고, 이것을 편안히 여겨 죽임에 이르고, 이것을 채워 죽이기를 좋아함에 이르니, 어찌 사람의 이치이겠는가."

2 **【釋疑】心生道……人之生道也：朱子曰 心生道也此句는 是張思叔所記니 疑有欠闕處라 必是當時에 改作行文이리니 所以失其文意니라 伯豐云 何故入在近**

思錄中고 曰 如何敢不載리오 但恐有闕文이니 此四字說不盡이니라 ○ 退溪曰 惻隱之心人之生道程子此一段語를 朱門辨說三條하니 可考也라 蓋此生字는 只是生活之生이니 生生不窮之義라 卽與天地生物之心으로 貫串하야 只一生字라 故朱子答或問天地生物之心曰 天地之心은 只是箇生이니 凡物皆是生이라야 方有此物이라 人物所以生生不窮者는 以其生也니 才不生이면 便乾枯死了라하시니 以此觀之하면 桀跖이 不能无是以生도 亦是生活之生耳라 來喩에 以爲生出之義라하고 又以爲動用之義라하니 恐非本意也로라 ○ 按 生字는 有生物之生하고 有生生之生하니 雖一生理나 然其下字之意는 則隨語各異라 以此章言之하면 生道也는 皆生物之生也라 退溪論此生字에 引朱子答或問之說曰 此生字는 只是生活之生이니 生生不窮之義라 卽與天地生物之心으로 貫串하야 只一生字라하시니 以朱子如草木之萌芽枝葉條榦이 皆是生이라야 方有之와 人物所以生生不窮者는 以其生也之語로 觀之하면 則非以生生爲活也요 以其生活故로 能生生也라 若以生活, 生生, 生物之生으로 做一生字看이면 則其於隨語解意에 恐不分曉하니 如何如何오 ○ 又按 心生道也를 以天地之心看之하면 則文勢似无源頭來歷이나 然以朱子天地之心이 是仁이니 人接得此天地之心이라야 方能有生之說과 及是心은 乃屬天地하니 人有是心이면 便自具生理以生等語로 觀之하면 則心者는 天地之心也요 生道者는 生物之理也요 有是心이면 斯具是形以生者는 人得此生物之理하면 可具是形以生也라 惻隱之心은 人之生道也니 惻隱之心在人도 亦生物之理也라 言其一箇生物之理에 天人混合无間者也라 大槪此章을 朱子疑其欠闕하시니 當以此爲正이니라

朱子가 말씀하였다. '"心生道也'란 이 句는 張思叔(張繹)이 기록한 것이니, 의심컨대 빠진 부분이 있는 듯하다. 반드시 당시에 고쳐서 글을 썼을 것이니, 이 때문에 그 글뜻을 잃은 것이다." 伯豐(吳必大)이 "무슨 이유로 이것을 《近思錄》 가운데에 넣었습니까?" 하자, 〈朱子는〉 다음과 같이 말씀하였다. "어떻게 감히 기재하지 않을 수 있겠는가. 다만 闕文이 있는 듯하니, 이 네 글자는 설명이 극진하지 못하다."

○ 退溪가 말씀하였다. '"惻隱之心 人之生道'란 程子의 이 한 마디 말씀을 朱門에서 변론하여 말한 것이 세 조항이니, 참고할 만하다. 이 生字는 다만 生活의 生(삶)이니, 生生하여 다하지 않는다는 뜻이다. 이는 곧 天地의 生物之心과 일관되어서 다만 똑같은 生字이다. 그러므로 或者가 天地生物之心을 묻자, 朱子가 대답하기를 '天地의 마음은 다만 生이니, 모든 물건이 다 生하여야(살아야) 비로소 이 물건이 있는 것이다. 사람과 물건이 生生하여 다하지 않는 까닭은 그 生 때문이니, 조금이라도 生하지 않으면 곧 말라 죽고 만다.'고 하였는 바, 이것을 가지고 관찰하면 '桀王과 盜跖이라도 이것이 없이 태어날 수가 없

다.'는 것도 또한 生活의 生일 뿐이다. 보내온 편지에 生出의 뜻이라 하고, 또 動用의 뜻이라 하였으니, 本意가 아닐 듯하다."

○ 살펴보건대 生字는 生物의 生이 있고 生生의 生이 있으니, 비록 똑같은 生理이나 글자를 놓은 뜻은 말에 따라 각기 다르다. 이 章을 가지고 말하면 生道란 모두 生物의 生(낳음)이다. 그런데 退溪는 이 生字를 논하면서 朱子가 或者의 질문에 답한 말씀을 인용하고 "이 生字는 다만 生活의 生이니, 生生不窮의 뜻이다. 곧 天地生物之心과 一貫되어서 다만 똑같은 生字이다." 하였다. 朱子의 '草木의 싹과 枝葉과 條幹이 모두 나와야 비로소 있다.'는 말씀과 '사람과 물건이 生生하여 다하지 않는 까닭은 낳기 때문'이라는 말씀을 가지고 관찰해 보면 生生을 生活로 여긴 것이 아니요, 生活하기 때문에 능히 낳고 낳는 것이다. 만약 生活과 生生과 生物의 生을 동일한 生字로 본다면 말에 따라 뜻을 해석하는 것이 분명하지 못할 듯하니, 어떠할지 모르겠다. 어떠할 지 모르겠다.

○ 또 살펴보건대 心生道也를 天地之心으로 보면 文勢가 근본 내력이 없을 듯하다. 그러나 朱子의 天地之心이 바로 仁이니, '사람이 天地之心을 접속하여야 비로소 낳을 수 있다.'는 말씀과 '이 마음은 바로 天地에 속하니, 사람이 이 마음을 가지고 있으면 곧 저절로 生理를 갖추어 낳는다.'는 등의 말씀을 가지고 보면 마음은 天地의 마음이요 生道는 生物의 이치이며, '이 마음이 있으면 이 形體를 갖추어 낳는다.'는 것은 사람이 이 生物의 이치를 얻으면 이 形體를 갖추어 낳을 수 있다는 것이다. 惻隱之心은 사람의 生道이니, 惻隱之心이 사람에게 있는 것 또한 生物의 이치이다. 하나의 生物의 이치를 말함에 하늘과 인간이 혼합되어 간격이 없는 것이다. 대체로 이 章을 朱子는 빠진 부분이 있다고 의심하였으니, 마땅히 이것을 올바른 것으로 여겨야 한다.

**2** 【釋疑】酬酢運用 生生而不窮：恐尤不襯切이로라

이 내용은 더욱 간절하지 못한 듯하다.

**43. 橫渠先生曰 氣坱然太虛하야 升降飛揚하야 未嘗止息하나니 此虛實動靜之機요 陰陽剛柔之始라 浮而上者는 陽之淸이요 降而下者는 陰之濁이니 其感遇聚結하야 爲風雨, 爲霜雪하며 萬品之流形과 山川之融結과 糟粕(조박)煨燼(외신)이 無非敎也[1]니라 〈正蒙 下同〉**

橫渠先生이 말씀하였다.

"氣가 坱然(성대함)히 크게 虛하여 오르내리고 날아가서 일찍이 멈추지 않으니, 이는 虛實과 動靜의 기틀(원동력)이며 陰陽과 剛柔의 시작이다. 떠서 올라간 것은 陽의 깨끗한 것이고, 내려서 아래로 가라앉는 것은 陰의 탁한 것이니, 감동하여 만나고 뭉치고 맺혀서 風雨가 되고 霜雪이 되며 만 가지 물건이 형체를 간직함과 山川이 뭉침과 糟粕(술지게미)과 煨燼(불타고 남은 재)이 모두 가르침이다." 〈《正蒙》에 보인다. 이하도 같다.〉

坱然은 盛大氤氳之義니 坱然太虛하야 周流上下하야 亘古窮今하야 未嘗止息者 元氣也라 虛實動靜妙用이 由是而形이라 故曰機요 陰陽剛柔定體 由是而立이라 故曰始니 判而爲上下淸濁하고 合而爲風雨霜雪하고 凝而爲人物山川之形質하고 散而爲糟粕煨燼之查滓하야 消長萬變하야 生生不窮이 皆道體之流行이라 故曰無非至敎라하시니라

坱然은 盛大氤氳의 뜻이니, 坱然히 크게 虛하여 上下에 두루 유행하여 옛날과 지금에 뻗쳐 있어서 일찍이 멈추지 않는 것이 元氣이다. 虛實과 動靜의 妙用이 이로 말미암아 나타나므로 機라 말하였고, 陰陽과 剛柔의 定體가 이로 말미암아 확립되므로 始라 말한 것이니, 이것이 나뉘어서 上下와 淸濁이 되고 합쳐서 風雨와 霜雪이 되며, 응집되어 人物과 山川의 形質이 되고 흩어져 糟粕과 煨燼의 찌꺼기가 되어서 사라지고 자라남이 만 가지로 변하여 낳고 낳아 다하지 않음이 모두 道體의 流行이다. 그러므로 지극한 가르침 아님이 없다고 말씀한 것이다.

【張伯行 註】此는 張子極言氣之用하야 以見卽氣卽理與虛空卽氣之說合也라 坱然者는 盛大氤氳之義라 蓋形而下者는 是氣요 形而上者는 是理니 氣實理虛로되 而實者不離於虛之中하야 一而無二라 故曰坱然太虛라 以下는 正言氣之坱然處니 句句皆有太虛意라 末結無非敎也하야 仍合到坱然太虛上하야 言理都從氣見得也라 大意謂天地之氣 坱然充滿於太虛無聲無臭之中하야 其升降飛揚하야 所以生人生物者 亘古窮今하야 無時止息이라 此

**虛實動靜之妙用**이 **由是而形**하니 **其機之所在乎**인저 **陰陽剛柔之正體 由是而立**하니 **其始之所由乎**인저 **分陰陽之淸濁**하야 **判而爲上浮下降**하고 **因感遇之聚結**하야 **合而爲風雨霜雪**이라 **人物**이 **萬有不齊**하야 **森然流布其形**하고 **山川**이 **萬古流峙**하야 **昭然融結其質**하니 **卽至小而酒之糟粕**과 **火之煨燼**이 **皆氣之渣滓**로되 **統而觀之**하면 **無非上天之以理示人**이니 **所謂敎也**라 **然則氣在而理具**하고 **理具而敎彰**이라 **形上**이 **卽在形下之中**하야 **有無混一**하니 **所言虛空卽氣者**를 **於此尤可想見矣**리라

이는 張子가 氣의 用을 지극히 말씀하여 氣가 곧 理라는 것은 허공이 곧 氣라는 말과 합함을 나타낸 것이다. 坱然은 성대하여 絪縕(陰陽의 두 기운이 모여 화합함)하는 뜻이다. 形而下는 氣이고 形而上은 理이니, 氣는 實하고 理는 虛하나 實한 것이 虛한 것의 가운데에서 떠나지 아니하여 하나이고 둘이 아니다. 그러므로 坱然太虛라 한 것이다. 以下는 바로 氣의 坱然함을 말씀한 것이니, 句마다 모두 太虛의 뜻이 있다. 그리고 맨끝에는 無非教也라고 결론하여, 坱然太虛 上에 합하여 이르러 理를 모두 氣에서 볼 수 있음을 말씀한 것이다. 大意는 天地의 기운이 소리도 없고 냄새도 없는 太虛의 가운데에서 坱然히 충만하여, 이것이 오르내리고 飛揚해서 사람과 물건을 낳는 것이 예와 지금에 뻗쳐 있어서 한시도 그침이 없음을 말씀한 것이다. 이 虛實과 動靜의 妙用이 이로 말미암아 나타나니, 機가 있는 곳일 것이다. 그리고 陰陽과 剛柔의 正體가 이로 말미암아 성립되니, 始가 말미암는 곳일 것이다. 陰陽이 淸濁으로 나뉘어 구분되어서 위로 뜨고 아래로 내려가며, 感遇가 모임으로 인하여 합하여 風雨와 霜雪이 된다. 사람과 물건이 만 가지로 똑같지 아니하여 森然히 그 형체를 流布하고, 山川이 萬古에 흐르고 솟아 있어서 분명하게 그 形質을 맺고 있으니, 지극히 작은 곳에 나아가면 술의 찌꺼기와 불의 타고 남은 재가 다 氣의 찌꺼기이나 통합하여 관찰하면 모두가 上天이 理를 사람들에게 보여준 것이니, 이른바 가르침이라는 것이다. 그렇다면 氣가 있으면 理가 갖추어지고 理가 갖추어지면 가르침이 드러나는 것이다. 形而上이 바로 形而下의 가운데에 있어서 有와 無가 하나로 혼합하니, 말한 바 虛空이 곧 氣란 것을 여기에서 더욱 상상해 볼 수 있을 것이다.

1 【釋疑】橫渠先生曰……無非教也 : 朱子曰 橫渠語錄은 用關陝方言하야 甚者는 皆不可曉하니 近思錄所載는 皆易曉者니라 ○ 禮記禮器曰 天道는 至教요 聖人은 至德이라하니 延平周氏曰 天道無非教라 凡有象者 皆至教也니라 ○ 孔子閒居曰 天有四時하니 春秋冬夏, 風雨霜露 无非教也라하니라

朱子가 말씀하였다. "橫渠의 《語錄》은 關陝의 方言을 사용하여 심한 경우에는 모두 이해할 수 없는데, 《近思錄》에 기재한 것은 다 알기 쉬운 것들이다."

○ 《禮記》 〈禮器〉에 이르기를 "天道는 지극한 가르침이요 聖人은 지극한 德이다." 하였는데, 延平周氏(周諝)가 말하기를 "天道는 가르침 아님이 없다. 무릇 象이 있는 것은 모두 지극한 가르침이다." 하였다.

○ 《禮記》 〈孔子閒居〉에 이르기를 "하늘은 四時가 있으니, 春秋와 冬夏와 風雨와 霜露가 가르침 아님이 없다." 하였다.

**44. 游氣紛擾하야 合而成質者는 生人物之萬殊하고 其陰陽兩端이 循環不已者는 立天地之大義[1]니라**

〈橫渠先生이 말씀하였다.〉

"떠돌아다니는 기운이 어지럽게 뒤섞여서 합하여 形質을 이루는 것은 사람과 물건이 만 가지로 다름을 낳고, 陰과 陽 두 가지가 순환하여 그치지 않는 것은 天地의 大義를 세운다."

游氣雜糅하야 凝而成形者는 人物萬殊 所以生也요 陰陽推移하야 循環無窮者는 天地大經이 所以立也니 游氣紛擾는 緯也요 陰陽循環은 經也니라 ○ 朱子曰 陰陽循環은 如磨요 游氣紛擾는 如磨中出者니라

떠돌아 다니는 기운이 뒤섞여서 凝結하여 形質을 이루는 것은 人物의 만 가지 다름이 생겨나게 되는 이유이고, 陰陽이 推移해서 순환하여 다하지 않는 것은 天地의 大經이 확립되는 까닭이니, 떠돌아다니는 기운이 어지럽게 뒤섞임은 緯이고 陰陽이 순환함은 經이다.

○ 朱子가 말씀하였다.

"陰陽의 순환은 맷돌과 같고 떠돌아다니는 기운이 어지럽게 뒤섞임은 맷돌 가운데에서 나오는 가루와 같다."

【張伯行 註】游氣者는 流行之氣也요 紛擾者는 參錯不齊也며 合而成質者는 絪縕交合하야 凝成人物之形質也라 陰陽兩端者는 以動靜言之하면 動屬陽이요 靜屬陰이며 以始終言之하면 始爲陽이요 終爲陰이며 以先後言之하면 先爲陽이요 後爲陰이며 以屈伸言之하면 屈爲陰이요 伸爲陽也라 循環不已者는 陽而陰이요 陰而復陽이며 陽中有陰陽이요 陰中亦有陰陽也라 惟天地之大義由此立이라 故人物之萬殊由此生이라 游氣亦不外陰陽하니 游氣是用이요 陰陽是體라 陰陽之循環은 卽所云乾道之變化요 生人物之萬殊는 卽所云各正其性命也니라

游氣는 유행하는 氣이고 紛擾는 어긋나서 똑같지 않은 것이며, 합하여 形質을 이룬다는 것은 絪縕하고 交合하여 사람과 물건의 形質을 응집하여 만드는 것이다. 陰陽의 두 가지 단서라는 것은 動靜으로 말하면 動은 陽에 속하고 靜은 陰에 속하며, 始終으로 말하면 始는 陽이 되고 終은 陰이 되며, 先後로 말하면 先은 陽이 되고 後는 陰이 되며, 屈伸으로 말하면 屈은 陰이 되고 伸은 陽이 된다. 순환하여 그치지 않는다는 것은 陽이었다가 陰이 되고 陰이었다가 다시 陽이 되며, 陽 가운데에도 陰陽이 있고 陰 가운데에도 陰陽이 있는 것이다. 天地의 大義가 이로 말미암아 확립되므로 사람과 물건이 만 가지로 다름이 이로 말미암아 생기는 것이다. 游氣 또한 陰陽에서 벗어나지 않으니, 游氣가 바로 用이고 陰陽이 바로 體이다. 陰陽이 순환함은 바로 〈文言傳〉에 이른바 '乾道가 변화한다.' 는 것이요, 사람과 물건이 만 가지로 다름을 낳는 것은 곧 〈文言傳〉에 이른바 '각기 그 性命을 바르게 간직한다.' 는 것이다.

**1** 【釋疑】游氣紛擾……立天地之大義：朱子曰 游氣는 是氣之發散生物底니 游亦流行之意요 紛擾者는 參錯不齊라 陰陽은 卽氣也니 豈陰陽之外에 復有游氣耶아 日月運行하야 一寒一暑는 此陰陽之循環也요 乾道成男, 坤道成女는 此游氣之紛擾也니라

朱子가 말씀하였다. "游氣는 기운이 발산하여 물건을 낳는 것이니 游 또한 流行의 뜻이요, 紛擾는 어긋나서 똑같지 않은 것이다. 陰陽은 바로 氣이니 어찌 陰陽 밖에 다시 游氣가 있겠는가. 日月이 運行하여 한 번 춥고 한 번 더운

것은 陰陽의 순환이고, 乾道가 男을 이루고 坤道가 女를 이룬 것은 이는 游氣의 紛擾함이다."

**45. 天體物不遺는 猶仁體事而無不在也니라 禮儀三百과 威儀三千이 無一物而非仁也요 昊天曰明하야 及爾出王하고 昊天曰旦하야 及爾游衍이 無一物之不體也니라**

## 45-1 天體物不遺는 猶仁體事而無不在也[1]니라

〈橫渠先生이 말씀하였다.〉

"하늘이 사물의 本體가 되어 빠뜨리지(빠지지) 않음은 仁이 일의 本體가 되어 있지 않음이 없는 것과 같다.

朱子曰 體物은 言爲物之體也니 蓋物物有箇天理요 體事는 謂事事是仁做出來니라

朱子가 말씀하였다.

"體物은 사물의 本體가 됨을 말한 것이니 물건마다 이 天理가 있으며, 體事는 일마다 이 仁이 만들어 내는 것임을 이른다."

1 【漢文大系】天體物不遺 猶仁體事而無不在也：正蒙天道篇에 中庸曰 體物而不可遺라하니라

《正蒙》〈天道〉에 말하였다. "《中庸》에 이르기를 '사물의 本體가 되어 빠뜨릴 수 없다.' 하였다."

## 45-2 禮儀三百과 威儀三千이 無一物而非仁也요

禮儀 3백 가지와 威儀 3천 가지가 한 가지 물건도 仁 아닌 것이 없으며

禮儀者는 經禮也요 威儀者는 曲禮也라 禮文之大小 無非愛敬懇惻之心의 所發見者라 故曰無一物而非仁也라하니 不然則禮特虛文矣리라

禮儀는 經禮(큰 예)이고 威儀는 曲禮(자질구레한 예의)이다. 禮文의 크고 작은 것이 사랑하고 공경하고 간절하고 측은한 마음의 발현 아님이 없다. 그러므로 '한 물건도 仁 아닌 것이 없다.'고 한 것이니, 그렇지 않다면 禮는 다만 헛된 文飾일 뿐이다.

## 45-3 昊天曰明하야 及爾出王(往)하고 昊天曰旦하야 及爾游衍이 無一物之不體也[1]니라

'하늘이 매우 밝으시어 너의 나가고 들어옴에 미치시며, 하늘이 매우 밝으시어 너의 놀고 편안함에 미친다.'는 것이 한 사물도 體가 되지 않음이 없는 것이다."

王은 往通이라 ○ 詩大雅板篇이라 出王은 謂出而有所往也라 旦은 亦明也요 衍은 寬縱之意니 言天道昭明하야 凡人之往來游息之所에 此理無往而不在하니 因是以證體物不遺之義니라

王은 往과 통한다.

○ 이는 《詩經》 〈大雅 板〉의 내용이다. 出王은 나가서 가는 바가 있음을 이른다. 旦 또한 밝음이요 衍은 너그럽다(편안하다)는 뜻이니, 天道가 밝아서 무릇 사람의 가고 옴과 놀고 쉬는 장소에 이 이치가 가는 곳마다 있지 않음이 없음을 말하였으니, 이로 인하여 사물에 體가 되어서 빠뜨리지 않는 뜻을 증명한 것이다.

【張伯行 註】此言天地在人中하야 人當順理而行也라 凡言體者는 猶云做他骨子也라 出王者는 出而有所往이요 旦亦明也라 衍은 從容之意니 此四語는 大雅板詩辭라 蓋天者는 理而已矣니 仁卽人心所具之天理라 物物皆有天理하니 是天爲物之體而不遺요 事事皆從吾心之天理做出이면 是仁爲事之體而無不在라 試思經禮曲禮의 三百三千이 燦然畢陳하야 無非愛敬懇惻之心이 發見於大綱細目之間하야 而非繁文縟節之爲면 則仁之體事而無不在를 可知矣라 若夫人之往來游息에 而天皆與之俱하니 豈眞有

物在上하야 日監在玆哉아 理無往而不在하고 人無在而非天이니 由詩言觀之하면 則天之體物不遺를 尤可見矣라 是故로 人而不仁이면 必無一事可爲요 而稍有戲豫馳驅之心이면 卽爲獲罪於天이라 知天則知仁이요 全盡乎仁이면 卽爲全盡乎天이니 張子之言이 極其眞切이라 所以朱子曰 此數句는 從赤心片片說出來니 豈荀揚所能到也리오하시니라

이는 天地가 사람의 가운데에 있어서 사람이 이치를 따라 행해야 함을 말씀한 것이다. 무릇 體라고 말한 것은 '저 骨子가 된다.'는 말과 같다. 出王은 나가서 가는 바가 있는 것이고 旦 또한 밝음이다. 衍은 從容의 뜻이니, 이 네 句는《詩經》〈大雅 板〉詩의 내용이다. 하늘은 이치일 뿐이니, 仁은 바로 人心에 갖추어져 있는 天理이다. 사물마다 모두 天理가 있으니 이는 하늘이 사물의 本體가 되어 빠뜨리지 않는 것이요, 일마다 모두 내 마음의 天理로부터 해나가면 이는 仁이 일의 體가 되어 있지 않음이 없는 것이다. 한 번 생각해보건대 經禮 3백 가지와 曲禮 3천 가지가 찬란하게 모두 진열되어서 愛敬하고 懇惻하는 마음이 큰 綱領과 작은 節目의 사이에 발현되어, 번거로운 문식과 자잘한 禮를 하는 것이 아니니, 그렇다면 仁이 일의 本體가 되어서 있지 않음이 없음을 알 수 있다. 사람이 왕래하고 놀고 쉼에 하늘이 모두 함께하니, 어찌 참으로 위에 한 물건이 있어서 날로 이것을 보고 있겠는가. 理는 가는 곳마다 있지 않음이 없고 사람은 있는 곳마다 天理 아님이 없으니, 이 詩의 내용을 가지고 살펴보면 天理가 사물의 本體가 되어 빠뜨리지 않음을 더욱 볼 수 있다. 이 때문에 사람으로서 仁하지 않으면 반드시 한 가지 일도 할 수가 없고, 조금이라도 희롱하고 즐기고 달리는 마음이 있으면 하늘에 죄를 얻음이 되는 것이다. 天理를 알면 仁을 알고, 仁을 완전히 다하면 곧 天理를 완전히 다하는 것이니, 張子의 말씀이 지극히 진실하고 간절하다. 이 때문에 朱子가 말씀하기를 '이 몇 句는 진심〔赤心〕을 하나하나 말씀해 낸 것이니, 어찌 荀子와 揚子가 이를 수 있는 것이겠는가.' 라고 하신 것이다.

1 【釋疑】天體物不遺……無一物之不體：朱子曰 凡言體는 便是做他那骨子니 猶言天體於物이요 仁體於事니 本是言物以天爲體요 事以仁爲體라 問與體物不可遺로 一般否잇가 曰 然하다 問禮儀三百, 威儀三千이 無一物而非仁한대 曰 禮

儀威儀는 須得仁以爲骨子니라 ○ 退溪錄云 禮儀는 冠婚喪祭大射鄕飮酒之類요 威儀는 進退升降拜伏之類라 言三千三百者는 數未必至此로되 總言其曲折之多也라 旦은 明也니 日出之時爲旦也요 遊衍은 遊樂之意라 問此段上面엔 言天하고 次言仁이어늘 而後面엔 先言仁하고 後言天者는 互言之하야 以極發明否잇가 曰 是니라

朱子가 말씀하였다. "무릇 體라고 말한 것은 곧 저 骨子가 되는 것이니, '하늘이 사물의 體가 되고 仁이 일의 體가 된다.'는 말과 같다. 이는 본래 물건은 하늘을 體로 삼고 일은 仁을 體로 삼음을 말한 것이다." "사물의 體(根幹)가 되어 빠뜨릴 수 없다는 것과 똑같은 것입니까?" 하고 묻자, 〈朱子는〉 "그렇다."고 말씀하였다. 禮儀 3백 가지와 威儀 3천 가지가 한 가지 사물도 仁이 아님이 없다는 것에 대해 묻자, 다음과 같이 말씀하였다. "禮儀와 威儀는 모름지기 仁을 얻어서 骨子로 삼는 것이다."

○ 退溪의 기록에 이르기를 "禮儀는 冠·婚·喪·祭와 大射禮와 鄕飮酒禮 따위이고, 威儀는 나아가고 물러가고 올라가고 내려오고 절하고 엎드리는 따위이다. 3천과 3백이라고 말한 것은 數가 반드시 여기에 이르는 것은 아니지만 그 曲折이 많음을 총괄하여 말한 것이다. 旦은 밝음이니 해가 나올 때를 旦이라 하고, 遊衍은 놀며 즐기는 뜻이다." 하였다.

"이 단락의 上面에서는 하늘을 말하고 다음에는 仁을 말하였는데, 후면에서는 먼저 仁을 말하고 뒤에 하늘을 말한 것은 두 가지를 서로 말하여 발명하기를 지극히 한 것입니까?" 하고 묻자, 退溪는 "옳다."고 말씀하였다.

## 46. 鬼神者는 二氣之良能也니라

〈橫渠先生이 말씀하였다.〉

"鬼神은 陰陽 두 기운의 良能이다."

良能者는 自然而然하야 莫之爲而爲也라 朱子謂 橫渠此語尤精이라하시니라

良能은 자연히 그렇게 되어서 함이 없이 저절로 되는 것이다. 朱子가 말씀하기를 "橫渠의 이 말씀이 더욱 정밀하다." 하였다.

## 47. 物之初生엔 氣日至而滋息하고 物生旣盈엔 氣日反

**而遊散**하나니 **至之謂神**은 **以其伸也**요 **反之謂鬼**는 **以其歸也**니라

〈橫渠先生이 말씀하였다.〉

"물건이 처음 낳았을 적에는 기운이 날로 이르러 불어나고, 물건이 자라 이미 가득차면 기운이 날로 돌아가 흩어진다. 이르는 것을 神이라 이름은 펴지기 때문이요, 돌아가는 것을 鬼라 이름은 돌아가기 때문이다."

物自少以至壯엔 氣日至而滋息[1]하나니 滋息者는 生而就滿也요 自壯以至老엔 氣日反而遊散하나니 遊散者는 消而就盡也라 以其日至而伸이라 故曰神이요 以其日反而歸라 故曰鬼니라

물건이 어릴 때로부터 장성함에 이르기까지는 기운이 날로 이르러 불어나니 불어남은 자라서 가득함에 나아가는 것이요, 장성할 때로부터 늙음에 이르기까지는 기운이 날로 돌아가 흩어지니 흩어짐은 사라져서 다함에 나아가는 것이다. 날로 이르러 펴지기 때문에 神이라 이르고, 날로 돌아가기 때문에 鬼라 말한 것이다.

1 【釋疑】氣日至而滋息：朱子曰 此息은 只是生息之息이요 非止息之息이라 嘗看孟子言日夜之所息한대 程子謂息字有二義라하시니 某後來看에 只是生息이로라

朱子가 말씀하였다 "이 息은 다만 生息(낳음)의 息이요 止息(멈춤)의 息이 아니다. 내가 일찍이 《孟子》를 보니 '日夜의 所息'을 말하였는데, 程子는 '息字는 生息과 止息의 두 가지 뜻이 있다.'고 하였다. 내가 뒤에 보니, 다만 生息의 뜻이었다."

**48. 性者**는 **萬物之一源**이라 **非有我之得私也**니 **惟大人**이라야 **爲能盡其道**라 **是故**로 **立必俱立**하며 **知必周知**하며 **愛必兼愛**하며 **成不獨成**하나니 **彼自蔽塞而不知順吾理〔性〕者**는 **則亦末如之何矣**니라

〈橫渠先生이 말씀하였다.〉

"性은 萬物이 똑같은 근원이어서 나만 사사로이 가지고 있을 수 있는 것이 아니니, 오직 大人이라야 그 도리를 다할 수 있다. 이 때문에 서면 반드시 함께 서고 알면 반드시 두루 알고 사랑하면 반드시 겸하여 사랑하고 이루면 혼자만 이루지 않는 것이니, 저 스스로 가리우고 막혀서 자신의 性을 순히 따를 줄 모르는 자는 또한 어쩔 수가 없는 것이다."

**性**은 **原于天而人之所同得也**라 **惟大人者能盡己之性則能盡人之性**이니 **蓋性本無二也**라 **故己有所立**에 **必與夫人以俱立**하며 **己有所知**에 **必使夫人以周知**하며 **愛必兼愛**하야 **使人皆得所愛也**하며 **成不獨成**하야 **使人皆有所成也**니 **四者**는 **大人之所存心也**라 **立者**는 **禮之幹也**[1]요 **知者**는 **智之用也**요 **愛者**는 **仁之施也**요 **成者**는 **義之遂也**라 **自立於禮**로 **以至成於義**는 **學之始終也**라 **張子之教 以禮爲先故**로 **首曰立**이라 **如是而彼或蔽塞而不通**하야 **不知所以順乎理**면 **則亦無如之何**어니와 **然其心**은 **固欲其同盡乎一源之性也**니 **此卽大學明明德於天下**요 **中庸成己成物之道**니 **蓋西銘之根本**[2]**也**니라

性은 하늘에 근원하여 사람이 함께 얻은 것이다. 오직 大人만이 자신의 性을 다할 수 있는 바, 〈자신의 性을 다하면〉 남의 性을 다할 수 있는 것이니, 性은 본래 두 가지가 없다. 그러므로 자신이 서는 바가 있으면 반드시 남과 더불어 함께 서며, 자신이 아는 바가 있으면 반드시 남으로 하여금 두루 알게 하며, 사랑하면 반드시 겸하여 사랑해서 남들로 하여금 모두 사랑하는 바를 얻게 하며, 이루면 혼자만 이루지 아니하여 모두 이루는 바가 있게 하는 것이니, 이 네 가지는 大人이 마음에 두는 것이다. 섬〔立〕은 禮의 根幹이요, 앎〔知〕은 智의 用이요, 사랑〔愛〕은 仁의 베풂이요, 이룸〔成〕은 義의 이룸이다. 立於禮부터 成於義에 이르기까지는 배움의 시작과 끝이다. 張子의 가르침은 禮를 우선으로 하였다. 그러므로 첫번째로 〈禮에〉 선다고 말씀한 것이다. 이와 같이 하는데도 저가 혹 가리고 막혀서 통하지 못하여 이치를 순히 따를 줄을 모른다면 또한 어쩔 수가 없는 것이다. 그러나 그 마음은 진실로 한 근원의 性을 함께 다하고자 하니, 이는 곧 《大學》에 明德을 天下에

밝히는 것이요, 《中庸》에 成己成物(자기를 이루고 남을 이룸)의 道이니, 〈西銘〉의 根本이라 할 것이다.

1 【漢文大系】立者禮之幹也 : 欄外書曰 注에 以禮智仁義配言은 恐拘라

《欄外書》에 말하였다. "注에 禮智와 仁義를 배합하여 말한 것은 너무 구애된 듯하다."

2 【釋疑】性原于天……西銘之根本 : 按 朱子曰 性爲萬物之一源이라 性者는 人物之所同得이니 非惟己有요 人亦有是며 非惟人有요 物亦有是라하니 此通人與物而言之也라 葉氏只曰 人所同得이라하고 又曰 能盡人之性이라하고 而物則不及하니 然則天命之性이 有所欠闕하야 而大人亦不能盡物之性矣니 不能盡物之性이면 則可謂盡其道乎아 此則不但措語間病敗也라 此章本意는 則不過曰性者는 人與物之所同得이로되 而惟大人이 能盡其道하야 立必俱立하고 成不獨成이니 猶論語所謂己欲立而立人이요 中庸成己成物之意也라 知必周知者는 知在己之理하야 而天下萬物之理를 無不周知也요 愛必兼愛者는 愛於其親하야 而天下之人與物을 无所不愛也니 此句는 乃大人盡其道之事也라 其末에 彼自蔽塞者는 蔽言人이요 塞言物이니 此章은 自頭至尾히 无不通人物而言之者라 如此看首尾하면 則語意不滯하야 萬物一源之旨 有所歸宿矣리라 或曰 立必俱立, 成不獨成은 可語於人이나 不可語於物이니이다 曰 立必俱立則然矣어니와 成不獨成은 豈不可語於物哉아 王制에 不曰獺祭魚然後에 虞人入澤梁하고 豺祭獸然後에 田獵하며 鳩化爲鷹然後에 設罻羅하고 草木零落然後에 入山林乎아 此聖人成育萬物之道라 而朱子論修道之敎에 曰 至於天下之物하야는 則順其所欲하고 違其所惡하며 因其材質之宜하야 以致其用하고 制其取用之節하야 以遂其成者라하시니 此可見成不獨成之意也니라 ○ 又按 兼愛를 孟子註曰 无所不愛也라하고 朱子又曰 兼天下之人而盡愛는 蓋墨道也라하시니 此則只取其語하야 以言大人无所不愛之意니 不可以辭害義어늘 葉氏所謂使人皆得所愛는 語意未妥니라 且立者는 禮之幹이라하니 此亦未穩이라 易曰 貞者는 事之幹이라한대 本義曰 貞者는 於人則爲智而爲衆事之幹이니 幹은 木之身而枝葉所依而立者也라하니라 以元亨利貞之貞으로 爲衆事之幹은 固也어니와 以立爲禮之幹이 可乎아 況此立字는 己欲立而立人之立也라 朱子以或人所論欲立은 謂欲自立於世요 立人은 謂扶持培植하야 使之自立之說로 爲是하시니 然則與立於禮之卓然自立하야 不爲事物之所搖奪者로 不同矣라 葉氏以立知愛成四字로 分屬禮智仁義하야 爲學之始終하야 若謂立於禮, 成於樂者하니 然則此四句는 乃爲學之次序요 非大人盡道之事也라 種種語病이니 不可不知니라

살펴보건대 朱子가 말씀하기를 "性은 萬物의 똑같은 根源이 된다. 性은 사

람과 물건이 똑같이 얻은 것이니, 자기만 소유한 것이 아니요 남 또한 이것을 소유하였으며, 비단 사람만 소유한 것이 아니요 물건 또한 이것을 가지고 있다." 하였으니, 이는 사람과 물건을 통틀어 말씀한 것이다. 그런데 葉氏는 다만 "사람이 똑같이 얻은 것이다." 하였고, 또 "사람의 性을 다할 수 있다." 하였고 물건에는 미치지 않았으니, 그렇다면 天命之性이 欠闕된 바가 있어서 大人 또한 물건의 性을 다하지 못하는 것이다. 물건의 性을 다하지 못한다면 그 道를 다했다고 말할 수 있겠는가. 이는 다만 말을 얽는 사이의 병폐일 뿐만이 아니다. 이 章의 本意는 '性은 사람과 물건이 똑같이 얻었는데 오직 大人만이 그 道理를 다하여, 서면 반드시 함께 서고 이루면 혼자만 이루지 않음'을 말한 것이니, 《論語》에 이른바 '자기가 서고자 하면 남도 세운다.'는 것과 같고, 《中庸》에 '자기를 이루고 남을 이룬다.'는 뜻과 같다. '알면 반드시 두루 안다.'는 것은 자기 몸에 있는 이치를 알아서 天下 萬物의 이치를 두루 알지 않음이 없는 것이요, '사랑하면 반드시 겸하여 사랑한다.'는 것은 그 어버이를 사랑하여 천하 사람과 물건을 사랑하지 않음이 없는 것이니, 이 구절은 바로 大人이 그 道를 다하는 일이다. 그 끝에 '저 스스로 가리우고 막혔다.〔蔽塞〕'고 한 것은 蔽는 사람을 말하고 塞은 물건을 말한 것이니, 이 章은 처음부터 끝까지 사람과 물건을 통틀어 말하지 않은 것이 없다. 이와 같이 처음과 끝을 본다면 말뜻이 막히지 않아 萬物이 한 根源이라는 뜻이 귀결될 곳이 있을 것이다.

或者가 말하기를 "서면 반드시 함께 서고 이루면 혼자만 이루지 않는다는 것은 사람에게는 말할 수 있으나 물건에게는 말할 수 없습니다." 하자, 다음과 같이 대답하였다. "서면 반드시 함께 선다는 것은 그렇지만, 이루면 혼자만 이루지 않는다는 것은 어찌 물건에 대해 말할 수 없겠는가. 《禮記》〈王制〉에 '수달이 물고기로 제사를 지낸 뒤에 虞人이 澤梁에 들어가 고기를 잡고, 승냥이가 짐승으로 제사를 지낸 뒤에 사냥을 하며, 비둘기가 변하여 새매가 된 뒤에 그물을 쳐서 새를 잡고, 초목의 잎이 떨어진 뒤에 산림에 들어가서 나무를 벤다.' 고 말하지 않았는가. 이는 聖人이 萬物을 育成하는 道이다. 朱子는 修道之敎를 논할 적에 天下의 물건에 이르러서는 '그 하고자 하는 바를 순히 하고 그 싫어하는 바를 어기며 그 材質의 마땅함을 따라서 씀을 지극히 하고, 취하여 쓰는 데에 절제하여 그 이룸을 이루는 것이다.' 하였으니, 여기에서 이루면 혼자만 이루지 않는 뜻을 볼 수 있다."

○ 또 살펴보건대 兼愛를 《孟子》의 註에 "사랑하지 않음이 없는 것이다." 하였고, 朱子는 또 말씀하기를 "천하의 사람을 다 겸하여 사랑하는 것이니, 이는 墨家의 道이다." 하였다. 이는 다만 墨家의 말을 취하여, '大人은 사랑하지 않

는 바가 없다.'는 뜻을 말씀한 것이니, 말(글)을 가지고 本意를 해쳐서는 안 된다. 그러하니 葉氏의 이른바 '사람들로 하여금 모두 사랑하는 바를 얻게 한다.'는 것은 말뜻이 온당치 못하다. 또 '立은 禮의 根幹이다.' 하였으니, 이 또한 온당치 못하다. 《周易》에 "貞은 일의 근간이다." 하였는데, 《本義》에 이르기를 "貞은 사람에 있어서는 智가 되어 모든 일의 근간이 되니, 幹은 나무의 몸통으로 가지와 잎이 의지하여 서는 것이다." 하였다. 元·亨·利·貞의 貞을 모든 일의 근간이라고 하는 것은 당연하지만, 立을 禮의 근간이라 하는 것이 옳겠는가. 더구나 이 立字는 '자기가 서고자 하면 남도 세운다.〔己欲立而立人〕'는 立字이다. 或者가 "欲立은 자기가 스스로 세상에 서고자 하는 것이요, 立人은 붙들어 주고 培植하여 사람으로 하여금 스스로 서게 하는 것이다." 라고 말하였는데, 朱子가 이 말을 옳다고 하였으니, 그렇다면 卓然히 自立하여 사물에게 흔들리거나 빼앗기지 않는 '立於禮'와는 똑같지 않다. 그런데 葉氏는 立·知·愛·成 네 글자를 禮·智·仁·義에 나누어 소속시켜서 學問의 始와 終이라 하여, 마치 立於禮, 成於樂이라는 말과 똑같이 여겼으니, 그렇다면 이 네 句는 바로 學問하는 차례요 大人이 道를 다하는 일이 아니다. 여러 가지 말에 병폐가 있으니, 이것을 알지 않으면 안 된다.

**49. 一故로 神이니 譬之人身컨대 四體皆一物이라 故觸之而無不覺하야 不待心使至此而後覺也라 此所謂感而遂通이며 不行而至요 不疾而速也[12]니라 〈橫渠 易說〉**

〈橫渠先生이 말씀하였다.〉

"純一(專一)하므로 신묘하니, 사람의 몸에 비유하면 四體가 모두 한 물건이다. 이 때문에 닿으면 깨닫지 못함이 없는 것이니, 마음이 여기에 이르게 하기를 기다린 뒤에 깨닫는 것이 아니다. 이것은 〈繫辭傳〉에 이른바 '감동하여 마침내 통한다.'는 것이며, '가지 않아도 이르고 빨리 하지 않아도 신속하다.'는 것이다." 〈橫渠先生의 《易說》에 보인다.〉

一은 謂純一也요 神은 謂神妙而無不通也라 猶人之四體 本一也라 故觸之卽覺하야 不待思慮擬議[3]니 使一有間斷이면 則痛痒에 有所不覺矣리라 天地

之爲物이 不貳[4]라 故妙用而無方하고 聖人之心이 不貳라 故感通而莫測이니라

一은 純一함을 이르고 神은 神妙하여 통하지 않음이 없음을 이른다. 사람의 四體가 본래 하나이기 때문에 닿으면 즉시 깨달아서 생각하거나 擬議(모방하여 의논함)하기를 기다리지 않는 것과 같으니, 가령 한 번이라도 間斷함이 있으면 아프고 가려움에 깨닫지 못하는 바가 있을 것이다. 天地의 물건됨이 둘로 하지 않기 때문에 妙用하여 일정한 방소가 없고, 聖人의 마음이 두 가지로 쓰지 않기 때문에 感通하여 측량할 수가 없는 것이다.

【張伯行 註】此는 言聖人之心이 純一不貳라 故隨感而皆通也라 一은 謂純一이요 神은 謂神妙而無不通이라 譬之人身하면 四體本是一物이라 故觸之卽覺이요 不待心之思慮하야 使有所覺而後覺也라 此正易繫辭傳所謂感而遂通이요 不行而至, 不疾而速也라 使未至於純一이면 則有間斷하야 而痛癢(痒)에 有所不覺矣리라 蓋天地之爲物不貳라 故妙用無方하고 聖人之心不貳라 故感通莫測하니 其理一也니라

이는 聖人의 마음이 純一하여 두 가지로 쓰지 않기 때문에 감동함에 따라 모두 통함을 말씀한 것이다. 一은 純一함을 이르고, 神은 신묘하여 통하지 않음이 없음을 이른다. 사람의 몸에 비유하면 四體가 본래 한 물건이므로 닿으면 즉시 깨닫고, 마음에 생각하여 깨닫는 바가 있게 한 뒤에 깨닫는 것이 아닌 것과 같다. 이는 바로 《周易》〈繫辭傳〉에 이른바 '감동하면 마침내 통하여 행하지 않아도 이르고 빨리 하지 않아도 속하다.' 는 것이다. 만일 純一함에 이르지 못하면 間斷함이 있어서 아프거나 가려움에 깨닫지 못하는 바가 있을 것이다. 天地의 물건됨이 두 가지로 하지 않기 때문에 妙用하여 일정한 방소가 없고, 聖人의 마음이 두 가지로 쓰지 않기 때문에 感通하여 측량할 수가 없는 것이니, 그 이치가 똑같다.

**1** 【漢文大系】一故神……不疾而速也：易繫辭上傳曰 易은 无思也하며 无爲也하야 寂然不動이라가 感而遂通天下之故라하고 又曰 唯神也故로 不疾而速하고 不行而至라하니라 ○ 欄外書曰 一者는 謂一理同體니 卽前條性者萬物之一源이 是也라 唯一也故로 感應迅速하니 卽所謂神也라

《周易》〈繫辭 上傳〉에 이르기를 “《周易》은 생각함이 없으며 함이 없어서 고요하여 동하지 않다가 감동하면 마침내 천하의 所以然을 통한다.” 하였고, 또 이르기를 “오직 神妙하기 때문에 빨리 하지 않아도 速하며 가지 않아도 이른다.” 하였다.

○《欄外書》에 말하였다. “一이란 한 가지 이치로 體가 같음을 말하였으니, 바로 앞 조항의 ‘性은 만물의 똑같은 根源’이라는 것이 이것이다. 오직 하나이기 때문에 感應이 迅速하니, 곧 이른바 신묘하다는 것이다.”

2 【釋疑】一故神……不疾而速也：朱子曰 橫渠語曰 一故神이라하고 自註云 兩在故不測이라하며 又曰 兩故化라하고 自註云 推行於一이라하니 說得極好라 須當子細看이니라 但近思錄所載는 與本書不同하니 當時에 緣伯恭不肯全載라 故後來不曾與他添得이로라 一故神은 只是一物이 却周行乎事物之間이니 如所謂陰陽屈伸往來上下로 以至於行乎什百千萬之中히 无非這一箇物事니 所以謂兩在故로 不測이라 兩故化는 凡天下之事 一不能化요 惟兩而後能化니 且如一陰一陽이라야 始能化生萬物이니 雖是兩箇나 要之亦是推行乎此一爾니라 ○ 或問一故神한대 曰 一은 是一箇道理인대 却有兩端하야 用處不同이라 譬如陰陽은 陰中有陽하고 陽中有陰하며 陽極生陰하고 陰極生陽하니 所以神化無窮이니라 ○ 直卿云 一故神은 猶一動一靜이 互爲其根이요 兩故化는 猶動極而靜, 靜極復動이니라

朱子가 말씀하였다. “橫渠가 말씀하기를 ‘純一하기 때문에 신묘하다.〔一故神〕’ 하고 自註에 ‘두 가지에 모두 있기 때문에 측량할 수 없다.’ 하였으며, 또 말씀하기를 ‘둘이 있기 때문에 조화가 생긴다.〔兩故化〕’ 하고 自註에 ‘하나에 미루어 행한다.’ 하였으니, 말씀한 것이 지극히 좋은 바, 모름지기 자세히 보아야 한다. 다만 《近思錄》에 기재한 것은 本書와 똑같지 않으니, 당시에 呂伯恭(呂祖謙)이 全文을 다 기재하려고 하지 않았으므로 後來에 그와 상의하여 全文을 다 넣지 않은 것이다. ‘一故神’은 다만 한 물건(이치)이 사물의 사이에 두루 행하는 것이니, 예컨대 이른바 陰陽과 屈伸, 往來와 上下로부터 什百千萬의 가운데에 유행함에 이르기까지 이 하나의 사물 아닌 것이 없으니, 이 때문에 ‘두 가지에 모두 있기 때문에 측량할 수 없다.’고 말한 것이다. ‘兩故化’는 모든 천하의 일이 하나로는 造化를 내지 못하고 오직 둘이 된 뒤에야 조화를 낼 수 있으니, 한 陰과 한 陽이 있어야 비로소 萬物을 化生하는 것과 같다. 비록 두 가지이나 요컨대 또한 이 한 가지(이치)를 미루어 행하는 것이다.”

○ 或者가 ‘一故神’을 묻자, 다음과 같이 말씀하였다. “一은 하나의 道理인데 다만 두 가지가 있어서 사용하는 곳이 똑같지 않다. 陰陽에 비유하면 陰 가

운데 陽이 있고 陽 가운데 陰이 있으며 陽이 지극하면 陰을 낳고 陰이 지극하면 陽을 낳으니, 이 때문에 신묘한 造化가 무궁한 것이다."

○ 黃直卿(黃幹)이 말하였다. "一故神은 〈太極圖說〉에 '一動一靜이 서로 그 뿌리가 된다.'는 것과 같고, 兩故化는 '動이 지극하면 靜하고 靜이 지극하면 다시 動한다.'는 것과 같다."

**3** 【釋疑】擬議 : 繫辭라 朱子曰 擬議는 只是裁度自家言動이라

〈繫辭傳〉에 보인다. 朱子가 말씀하였다. "擬議는 다만 자신의 말과 행동을 헤아리는 것이다."

**4** 【釋疑】爲物不貳 : 中庸에 天地之道는 可一言而盡也니 其爲物不貳라 則其生物不測이라하니 註에 不貳는 所以誠也라하니라

《中庸》에 "天地의 道는 한 마디 말로 다할 수 있으니, 그 물건됨이 둘로 하지 않는다. 그리하여 물건을 낳음이 측량할 수 없다." 하였는데, 註에 "不貳는 誠(眞實, 誠一)이다." 하였다.

## 50. 心은 統性情[12]者也니라 〈橫渠語錄 下同〉

〈橫渠先生이 말씀하였다.〉

"마음은 性과 情을 통솔(통합)하는 것이다." 〈《橫渠先生語錄》에 보인다. 이하도 같다.〉

朱子曰 統은 是主宰니 性者는 心之理요 情者는 心之用이요 心者는 性情之主라 孟子曰 仁은 人心也라하시고 又曰 惻隱之心이라하사 性情上에 都下箇心字하시니 可見心統性情之義로다

朱子가 말씀하였다.

"統은 主宰이니, 性은 마음의 이치요 情은 마음의 用이요 마음은 性情의 主宰이다. 孟子가 말씀하기를 '仁은 사람의 마음이다.' 하였고, 또 말씀하기를 '惻隱之心이다.' 하여, 性情上에 모두 이 心字를 놓으셨으니, 마음이 性情을 통솔하는 뜻을 볼 수 있다."

**1** 【漢文大系】心統性情 : 欄外書曰 心者는 性情之統名也라 故通性情을 皆謂之

心이니 如注所引孟子卽是也라 統은 謂兼通이요 非主宰니 若以主宰言之면 則性却主宰於心이요 心又主宰於身이니 注說은 似倒看이니라

《欄外書》에 말하였다. "心은 性情의 통칭이다. 그러므로 性情을 통틀어 모두 心이라 이르는 것이니, 注에서 인용한 《孟子》의 내용이 바로 이것이다. 統은 兼通함을 이르고 主宰하는 것이 아니니, 만약 主宰를 가지고 말한다면 性은 마음을 주재하고 마음은 또 몸을 주재하는 것이니, 注의 내용은 거꾸로 본 것인 듯하다."

2 【釋疑】心統性情 : 統은 猶兼也라 ○ 統은 如統兵之統이니 言有以主之也라 ○ 季通云 心統性情은 不若云心者性情之統名이니라

統은 兼과 같다.

○ 統은 統兵(군대를 통솔함)의 統과 같으니, 주장(운용)함이 있음을 말한 것이다.

○ 蔡季通(蔡元定)이 말하였다. "心統性情은 '心이란 性情의 통합한 명칭'이라고 말하는 것만 못하다."

**51. 凡物이 莫不有是性이로되 由通蔽開塞이라 所以有人物之別이요 由蔽有厚薄이라 故有智愚之別이니 塞者는 牢不可開요 厚者는 可以開로되 而開之也難하고 薄者는 開之也易하니 開則達于天道하야 與聖人一[1]이니라**

〈橫渠先生이 말씀하였다.〉

"모든 물건은 이 性을 가지고 있지 않음이 없으나 통하고 가리고 열리고 막히기 때문에 사람과 물건의 구별이 있고, 가리움에 厚薄이 있기 때문에 智愚의 구별이 있는 것이다. 막힌 자는 굳어서 열 수가 없고, 두껍게 가리운 자는 열 수는 있으나 열기가 어렵고 얇게 가리운 자는 열기가 쉬우니, 열리면 天道를 통달하여 聖人과 똑같게 된다."

有是氣면 必有是理하니 此人與物之所共也[2]라 由氣有通蔽開塞이라 故有人物之異하고 由蔽有厚薄이라 故人又有智愚之異하니 塞者는 氣拘而塡實之也라 故不可開니 此言物也요 蔽者는 但昏暗而有所不通이니 皆可開也나 顧有難易之分耳니 及其旣開면 則通乎天道하야 與聖人一이니 此는 言人也라

이 氣가 있으면 반드시 이 理가 있으니, 이 〈理와 氣〉는 사람과 물건이 똑같은 것이다. 〈다만〉 기운에 통하고 가리우고 열리고 막힘이 있기 때문에 사람과 물건의 차이가 있고, 가리움에 두껍고 얇음이 있기 때문에 사람은 또 지혜롭고 어리석음의 차이가 있는 것이다. 막힌 자는 氣質에 구애되어 꽉 막혔기 때문에 열 수가 없으니, 이는 물건을 말한 것이다. 가리운 자는 다만 어두워서 통하지 못하는 바가 있는 것이니, 모두 열 수가 있으나 다만 어렵고 쉬움의 구분이 있을 뿐이다. 이미 열리게 되면 天道를 통달하여 聖人과 똑같게 되니, 이는 사람을 말한 것이다.

**1** 【漢文大系】凡物莫不有是性……與聖人一 : **欄外書曰 橫渠言性**은 **還是理氣合一**하야 **旋有深意**어늘 **後人說**은 **太過分析**하야 **却失**이니라

《欄外書》에 말하였다. "橫渠가 性을 말씀한 것은 또한 理와 氣를 하나로 합하여 곧 깊은 뜻이 있는데, 後人들의 말은 너무 지나치게 분석하여 잘못되었다."

**2** 【釋疑】此人與物之所共也 : **此字**는 **指理氣言也**라

此字는 理와 氣를 가리켜 말한 것이다.

近思錄集解 卷之二

# 爲學 凡百十一條

**此卷**은 **總論爲學之要**하니 **蓋尊德性矣**인댄 **必道問學**[1]이니 **明乎道體**하야 **知所指歸**면 **斯可究爲學之大方矣**리라

이 卷은 學問하는 요점을 總論하였으니, 德性을 높였으면 반드시 問學을 말미암아야 하니, 道體에 밝아서 指向할 바를 알면 學問하는 큰 방법을 연구할 수 있을 것이다.

1 【釋疑】總論爲學之要……必道問學 : 沙溪曰 首卷은 論道體요 非尊德性也어늘 葉氏以尊德性言之하니 恐未安이라 若是泛論하야 以起道問學이면 則又似贅니라

沙溪가 말하였다. "첫째 권은 道體를 논한 것이고 尊德性을 논한 것이 아닌데, 葉氏가 尊德性이라고 말하였으니, 온당치 못할 듯하다. 만약 범연히 논하여 道問學을 시작하였다고 한다면 또 〈尊德性은〉 필요없는 말일 듯하다."

**1. 濂溪先生曰 聖希天**이요 **賢希聖**이요 **士希賢**이니라 **伊尹顔淵**은 **大賢也**니 **伊尹**은 **恥其君不爲堯舜**하고 **一夫不得其所**어든 **若撻于市**하며 **顔淵**은 **不遷怒**하고 **不貳過**하며 **三月不違仁**하니라 **志伊尹之所志**하고 **學顔子之所學**하면 **過則聖**이요 **及則賢**이요 **不及**이라도 **則亦不失於令名**이리라

## 1-1 濂溪先生曰 聖希天이요 賢希聖이요 士希賢이니라

濂溪先生이 말씀하였다.

"聖人은 하늘(天理와 같음)을 바라고 賢人은 聖人을 바라고 선비는 賢人을 바란다.

朱子曰 希는 望也니 字本에 作睎라

朱子가 말씀하였다.

“希는 바람이니,《字本》에 睎로 되어 있다.”

## 1-2 伊尹顔淵은 大賢也니 伊尹은 恥其君不爲堯舜하고 一夫不得其所어든 若撻于市하며 顔淵은 不遷怒하고 不貳過하며 三月不違仁하니라

伊尹과 顔淵은 大賢이니, 伊尹은 그 군주가 堯·舜과 같은 聖君이 되지 못하는 것을 부끄러워하고 한 사람(家長)이라도 살 곳을 얻지 못하면 시장에서 종아리를 맞는 것처럼 부끄럽게 여겼으며, 顔淵은 노여움을 남에게 옮기지 않고 잘못(과실)을 다시 저지르지 않았으며 3개월 동안 仁을 떠나지 않았다.

朱子曰 說見書及論語[1]하니 皆賢人之事也라

朱子가 말씀하였다.

“이 내용은《書經》과《論語》에 보이니, 이는 모두 賢人의 일이다.”

1 【譯註】說見書及論語 : 伊尹의 일은《書經》〈說命〉에 보이고, 顔淵의 일은《論語》〈雍也〉에 보인다.

## 1-3 志伊尹之所志하고 學顔子之所學[1]하면

伊尹이 뜻한 바를 뜻하고 顔子가 배운 바를 배우면

朱子曰 此는 言士希賢也라

朱子가 말씀하였다.

“이는 선비가 賢人이 되기를 바람을 말한 것이다.”

1 【漢文大系】志伊尹之所志 學顔子之所學 : 欄外書曰 伊尹所志는 義邊爲多요 顔淵所學은 仁邊爲多니라

《欄外書》에 말하였다. "伊尹이 뜻한 바는 義의 부분이 많고, 顔淵이 배운 바는 仁의 부분이 많다."

## 1-4 過則聖이요 及則賢이요 不及이라도 則亦不失於令名이리라 〈通書 下同〉

이보다 지나면 聖人이요, 미치면 賢人이요, 미치지 못하더라도 훌륭한 이름(명예)을 잃지 않을 것이다." 〈《通書》에 보인다. 이하도 같다.〉

朱子曰 三者는 隨其用力之淺深하야 以爲所至之近遠이라 不失令名은 以其有爲善之實也라 ○ 胡氏曰 周子患人以發策決科[1]하야 榮身肥家하고 希世取寵으로 爲事也라 故曰志伊尹之所志라하고 患人以廣聞見, 工文詞, 矜智能, 慕空寂으로 爲事也라 故曰學顔子之所學이라하니 人能志此志而學此學이면 則知斯道之大而其用無窮矣리라

朱子가 말씀하였다.

"세 가지는 힘씀의 깊고 얕음에 따라 이르는 바의 가깝고 멂을 삼은 것이다. 훌륭한 이름을 잃지 않음은 善을 행한 실제가 있기 때문이다."

○ 胡氏가 말하였다.

"周子는 사람들이 對策文을 써서 科擧에 올라 자기 몸을 영화롭게 하고 집안을 윤택하게 하며 세상에 영합하여 寵榮(영광)을 취하는 것을 일삼을까 걱정하였으므로 '伊尹이 뜻한 바를 뜻하라' 하였고, 사람들이 聞見을 넓히고 文詞를 잘하고 智能을 자랑하고 老·佛의 空寂을 사모하는 것을 일삼을까 걱정하였으므로 '顔子가 배운 바를 배우라' 하였으니, 사람들이 이 뜻을 뜻하고 이 배움을 배운다면 이 道의 큼을 알아 應用함이 무궁할 것이다."

1 【漢文大系】發策決科 : 欄外書曰 揚子法言之字面이니 謂開發策問疑義하야 決取甲乙科目이라하니라

《欄外書》에 말하였다. "揚子(揚雄)의 《法言》처럼 외형만 아름다운 글이니, 策問의 의심스러운 뜻을 개발하여 甲乙의 科目을 결단하여 취함을 이른다."

**2. 聖人之道**는 **入乎耳**하고 **存乎心**하야 **蘊之爲德行**이요 **行之爲事業**이니 **彼以文辭而已者**는 **陋矣**니라

〈濂溪先生이 말씀하였다.〉

"聖人의 道는 귀에 들어오고 마음에 보존되어, 쌓으면 德行이 되고 행하면 事業이 되니, 저 文辭(文章)만 할 뿐인 자는 비루하다."

朱子曰 欲人眞知道德之重而不溺於文辭之陋也니라

朱子가 말씀하였다.

"사람으로 하여금 道德의 소중함을 참으로 알아서 文辭의 비루함에 빠지지 않게 하고자 하신 것이다."

**3. 或問 聖人之門**에 **其徒三千**이로되 **獨稱顏子爲好學**하시니 **夫詩書六藝**를 **三千子非不習而通也**니 **然則顏子所獨好者**는 **何學也**오 **伊川先生曰 學以至聖人之道也**니라 **聖人**을 **可學而至歟**아 **曰然**하다 **學之道如何**오 **曰 天地儲精**에 **得五行之秀者 爲人**이니 **其本也 眞而靜**하고 **其未發也**에 **五性具焉**하니 **曰 仁義禮智信**이요 **形旣生矣**에 **外物**이 **觸其形而動其中矣**니 **其中動而七情出焉**하니 **曰 喜怒哀樂愛惡欲**이라 **情旣熾而益蕩**이면 **其性**이 **鑿矣**라 **是故**로 **覺者**는 **約其情**하야 **使合於中**하야 **正其心, 養其性**하며 **愚者則不知制之**하야 **縱其情而至於邪僻**하야 **梏其性而亡之**니라 **然學之道**는 **必先明諸心**하야 **知所養[往]然後**에 **力行以求至**니 **所謂自明而誠也**라 **誠之之道**는 **在乎信道篤**이니 **信道篤則行之果**하고 **行之果則守之固**라 **仁義忠信**을 **不離**

乎心하야 造次에 必於是하며 顚沛에 必於是하며 出處語默에 必於是하야 久而弗失이면 則居之安하야 動容周旋이 中禮하야 而邪僻之心이 無自生矣리라 故顔子所事는 則曰 非禮勿視, 非禮勿聽, 非禮勿言, 非禮勿動이요 仲尼稱之에 則曰 得一善이면 則拳拳服膺而弗失之矣라하시고 又曰 不遷怒, 不貳過하며 有不善이면 未嘗不知하고 知之면 未嘗復行也라하시니 此其好之篤이요 學之之道也라 然聖人則不思而得하고 不勉而中이요 顔子則必思而後得하고 必勉而後中하시니 其與聖人相去一息이니 所未至者는 守之也요 非化之也라 以其好學之心으로 假之以年이면 則不日而化矣리라 後人은 不達하고 以謂聖本生知요 非學可至라하야 而爲學之道遂失하야 不求諸己而求諸外하야 以博聞强記巧文麗辭爲工하야 榮華其言이요 鮮有至於道者하니 則今之學은 與顔子所好로 異矣로다

**3-1 或問 聖人之門에 其徒三千이로되 獨稱顔子爲好學하시니 夫詩書六藝를 三千子非不習而通也니 然則顔子所獨好者는 何學也오**

혹자가 “聖人(孔子)의 문하에 門徒가 3천 명이었는데, 유독 顔子만을 배우기 좋아한다고 칭찬하셨습니다. 詩書와 六藝를 3천 명의 弟子가 익혀서 통달하지 않음이 없었으니, 그렇다면 顔子가 유독 좋아한 것은 어떠한 배움입니까?” 하고 묻자,

哀公問 弟子孰爲好學이닛고 孔子對曰 有顔回者 好學하더니 不幸短命死

矣라 今也則亡라하시니라 六藝는 禮樂射御書數라 史記曰 弟子蓋三千焉에 身通六藝者 七十二人이라하니라

哀公이 "弟子 중에 누가 배우기를 좋아합니까?" 하고 묻자, 孔子께서는 대답하시기를 "顔回라는 자가 배우기를 좋아하였는데, 불행히 短命하여 죽었으니, 이제는 없습니다." 하고 대답하였다. 六藝는 禮·樂·射·御·書·數이다. 《史記》에 이르기를 "弟子가 3천 명인데 몸소 六藝를 통달한 자가 72명이었다." 하였다.

## 3-2 伊川先生曰 學以至聖人之道也[1]니라 聖人을 可學而至歟아 曰然하다

伊川先生이 대답하기를 "배워서 聖人에 이르는 방법이다." 하였다. "聖人을 배워서 이를 수 있습니까?" 하고 묻자, "그렇다." 하고 대답하였다.

聖人은 生知하고 學者는 學而知之하니 及其知之則一也며 聖人은 安行하고 學者는 勉而行之하니 及其成功則一也니라

聖人은 태어나면서부터 저절로 알고 배우는 자는 배워서 아는데 그 앎에 이르러서는 똑같으며, 聖人은 편안히 행하고 배우는 자는 억지로 힘써서 행하는데 그 成功함에 이르러서는 똑같다.

1 【釋疑】學以至聖人之道也 : 雙峯饒氏曰 道者는 方法之謂니 言學以至乎聖人底方法也라 下文에 言學之道 與學之得其道는 皆此意니라

雙峯饒氏가 말하였다. "道는 方法을 이르니, 배워서 聖人에 이르는 방법을 말한다. 下文에 學之道와 學之得其道라고 말한 것도 모두 이 뜻이다."

## 3-3 學之道如何오 曰 天地儲精[1]에 得五行之秀者 爲人이니

"배우는 방법은 어떠한 것입니까?" 하고 묻자, 다음과 같이 대답하였다.

"天地가 精氣를 응집함에 五行의 빼어난 정기를 얻은 것이 사람이 되었으니,

人物萬殊 莫非二氣五行之所爲也나 然人則得其精且秀者라 是以能通于道而爲聖爲賢이니라

사람과 물건이 만 가지로 다른 것은 모두 二氣(陰陽)와 五行이 하는 것이다. 그러나 사람은 精하고 또 빼어난 기운을 얻었다. 이 때문에 道를 통달하여 聖人이 되고 賢人이 되는 것이다.

1 【釋疑】儲精 : 退溪曰 精은 卽太極圖說所謂二五之精이니 此獨言精者는 言精而無極之眞이 在其中故也라 儲는 卽所謂妙合而凝之義니라

退溪가 말씀하였다. "精은 바로 〈太極圖說〉에 이른바 '二氣와 五行의 精氣'라는 것이니, 여기에서 오직 精만을 말한 것은 精을 말하면 無極의 眞理가 이 가운데에 있기 때문이다. 儲는 곧 〈太極圖說〉에 이른바 '妙合하여 응집한다'는 뜻이다."

## 3-4 其本也 眞而靜하고 其未發也에 五性具焉하니 曰 仁義禮智信[1]이요

그 근본이 참되고 고요하며 未發했을 때에 五性이 갖추어져 있으니, 이것을 仁·義·禮·智·信이라 하고

眞者는 無極之眞也요 靜者는 人生而靜이니 天之性也[2]라 曰眞而靜者는 謂其天理渾全하야 寂然不動호되 而所具之性이 其目有是五者라 旣曰本이라하고 又曰未發이라하니 蓋本者는 指其稟受之初요 未發者는 指其未與物接之前也라

眞은 無極의 진리이고 靜은 사람이 태어나 고요한 것이니, 하늘의 性을 그대로 간직한 것이다. 참되고 고요하다고 말한 것은 天理가 渾全(다른 것이 조금도 섞이지 않음)해서 고요하여 동하지 않으나 갖추고 있는 性에 그 條目이 이 다섯 가지가 있음을 말한 것이다. 이미 根本이라 하고 또 未發이라고 하였으니, 根本은 稟賦받은 초기를 가리킨 것이고 未發은 사물과 접하기 이전을 가리킨 것이다.

1 【釋疑】其本也……仁義禮智信 : 退溪曰 其本也眞而靜과 與其未發也에 五性具焉者는 固非兩截事로되 但其爲說은 則實作兩重說了라 第一番은 只指本然之性이 不雜人僞하야 湛然淵妙處說이라 故曰 其本也眞而靜이라하고 第二番은 再就

前所謂靜處하야 說破所謂眞者之名目이라 故曰 其未發也에 五性具焉이라하니라 朱子與蔡元定으로 論此云 伊川文字如此多頭項이라하고 又謂之疊說이 是也라

退溪가 말씀하였다. "그 근본이 참되고 고요하다는 것과 未發했을 때에 五性이 갖추어져 있다는 것은 진실로 두 갈래의 일이 아니나 다만 말씀한 내용은 실로 두 가지 중요한 것으로 말씀하였다. 첫 번째는 다만 本然의 性이 人僞가 섞이지 않아 湛然하여 깊고 묘한 부분을 가리켜 말하였기 때문에 '그 근본이 참되고 고요하다'고 하였고, 두 번째는 다시 앞에서 말한 고요하다는 곳에 나아가 이른바 眞理라는 것의 名目을 설파하였기 때문에 '未發했을 때에 五性이 갖추어져 있다'고 한 것이다. 朱子가 蔡元定과 이것을 논하면서 말씀하기를 '伊川의 文字에는 이와 같이 頭項(부분 또는 조항)이 많다' 하고, 또 疊說이라고 말씀한 것이 이것이다."

**2** 【釋疑】人生而靜 天之性也 : 樂記라 退溪曰 朱子謂 程子此論은 非閱聚而作이라 故其文이 間有未洽好處라

이 내용은 〈樂記〉에 보인다. 退溪가 말씀하였다. "朱子는 '程子의 이 好學論은 여러 책을 모아놓고 지은 것이 아니므로 文章에 간혹 미흡한 부분이 있다.'고 말씀하였다."

## 3-5 形旣生矣에 外物이 觸其形而動其中矣니 其中動而七情出焉하니 曰 喜怒哀樂愛惡欲[1]이라

形體가 이미 생기면 外物이 형체를 감촉하여 마음을 動하게 하니, 마음이 動하여 七情이 나오는 바, 이것을 喜(기쁨)·怒(노여움)·哀(슬픔)·樂(즐거움)·愛(사랑)·惡(미움)·欲(하고자 함)이라 한다.

此는 言形生之後에 應事接物之時也라 物感于外하면 情動于中하니 其目有是七者라 然喜近於樂하고 怒近於惡(오)하고 愛近於欲하니 其所以分者는 蓋喜在心하고 樂發散在外하며 怒則有所激하야 其氣憤하고 惡則有所憎하야 其意深하며 愛則近於公하고 欲則近於私하니 愛施於人而欲本乎己也라

이는 形體가 생긴 뒤에 事物을 응접하는 때를 말한 것이다. 물건이 밖에서 感應하면 情이 안에서 動하는데, 그 條目이 이 일곱 가지가 있는 것이다.

그러나 喜는 樂에 가깝고 怒는 惡에 가깝고 愛는 欲에 가까운데, 구분되는 까닭은 喜는 마음에 있고 樂은 發散되어 외면에 있으며, 怒는 激한 바가 있어 氣가 憤發하고 惡는 憎惡하는 바가 있어 그 뜻이 깊으며, 愛는 公에 가깝고 欲은 私에 가까운 바, 愛는 남에게 베풀고 欲은 자기 몸에 근본한다.

1 【釋疑】喜怒哀樂愛惡欲 : 按 記禮運曰 何謂人情고 喜怒哀懼愛惡欲이니 七者는 不學而能이라하니라 ○ 問愛與欲이 何別고 朱子曰 愛是泛愛那物이요 欲則有意於必得하야 便要挐將來니라

살펴보건대 《禮記》 〈禮運〉에 "무엇을 人情이라 하는가? 喜·怒·哀·懼·愛·惡·欲이니, 이 일곱 가지는 배우지 않아도 능하다." 하였다.

○ "愛와 欲이 어떻게 다릅니까?" 하고 묻자, 朱子가 말씀하였다. "愛는 泛然히 물건을 사랑하는 것이고, 欲은 그것을 반드시 얻으려는 뜻이 있어서 곧 끌어오려고 하는 것이다."

## 3-6 情旣熾而益蕩이면 其性이 鑿[1]矣라 是故로 覺者는 約其情하야 使合於中[2]하야 正其心, 養其性하며 愚者則不知制之하야 縱其情而至於邪僻하야 梏其性而亡之니라

情이 이미 熾盛(치성)하여 더욱 방탕해지면 性이 깎이게 된다. 그러므로 밝게 깨달은 자는 情을 절제하여 中道에 합하게 해서 그 마음을 바루고 그 性을 기르며, 어리석은 자는 情을 節制할 줄 몰라 情을 풀어놓아 邪僻함에 이르러서 性을 桎梏(질곡)하여 잃는 것이다.

性動則爲情이나 然情炎于中하야 末流益蕩이면 則反戕賊其性矣라 惟夫明覺之士는 以禮制情하야 使不失乎中이라 故能正其心而不流於邪僻하고 養其性而不至於梏亡하나니 愚者는 反是라 梏은 猶桎梏이니 謂拘攣而暴殄之라 言人之所以貴於學也니라

性이 動하면 情이 된다. 그러나 情이 마음속에 불타 올라서 末流에 더욱 방탕해지면 도리어 性을 해치게 된다. 오직 〈이러한 이치를〉 밝게 깨달은 선비는 禮로써 情을 절제하여 中道를 잃지 않게 한다. 그러므로 그 마음을 바

루어 邪僻함에 흐르지 않게 하고 性을 길러 梏亡함에 이르지 않게 하니, 어리석은 자는 이와 반대이다. 梏은 桎梏과 같으니, 구속하여 해침을 이른다. 이것은 사람이 學問을 귀하게 여기는 까닭을 말한 것이다.

**1** 【釋疑】鑿 : 按 鑿木之器니 以鐵爲之라 ○ 朱子曰 性固不可鑿이나 但人不循此理하야 去傷了他니라 ○ 退溪曰 情之鑿去其性이 猶鑿之鑿物也라

살펴보건대 鑿〔끌〕은 나무를 뚫는 기구이니, 쇠로 만든다.

○ 朱子가 말씀하였다. "性은 진실로 뚫어서 해칠 수가 없으나 다만 사람들이 이 이치를 따르지 않아서 저 性을 손상하는 것이다."

○ 退溪가 말씀하였다. "情이 性을 뚫어서 해치는 것은 끌이 물건을 뚫는 것과 같다."

**2** 【釋疑】覺者……使合於中 : 按 覺은 覺其情蕩性鑿也요 約은 猶收束底意라 ○ 退溪曰 中於節이면 則便是中이니라

살펴보건대 覺은 情이 방탕하면 性이 손상됨을 깨닫는 것이고, 約은 收斂하고 단속하는 것과 같은 뜻이다.

○ 退溪가 말씀하였다. "節度에 맞으면 바로 中道이다."

## 3-7 然學之道는 必先明諸心하야 知所養[往]然後에 力行以求至니 所謂自明而誠也[1]라

그러나 배우는 방도는 반드시 먼저 마음을 밝혀서 기를〔갈〕 바를 알게 한 뒤에 힘써 행하여 이르기를 구하는 것이니, 이른바 '밝음으로부터 성실해진다.'는 것이다.

養은 一作往이라 ○ 朱子曰 明諸心하야 知所往은 窮理之事[2]요 力行求至는 踐履之事也라 或曰 知所養은 應上文養其性이니 涵養之功이 與知行幷進[3]이라

養은 一本에는 往으로 되어 있다.

○ 朱子가 말씀하였다.

"마음을 밝혀서 갈 바를 아는 것은 窮理의 일이요, 힘써 행하여 이르기를 구하는 것은 踐履(실천)의 일이다."

혹자는 말하기를 "기를 바를 안다는 것은 윗글에 '그 性을 기른다.'는 것과 응하니, 涵養하는 공부가 知行과 함께 나아가는 것이다." 하였다.

1 【漢文大系】然學之道……所謂自明而誠也：朱子曰 這一段要緊處는 只在明於心上하니 蓋先明諸心了라야 方知得聖之可學하야 有下手之處니라 ○ 中庸第二十一章曰 自誠明을 謂之性이요 自明誠을 謂之教라하니라

朱子가 말씀하였다. "이 한 단락의 긴요한 부분은 다만 마음을 밝히는 것에 있으니, 먼저 마음을 밝혀야 비로소 聖人을 배워서 이를 수 있음을 알아서 힘을 쓸 곳이 있을 것이다."

○《中庸》第21章에 이르기를 "성실함으로부터 밝아짐을 性이라 이르고 밝음으로부터 성실해짐을 教라 이른다." 하였다.

2 【漢文大系】窮理之事：朱子語類曰 窮理는 非是要在外之理라 如何而爲孝弟며 如何而爲忠信고하야 推此類通之하야 求處至當이 卽窮理之事也니라

《朱子語類》에 말하였다. "窮理는 밖에 있는 이치를 아는 것이 아니라, 어떻게 하여야 孝弟가 되고 어떻게 하여야 忠信이 되는가를 연구해서 이러한 類를 미루어 통하여 지극히 마땅함에 처하기를 구하는 것이 바로 窮理의 일이다."

3 【釋疑】涵養之功 與知行幷進：按 程子曰 涵養엔 須用敬이요 進學則在致知라하사 分明作兩脚說이라 或問致知後에 須持養이라야 方力行이로이다 朱子曰 如是면 則今日致知하고 明日持養하고 後日力行이리라 只持養이 便是力行이니 正心誠意 豈不是行이리오하시니 觀此二說하면 則涵養이 乃行也라 若曰涵養之功이 與知幷進이라하면 則可也어니와 與知行幷進云이면 則不可하니라

살펴보건대 程子는 "涵養함에는 모름지기 敬하여야 하고 학문을 진전함은 致知에 있다." 하여, 분명히 두 갈래로 말씀하였다. 或者가 "致知한 뒤에 모름지기 持養(굳게 잡아 지켜서 기름)하여야 비로소 力行할 수 있습니다." 하고 의심하여 묻자, 朱子가 말씀하기를 "이와 같다면 오늘 致知를 하고 내일 持養을 하고 그 다음날에 力行을 하는 것이 된다. 다만 持養하는 것이 바로 力行이니, 正心과 誠意가 어찌 行이 아니겠는가." 하였으니, 이 두 말씀을 보면 涵養이 바로 行인 것이다. 만약 涵養工夫를 知工夫와 幷進한다고 말하면 괜찮지만 知行과 幷進한다고 말하면 불가하다.

**3-8 誠之之道는 在乎信道篤이니 信道篤則行之果하고 行之果則守之固라 仁義忠信을 不離乎心하야 造次에 必**

**於是**하며 **顚沛**에 **必於是**하며 **出處語默**에 **必於是**하야 **久而弗失**이면 **則居之安**하야 **動容周旋**이 **中禮**하야 **而邪僻之心**이 **無自生矣**리라

성실히 하는 方道는 道를 믿기를 독실히 함에 달려 있으니, 道를 믿기를 독실히 하면 행하기를 과단성있게 하고, 행하기를 과단성있게 하면 지킴이 견고하다. 仁義와 忠信을 마음속에서 떠나지 않게 하여, 造次라도 이에 반드시 하고 顚沛라도 이에 반드시 하며, 出處와 語默에 반드시 이에 하여 오래도록 잃지 않는다면 거함에 편안하여 動容하고 周旋함이 禮에 맞아서 邪僻한 마음이 생길 여지가 없을 것이다.

此因上文하야 言所以誠之之道也라 信道篤則不惑하고 行之果則不止하고 守之固則不變이라 朱子曰 造次는 急遽苟且之時요 顚沛는 傾覆流離之際也라 ○ 以上兩章은 論爲學之道詳盡이라 其大綱이 有三焉하니 明諸心知所往者는 智之事也요 力行以求至者는 仁之事也요 信道篤以下는 勇之事也라 然勇之中에 亦備此三者라 故信之篤者는 知(智)之勇也요 行之果者는 仁之勇也요 守之固者는 勇之勇也며 仁義忠信을 不離乎心者는 信之篤也요 造次顚沛出處語默에 必於是者는 行之果也요 久而弗失은 守之固也라 動容周旋中禮하야 邪僻之心不生이면 則幾於化矣[1]리라

이는 上文을 인하여 성실히 하는 方道를 말한 것이다. 道를 믿기를 독실히 하면 疑惑하지 않고, 행하기를 과단성있게 하면 그치지 않고, 지키기를 견고하게 하면 변하지 않는다.

朱子가 말씀하였다.

"造次는 급하고 구차한 때이고, 顚沛는 傾覆하고 流離하는 즈음이다."

○ 이상의 두 章은 학문하는 方道를 논함이 상세하고 극진하다. 그 大綱은 세 가지가 있으니, 마음을 밝혀서 갈 바를 아는 것은 智의 일이고, 힘써 행하여 이르기를 구하는 것은 仁의 일이고, 道를 믿기를 독실히 하는 것 이하는 勇의 일이다. 그러나 勇 가운데에 또한 이 세 가지가 갖추어져 있다. 그러므로 믿기

를 독실히 하는 것은 智의 勇이고, 행하기를 과단성 있게 하는 것은 仁의 勇이고, 지키기를 견고하게 하는 것은 勇의 勇이며, 仁義와 忠信을 마음에서 떠나지 않게 하는 것은 믿기를 독실히 하는 것이고, 造次와 顚沛와 出處와 語默에 반드시 이에 하는 것은 행하기를 과단성 있게 하는 것이고, 오래도록 잃지 않는 것은 지키기를 견고히 하는 것이다. 動容하고 周旋함이 禮에 맞아서 邪僻한 마음이 생기지 않는다면 化(聖人의 경지)에 가까울 것이다.

1 **【釋疑】以上兩章……幾於化矣 : 按 學之道 至邪僻之心無自生矣**는 **非兩章也**요 **乃論爲學之道一段而知行功效備矣**라 **誠之之道 在乎信道篤者**는 **承自明而誠**하야 **申言之也**라 **信道篤**은 **帶知意**하니 **蓋知之明故**로 **信之篤也**라 **仁義忠信**을 **不離乎心**하야 **造次顚沛, 出處語默**을 **必於是**는 **守固之事而誠之之功也**요 **居安以下**는 **誠之之效也**라 **葉氏就信道篤以下**하야 **分作三段**하야 **必屬知仁勇**하니 **已似支離**요 **而又以仁義忠信不離乎心**으로 **爲信道篤**하고 **以造次顚沛出處語默必於是**로 **爲行之果**하야 **段段分屬**하야 **重複如此**하니 **恐未免牽合之病也**로라

살펴보건대 ‘學之道’부터 ‘邪僻之心 無自生矣’까지는 두 章이 아니고 바로 학문하는 方道 한 단락을 논한 것으로 知行의 공효가 구비되었다. ‘성실히 하는 방도가 道를 믿기를 독실히 함〔信道篤〕에 달려있다.’는 것은 ‘自明而誠’을 이어서 거듭 말한 것이다. ‘信道篤’은 知工夫의 뜻을 띠고 있으니, 앎이 분명하기 때문에 믿기를 독실히 하는 것이다. ‘仁義와 忠信을 마음속에서 떠나지 않게 하여 造次와 顚沛와 出處와 語默에 반드시 이에 한다.’는 것은 굳게 지키는 일로 성실히 하는 공부이고, ‘居安’ 이하는 성실히 한 효험이다. 그런데 葉氏는 ‘信道篤’ 이하를 나누어 세 단락으로 만들어서 굳이 知·仁·勇에 소속시켰으니 이미 지리한 듯하며, 또 仁義와 忠信을 마음속에서 떠나지 않게 하는 것을 ‘信道篤’이라 하고 造次와 顚沛와 出處와 語默에 반드시 이에 하는 것은 ‘行之果’라 하여, 단락마다 나누어 소속시켜서 이와 같이 중복되었으니, 끌어 모아다가 맞춘 병통을 면치 못하였다.

## 3-9 故顏子所事는 則曰 非禮勿視, 非禮勿聽, 非禮勿言, 非禮勿動[1]이요

그러므로 顔子가 일삼은 바는 禮가 아니면 보지 말고 禮가 아니면 듣지 말고 禮가 아니면 말하지 말고 禮가 아니면 動하지 마는 것이며

禮者는 天理之節文이요 非禮者는 私欲之害乎天理者也라 勿者는 禁止之辭라 凡視聽言動에 克去己私면 則日用之間에 莫非天理之流行矣니 此는 孔子教顏子爲仁之目이요 而顏子之所請事者也라

禮는 天理의 節文이요, 禮가 아니라는 것은 私慾이 天理를 해치는 것이다. 勿은 금지하는 말이다. 무릇 보고 듣고 말하고 동함에 己私(私慾)를 이겨 제거하면 일상생활하는 사이에 天理의 流行 아님이 없을 것이니, 이는 孔子께서 顏淵에게 仁을 행하는 것을 가르치신 條目이요, 顏子가 종사하기를 청한 것이다.

1 【漢文大系】故顏子所事……非禮勿動 : 論語顏淵篇에 子曰 非禮勿視云云한대 顏淵曰 回雖不敏이나 請事斯語矣라하니라

《論語》〈顏淵〉에 말하였다. "孔子가 말씀하기를 '禮가 아니면 보지 말라. ……' 하였는데, 顏淵이 말하기를 '제가 비록 不敏하나 청컨대 이 말씀에 종사하겠습니다.' 하였다."

## 3-10 仲尼稱之에 則曰 得一善이면 則拳拳服膺而弗失之矣라하시고 又曰 不遷怒, 不貳過하며 有不善이면 未嘗不知하고 知之면 未嘗復行也라하시니 此其好之篤이요 學之之道也라

仲尼가 〈顏淵을〉 칭찬하시기를 "한 가지 善을 얻으면 拳拳(잘 받듦)히 가슴속에 두어서 잃지 않는다." 하셨고, 또 말씀하시기를 "노여움을 딴 사람에게 옮기지 않고 잘못을 다시 저지르지 않으며, 不善함이 있으면 일찍이 알지 못한 적이 없고 알면 일찍이 다시 행한 적이 없다." 하셨으니, 이는 좋아하기를 독실히 한 것이요, 聖人을 배우는 方道이다.

中庸에 子曰 回之爲人也 擇乎中庸하야 得一善이면 則拳拳服膺而弗失之矣라하시니라 拳拳은 奉持之貌요 服은 猶佩也요 膺은 胸也니 凡得一善言善行이면 則奉持佩服於心胸하야 不敢忘也라 又語曰 不遷怒, 不貳過라하시니 怒所當怒하야 各止其所 不遷也요 才(纔)過卽改하고 已改不再 不貳也라 又

易繫辭曰 有不善이면 未嘗不知하고 知之면 未嘗復行也라하니 有不善而必知之는 是察己之明也요 知之而不復行은 是克己之誠也니 皆孔子所以稱顔子好學之道也라

《中庸》에 말하였다.

"孔子께서 말씀하시기를 '顔回의 사람됨은 中庸을 택하여 한 가지 善을 얻으면 拳拳히 가슴속에 두어 잃지 않는다.' 하셨다."

拳拳은 받들어 지키는 모양이고 服은 佩[차는 것]와 같고 膺은 가슴이니, 무릇 한 가지 善言과 善行을 얻으면 마음과 가슴속에 받들어 지키고 佩服하여 감히 잊지 않는 것이다.

또 《論語》에 "노여움을 옮기지 않고 잘못을 다시 저지르지 않았다." 하였으니, 노여워해야 할 사람에게만 노여워하여 각각 제자리에 머무는 것이 不遷이요, 조금이라도 잘못을 저지르면 즉시 고치고 이미 고쳤으면 다시 저지르지 않는 것이 不貳이다.

또 《周易》〈繫辭傳〉에 말하기를 "不善함이 있으면 일찍이 알지 못한 적이 없고 알면 일찍이 다시 행한 적이 없다." 하였으니, 不善이 있으면 반드시 아는 것은 자신을 살피기를 밝게 한 것이요, 알면 다시 행하지 않은 것은 자신의 私慾을 이기기를 성실히 한 것이니, 모두 孔子께서 顔子의 배움을 좋아하는 道를 칭찬하신 것이다.

**3-11 然聖人則不思而得하고 不勉而中이요 顔子則必思而後得하고 必勉而後中하시니 其與聖人相去一息이니 所未至者는 守之也요 非化之也라 以其好學之心으로 假之以年이면 則不日而化矣[1]리라**

그러나 聖人은 생각하지 않고도 알고 힘쓰지 않고도 맞는데, 顔子는 반드시 생각한 뒤에야 알고 반드시 힘쓴 뒤에야 맞았으니, 聖人과의 거리가 한 번 숨쉬는 사이여서, 〈聖人의 경지에〉 이르지 못한 것은 〈억지로 힘써서〉 지

키고 저절로 化한 것이 아니었기 때문이다. 배움을 좋아하는 그 마음으로 몇 년만 더 수명을 연장해 주었다면 며칠이 못되어 化하였을 것이다.

聖人은 生知故로 不思而得하고 安行故로 不勉而中이어시늘 顏子는 猶必擇善而固執之나 然其博文約禮에 工力俱到하니 其未至於聖人者는 特一息之間耳라 使非短命而死면 則不淹時日하야 所守者化而與聖人一矣리라

聖人은 나면서부터 알므로 생각하지 않고도 알고 편안히 행하므로 힘쓰지 않고도 맞는데, 顏子는 아직도 반드시 善을 택하여 굳게 지켰다. 그러나 글을 널리 배우고 禮로 요약함에 功力이 모두 지극하였으니, 聖人의 경지에 이르지 못한 것은 다만 한 번 숨쉬는 사이일 뿐이다. 가령 短命하여 죽지 않았다면 시일을 지체하지 않고서 지키는 바가 化하여 聖人과 똑같아졌을 것이다.

**1** 【漢文大系】然聖人則不思而得……不日而化矣：伊川文集此下에 故仲尼曰 不幸短命死矣라하시니 蓋傷其不得至於聖人也라 所謂化之者는 入於神하야 而自然不思而得하고 不勉而中之謂也云云이라

《伊川先生文集》에는 "이 아래에 仲尼께서 '불행히 命이 짧아 죽었다.'고 한 말씀이 있으니, 그가 聖人에 이르지 못함을 서글퍼하신 것이다. 이른바 化라는 것은 神妙한 경지에 들어가서 자연히 생각하지 않고도 알고 힘쓰지 않고도 道에 맞음을 이른다. ……" 하였다.

**2** 【釋疑】守之也……不日而化矣：退溪曰 守는 持守也라 ○ 雙峯饒氏曰 不遷不貳는 皆是守而未化之事라 若怒自然不遷하고 心無過可貳면 則化而無事於守矣라 家語에 顏子少孔子三十歲한대 年二十九而髮白하고 三十二而早卒이라하니라

退溪가 말씀하였다. "守는 잡아 지킴이다."

○ 雙峯饒氏가 말하였다. "노여움을 남에게 옮기지 않고 허물을 다시 저지르지 않음은 모두 지키고 化하지 못한 일이다. 만약 노여움이 자연히 남에게 옮겨가지 않고 마음에 다시 저지를 만한 허물이 없다면 저절로 化하여 지킬 필요가 없는 것이다. 《家語》에 '顏子가 孔子보다 30세가 적었는데, 29세에 머리가 희어졌고 32세에 일찍 죽었다.' 하였다."

**3-12** 後人은 不達하고 以謂聖本生知요 非學可至라하야 而爲學之道遂失하야 不求諸己而求諸外하야 以博聞强

**記巧文麗辭爲工**하야 **榮華其言**이요 **鮮有至於道者**하니 **則今之學**은 **與顔子所好**로 **異矣**[1]로다 〈文集〉

後人들은 이것을 통달하지 못하고 이르기를(생각하기를) '聖人은 본래 나면서 아는 것이요 배워서 이를 수 있는 것이 아니다.' 라고 하여, 學問하는 道를 마침내 잃어서 자기 자신에게서 찾지 않고 밖에서 찾는다. 그리하여 聞見을 넓히고 기억을 잘하며 文章을 잘 짓고 말을 화려하게 하는 것을 공부로 여겨서 말만 화려하게 하고 道에 이르는 자가 드무니, 그렇다면 오늘날의 배움은 顔子가 좋아했던 것과는 다른 것이다." 〈《伊川先生文集》에 보인다.〉

**後世**엔 **聖學無傳**하야 **不知反身修德**하고 **徒以記問詞章爲學**하니 **去道愈遠矣**니라

後世에는 聖學이 전해지지 못하여 자기 몸에 돌이켜 德을 닦는 것을 알지 못하고 한갓 記問과 詞章을 배움으로 여기니, 道와의 거리가 더욱 멀어졌다.

1 【釋疑】或問……與顔子所好異矣 : 按 伊川年十八에 在太學하니 當時에 大儒胡瑗이 爲學官이라 命題顔子所好何學論한대 伊川이 乃述此文하시니라
살펴보건대 伊川이 18세 때에 太學에 있었는데, 당시에 大儒인 胡瑗이 學官으로 있었다. 그가 '顔子好學論〔顔子가 좋아한 것이 어떠한 배움인가 라는 논〕'을 命題로 삼자, 伊川이 마침내 이 글을 지은 것이다.【補註】伊川先生의 이 글을 '顔子好學論'이라 한다.

**4. 橫渠先生**이 **問於明道先生曰 定性**이 **未能不動**하야 **猶累於外物**하니 **何如**오 **明道先生曰 所謂定者**는 **動亦定**하고 **靜亦定**하야 **無將迎**하고 **無內外**하니 **苟以外物爲外**하야 **牽己而從之**면 **是**는 **以己性爲有內外也**라 **且以性爲隨物於外**면 **則當其在外時**에 **何者爲在內**오 **是有意於絶外誘**하야

而不知性之無內外也라 旣以內外爲二本이면 則又烏可遽語定哉리오 夫天地之常은 以其心普萬物而無心이요 聖人之常은 以其情順萬事而無情이라 故君子之學은 莫若擴然而大公하야 物來而順應이니라 易曰 貞하면 吉하야 悔亡하리니 憧憧往來하면 朋從爾思라하니 苟規規於外誘之除하면 將見滅於東而生於西也니 非惟日之不足이라 顧其端無窮하야 不可得而除也니라 人之情이 各有所蔽라 故不能適道하나니 大率患在於自私而用智라 自私則不能以有爲爲應迹이요 用智則不能以明覺爲自然이니 今以惡外物之心으로 而求照無物之地면 是는 反鑑而索照也니라 易曰 艮其背면 不獲其身하야 行其庭하야도 不見其人이라하고 孟氏[子]亦曰 所惡於智者는 爲其鑿也라하시니라 與其非外而是內론 不若內外之兩忘也니 兩忘則澄然無事矣리라 無事則定하고 定則明이니 明則尙何應物之爲累哉아 聖人之喜는 以物之當喜요 聖人之怒는 以物之當怒니 是는 聖人之喜怒 不繫於心而繫於物也라 是則聖人이 豈不應於物哉아 烏得以從外者爲非하고 而更求在內者하야 爲是也리오 今以自私用智之喜怒로 而視聖人喜怒之正이면 爲如何哉아 夫人之情이 易發而難制者는 惟怒爲甚하니 第能於怒時에 遽忘其怒하고 而觀理之是非하면 亦可見外誘之不足惡요 而於道에 亦思過半矣리라

**4-1** 橫渠先生이 問於明道先生曰 定性[1]이 未能不動하야

**猶累於外物**하니 **何如**오 **明道先生曰**[2] **所謂定者**는 **動亦定**하고 **靜亦定**하야 **無將迎**하고 **無內外**하니

橫渠先生이 明道先生에게 "性을 定할 적에 動하지 않을 수 없어 아직도 外物에 얽매이니, 어떻게 해야 합니까?" 하고 묻자, 明道先生은 다음과 같이 대답하였다.

"이른바 定이라는 것은 動하여도 定하고 靜하여도 定하여 보내고 맞이함이 없고 內外가 없는 것이니,

此章은 就猶累於外物一句하야 反覆辨明하니 蓋萬物不同而無理外之物하고 萬理不同而無性外之理하니 凡天下之物理酬酢萬端이 皆吾性之所具也라 所謂定性者는 非一定而不應也라 發而中節은 動亦定也요 敬而無失은 靜亦定也라 將은 送也니 事之往也에 無將하고 事之來也에 無迎이라 動靜一定하니 何有乎將迎이리오 寂然不動者는 存於內也요 感而遂通者는 應於外也라 體用一貫이니 何間乎內外리오

이 章은 아직도 外物에 얽매인다는 한 句를 가지고 반복하여 분변해서 밝혔다. 萬物이 똑같지 않으나 이치 밖의 물건이 없고 만 가지 이치가 똑같지 않으나 性 밖의 이치가 없으니, 무릇 天下의 物·理가 만 가지로 酬酌함이 모두 나의 性에 갖추어져 있는 것이다. 이른바 定性이란 一定하여 응하지 않는 것이 아니다. 發하여 節度에 맞음은 動하여도 定한 것이요, 공경하여 잃음이 없음은 靜하여도 定한 것이다. 將은 보냄이니, 일이 지나갈 적에 보냄이 없고 일이 올 적에 맞이함이 없는 것이다. 動과 靜이 一定하니, 어찌 보내고 맞이함이 있겠는가. 고요하여 動하지 않음은 안에 보존하는 것이요, 감동하여 마침내 통함은 밖에 응하는 것이다. 體와 用이 일관되니, 어찌 內外에 간격이 있겠는가.

【張伯行 註】此見程子知性之學이니 卽周子所謂靜而無靜, 動而無動之理也라 通篇이 就累於外物上析辨이로되 而此先與論定性之義니 蓋橫渠亦知吾所得於天之理 本自寧一無累나 而此中이 究不能不動心이요 一動而

外物卽有紛擾之病矣라 故問如何而使之無累하니 亦是其刻苦意多하야 於性之自然上에 少理會也라 不知性卽理也니 天下無不定之理면 則無不定之性이니 纔說求定이면 便已不是性이라 程子所以先與之論性之定也니 所謂定者는 非能使之不動이요 亦非必離動而後定이라 順理而動이면 動亦定也요 卽靜時不過是此理라 故로 靜亦定也라 天下無性外之物하니 何所送於事之往이며 吾心非無物之性이니 何所迎於事之來리오 吾性이 卽是外物之理니 何所分爲在內之性이며 凡物이 卽是性內之理니 何所分爲在外之物이리오 如是라야 方可語定矣리라

여기에서 程子의 학문이 性을 알았음을 볼 수 있으니, 周子의 이른바 '靜하면서도 靜함이 없고 動하면서도 動함이 없다.' 는 이치이다. 篇 전체를 통틀어 外物에 얽매이는 것을 가지고 변론하였는데, 여기서는 먼저 定性의 뜻을 논한 것이다. 橫渠 역시 자신이 하늘에서 얻은 이치가 본래 편안하고 한결같아서 얽매임이 없음을 알았으나 이 가운데에 끝내 마음이 동하지 않을 수 없고 한 번 동하면 外物이 곧 紛擾하는 병통이 있었다. 그러므로 '어떻게 하면 마음을 얽매임이 없는가' 하고 물었으니, 이 또한 刻苦한 뜻이 많아서 性의 자연스러움에 있어 이해함이 부족한 것이다. 이는 性이 곧 理임을 알지 못한 것이니, 천하에 定하지 않은 이치가 없으면 定하지 않은 性이 없는 것이다. 조금이라도 定을 구한다고 말하면 곧 이미 性이 아니다. 程子가 이 때문에 먼저 橫渠와 더불어 性의 定함을 논한 것이니, 이른바 定이라는 것은 動하지 않게 하는 것도 아니요, 또한 반드시 動을 떠난 뒤에 定한 것도 아니다. 이치를 따라 동하면 動하는 것도 定이요, 靜할 때에도 이 理에 불과하므로 靜한 것도 定인 것이다. 천하에 性 밖의 물건이 없으니 어찌 가는 일을 보낼 것이 있겠으며, 내 마음이 사물의 性 아님이 없으니 어찌 오는 일을 맞이할 것이 있겠는가. 나의 性이 바로 外物의 이치이니 어찌하여 안에 있는 性을 나눌 것이 있겠으며, 모든 사물이 바로 性 안의 이치이니 어찌하여 밖에 있는 물건을 나눌 것이 있겠는가. 이와 같이 하여야 비로소 定함을 말할 수 있을 것이다.

1 【譯註】定性 : 艮齋(田愚)는 尤菴의 《朱子大全箚疑》를 인용하고 "이 性字는 바로 心字의 뜻이다." 하였다.(《艮齋集》 後編 권12 〈雜著〉)

2 【釋疑】明道先生曰：游酢題行狀後曰 先生은 聞道甚早라 年逾冠에 張子厚友而師之러니 逮先生之官에 以定性未能不動으로 致問한대 先生이 爲破其疑하야 使內外動靜으로 道通爲一이라 其後에 子厚學成德尊하니 識者謂與孟子比하니라

游酢이 明道의 行狀 뒤에 다음과 같이 썼다. "선생(明道)은 매우 일찍 道를 들었다. 나이가 20세를 넘자 張子厚(橫渠)가 벗하여 스승으로 섬겼는데, 선생이 벼슬하자 定性이 動하지 않을 수 없다는 내용을 가지고 질문하니, 선생은 그 의혹을 깨뜨려서 內外와 動靜이 道와 통하여 하나가 되게 하였다. 그 후 子厚가 學問이 이루어지고 德이 높아지자, 아는 자들은 〈子厚의 學問이〉 孟子와 같다고 말하였다."

## 4-2 苟以外物爲外하야 牽己而從之면 是는 以己性爲有內外也라 且以性爲隨物於外면 則當其在外時에 何者爲在內오 是有意於絶外誘하야 而不知性之無內外也라 既以內外爲二本[1]이면 則又烏可遽語定哉리오

만일 外物을 밖이라고 여겨서 자기를 끌고 따라간다면 이는 자기의 性에 內·外가 있다고 여기는 것이다. 또 性을 가지고 밖에 있는 物을 따른다면 밖에 있을 때에 어느 것이 안에 있는 것이 되겠는가. 이는 外物의 유혹을 끊는 데에 마음을 두어서 性에 內·外가 없음을 알지 못하는 것이다. 이미 內·外를 두 根本이라 한다면 또 어찌 대번에 定함을 말할 수 있겠는가.

承上文而言이라 苟以外物爲外하야 凡應物者 必牽己而從之면 是는 以性爲有內外니 如是則方其逐物在外之時에 在內已無此性矣니 其可乎아 蓋有意於絶外物之誘하야 而不知性本無內外之分也라 既分內外爲兩端이면 則人在天地間에 不能不與物接이니 是는 無時而能定也[2]라

윗글을 이어서 말하였다. 만일 外物을 밖이라고 여겨서 무릇 사물에 응하는 자가 반드시 자기 몸을 끌고 따라간다면 이는 性에 內·外가 있다고 여기는 것이니, 이와 같다면 마음이 사물을 따라 밖에 있을 때에는 이미 이 性이 없는 것이니, 되겠는가. 이는 外物의 유혹을 끊는 데에 마음을 두어서 性이

본래 內·外의 구분이 없음을 알지 못한 것이다. 이미 內·外를 나누어 두 가지라고 여긴다면 사람이 天地間에 있을 적에 사물과 접하지 않을 수가 없으니, 이는 定할 수 있는 때가 없다는 것이다.

【張伯行 註】姑以己性與外物交接時言之하면 苟以在外之物로 止屬爲外應之者는 必牽己性以從乎物이니 是는 以己性爲有內外하야 必在內라야 方謂之性이요 外此면 卽非性이리니 而天下無是性也라 且以應物之性으로 卽將隨物而之於外면 則當其在外應物時에 性必不在內矣리라 然何嘗無在內之性이며 亦何嘗另有箇在內之性이리오 今必專就內以求定이면 是有意於絶外誘之物하야 而不知性與物理通一無二하야 原無內外也라 今旣以內爲性하고 外爲物하야 不相管攝이면 是性在內爲一本이요 物在外爲一本이니 則感應之際에 便有之彼之此之紛이리니 又烏可遽謂之定哉아 若性則未嘗不定者也니라

우선 자신의 性이 外物과 교접할 때를 가지고 말한다면 만일 밖에 있는 물건을 단지 밖에서 응하는 데에 소속시키는 자는 반드시 자신의 性을 끌고 가서 물건을 따를 것이니, 이는 자신의 性에 內·外가 있다고 여겨서 반드시 안에 있어야 비로소 이것을 性이라 이르고, 이것을 벗어나면 곧 性이 아니라고 할 것이니, 天下에 이러한 性은 없다. 또 사물에 응하는 性을 가지고 물건을 따라 밖에 간다고 하면 밖에 있어 사물에 응할 때에는 性이 반드시 안에 있지 않을 것이다. 그러나 어찌 일찍이 안에 있는 性이 없으며, 또 어찌 일찍이 따로 안에 있는 性이 있겠는가. 이제 반드시 오로지 내면에만 나아가 定을 구한다면 이는 밖에서 유혹하는 外物을 끊으려는 데에 뜻이 있어, 性과 사물의 이치가 하나로 통하여 둘이 없어서 원래 內·外의 구분이 없음을 알지 못한 것이다. 이제 이미 안을 性이라 하고 밖을 사물이라 하여 서로 간섭하지 않는다면 이는 안에 있는 性이 한 근본이 되고 밖에 있는 물건이 한 근본이 될 것이니, 感應하는 즈음에 곧 저리로 가고 이리로 가는 분분함이 있을 것이다. 또 어찌 대번에 이것을 定이라고 이를 수 있겠는가. 性으로 말하면 일찍이 定하지 않음이 없는 것이다.

1 【釋疑】以內外爲二本：西山眞氏曰 理自內出而周於事요 事自外來而以應理하니 理卽事也요 事卽理也라 故曰 無內外라 夫能定能應하고 有寂有感이 皆心之妙也니 若以定與寂爲是하고 而應與感爲非면 則是以性爲有內外也라 事物之來에 以理應之는 猶鑑懸於此而形不能遁也라 鑑未嘗隨物而照하니 性其可謂隨物而在外乎아 故事物未接에 如鑑之本空者는 性也요 事物旣接에 如鑑之有形者도 亦性也니 內外曷嘗有二本哉아

西山眞氏가 말하였다. "이치는 안에서 나와 일에 두루하고 일(사물)은 밖에서 와서 이치에 응하니, 이치가 바로 일이고 일이 바로 이치이다. 그러므로 內·外가 없다고 말한 것이다. 능히 定하고 능히 應하며 寂이 있고 感이 있는 것이 모두 마음의 妙이니, 만약 定과 寂을 옳다 하고 應과 感을 그르다고 한다면 이는 性에 內·外가 있다고 여기는 것이다. 사물이 올 적에 이치로써 응함은 거울이 여기에 매달려 있으면 形體가 도망할 수 없는 것과 같다. 거울이 일찍이 물건을 따라가 비추지 않으니, 性이 물건을 따라가 밖에 있다고 말할 수 있겠는가. 그러므로 사물을 접하기 전에 거울이 원래 비어 있는 것 같은 것도 性이고, 사물을 접한 뒤에 거울속에 형체가 있는 것과 같은 것도 性이니, 內·外가 어찌 일찍이 두 근본이 있겠는가."

2 【釋疑】人在天地間……是無時而能定也：按 勉齋曰 若以心有內外라하면 則不唯未可語定이라 亦且不識心矣라하니라 蓋旣以內外爲二本이면 則是不知心之無內外니 何可遽語定哉아 葉氏所謂人在天地間에 不能不與物接者는 於本文意에 不襯이니라

살펴보건대 勉齋가 말하기를 "만약 마음에 內·外가 있다고 한다면 定을 말할 수 없을 뿐만 아니라 또한 마음을 알지 못한 것이다." 하였다. 이미 內·外를 두 근본이라고 한다면 이는 마음에 內·外가 없음을 알지 못한 것이니, 어찌 대번에 定을 말할 수 있겠는가. 葉氏가 '사람이 天地 사이에 있으매 물건과 접하지 않을 수 없다.'고 말한 것은 本文의 뜻에 적절하지 않다.

## 4-3 夫天地之常은 以其心普萬物而無心이요 聖人之常은 以其情順萬事而無情이라 故君子之學은 莫若擴然而大公하야 物來而順應[1]이니라

天地의 떳떳함은 그 마음이 萬物에 두루하되 마음이 없기 때문이요,

聖人의 떳떳함은 그 情이 萬事에 순응하되 情이 없기 때문이다. 그러므로 君子의 學問은 확연히 크게 公正하여 사물이 오면 順應하는 것보다 더 좋음이 없는 것이다.

常은 常理也라 天地之心은 運用主宰者是也나 然而普徧萬物호되 實未嘗有心焉이요 聖人之情은 應酬發動者是也나 然而隨順萬事호되 亦未嘗容情焉이라 故君子之學은 廓然大公하니 何嫌於外物이며 物來順應하니 何往而不定哉리오 此二句는 又此書之綱領也니라

常은 떳떳한 이치이다. 天地의 마음은 運用하고 主宰하는 것이 이것이나 萬物에 두루하되 실로 일찍이 마음이 있지 않으며, 聖人의 情은 應酬하고 發動하는 것이 이것이나 萬事에 順應하되 또한 일찍이 情을 용납하지 않는다. 그러므로 君子의 學問은 확연히 크게 公正하니 어찌 外物을 혐의하며, 사물이 오면 순히 응하니 어디 간들 定하지 않겠는가. 이 두 句는 또 이 책의 綱領이다.

**1** 【釋疑】夫天地之常……物來而順應：問所謂普萬物順萬事者는 卽廓然而大公之謂요 無心無情者는 卽物來而順應之謂라 自私則不能廓然而大公하니 所以不能以有爲爲應迹이요 用智則不能物來而順應하니 所以不能以明覺爲自然이닛고 朱子曰 然하다 應迹은 爲應事物之迹이니 若心則未嘗動也니라 問自私則不能以有爲爲應迹하고 用智則不能以明覺爲自然이니이다 曰 此書首尾 只此兩項이니라 ○ 廓然而大公은 是寂然不動이요 物來而順應은 是感而遂通이니라

"이른바 萬物에 두루하고 萬事에 순응한다는 것은 바로 확연하여 크게 공정함을 말하고, 마음이 없고 情이 없다는 것은 바로 사물이 오면 순히 응함을 이른다. 스스로 사사로이 하면 확연하여 크게 공정하지 못하니 이 때문에 有爲로써 자취에 응하지 못하고, 지혜를 쓰면 사물이 올 적에 순히 응하지 못하니 이 때문에 明覺으로써 자연스럽게 하지 못하는 것입니까?" 하고 묻자, 朱子가 말씀하였다. "그렇다. 자취에 응한다는 것은 사물의 자취에 응하는 것이니, 마음으로 말하면 일찍이 동하지 않는다." "스스로 사사로이 하면 有爲로써 자취에 응하지 못하고 지혜를 쓰면 明覺으로써 자연스럽게 하지 못합니다." 하고 묻자, 朱子가 말씀하였다. "이 책은 始終 다만 이 두 조항뿐이다."

○ 廓然而大公은 바로 고요하여 동하지 않는 것이고, 物來而順應은 바로 감동하여 마침내 통하는 것이다.

## 4-4 易曰 貞하면 吉하야 悔亡하리니 憧憧往來하면 朋從爾思[1]라하니 苟規規於外誘之除[2]하면 將見滅於東而生於西也니 非惟日之不足이라 顧其端無窮하야 不可得而除也니라

《周易》에 이르기를 "貞하면 吉하여 후회가 없을 것이니, 끊임없이〔憧憧〕 왕래하면 벗만 네 생각을 따른다." 하였으니, 만일 外物의 유혹을 제거하는 데에 급급〔規規〕하면 장차 동쪽에서 없어졌다가 서쪽에서 다시 생김을 보게 될 것이니, 날짜가 부족할 뿐만 아니라 도리어 그 단서가 무궁해서 제거할 수 없을 것이다.

咸卦九四爻辭라 憧憧은 往來不絶貌니 各以朋類로 從其所思[3]라 蓋人之一心이 應感無窮하니 苟惡外物之誘而欲除滅之하면 將見滅於彼而生於此하리니 非惟日見其用力之不足이라 而亦有不可得而除滅者矣리라

咸卦 九四爻辭이다. 憧憧은 끊임없이 왕래하는 모양이니, 각각 朋類로써 자신의 생각하는 바를 따르는 것이다. 사람의 한 마음은 감응함이 무궁하니, 만일 外物의 유혹을 싫어해서 제거하여 없애려고 한다면 장차 저기에서 없어졌다가 여기에서 다시 생기는 것을 보게 될 것이니, 그 힘씀이 부족함을 날로 볼 뿐만 아니라 또한 제거하여 없앨 수도 없을 것이다.

1 【釋疑】朋從爾思：問此以私感하고 彼以私應이 所謂朋從爾思이닛가 曰 然하다

"이쪽에서 私로써 감동하면 저쪽에서 私로써 응하는 것이 이른바 朋從爾思라는 것입니까?" 하고 묻자, 朱子가 말씀하기를 "그렇다." 하였다.

2 【釋疑】規規於外誘之除：按 規規는 莊子註에 蹇淺也라하니 此는 指橫渠絶外物之意而言이라 憧憧往來는 與貞相反者也라

살펴보건대 規規는 《莊子》의 註에 "절뚝거리고 천박한 것이다." 하였으니, 이는 橫渠가 外物을 끊는다는 뜻을 가리켜 말한 것이다. 憧憧往來는 貞과 상반되는 것이다.

3 【釋疑】各以朋類 從其所思：按 此釋朋從爾思也나 然文勢不相屬이라

살펴보건대 이는 朋從爾思를 해석한 것이나 文勢가 서로 연결되지 않는다.

**4-5 人之情이 各有所蔽라 故不能適道하나니 大率患在於自私而用智라 自私則不能以有爲爲應迹이요 用智則不能以明覺爲自然이니 今以惡外物之心[1]으로 而求照無物之地면 是는 反鑑而索照也[2]니라**

사람의 情은 각각 가려진 바가 있기 때문에 道에 나아가지 못하니, 대체로 병통이 사사로이 하고 지혜를 쓰는 데에 있다. 사사로이 하면 有爲로써 자취에 응하지 못하고 지혜를 쓰면 明覺으로써 자연스럽지 못하니, 이제 外物을 싫어하는 마음으로 사물이 없는 자리를 비추려고 한다면 이는 거울을 뒤집어 놓고 비추기를 바라는 것과 같다.

人心이 各有所蔽호되 大概在自私與用智之兩端하니 蓋不能廓然而大公이라 故自私요 不能物來而順應이라 故用智라 自私者는 則樂於無爲하야 而不知以有爲爲應迹之當然이요 用智者는 則作意於有爲하야 而不知以明覺爲循理之自然이라 今惡外物之累己면 是自私之心也요 而求照無物之地면 是亦用智之過也니 猶反鑑以索照하니 寧可得哉아 蓋自私與用智는 雖若二病이나 而實展轉相因也니라 ○ 或問 自私用智之語는 恐卽是佛氏之自私이니이다 朱子曰 常人之私意 與佛氏之自私로 皆一私也로되 但明道說得闊하야 非專指佛之自私也니라 愚謂 橫渠欲去外物之累하니 便已近於釋氏라 故程子推其病源하야 自然與釋氏相似나 然其自私類於釋而用智則又類於老하니 要之컨대 二氏用意 皆欲不累於外物而已니라

사람의 마음이 각각 가려진 바가 있으나 대개는 사사로이 함과 지혜를 씀의 두 가지에 있다. 확연히 크게 공정하게 하지 못하므로 사사롭게 되고, 사물이 오면 순히 응하지 못하므로 지혜를 쓰게 되는 것이다. 사사로이 하는 자는 無爲를 좋아하여 有爲로써 자취(사물)의 당연함에 응할 줄을 알지 못하고, 지혜를 쓰는 자는 有爲에 뜻을 두어 明覺으로써 이치의 자연스러움을 따를 줄 모른다. 이제 外物이 자기를 얽매임을 싫어한다면 이는 사사로이 하는 마음이요, 사물이 없는 곳을 비추려고 한다면 이 또한 지혜를 쓰는 잘못

이니, 거울을 뒤집어 놓고 비추기를 바라는 것과 같다. 어찌 될 수 있겠는가. 사사로이 함과 지혜를 씀은 비록 두 가지 병통인 것 같으나 실은 展轉하여 서로 연관된다.

○ 혹자가 "사사로이 하고 지혜를 쓴다는 말은 바로 佛氏의 스스로 사사로이 한다는 뜻인 듯합니다." 하고 묻자, 朱子는 다음과 같이 말씀하였다.

"常人의 사사로운 마음과 佛氏의 사사로이 하는 것이 모두 똑같은 私이나 다만 明道의 말씀이 넓어서 오로지 佛氏의 사사로이 한다는 것만을 가리킨 것은 아니다."

내(葉采)가 생각하건대 橫渠는 外物의 얽매임을 제거하고자 하여 곧 佛氏에 가까웠다. 그러므로 程子께서 그 병통의 근원을 미루어 자연 釋氏와 서로 같게 된 것이다. 그러나 사사로이 함은 釋氏와 유사하고 지혜를 쓰는 것은 또 老子와 유사하니, 요컨대 釋氏와 老子 두 사람의 用心이 모두 外物에 얽매이지 않고자 했을 뿐이다.

**1** 【釋疑】今以惡外物之心 : 按 亦指橫渠之欲絶外物也라

살펴보건대 이 또한 橫渠가 外物을 끊고자 함을 가리킨 것이다.

**2** 【釋疑】反鑑 : 按 應物者心이요 照物者鑑也어늘 今惡外物이면 則是反鑑也라

살펴보건대 사물에 응하는 것은 마음이고 물건을 비추는 것은 거울인데, 이제 外物을 싫어한다면 이는 거울을 뒤집어 놓는 것과 같다.

**3** 【漢文大系】人之情……反鑑而索照也 : 欄外書曰 惡外物之心은 旣是自私라 本體受蔽하니 以此欲逞明覺於無物之地하면 是反鑑而索照也니 言私意不除면 明無所照也라

《欄外書》에 말하였다. "外物을 싫어하는 마음은 이미 본래 사사로운 것이어서 本體가 가리움을 당하니, 이것을 가지고 사물이 없는 곳에 明覺을 부리고자 한다면 이는 거울을 뒤집어 놓고 비추기를 구하는 격이니, 사사로운 뜻을 제거하지 않으면 밝음이 비출 곳이 없음을 말한 것이다."

## 4-6 易曰 艮其背면 不獲其身하야 行其庭하야도 不見其人[1]이라하고 孟氏〔子〕亦曰 所惡於智者는 爲其鑿也[23]라하시니라

《周易》에 이르기를 "등에 그치면 자기 몸을 보지 못하여 뜰을 거닐어도 사람(남)을 보지 못한다." 하였고, 孟子 또한 말씀하기를 "지혜를 미워하는 까닭은 穿鑿(천착)하기 때문이다." 하였다.

**朱子曰 不獲其身, 不見其人**은 **此說廓然而大公**이요 **所惡於智爲其鑿也**는 **此說物來而順應**이니라

朱子가 말씀하였다.

"자기 몸을 보지 못하고 그 사람을 보지 못한다는 것은 확연히 크게 公正함을 말한 것이요, 지혜를 미워하는 까닭은 穿鑿하기 때문이라는 것은 사물이 오면 순히 응함을 말한 것이다."

**1** 【釋疑】易曰艮其背……不見其人 : 本義曰 **蓋身**은 **動物也**나 **唯背爲止**하니 **艮其背**면 **則止於所當止也**라 **止於所當止**면 **則不隨身而動矣**리니 **是不有其身也**라 **如是**면 **則雖行於庭除有人之地**나 **而亦不見其人矣**리라 **蓋艮其背而不獲其身者**는 **止而止也**요 **行其庭而不見其人者**는 **行而止也**라 **不獲其身**은 **如君止於仁, 臣止於忠**하야 **但見得事之當止**하고 **不見得此身之爲利爲害**라 **纔將此身**하야 **預其間**이면 **則道理便壞了**라 **古人所以捨生取義者**는 **只爲不見此身**이라야 **方能如此**니라

《本義》에 말하였다. "몸은 움직이는 물건이나 오직 등은 멈추니, 그 등에 멈추면 마땅히 그칠 바에 그친 것이다. 마땅히 그칠 바에 그치면 몸을 따라 동하지 않을 것이니, 이것이 몸을 두지 않는 것이다. 이와 같이 하면 비록 사람이 있는 뜰을 거닐어도 또한 그 사람을 보지 못할 것이다. 등에 멈추어 자기 몸을 보지 못하는 것은 멈추어 있으면서 그치는 것이고, 뜰을 거닐어도 사람을 보지 못하는 것은 가면서 그치는 것이다. 자기 몸을 보지 못한다는 것은 군주는 仁에 그치고 신하는 忠에 그치는 것과 같아서 다만 일에 있어서 마땅히 그쳐야 함만 보고, 이 몸에 이로운가 해로운가는 보지 못하는 것이다. 조금이라도 이 몸을 가져다가 그 사이에 간여하면 道理가 곧 파괴된다. 옛사람이 生命을 버리고 義理를 취한 까닭은 다만 이 몸을 보지 못하였기 때문에 비로소 이와 같을 수 있었던 것이다."

**2** 【釋疑】所惡於智者 爲其鑿也 : **孟子本註**에 **天下之理 本皆利順**이어늘 **小智之人**은 **務爲穿鑿**하니 **所以失之**니라 **陳氏曰 所惡者**는 **小智也**라

《孟子》의 本註에 "天下의 이치가 본래 모두 순한데 작은 지혜를 쓰는 사람은 힘써 穿鑿하니, 이 때문에 잃는다." 하였다. 陳氏가 말하기를 "싫어하는 것은 작은 지혜이다." 하였다.

**3** 【漢文大系】易曰……爲其鑿也：艮卦彖辭曰 艮其背면 不獲其身하야 行其庭하야도 不見其人하야 無咎라하니라 ○ 孟子離婁下篇에 朱注曰 小智之人은 務爲穿鑿하니 所以失之也라하니라

艮卦 〈彖辭〉에 이르기를 "등에 그치면 자기 몸을 보지 못하여 뜰을 거닐어도 사람을 보지 못하여 허물이 없다." 하였다.

○《孟子》〈離婁 下〉의 朱子注에 이르기를 "작은 지혜를 가진 사람은 穿鑿하기를 힘쓰니, 이 때문에 잃는 것이다." 하였다.

## 4-7 與其非外而是內[1]론 不若內外之兩忘[2]也니 兩忘則澄然無事矣리라 無事則定하고 定則明이니 明則尙何應物之爲累哉아

밖을 그르다 하고 안을 옳다고 하기보다는 內外를 모두 잊는 것이 나으니, 內外를 모두 잊으면 마음이 깨끗하여 일이 없을 것이다. 마음이 깨끗하여 일이 없으면 定해지고, 定해지면 밝아지고, 밝아지면 어찌 事物에 응함에 얽매이겠는가.

自私用智之患은 其根이 在於分內外爲二하야 以在外者爲非하고 在內者爲是라 然在外者를 終不容以寂滅[3]이라 故常爲外物所撓하나니 惟能知性無內外而兩忘之면 則動靜이 莫非自然[4]하야 澄然無事矣리니 所謂廓然大公者也라 無事則心無所累라 故能明하고 明則物來順應이니 尙何外物之累哉아 蓋內外兩忘則非自私요 能定而明則非用智也니라 ○ 朱子曰 內外兩忘은 非忘也라 一循乎理하야 不是內而非外也니라

스스로 사사로이 함과 지혜를 쓰는 병통은 그 뿌리가 內·外를 나누어 두 가지로 여겨서 밖에 있는 것을 그르다 하고 안에 있는 것을 옳다고 하는 데에 있다. 그러나 밖에 있는 것을 끝내 없앨 수 없다. 그러므로 항상 外物에게 동요당하는 것이니, 오직 性이 內外가 없음을 알아서 모두 잊는다면 動靜이 모두 자연스러워서 마음이 깨끗하여 일이 없을 것이니, 이른바 '확연하여 크게 公正하다'는 것이다. 일이 없으면 마음에 얽매이는 바가 없으므로 밝을

수 있고 밝으면 事物이 옴에 순히 응하니, 이러고도 어찌 外物에 얽매이겠는가. 內外를 모두 잊는다면 스스로 사사로이 하는 것이 아니요, 定하여 밝다면 지혜를 쓰는 것이 아니다.

○ 朱子가 말씀하였다.

"內外를 모두 잊는다는 것은 참으로 잊는다는 것이 아니요, 한결같이 이치를 따라서 안을 옳다 하고 밖을 그르다 하지 않는 것이다."

**1** 【釋疑】非外而是內 : 按 亦指橫渠而言也라

살펴보건대 밖을 그르다 하고 안을 옳다고 한다는 것은 이 또한 橫渠를 가리켜 말한 것이다.

**2** 【釋疑】內外之兩忘 : 問是內不自私하고 外應不鑿否닛가 朱子曰 是라

"이것이 안으로 사사로이 하지 않고 밖으로 응함에 穿鑿하지 않는 것입니까?" 하자, 朱子가 말씀하기를 "옳다." 하였다.

**3** 【釋疑】在外者 終不容以寂滅 : 按 寂滅은 恐不可以在外者言이니 外字는 恐當作內字라

살펴보건대 寂滅은 밖에 있다고 말할 수가 없으니, 外字는 마땅히 內字가 되어야 할 듯하다.

**4** 【釋疑】動靜莫非自然 : 按 是定明以後事니 下語亦恐失序라

살펴보건대 이는 定明 이후의 일이니, 글을 쓴 순서가 잘못된 듯하다.

## 4-8 聖人之喜는 以物之當喜요 聖人之怒는 以物之當怒니 是는 聖人之喜怒 不繫於心而繫於物也라 是則聖人이 豈不應於物哉아 烏得以從外者爲非하고 而更求在內者하야 爲是也리오 今以自私用智之喜怒로 而視聖人喜怒之正이면 爲如何哉[1]아

聖人의 기뻐함은 事物이 당연히 기뻐해야 하기 때문이요, 聖人이 노여워함은 사물이 당연히 노여워해야 하기 때문이니, 이는 聖人의 노여워하고 기뻐함이 마음에 달려 있지 않고 사물에 달려 있는 것이다. 그렇다면 聖人이

어찌 事物에 응하지 않겠는가. 어찌 밖에서 오는 것을 그르다 하고 다시 안에 있는 것을 구하여 옳다 하겠는가. 이제 스스로 사사로이 하고 지혜를 쓰는 喜怒를 가지고 聖人의 올바른 喜怒에 비교한다면 어떠하겠는가.

聖人이 未嘗無喜怒하시니 是未嘗自私也라 然其喜怒 皆繫彼而不繫此하니 是未嘗用智也라 以自私用智之喜怒로 其視聖人之喜怒 一循乎天理之正者하면 豈不大相戾哉아

聖人은 일찍이 기뻐하고 노여워함이 없지 않으시니, 이는 일찍이 스스로 사사로이 하지 않은 것이다. 그러나 기뻐하고 노여워함이 저 사물(사람)에 달려 있고 여기(자신)에 달려 있지 않으니, 이는 일찍이 지혜를 쓰지 않은 것이다. 스스로 사사로이 하고 지혜를 쓰는 喜怒를 가지고 한결같이 天理의 바름을 따르는 聖人의 喜怒에 견준다면 어찌 크게 서로 어긋나지 않겠는가.

1 【漢文大系】聖人之喜……爲如何哉：欄外書曰 不繫於心而繫於物은 謂不繫於私而繫於公也라

《欄外書》에 말하였다. "마음에 달려 있지 않고 사물에 달려 있다는 것은 사사로움에 달려 있지 않고 공정함에 달려 있음을 이른다."

## 4-9 夫人之情이 易發而難制者는 惟怒爲甚하니 第能於怒時에 遽忘其怒하고 而觀理之是非하면 亦可見外誘之不足惡요 而於道에 亦思過半矣[1]리라

사람의 情이 쉽게 發하여 제재하기 어려운 것은 오직 노여워함이 심하기 때문이니, 다만 노여울 때에 급히 노여운 마음을 잊고 이치의 옳고 그름을 관찰한다면 外物의 유혹이 미워할 것이 못됨을 알 것이요 道에 있어서도 생각이 절반을 넘을 것이다.

朱子曰 忘怒則公이요 觀理則順이니라

朱子가 말씀하였다.
"노여움을 잊으면 公正해지고 이치를 살펴보면 순하게 된다."

1 【漢文大系】夫人之情……亦思過半矣：欄外書曰 忿懥恐懼好樂憂患得其正者는 正心也니 正心은 卽定性也라 此借怒一件하야 以例其餘耳니라 又同書云 施璜虹〔玉〕曰 此篇은 乃明道先生得統於濂溪先生處니 所以反覆辨明 性無內外動靜之分하야 而大公順應이 爲定性主宰也라 濂溪謂 聖人은 定之以中正仁義而主靜하야 立人極焉이라하니 定之以中正仁義는 性之所以定也요 主於無欲而靜이면 則是大公順應之全體니 尙何應物之爲累哉아

《欄外書》에 말하였다. "忿懥와 恐懼와 好樂와 憂患이 그 바름을 얻는 것은 正心이니, 正心은 바로 定性이다. 이는 노여워하는 한 가지 일을 빌어서 그 나머지를 例로 삼았을 뿐이다." 또 같은 책에 다음과 같이 말하였다. "施璜虹玉이 이르기를 '이 편은 바로 明道先生이 周濂溪先生에게 道統을 얻은 부분이니, 이 때문에 性이 內外와 動靜의 구분이 없어서 크게 공정하고 순히 응함이 性을 정하는 主宰가 됨을 반복하여 밝힌 것이다. 濂溪가 이르기를「聖人은 中正仁義로 定하여 靜을 주장해서 人極을 세운다」하였으니, 中正仁義로 定함은 性이 定해지는 것이요, 욕심이 없음을 주장하여 靜해지면 이는 크게 공정하고 순히 응하는 전체이니, 오히려 어찌 사물에 응함에 얽매이겠는가.' 하였다."

**5. 伊川先生이 答朱長文書曰 聖賢之言은 不得已也라 蓋有是言則是理明하고 無是言則天下之理有闕焉하니 如彼耒耜(뇌사)陶冶之器를 一不制면 則生人之道有不足矣라 聖賢之言이 雖欲已나 得乎아 然其包涵이 盡天下之理호되 亦甚約也니라 後之人은 始執卷이면 則以文章爲先하야 平生所爲 動多於聖人하나 然有之無所補요 無之靡所闕하니 乃無用之贅言也라 不止贅而已라 旣不得其要면 則離眞失正하야 反害於道 必矣니라 來書所謂 欲使後人으로 見其不忘乎善은 此乃世人之私心也라 夫子疾沒世而名不稱焉者는 疾沒身無善可稱云爾요 非謂疾無名也라 名者는 可以厲中人이니 君子所存은 非所汲汲이니라**

**5-1 伊川先生이 答朱長文書曰 聖賢之言은 不得已也라 蓋有是言則是理明하고 無是言則天下之理有闕焉하니 如彼耒耜(뇌사)陶冶之器를 一不制면 則生人之道有不足矣라 聖賢之言이 雖欲已나 得乎아 然其包涵이 盡天下之理호되 亦甚約也니라**

伊川先生이 朱長文에게 답한 편지에 다음과 같이 말씀하였다.

“聖賢의 말씀은 부득이해서 하신 것이다. 이 말씀이 있으면 이 이치가 밝아지고 이 말씀이 없으면 天下의 이치가 빠진 부분이 있게 되니, 마치 저 耒耜(쟁기의 자루와 보습)와 陶冶의 기구를 한 번 만들지 않으면 生民의 道가 부족함이 있는 것과 같다. 그러하니 聖賢께서 말씀을 비록 그만두려고 하시나 될 수 있겠는가. 그러나 포함하는 것이 天下의 이치를 다하면서도 또한 심히 요약되었다.

耒之首爲耜요 耜之柄爲耒며 範土曰陶요 鑄金曰冶라 聖人之言은 本非得已也라 蓋將發明天理하야 以覺斯民하시니 猶民生日用之具하야 不可闕也라 然其言寡而理無不該하고 亦不以多言爲貴也니라

耒의 머리를 보습이라 하고 보습의 자루를 耒라 하며, 흙으로 빚는 것을 陶라 하고 쇠를 주조하는 것을 冶라 한다. 聖人의 말씀은 본래 그만둘 수 있는 것이 아니다. 장차 天理를 발명하여 이 백성들을 깨우치려 하셨으니, 民生이 날로 쓰는 기구와 같아서 빠뜨릴 수가 없는 것이다. 그러나 그 말씀이 적으면서도 이치가 포함되지 않는 것이 없고, 또한 말을 많이 하는 것을 귀하게 여기지 않는다.

**5-2 後之人은 始執卷이면 則以文章爲先하야 平生所爲 動多於聖人[1]하나 然有之無所補요 無之靡所闕하니 乃無用之贅言也라 不止贅而已라 旣不得其要면 則離眞失正하야 反害於道 必矣니라**

後世 사람들은 처음 책을 잡으면 文章을 우선으로 여겨서 평생에 하는 바가 번번이 聖人보다 많으나 있어도 도움되는 바가 없고 없어도 부족한 바가 없으니, 바로 쓸데없는 군더더기의 말이다. 군더더기의 말일 뿐만 아니라 이미 요점을 얻지 못하였으면 眞理를 離叛하고 正道를 잃어서 도리어 道를 해칠 것이 틀림없다.

**後人**은 **徒志於爲文而不足以明理**하니 **則非徒無益而已**라 **蓋不得其本**이면 **未免流於邪僞**니 **反害於道矣**니라

후세 사람들은 한갓 文章을 짓는 데에 뜻을 두어 이치를 밝히지 못하니, 그렇다면 한갓 無益할 뿐만이 아니다. 그 근본을 얻지 못하면 간사함과 거짓에 빠짐을 면하지 못하니, 도리어 道를 해치게 된다.

1 【釋疑】動多於聖人 : 沙溪曰 動은 動輒之意라
沙溪가 말씀하였다. "動은 動輒(언제나)의 뜻이다."

## 5-3 來書所謂 欲使後人으로 見其不忘乎善은 此乃世人之私心也라 夫子疾沒世而名不稱焉者는 疾沒身無善可稱云爾요 非謂疾無名也라 名者는 可以厲中人이니 君子所存은 非所汲汲이니라

보내온 편지에 이른바 '후세 사람들로 하여금 善行을 잊지 않음을 보여주고자 한다.'는 것은 바로 후세 사람들의 사사로운 마음이다. 夫子(孔子)께서 종신토록 이름(명예)이 일컬어지지 않음을 싫어하셨던 것은 종신토록 칭찬할 만한 善行이 없음을 미워하셨을 뿐이요, 이름이 없음을 싫어하신 것이 아니다. 이름은 中人을 힘쓰게 할 수 있는 것이니, 君子가 마음에 두는 바는 급급해 하는 것이 아니다."

**君子學以爲己**니 **苟求人知**면 **則是私心而已**니라

君子는 배워서 자신을 위하니, 만일 남이 알아주기를 바란다면 이는 私心

일 뿐이다.

1 【漢文大系】來書所謂……非所汲汲：朱長文書中云 欲使後人으로 見其不忘乎善이라하니라 ○ 論語衛靈公篇曰 君子는 疾沒世而名不稱焉이라하니라

朱長文의 편지 가운데에 이르기를 "後人들로 하여금 善行을 잊지 않아야 함을 보게 하고자 한 것이다." 하였다.

○《論語》〈衛靈公〉에 이르기를 "君子는 종신토록 이름이 일컬어지지(알려지지) 않음을 싫어한다." 하였다.

**6. 內積忠信은 所以進德也요 擇言篤志는 所以居業也라 知至至之는 致知也니 求知所至而後至之라 知之在先이라 故可與幾니 所謂始條理者智之事也라 知終終之는 力行也니 既知所終이면 則力進而終之라 守之在後라 故可與存義니 所謂終條理者聖之事也니 此는 學之始終也라**

## 6-1 內積忠信은 所以進德也요 擇言篤志는 所以居業也[1]라

〈伊川先生이 말씀하였다.〉

"안에 忠信을 쌓음은 德을 진전시키는 것이요, 말을 가려서 하고 뜻을 독실히 함은 業을 쌓는 것이다.

乾九三文言傳이라 朱子曰 內積忠信은 是實心이요 擇言篤志는 是實事니라 又曰 忠信者는 如惡惡臭하고 如好好色하야 表裏에 無一毫之不實이라 擇言은 謂修辭요 篤志는 謂立誠이니 立誠은 卽上文忠信이라 又曰 內有忠信이라야 方能修辭니라 德은 以心言이요 業者는 德之事라 德要日新又新이라 故曰進이요 業要存而不失이라 故曰居니 進은 如日知其所亡(무)요 居는 如月無忘其所能[2]이니 進德修業은 只是一事니라

乾卦 九三爻 〈文言傳〉의 傳(伊川先生의《易傳》)이다.

朱子가 말씀하였다.

"안에 忠信을 쌓음은 진실한 마음이요, 말을 가려서 하고 뜻을 독실히 함은 진실한 일이다."

또 말씀하였다.

"忠信이란 惡臭를 미워하듯이 하고 好色을 좋아하듯이 하여 겉과 속에 털끝만큼이라도 진실하지 않음이 없는 것이다. 말을 가려서 한다는 것은 修辭(말을 진실하게 함)를 이르고, 뜻을 독실히 한다는 것은 성실함을 세움을 이르니, 성실함을 세운다는 것은 곧 윗글의 忠信이다."

또 말씀하였다.

"안에 忠信이 있어야 비로소 말을 진실하게 할 수 있는 것이다. 德은 마음으로 말하였고, 業은 德의 일이다. 德은 날로 새롭고 또 새로워져야 하므로 進이라 말하였고, 業은 보존하고 잃지 않아야 하므로 居라 말하였으니, 進은 '날마다 없는 바를 안다.'는 것과 같고, 居는 '달마다 능한 바를 잊지 말라.'는 것과 같으니, 德을 진전하고 業을 쌓음은 다만 한 가지 일이다."

**1** **【漢文大系】內積忠信……所以居業也 : 易乾九三文言曰 君子進德修業**하나니 **忠信**은 **所以進德也**요 **修辭立其誠**은 **所以居業也**라 **知至至之**라 **可與幾也**며 **知終終之**라 **可與存義也**라하니라

《周易》乾卦 九三爻 〈文言傳〉에 이르기를 "君子는 德을 진전시키고 業을 닦나니, 忠信은 德을 진전시키는 것이요 말을 닦고 성실함을 세움은 業을 쌓는 것이다. 이를 데를 알아 이르므로 더불어 幾微를 알 수 있으며, 終을 알아 끝마치므로 더불어 義를 보존할 수 있는 것이다." 하였다.

**2** **【釋疑】進如日知其所亡**(무) **居如月無忘其所能 : 論語本註**에 **亡**는 **無也**니 **謂己之所未有**라 **新安陳氏曰 爲學**에 **當日有所進而知其所未得**이요 **月有所守而不忘其所已得**이니 **知其所無**면 **則識愈長而日新**이요 **保其所有**면 **則得愈堅而不失**이니라

《論語》本註에 "亡는 없음이니 자신이 아직 가지고 있지 않은 것을 이른다." 하였다. 新安陳氏가 말하였다. "학문을 할 적에 마땅히 날마다 진전하는 바가 있어서 미처 알지 못했던 것을 알아야 하고, 달마다 지키는 바가 있어서 이미 안 것을 잊지 않아야 하니, 없던 것을 새로 알면 지식이 점점 자라서 날마다 새로워지고, 알고 있는 것을 지키면 그 앎이 더욱 견고해져서 잃지 않는다."

## 6-2 知至至之는 致知也니 求知所至而後至之라 知之在先이라 故可與幾니 所謂始條理者智之事也[1]라

이를 데를 알아 이름은 致知이니, 이를 데를 알기를 구한 뒤에 이른다. 아는 것이 앞에 있으므로 幾微를 알 수 있는 것이니, 이른바 '條理를 시작함은 智의 일'이라는 것이다.

至는 謂至善之地也니 求知至善之地而後에 至其所知라 所重者在知라 故曰可與幾니 蓋幾者는 動之微, 事之先見者也라 致知以正其始[2]면 則能得乎事之幾微矣리라 智者는 知之至明也라

至는 至善의 곳에 이름을 이르니, 至善의 곳을 알기를 구한 뒤에 아는 바에 그친다. 중히 여기는 바가 앎에 있으므로 더불어 幾微를 안다고 말하였으니, 幾는 동함의 은미함으로 일에 먼저 나타나는 것이다. 지식을 지극히 하여 시작을 바르게 하면 일의 기미를 알 수 있을 것이다. 智는 앎이 지극히 밝은 것이다.

1 【漢文大系】知至至之……始條理者智之事也 : 孟子萬章下曰 集大成也者는 金聲而玉振之也라 金聲也者는 始條理也요 玉振之也者는 終條理也니 始條理者는 智之事也요 終條理者는 聖之事也라한대 朱註曰 條理는 猶言脈絡이니 指衆音而言也라 智者는 知之所及이요 聖者는 德之所就也라하니라

《孟子》〈萬章 下〉에 이르기를 "集大成이란 〈음악을 연주할 적에〉 金으로 소리를 퍼뜨리고 玉으로 거두는 것이다. 金으로 소리를 퍼뜨린다는 것은 條理를 시작함이요 玉으로 거둔다는 것은 條理를 끝마치는 것이니, 條理를 시작하는 것은 智의 일이요 條理를 끝마치는 것은 聖의 일이다." 하였다. 朱子의 註에 이르기를 "條理는 脈絡이란 말과 같으니, 여러 音을 가리켜 말한 것이다. 智는 앎이 미치는 것이요, 聖은 德이 이루어진 것이다." 하였다.

2 【釋疑】至謂至善之地也……正其始 : 按 至善之至는 至極之至也요 知至之至는 乃至處也어늘 葉註語欠曲折이라 若曰 至는 至處니 卽至善之地云이라하면 則似勝이라 所重者在知故로 曰可與幾者도 亦未瑩하니 必若朱子所謂未做到那裏에 先知得如此라 所以說可與幾者니 然後에 語意痛快니라 且正其始, 成其終云者도 下語種種有病하니라

살펴보건대 至善의 至는 至極의 至이고 知至의 至는 바로 지극한 곳인데, 葉

氏의 註는 이러한 曲折(자세한 설명)이 부족하다. 만약 '至는 지극한 곳이니 바로 至善의 자리' 라고 말한다면 좋을 듯하다. '중히 여기는 바가 앎에 있으므로 더불어 幾微를 안다.'고 말했다는 것도 분명치 못하니, 반드시 朱子의 이른바 '이 속에 이르지 않았을 적에 먼저 이와 같음을 안다. 이 때문에 더불어 幾微를 안다고 말한 것이다.' 라는 것과 같이 하여야 하니, 이렇게 한 뒤에야 말뜻이 통쾌하다. 또 '그 시작을 바루고 그 終을 이룬다.'고 한 것도 말에 종종 병통이 있다.

## 6-3 知終終之는 力行也니 旣知所終이면 則力進而終之라 守之在後라 故可與存義니 所謂終條理者聖之事也니 此學之始終也[1]라 〈易傳 下同〉

마칠 데를 알아 마치는 것은 力行이니, 이미 마칠 데를 알았으면 힘써 나아가 마치는 것이다. 지킴은 뒤에 있으므로 더불어 義를 보존할 수 있는 것이니, 이른바 條理를 끝냄은 聖의 일이라는 것으로, 이는 學問의 시작과 끝이다." 〈《易傳》에 보인다. 이하도 같다.〉

終은 卽至善之盡處也니 旣知所終則力行而終之라 所重在行이라 故曰可與存義라 蓋義者는 當然之則이요 存者는 守而勿失也니 力行以成其終이면 斯能立乎事之則義矣리라 聖者는 行之至盡也라 始終條理之說은 詳見孟子하니라

終은 바로 至善의 극진한 곳이니, 이미 마칠 데를 알았으면 힘써 행하여 마치는 것이다. 중한 바가 行에 있으므로 더불어 義를 보존한다고 말한 것이다. 義는 당연한 법칙이요 存은 지키고 잃지 않는 것이니, 힘써 행하여 끝마침을 이루면 일의 法則과 義를 확립할 수 있을 것이다. 聖은 행실이 지극하고 다한 것이다. 條理를 시작하고 끝마침은 《孟子》에 자세히 보인다.

1 【漢文大系】知終終之……此學之始終也：朱子曰 知至至之는 主知요 知終終之는 主行이니 蓋上句則以知〔至〕爲重而至之二字爲輕이요 下句則以知終爲輕而終之二字爲重이라 又曰 知至知終이면 則又詳其始終工夫之序如此라 忠信은 心也요 修業은 事也라 然蘊於心者는 所以見於事요 修於事者는 所以養其心이니 此聖人之學이 所以爲內外兩進하야 而非判然二事也니라

朱子가 말씀하였다. "知至至之는 知工夫를 주장하였고 知終終之는 行工夫

를 주장하였으니, 윗구는 知至를 중하게 여겨 至之 두 글자가 가벼움이 되고, 아랫구는 知終을 가볍게 여겨 終之 두 글자가 중함이 된다." 또 말씀하였다. "이를 데를 알고 마침을 알면 또 그 始終 工夫의 순서를 자세히 앎이 이와 같은 것이다. 忠信은 마음이요 修業은 일이다. 그러나 마음에 쌓는 것은 일에 드러내기 위한 것이요, 일을 닦는 것은 그 마음을 기르기 위한 것이니, 이는 聖人의 학문이 內外가 모두 진전되어 判然히 두 가지 일이 아닌 것이다."

**2** 【釋疑】內積忠信……學之始終也：易乾卦文言에 子曰 君子進德修業하나니 忠信은 所以進德也요 修辭立其誠은 所以居業也라 知至至之라 可與幾也며 知終終之라 可與存義也라한대 程子曰 知至至之는 主知요 知終終之는 主終이라 知至至之는 如今學者且先知有至處라야 便從此至之니 是可與幾也라 非知幾면 安能先識至處리오 知終終之는 知學之終處而終之니 然後에 可以守義니라 ○ 孟子本註에 始는 始之也요 終은 終之也라 條理는 猶言脈絡이니 指衆音而言也라 知者는 知之所及이요 聖者는 德之所就也라 知는 本文作智하니라

《周易》 乾卦 〈文言傳〉에 孔子가 말씀하기를 "君子가 德을 진전하고 業을 닦으니, 忠信은 德을 진전시키는 것이고 말을 잘하여 성실함을 세움은 業을 쌓는 것이다. 이를 데를 알아 이르기 때문에 더불어 幾微를 알 수 있으며, 그칠 데를 알아 그치기 때문에 義를 보존할 수 있다." 하였다. 이에 대하여 程子가 말씀하였다. "이를 데를 알아 이름은 앎을 위주로 하고, 마칠 데를 알아 마침은 마침을 위주로 한 것이다. 이를 데를 알아 이른다는 것은 지금 배우는 자가 우선 먼저 이를 곳이 있음을 알아야 이를 따라 이르는 것과 같으니, 이것이 幾微를 알 수 있는 것이다. 幾微를 아는 자가 아니라면 어찌 먼저 이를 곳을 알겠는가. 마칠 데를 알아 마침은 학문의 마칠 곳을 알아 마치는 것이니, 이렇게 한 뒤에야 義를 지킬 수 있다."

○《孟子》의 本註에 "始는 시작함이요 終은 끝마침이다. 條理는 脈絡이란 말과 같으니, 여러 音을 가리켜 말한 것이다. 知는 지혜가 미치는 것이요, 聖은 德이 성취된 것이다." 하였다. 知는 本文에 智로 되어 있다.

**7. 君子主敬以直其內하고 守義以方其外하니 敬立而內直하고 義形而外方하나니 義形於外요 非在外也니라 敬義旣立이면 其德盛矣라 不期大而大矣니 德不孤也라 無所用而不周하고 無所施而不利하니 孰爲疑乎아**

## 7-1 君子主敬以直其內하고 守義以方其外하니 敬立而內直하고 義形而外方하나니 義形於外요 非在外也[1]니라

〈伊川先生이 말씀하였다.〉

"君子는 敬을 주장하여 그 마음을 곧게 하고 義를 지켜 그 밖을 방정하게 한다. 敬이 서면 안이 곧아지고 義가 나타나면 밖이 방정해지니, 義가 밖에 나타나는 것이요 밖에 있는 것이 아니다.

**坤六二文言傳이라 敬主于中이면 則動靜之間에 心存戒謹하야 自然端直而無邪曲之念이요 義見于外면 則應酬之際에 事當其則[2]하야 截然方正而無回撓之私라 然義之用이 達於外耳요 義非在外也니라**

坤卦 六二爻 〈文言傳〉의 傳이다. 敬이 마음을 주장하면 動하고 靜하는 사이에 마음이 戒謹(戒懼와 謹獨)을 보존하여 자연 단정하고 곧아져서 邪曲한 생각이 없을 것이요, 義가 밖에 나타나면 應酬하는 즈음에 일이 법칙에 합당하여 截然히 方正해서 간사하고 흔들리는 私가 없을 것이다. 그러나 義의 用이 밖에 도달하는 것일 뿐이요 義가 밖에 있는 것은 아니다.

1 【漢文大系】君子主敬以直其內……非在外也 : 易坤卦六二文言曰 直은 其正也요 方은 其義也라 君子敬以直內하고 義以方外하야 敬義立而德不孤하나니 直方大라 不習이라도 无不利라하니라 ○ 居業錄曰 敬은 體也요 義는 用也니 內直則外方이요 體立則用行也니라

《周易》坤卦 六二 〈文言傳〉에 이르기를 "直은 바름이요 方은 의로움이다. 군자가 敬하여 안(마음)을 곧게 하고 의로워 밖을 방정하게 해서 敬과 義가 확립되면 德이 외롭지 않으니, 곧고 방정하고 크기 때문에 익히지 않아도 이롭지 않음이 없는 것이다." 하였다.

○《居業錄》에 말하였다. "敬은 體이고 義는 用이니, 안이 곧아지면 밖이 방정해지고 體가 확립되면 用이 행해진다."

2 【釋疑】敬主于中……事當其則 : 按 此兼動靜而言之也나 然朱子曰 專言敬하고 而不知就日用念慮處하야 分別其公私義利之所在하야 而決取舍之幾焉이면 則亦不免於昏憒雜擾하야 而所謂敬者 有非敬矣라하고 又曰 義는 是心頭斷事底니 心斷於內而外便方正云하니 以此觀之면 謹獨은 乃屬於義也어늘 葉氏以戒懼謹獨으로

爲敬하고 只以酬應之際에 事當其則으로 爲義하니 恐未免外義之病이로라

살펴보건대 이는 動과 靜을 겸하여 말한 것이다. 그러나 朱子가 말씀하기를 "오로지 敬만 말하고 일상생활과 생각이 나오는 곳에 나아가 公과 私, 義와 利의 所在를 분별하여 취하고 버리는 幾微를 결정할 줄을 알지 못하면 또한 마음이 어둡고 뒤섞여 어지러움을 면치 못하여, 이른바 敬이란 것이 敬이 아님이 있을 것이다." 하였고, 또 말씀하기를 "義는 마음이 일을 결단하는 것이니, 마음이 안에서 결단하면 밖이 곧 방정해지는 것이다." 하였으니, 이것을 가지고 관찰하면 謹獨은 바로 義에 속한다. 그런데 葉氏는 戒懼와 謹獨을 敬이라 하고, 다만 酬應하는 즈음에 일이 법칙에 마땅한 것을 義라 하였으니, 義를 밖으로 여기는 병통을 면하지 못할 듯하다.

## 7-2 敬義旣立이면 其德盛矣라 不期大而大矣니 德不孤也[1]라

敬과 義가 이미 서면 그 德이 성대하다. 성대하기를 기약하지 않아도 성대해지니, 이는 德이 외롭지 않은 것이다.

內直外方하야 敬義交養이면 其德自然盛大라 故曰不孤也라

안이 곧아지고 밖이 방정하여 敬과 義가 서로 길러지면 그 德이 자연 성대해진다. 그러므로 '외롭지 않다.'고 말한 것이다.

1 【漢文大系】敬義旣立……德不孤也 : 雙峯饒氏曰 敬義竝立이면 則其德不孤니 蓋孤則偏於一善하야 而其德狹이요 不孤則衆善畢集하야 而其德大矣니라

雙峯饒氏(饒魯)가 말하였다. "敬과 義가 병립되면 그 德이 외롭지 않으니, 외로우면 한 가지 善에 편벽되어서 그 德이 좁아지고, 외롭지 않으면 여러 善이 모두 모여서 그 德이 커진다."

## 7-3 無所用而不周하고 無所施而不利하니 孰爲疑乎[1]아

쓰는 곳마다 두루하지 않음이 없고 베푸는 곳마다 이롭지(순탄하지) 않음이 없으니, 누가 의심하겠는가."

德至於大면 則其所行이 無一而不備[2]요 無往而不順이라 故曰不疑其所行也라하니라

德이 성대함에 이르면 그 행하는 바가 한 가지도 구비되지 않음이 없고 가는 곳마다 순하지 않음이 없다. 그러므로 '그 행하는 바를 의심하지 않는다.' 고 말씀한 것이다.

**1** 【釋疑】君子主敬……孰爲疑乎 : 朱子曰 敬立而內自直이요 義形而外自方이니 若欲以敬要去直內하고 以義要去方外면 則非矣니라 ○ 直은 是直上直下하야 胸中에 無纖毫委曲이요 方은 是割截方正之意니라

朱子가 말씀하였다. "敬이 서면 안이 저절로 곧아지고 義가 나타나면 밖이 저절로 방정해지니, 만약 敬을 가지고 가서 안을 곧게 하고자 하고 義를 가지고 가서 밖을 방정하게 하고자 한다면 잘못이다."

○ 直은 바로 위가 곧고 아래가 곧아서 가슴속에 털끝만한 굽음도 없는 것이요, 方은 물건을 자르기를 방정하게 하는 뜻이다.

**2** 【釋疑】所行無一而不備 : 按 無所用而不周者는 言其用無不周遍也니 註說이 恐失本意라

살펴보건대 '쓰는 곳마다 두루하지 않음이 없다.'는 것은 쓰임이 두루하지 않음이 없음을 말한 것이니, 註의 내용은 本意를 잃은 듯하다.

**8. 動以天이 爲无妄이요 動以人欲則妄矣니 无妄之義 大矣哉라 雖無邪心이나 苟不合正理則妄也니 乃邪心也라 旣已无妄이면 不宜有往이니 往則妄也라 故无妄之象曰 其匪正이면 有眚하리니 不利有攸往이라하니라**

## 8-1 動以天이 爲无妄이요 動以人欲則妄矣니 无妄之義 大矣哉라

〈伊川先生이 말씀하였다.〉

"動하기를 天理로써 하면 无妄이 되고 動하기를 人慾으로써 하면 妄이 되니, 无妄의 意義가 크다.

震下乾上이 爲无妄이니 震은 動也요 乾은 天也라 故曰動以天이라 妄은 邪僞

也니 動而純乎天理면 則無邪僞矣니라

震이 아래에 있고 乾이 위에 있는 것이 无妄卦이니, 震은 동함이요 乾은 하늘이다. 그러므로 '動하기를 天理로써 한다.'고 말한 것이다. 妄은 간사하고 거짓됨이니, 動하여 天理에 순수하면 간사하고 거짓됨이 없다.

**8-2 雖無邪心**이나 **苟不合正理則妄也**니 **乃邪心也**라 **旣已无妄**이면 **不宜有往**[1]이니 **往則妄也**라 **故无妄之彖曰 其匪正**이면 **有眚**하리니 **不利有攸往**이라하니라

비록 간사한 마음이 없으나 만일 正理에 합하지 않으면 妄이니, 이것이 바로 간사한 마음이다. 이미 无妄이라면 가는 바를 두어서는 안 되니, 가면 妄이다. 그러므로 无妄卦의 〈彖傳〉에 '바르지 않으면 허물이 있을 것이니, 가는 바를 둠이 이롭지 않다.'고 한 것이다."

心雖非出於邪妄이나 而見理不明하야 所爲或乖於正理면 是卽妄也니 卽邪心也라 故无妄而有匪正之眚이니라 又事至於无妄이면 則得所止矣니 不宜有往이니 往乃過也요 過則妄也라 故曰不利有攸往이라하니라

마음이 비록 邪妄에서 나온 것이 아니라 하더라도 이치를 봄이 밝지 못하여 행하는 바가 혹 正理에 어그러지면 이것이 곧 妄이니, 바로 간사한 마음이다. 그러므로 无妄에 바르지 않은 허물이 있는 것이다. 또 일이 无妄에 이르렀으면 그칠 바를 얻은 것이다. 가는 바를 두어서는 안 되니, 가면 바로 過함이요 過하면 妄이다. 그러므로 '가는 바를 둠이 이롭지 않다.'고 말한 것이다.

1 【漢文大系】旣已无妄 不宜有往 : 欄外書曰 謂旣涵養本體면 不宜有外馳니 外馳則妄也라 又曰 眚은 過也니 猶言過不及이라 又曰 不利有所往은 謂宜靜養이라

《欄外書》에 말하였다. "이미 本體를 涵養했다고 말하였으면 마땅히 밖으로 달림이 있지 않아야 할 것이니, 밖으로 달리면 망녕된 것이다." 또 말하였다. "眚은 허물이니, 過·不及이라는 말과 같다." 또 말하였다. "가는 바를 둠이 이롭지 않다는 것은 마땅히 고요히 길러야 함을 말한 것이다."

**9. 人之蘊蓄**이 **由學而大**니 **在多聞前古聖賢之言與行**하야 **考跡以觀其用**하고 **察言以求其心**하야 **識而得之**하야 **以蓄成其德**[1]이니라

〈伊川先生이 말씀하였다.〉

"사람의 蘊蓄(많이 쌓음)은 배움으로 말미암아 커진다. 옛 聖賢들의 말씀과 행실을 많이 들어서, 行跡을 상고하여 그 運用을 보고 말씀을 살펴 그 마음을 찾아서, 기억하여 얻어 그 德을 쌓고 이룸에 달려 있는 것이다."

大畜卦象傳이라 考聖賢之行이면 可以觀其用이요 察聖賢之言이면 可以求其心이니 有見於此면 則蓄德日大라 蓋非徒多聞之爲貴니라

大畜卦 〈象傳〉의 傳이다. 聖賢의 행적을 상고하면 그 運用을 볼 수 있고 聖賢의 말씀을 살피면 그 마음을 찾을 수 있으니, 여기에 봄이 있으면 德을 쌓음이 날로 커진다. 한갓 聞見이 많음을 귀하게 여길 뿐만이 아니다.

**1** 【漢文大系】人之蘊蓄……以蓄成其德：易大畜卦象傳曰 天在山中이 大畜이니 君子以하야 多識前言往行하야 以畜其德이라하니라

《周易》大畜卦 〈象傳〉에 이르기를 "하늘이 山中에 있는 것이 大畜卦이니, 君子가 이것을 보고서 응용하여 예전의 훌륭한 말씀과 훌륭한 행실을 많이 알아 그 德을 쌓는다." 하였다.

**10. 咸之象曰 君子以**하야 **虛受人**이라하니 **傳曰 中無私主**면 **則無感不通**이니 **以量而容之**하고 **擇合而受之**면 **非聖人有感必通之道也**니라 **其九四曰 貞**하면 **吉**하야 **悔亡**하리니 **憧憧往來**하면 **朋從爾思**라하니 **傳曰 感者**는 **人之動也**라 **故咸皆就人身取象**하니라 **四當心位**어늘 **而不言咸其心**은 **感乃心也**일새라 **感之道 無所不通**하니 **有所私係**면 **則害於感通**이니 **所謂悔也**라 **聖人感天下之心**이 **如寒暑雨暘**하야

無不通하고 無不應者는 亦貞而已矣니 貞者는 虛中無我之謂也니라 若往來憧憧然하야 用其私心以感物이면 則思之所及者엔 有能感而動이어니와 所不及者엔 不能感也니 以有係之私心으로 旣主於一隅一事면 豈能廓然無所不通乎아

**10-1 咸之象曰 君子以하야 虛受人이라하니 傳曰 中無私主면 則無感不通이니 以量而容之하고 擇合而受之는 非聖人有感必通之道也[1]니라**

咸卦의 〈象傳〉에 "君子가 이것을 보고서 겸허히 남의 말을 받아들인다." 하였는데, 伊川先生의 《易傳》에 이르기를 "마음에 사사로운 주장이 없으면 감동함에 통하지 않음이 없으니, 量(자신의 도량)으로써 수용하고 합할 상대를 가려서 받아들이는 것은 감동함이 있음에 반드시 통하는 聖人의 道가 아니다." 하였다.

咸者는 感也라 故咸卦皆以感爲義라 惟虛中而無所私主면 則物來能應하야 有感必通也니 若夫有量則必有限하고 有合則必有不合이니 此는 非聖人感通之道也니라

咸은 감동함이다. 그러므로 咸卦가 모두 감동함을 뜻으로 삼았다. 마음을 비우고 사사로이 주장하는 바가 없으면 사물이 옴에 능히 응하여 감동(감촉)함이 있으면 반드시 통하는 것이니, 만약 일정한 量이 있으면 반드시 한계가 있고, 합함이 있으면 반드시 합하지 않음이 있을 것이니, 이는 聖人의 感通하는 道가 아니다.

【張伯行 註】咸之爲卦兌上艮下하야 爲山上有澤하니 其氣以虛而通이라 君子體其象하야 務使此心虛公無我하야 以受人之感하니 則亦無有不通之理矣라 伊川作易傳以解之曰 凡人이 中有所主則實이요 無所主則虛니 皆不足以言感通之妙라 惟聖人은 中無私主하야 實而能虛하야 一片天理

公心하야 而未嘗先立意見하나니 如是則人感我應하고 我感人孚하야 無感而不通이라 若未能忘私면 其相感也에 或示寬深之量以容納之리니 恐貌結而心不洽이요 或擇其可合而承受之리니 恐得其同而或遺其異니 皆非聖人大公無我하야 有感必通之道也라 聖人則無所不感하고 無所不通하야 如山上之有澤而已니라

咸卦는 兌가 위에 있고 艮이 아래에 있어서 산 위에 못이 있음이 되니, 그 기운이 虛함으로 통한다. 君子가 이 象을 체득하여 되도록 이 마음으로 하여금 비고 公正하여 私我가 없어서 남의 감동을 받게 하니, 이렇게 하면 또한 통하지 않을 이치가 없다. 伊川이《易傳》을 지어 이것을 해석하기를 "사람들이 마음에 주장하는 바가 있으면 實하고 주장하는 바가 없으면 虛하니, 이는 모두 感通의 妙理를 말할 수 없다. 오직 聖人은 마음에 사사로이 주장함이 없어서 實하면서도 虛하여 一片의 天理요 公心일 뿐이다. 일찍이 먼저 의견을 내세우지 않으니, 이렇게 하면 남이 감동시키거든 내가 응하고 내가 감동시키거든 남이 믿어서, 감동함에 통하지 않음이 없다. 만일 私를 잊지 못하면 서로 감동할 적에 혹 넓고 깊은 度量을 보여주어 용납할 것이니 이렇게 하면 외모는 사귀나 마음이 흡족하지 않을까 두렵고, 혹 합할 만한 사람을 가려서 받아들일 것이니 이렇게 하면 같은 것은 얻고 혹 다른 것은 빠뜨릴까 두렵다. 이는 모두 크게 공정하고 私我가 없어서 감동함이 있으면 반드시 통하는 聖人의 道가 아니다. 聖人은 감동하지 않는 바가 없고 통하지 않는 바가 없어서 산 위에 못이 있는 것과 같이 할 뿐이다.

**1** 【漢文大系】咸之象曰……非聖人有感必通之道也 : 易咸卦象曰 山上有澤이 咸이니 君子以하야 虛受人이라하니라 ○ 程傳曰 夫人中虛則能受요 實則不能入矣라 虛中者는 无我也니 中无私主면 則無感不通云云이라

《周易》咸卦〈象傳〉에 이르기를 "산 위에 못이 있는 것이 咸卦이니, 군자가 이것을 보고 응용하여 겸허히 남의 말을 받아들인다." 하였다.

○ 程子의《易傳》에 말하였다. "사람의 마음이 비면 받아들일 수 있고 꽉 차면 들어갈 수가 없다. 마음을 비운다는 것은 无我(我私가 없음)이니, 心中에 사사로운 주장이 없으면 감동함에 통하지 않음이 없는 것이다."

**10-2 其九四曰 貞**하면 **吉**하야 **悔亡**하리니 **憧憧往來**하면 **朋從爾思**라하니 **傳曰 感者**는 **人之動也**라 **故咸皆就人身取象**하니라 **四當心位**어늘 **而不言咸其心**은 **感乃心也**일새라 **感之道 無所不通**하니 **有所私係**면 **則害於感通**이니 **所謂悔也**라 **聖人感天下之心**이 **如寒暑雨暘**하야 **無不通**하고 **無不應者**는 **亦貞而已矣**니 **貞者**는 **虛中無我之謂也**[12]니라

咸卦 九四爻에 "貞하면 吉하여 후회가 없어질 것이니, 끊임없이〔憧憧〕 왕래하면 벗만 네 생각을 따른다." 하였는데, 《易傳》에 다음과 같이 말하였다. "感은 사람의 동함이다. 그러므로 咸卦가 모두 사람의 몸에 나아가 象을 취하였다. 四는 마음(心臟)의 위치에 해당하는데, '그 마음을 감동하게 한다'고 말하지 않음은 감동하는 것이 바로 마음이기 때문이다. 감동하는 道가 통하지 않는 것이 없으니, 사사로이 매인 바가 있으면 感通을 해치는 바, 이른바 후회라는 것이다. 聖人이 天下 사람들의 마음을 감동시키는 것은 날씨가 춥고 덥고 비오고 맑은 것과 같아서 통하지 않음이 없고 응하지 않음이 없으니, 이 또한 貞일 뿐이다. 貞이란 마음을 비워 我私가 없음을 이른다.

咸卦는 取象人身하니 初爲拇요 二爲腓요 三爲股요 五爲脢요 上爲輔頰舌[3]이라 四當心位而不言心者는 感者는 必以心也라 有感則有通이나 然使在此者有所私係면 則爲感之道狹矣라 必有所不通이니 是悔也라 聖人之感天下는 如寒暑雨暘하야 周徧公溥하야 無所私係라 故無不通應하나니 所謂貞吉而悔亡也라 或謂 貞者는 正也니 未有解爲虛中無我者라하니 愚聞之師하니 曰 諸卦之貞은 各隨卦義以爲正하니 乾은 以健爲貞하고 坤은 以順爲貞[4]이라 故曰利牝馬之貞[5]이라하니 虛中無我者는 咸之貞也라 然此與象以虛受人異者는 蓋象은 取山澤通氣之義하니 謂虛中以受人之感이요 爻는 取四爲感之主하니 謂虛中以感人也라 惟虛則能應人之感이요 惟虛則能感人之應하니 其理亦一也니라

咸卦는 사람의 몸을 象으로 취하였으니, 初는 엄지발가락이 되고, 二는 장딴지가 되고, 三은 다리가 되고, 五는 등뼈가 되고, 上은 輔頰(뺨)과 혀가 된다. 四가 마음(심장)의 자리에 해당하는데 마음이라고 말하지 않은 것은 감동함은 반드시 마음으로써 하기 때문이다. 감동함이 있으면 통함이 있으나 가령 여기에 있는 것이 사사로이 매인 바가 있으면 감동하는 道가 좁아서 반드시 不通하는 바가 있을 것이니, 이것이 후회이다. 聖人이 天下 사람들을 감동시킴은 날씨가 춥고 덥고 비오고 맑은 것과 같아서 두루하고 공정하고 넓어서 사사로이 매이는 바가 없으므로 感通하여 응하지 않음이 없는 것이니, 이른바 '貞하면 吉하여 후회가 없다'는 것이다.

혹자가 말하기를 "貞은 正이니 마음을 비워 我私가 없는 것으로 해석한 경우는 있지 않다." 하므로 나는 다음과 같이 말하였다.

"내가 스승에게 들으니 여러 卦의 貞은 각각 卦의 뜻을 따라 바름으로 삼으니, 乾은 굳셈을 貞으로 삼고 坤은 순함을 貞으로 삼는다. 그러므로 牝馬의 貞이 이롭다고 한 것이니, 마음을 비워 我私가 없는 것은 咸卦의 貞이다. 그러나 이것이 〈象傳〉의 '겸허히 남의 말을 받아들인다.'는 것과 다른 까닭은, 〈象傳〉은 山澤이 기운을 통하는 뜻을 취하였으니 마음을 비워 남의 감동을 받아들임을 말한 것이고, 爻辭는 四가 感應의 主體가 됨을 취하였으니 마음을 비워 남을 감동시킴을 말한 것이다. 비우면 남의 감동에 응할 수 있고, 비우면 남의 응함에 감동할 수 있으니, 그 이치가 또한 똑같은 것이다."

**1** 【漢文大系】其九四曰……虛中無我之謂也：朱子曰 某尋常解經에 只要依訓詁說字하니 如貞字는 作正而固라 子細玩索하면 自有滋味하니 若曉得正而固면 則虛中無我도 亦在裏面이니라

朱子가 말씀하였다. "내가 평소 經傳을 해석할 적에 다만 訓詁에 의하여 글자를 설명하려 하였으니, 예컨대 貞字는 '바르고 견고함〔正而固〕'으로 설명하는 것과 같은 것이다. 이것을 자세히 완미하여 찾아보면 저절로 재미가 있으니, 만약 正而固를 깨우쳐 안다면 마음을 비워 私我가 없는 것도 이 안에 있을 것이다."

**2** 【釋疑】咸之象……虛中無我之謂也：傳에 澤性은 潤下하고 土性은 受潤이라 澤在山上而其漸潤通徹하니 是二物之氣相感通也라 君子觀山澤通氣之象하야 而虛其中하야 以受於人하나니라 ○ 問以量而容之는 莫是要着意容之否아 曰 非也라

以量者는 乃是隨我量之大小하야 以容之니 便是不虛了니라 ○ 問感通之理한대 曰感은 是事來感我요 通은 是自家受他感處之意니라

《易傳》에 "못의 성질은 적셔 주고 아래로 내려가고, 흙의 성질은 적셔 줌을 받아들인다. 못이 산 위에 있어 점점 적셔져서 通徹하니, 이는 두 물건의 기운이 서로 感通하는 것이다. 君子가 산과 못이 기운을 통하는 象을 보고서 마음을 비워 남에게 받아들이는 것이다." 하였다.

○ "量으로써 용납한다는 것은 뜻을 두어 용납하는 것이 아닙니까?" 하고 묻자, 朱子가 말씀하였다. "아니다. 量으로써 한다는 것은 바로 자신의 量의 크고 작음에 따라 용납하는 것이니, 이것은 바로 비우지 않는 것이다."

○ 感通하는 이치를 묻자, 朱子가 말씀하였다. "感은 일이 와서 나를 감동시키는 것이고 通은 자신이 저의 감동을 받아들인다는 뜻이다."

3 【漢文大系】輔頰舌：程傳云 輔頰舌은 皆所用以言也라

《易傳》에 이르기를 "輔, 頰, 舌은 모두 사용하여 말하는 것이다." 하였다.

4 【漢文大系】乾以健爲貞 坤以順爲貞：坤卦程傳曰 乾以剛固爲貞이요 坤則柔順而貞이라하니라

坤卦의 《易傳》에 이르기를 "乾은 剛固함을 貞으로 삼고, 坤은 유순하여 貞하다." 하였다.

5 【漢文大系】故曰利牝馬之貞：坤卦彖曰 坤은 元亨하고 利牝馬之貞이라하니라

坤卦의 〈彖辭〉에 이르기를 "坤은 元하고 亨하고 牝馬의 貞이 이롭다." 하였다.

## 10-3 若往來憧憧然하야 用其私心以感物이면 則思之所及者엔 有能感而動이어니와 所不及者엔 不能感也니 以有係之私心으로 旣主於一隅一事면 豈能廓然無所不通乎아

만일 왕래하기를 끊임없이 하여 私心을 써서 남을 감동시킨다면 생각이 미치는 곳에는 감동시킬 수 있으나 생각이 미치지 못하는 곳에는 감동시키지 못하니, 얽매임이 있는 私心으로 이미 한 쪽과 한 가지 일을 주장한다면 어찌 확연하여 통하지 않는 바가 없을 수 있겠는가."

憧憧往來者는 私心也라 若無私心이면 則澄然泰然하리니 何至憧憧也리오

**惟其私心有係**라 **故其所思者有及與不及**하야 **而其所感者有通與不通**하니 **所謂朋從爾思者**는 **蓋思惟及其朋類**요 **亦惟朋類 乃從其思耳**니라

끊임없이 왕래하는 것은 私心이다. 만약 私心이 없으면 깨끗하고 태연할 것이니, 어찌 끊임없이 함에 이르겠는가. 오직 私心에 얽매임이 있으므로 생각하는 바가 미치고 미치지 못함이 있어서 감동시키는 바가 통하고 통하지 못함이 있는 것이다. 이른바 '벗만 네 생각을 따른다.'는 것은 생각함이 오직 朋類들에게만 미치고 또한 朋類들만 그 생각을 따를 뿐인 것이다.

**11. 君子之遇艱阻**에 **必自省於身**하야 **有失而致之乎**아하야 **有所未善則改之**하고 **無歉於心則加勉**하나니 **乃自修其德也**[12]니라

〈伊川先生이 말씀하였다.〉

"君子가 어려움과 막힘을 만났을 적에 반드시 스스로 자기 몸에 살펴보아 '내가 무슨 잘못이 있어서 이렇게 되었는가' 하여, 잘하지 못한 것이 있으면 고치고 마음에 부족함이 없으면 더욱 힘쓰나니, 이것이 바로 스스로 그 德을 닦는 것이다."

**蹇卦象傳**이라 **此**는 **教人以處險難之道**니 **自省其身**하야 **而有不善**이면 **則當速改**요 **不可以怠而廢**며 **苟無愧焉**이면 **則益當自勉**이요 **不可以沮而廢**라 **君子反躬之學**은 **雖遇艱阻**나 **亦莫非進德之地**니라

蹇卦 〈象傳〉의 傳이다. 이는 사람에게 險難함을 대처하는 道를 가르친 것이니, 스스로 자기 몸을 살펴보아 不善함이 있으면 마땅히 속히 고칠 것이요 태만히 하여 중지하지 말며, 만일 부끄러움이 없으면 더욱 마땅히 스스로 힘쓸 것이요 沮喪되어 중지해서는 안 된다. 君子가 몸에 돌이키는 學問은 비록 어려움과 험함을 만나더라도 또한 모두 德을 진전시키는 자리인 것이다.

**1** 【漢文大系】君子之遇艱阻……乃自修其德也 : 易蹇卦象曰 山上有水蹇이니 君子以하야 反身修德이라하니라 ○ 欄外書曰 原文에 阻作蹇하고 乎字下에 有是反身

也四字하니 文公蓋刪之라 愚案 此條는 係蹇卦象反身修德傳하니 則反身也句는 似宜存原文이니라

《周易》 蹇卦 〈象傳〉에 말하였다. "산 위에 물이 있는 것이 蹇이니, 군자가 이것을 보고 자기 몸에 돌이켜 德을 닦는다."

○《欄外書》에 말하였다. "《易傳》의 原文에 阻는 蹇으로 되어 있고 乎字 아래에 '是反身也'의 네 글자가 있는데, 朱文公이 이를 삭제하였다. 내가 살펴보건대 이 조항은 蹇卦 〈象傳〉의 '反身修德'의 傳에 해당하니, 그렇다면 反身也라는 글귀는 原文을 그대로 보존해야 할 듯하다."

2 【釋疑】君子之遇艱阻……乃自修其德也 : 本義에 蹇은 難也니 足不能進하니 行之難也라 ○ 象傳에 山之峻阻에 上復有水하니 坎水有險陷之象하여 上下險阻라 故爲蹇也라 ○ 中溪張氏曰 反身은 取艮之背요 修德은 取坎之心이니라 ○ 按 字會에 一穀不升曰歉이요 又食不飽라

《本義》에 "蹇은 어려움이니, 발이 나아가지 못하니 가기 어려운 것이다." 하였다.

○〈象傳〉의 傳에 다음과 같이 말하였다. "산이 높이 막혀 있는데 위에 다시 물이 있으니, 坎의 물은 險陷의 象이 있어 위와 아래가 험하고 막혔으므로 蹇이 된 것이다."

○ 中溪張氏가 말하였다. "자기 몸에 돌이킴은 艮의 등을 취한 것이고, 德을 닦음은 坎의 마음을 취한 것이다."

○ 살펴보건대 《字會》에 "한 곡식이 풍년들지 못하는 것을 歉이라 하고, 또 밥을 먹을 적에 배부르지 못한 것이다." 하였다 .

## 12. 非明則動無所之요 非動則明無所用[12]이니라

〈伊川先生이 말씀하였다.〉

"밝음이 아니면 동함에 갈 곳이 없고, 동함이 아니면 밝음을 쓸 곳이 없다."

豐卦初九傳이라 知行相需하야 不可偏廢하니 非知之明이면 則動將安之리오 如目盲之人이 動則不知所如也라 非行之力이면 則明亦無所用이니 如足痿之人이 雖有見焉이나 亦不能行矣니라

豐卦 初九의 傳이다. 知와 行이 서로 필요로 하여 어느 한 쪽도 버릴 수가

없으니, 알기를 분명히 함이 아니면 동함에 장차 어디로 가겠는가. 눈먼 사람이 動하면 갈 곳을 모르는 것과 같다. 행하기를 힘씀이 아니면 밝음을 또한 쓸 곳이 없으니, 발이 마비된 사람이 비록 보기는 하지만 갈 수 없는 것과 같다.

**【張伯行 註】此知行竝進之道也**라 **行**은 **以知爲先**이요 **知**는 **以行爲據**니 **非此心之明**하야 **早知事物之所以然**이면 **何以循其所當然之道**리오 **則此身之動**이 **亦將無所往矣**리라 **非此身之動**이 **有以體其所當然之則**이면 **雖知其所以然之理**나 **而此理亦終無安頓處**리니 **則此心之明**이 **畢竟無所用耳**라 **明動相資**하면 **德業**이 **自能進於盛大之休**니 **此亦豐卦彖辭明以動故豐之義也**니라

이는 知와 行을 함께 進前하는 道이다. 行은 知를 우선으로 삼고 知는 行을 근거로 삼으니, 이 마음이 밝아서 사물의 所以然을 미리 알지 못한다면 어떻게 所當然의 道를 따를 수 있겠는가. 이렇게 되면 이 몸의 動함이 또한 장차 갈 곳이 없게 될 것이다. 이 몸의 동함이 所當然의 法則을 體行함이 있지 않으면 비록 所以然의 이치를 알더라도 이 이치가 또한 끝내 편안히 머물 곳이 없을 것이니, 이렇게 되면 이 마음의 밝음이 필경 쓸 곳이 없게 될 것이다. 明(知)과 動(行)이 서로 자뢰하면 德業이 저절로 성대한 경지에 나아갈 것이니, 이 또한 豐卦의 彖辭에 '밝고 동하므로 풍성하다.' 는 뜻이다.

**1** 【漢文大系】非明則動無所之 非動則明無所用 : 易豐卦初九에 程傳曰 相資而成用하니 同舟則胡越一心이요 共難則仇怨協力은 事勢使然也라하니라

《周易》豐卦 初九의 《易傳》에 말하였다. "서로 자뢰하여 씀을 이루니, 배를 함께 타면 북쪽 오랑캐와 남쪽 越나라 사람이 한마음이 되고 患難을 함께 하면 원수끼리도 협력하는 것은 事勢가 그러하기 때문이다."

**2** 【釋疑】非明則動無所之 非動則明無所用 : 傳에 豐은 盛大之義라 爲卦震上離下하니 震은 動也요 離는 明也라 ○ 朱子曰 徒行不明이면 則行無所向하야 冥行而已요 徒明不行이면 則明無所用하야 空明而已니라

《易傳》에 말하였다. "豐은 성대한 뜻이다. 豐卦는 震이 위에 있고 離가 아래에 있으니, 震은 동함이요 離는 밝음이다."

○ 朱子가 말씀하였다. "단지 가기만 하고 밝지 못하면 감에 향할 곳이 없어서 어둡게 갈 뿐이요, 단지 밝기만 하고 가지 않으면 밝음을 쓸 곳이 없어서 부질없이 밝기만 할 뿐이다."

**13. 習은 重習也니 時復思繹하야 浹洽於中則說也요 以善及人而信從者衆이라 故可樂也요 雖樂於及人이나 不見是而無悶이라야 乃所謂君子니라**

## 13-1 習은 重習也니 時復思繹하야 浹洽於中則說也[1]요

〈伊川先生이 말씀하였다.〉

"習은 거듭함〔重習〕이니, 때때로 다시 생각하고 연구하여 마음속에 완전히 배어들면 기쁜 것이요,

說見論語라 繹은 往來紬繹也라 學者於所學之事에 時時思繹하야 不驟不輟하야 義理久면 則浹洽其中하야 自然悅豫也라

내용이《論語》에 보인다. 繹은 왕래하기를 紬繹(계속하여 끊이지 않음)하는 것이다. 배우는 자가 배운 바의 일에 대하여 때때로 생각하고 연구해서 급히 서둘지도 않고 멈추지도 아니하여 義理를 오래도록 거듭하면 마음속에 완전히 배어들어서 자연 기뻐지는 것이다.

1 【漢文大系】習重習也……浹洽於中則說也：朱子曰 浹洽二字有深意라 如浸物於水하니 水若未入이면 只是外面濕이요 內面은 依然乾이니 必浸之久면 則透裏皆濕이라 習而熟하고 熟而說하야 脈絡貫通하니 程子所謂浹洽이 是也니라

朱子가 말씀하였다. "浹洽 두 글자는 깊은 뜻이 있다. 물건을 물에 담그는 것과 같으니, 물이 만약 깊숙이 스며들지 않으면 단지 外面만 젖고 內面은 그대로 말라 있으니, 반드시 적시기를 오래 하면 속까지 스며들어가서 모두 젖게 된다. 익혀서 익숙해지고 익숙하여 기뻐져서 脈絡이 관통하니, 程子가 말씀한 浹洽이라는 것이 이것이다."

## 13-2 以善及人而信從者衆이라 故可樂也[1]요

善으로써 남에게 미쳐 믿고 따르는 자가 많으므로 즐거울 수 있는 것이요,

善有諸己하야 足以及人이라 信從者衆하야 同歸於善이면 豈不可樂也리오 蓋與人爲善[2]之意如此라

善을 자기 몸에 소유하여 남에게 미칠 수 있다. 믿고 따르는 자가 많아서 함께 善에 돌아가면 어찌 즐겁지 않겠는가. 남과 함께 善을 하는 뜻이 이와 같은 것이다.

1 【漢文大系】以善及人……故可樂也 : 論語學而篇曰 有朋自遠方來면 不亦樂乎아하니라

《論語》〈學而〉에 말하였다. "同志가 먼 지방에서 찾아오면 즐겁지 않겠는가."

2 【漢文大系】與人爲善 : 孟子公孫丑上篇曰 君子莫大乎與人爲善[❶]이라하니라

《孟子》〈公孫丑 上〉에 말하였다. "君子는 남과 함께 善을 하는 것보다 더 훌륭함이 없다."

❶ 【譯註】莫大乎與人爲善 : 朱子는 與를 許(허여)와 助(도움)로 해석하여 '사람이 善을 하도록 도와주는 것보다 더 훌륭함이 없다.'로 풀이하였다.

## 13-3 雖樂於及人이나 不見是而無悶이라야 乃所謂君子[12]니라〈經說 下同〉

비록 남에게 미침을 즐거워하나 옳게 여김(인정)을 받지 못하여도 근심함이 없어야 비로소 이른바 君子라는 것이다."〈《程氏經說》에 보인다. 이하도 같다.〉

君子者는 成德之名也라 雖樂於以善及人이나 然人或未信이면 則亦安其在我而已니 奚慍焉이리오 蓋自信之篤而無待於外하니 所以爲成德也라

君子란 德을 완성함의 명칭이다. 비록 善으로써 남에게 미침을 즐거워하나 사람들이 혹 믿지 않으면 또한 자신에게 있는 것을 편안히 여길 뿐이니, 어찌 서운하게 여길 것이 있겠는가. 스스로 믿음이 독실하여 밖에 기다림이 없으니, 이 때문에 德을 이루게 되는 것이다.

【張伯行 註】此는 程子釋論語首章之義也라 學而言習者는 重復而習熟之

也니 時習이 何以能說고 時時詳復思繹하야 使義理浹洽於中心이면 則說也라 何以言朋來而樂고 蓋我之學이 旣有所得之善이면 便可推之以及人하야 而使之皆善이니 於是에 同有是善者 莫不興起而信從於我하리니 則講習日衆하고 意氣日孚라 故可樂也라 然又言不知不慍이라야 乃爲君子는 何也오 雖樂於及人이나 而同我者則知之하고 異我者或未必知之니 未知則難免於謗毁어늘 而我恬然處之하야 絶不生慍怒之意면 是卽易所云不見是而無悶者也니 乃所謂成德之君子라 然則夫子之言은 蓋謂學之成己요 而成己면 卽有以成物이니 乃成物之後에도 猶然爲己之心而已라 此豈不學者所能知乎아

이는 程子가《論語》首章의 뜻을 해석한 것이다. 배움에 習이라고 말한 것은 반복하여 익숙하게 하는 것이니, 때로 익숙하게 하는 것이 어째서 기쁠 수 있는가. 때때로 자세히 다시 생각하여 의리가 마음속에 흡족하게 하면 기뻐지는 것이다. 어찌하여 벗이 찾아오면 즐겁다고 말하였는가. 나의 學問이 이미 얻은 바의 善이 있으면 곧 이것을 미루어 남에게 미쳐서 그들로 하여금 모두 善하게 하여야 하니, 이에 함께 이 善을 소유한 자가 흥기하여 나를 믿고 따르지 않는 이가 없을 것이다. 이렇게 되면 講習하는 자가 날로 많아지고 意氣가 날로 믿어지므로 즐거울 수 있는 것이다. 그러나 또 '알아주지 않더라도 서운해 하지 않아야 비로소 君子'라고 말함은 어째서인가. 비록 남에게 미치는 것을 즐거워하더라도 나와 같은 자는 알아주지만 나와 다른 자는 혹 알아주지 않을 것이니, 알아주지 않으면 훼방을 면하기 어렵다. 그런데도 내가 태연히 대처하여 서운해 하고 성내는 뜻을 전혀 내지 않는다면 곧《周易》에서 말한 '옳게 여김을 받지 못하여도 근심함이 없다.' 는 자이니, 이것이 바로 이른바 成德君子라는 것이다. 그렇다면 夫子의 말씀은 배워서 자기를 이루고 자기를 이루면 곧 남을 이루게 할 수 있으니, 이는 바로 남을 이루게 한 뒤에도 오히려 자기를 위하는 마음일 뿐임을 말씀한 것이다. 이 어찌 배우지 않는 자가 알 수 있는 것이겠는가.

1 【漢文大系】雖樂於及人……乃所謂君子：論語學而篇曰 人不知而不慍이면 不亦君子乎아하고 易乾卦文言曰 不成乎名하며 遯世无悶하야 不見是而无悶이라하니라 ○ 新安陳氏曰 引此語하야 解不知不慍이 甚切이니라

《論語》〈學而〉에 이르기를 "사람들이 알아주지 않더라도 서운해 하지 않으면 군자가 아니겠는가." 하였고, 《周易》乾卦 〈文言傳〉에 이르기를 "이름을 이루려 하지 않으며 세상에 은둔하여도 근심함이 없어서 옳게 여김을 받지 못하여도 근심하지 않는다." 하였다.

○ 新安陳氏가 말하였다. "이 말을 인용하여 '알아주지 않더라도 서운해하지 않음'을 해석한 것이 매우 간절하다."

**2** **【釋疑】習重習……乃所謂君子 : 雙峯饒氏曰 習字訓重故로 重險을 謂之習坎이라 ○ 朱子曰 說文에 習字從羽從白하니 月令所謂鷹乃學習이 是也라 ○ 程子曰 悅은 在心이요 樂은 主發散在外니라 朱子曰 程子非以樂爲在外也요 以爲積滿乎中而發越乎外耳라 悅則方得於內而未能達於外也니라 ○ 新安陳氏曰 不見是而無悶은 出易乾文言하니 不見是於人而無悶於心이라**

雙峯饒氏가 말하였다. "習字는 거듭의 뜻이 있으므로 〈《周易》의 坎卦에〉 거듭 험한 것을 習坎이라 한 것이다."

○ 朱子가 말씀하였다. "《說文》에 習字는 羽를 따르고 白을 따랐으니, 《禮記》〈月令〉에 이른바 '새매가 날기를 배워 익힌다.'는 것이 이것이다."

○ 程子가 말씀하기를 "悅은 마음속에 있고 樂은 발산함을 위주하여 밖에 있는 것이다." 하였는데, 朱子가 말씀하기를 "程子가 樂을 밖에 있다고 말씀한 것이 아니요, 마음속에 가득히 쌓여서 밖에 나타난다고 하셨을 뿐이다. 悅은 이제막 안에 얻었고 아직 밖에는 도달하지 못한 뜻이다." 하였다.

○ 新安陳氏가 말하였다. "不見是而無悶은 《周易》乾卦 〈文言傳〉에 보이니, 남에게 옳게 여김을 받지 못해도 마음에 근심함이 없는 것이다."

## 14. 古之學者爲己는 欲得之於己也요 今之學者爲人은 欲見知於人也[1]니라

〈伊川先生이 말씀하였다.〉

"옛날에 배우는 자들이 자신을 위함은 자기 몸에 얻고자 해서이고, 지금에 배우는 자들이 남을 위함은 남에게 알아줌을 받고자 해서이다."

**說見論語라 爲己者는 如食之求飽하고 衣之求溫하야 溫飽在己요 非爲人也라 爲人者는 但求在外之美觀하고 非關在我之實用이라 故學而爲己면 則所得**

**者皆實得**이요 **學而爲人**이면 **則雖或爲善**이라도 **亦非誠心**커든 **況乎志存務外**면 **自爲欺誑**하야 **善日消而惡日長矣**리라 **朱子曰 爲學**에 **且須分內外義利**니 **便是生死路頭**니라

내용이 《論語》에 보인다. '자신을 위한다.'는 것은 밥을 먹을 적에 배부름을 구하고 옷을 입을 적에 따뜻함을 구하여, 따뜻하고 배부름이 자기에게 있고 남을 위하지 않는 것과 같은 것이다. '남을 위한다.'는 것은 다만 밖에 있는 美觀만을 구하고 자신에게 있는 實用을 관계하지 않는다. 그러므로 배우면서 자신을 위하면 얻는 바가 모두 진실로 얻는 것이요, 배우면서 남을 위하면 비록 혹 善을 하더라도 誠心이 아닌데, 하물며 뜻이 外面을 힘씀에 있다면 스스로 남을 속이게 되어 善이 날로 사라지고 惡이 날로 자라나게 될 것이다.

朱子가 말씀하였다.

"학문을 함에는 우선 모름지기 內와 外, 義와 利를 구분하여야 하니, 곧 이것이 生死의 路頭(岐路)이다."

**1** 【漢文大系】古之學者爲己……欲見知於人也 : 論語憲問篇에 子曰 古之學者는 爲己러니 今之學者는 爲人이라하니라 ○ 程子曰 古之學者는 爲己하야 其終至於成物이러니 今之學者는 爲人하야 其終至於喪己니라 ○ 朱子曰 愚按 聖賢論學者用心得失之際가 其說多矣나 然未有如此言之切而要하니 於此에 明辨而日省之하면 則庶乎其不昧於所從矣리라

《論語》〈憲問〉에 孔子께서 말씀하였다. "옛날에 배우는 자들은 爲己之學을 하였는데, 지금에 배우는 자들은 爲人之學을 한다."

○ 程子가 말씀하였다. "옛날의 배우는 자들은 爲己之學을 하여 그 종말에는 남을 이루어 줌에 이르렀는데, 지금의 배우는 자들은 爲人之學을 하여 그 종말에는 자신을 잃음에 이른다."

○ 朱子가 말씀하였다. "내가 살펴보건대 聖賢이 배우는 자들이 마음을 쓰는 得失의 즈음에 대해 논한 말씀이 많으나 이 말씀처럼 간절하면서도 요긴한 것이 있지 않으니, 이에 대해 밝게 분변하여 날로 살핀다면 따라야 할 바에 거의 어둡지 않을 것이다."

## 15. 伊川先生이 謂方道輔曰 聖人之道 坦如大路어늘 學

者病不得其門耳라 得其門이면 無遠之不可到也니 求入其門인댄 不由於經乎아 今之治經者亦衆矣로되 然而買櫝還珠之弊 人人皆是라 經은 所以載道也니 誦其言辭하고 解其訓詁하고 而不及道면 乃無用之糟粕耳니라 覬足下는 由經以求道하야 勉之又勉하라 異日에 見卓爾有立於前하리니 然後에 不知手之舞, 足之蹈하야 不加勉而不能自止矣리라

**15-1 伊川先生이 謂方道輔曰 聖人之道 坦如大路어늘 學者病不得其門耳라 得其門이면 無遠之不可到也니 求入其門인댄 不由於經乎아 今之治經者亦衆矣로되 然而買櫝還珠之弊 人人皆是라 經은 所以載道也니 誦其言辭하고 解其訓詁하고 而不及道면 乃無用之糟粕耳[1]니라**

伊川先生이 方道輔(方元寀)에게 다음과 같이 말씀하였다.

“聖人의 道는 평탄함이 큰 길과 같은데, 배우는 자들이 그 문을 찾지 못하는 것이 병통일 뿐이다. 그 문을 찾으면 아무리 멀어도 이르지 못할 곳이 없으니, 그 문에 들어가기를 바란다면 經傳을 거치지 않을 수 있겠는가. 지금에 經傳을 다루는 자들이 또한 많으나 櫝(궤짝)만 사고 眞珠는 돌려주는 병폐가 사람마다 모두 그러하다. 經傳은 道를 싣고 있는 것이니, 그 말만 외고 그 訓詁만 풀이하고 道에 미치지 않는다면 바로 쓸모없는 糟粕(찌꺼기)일 뿐이다.

方元寀의 字道輔라 經所以載道는 猶櫝所以藏珠니 治經而遺乎道면 猶買櫝而還其珠니 說見韓子하니라

方元寀의 字가 道輔이다. 經傳이 道를 싣고 있음은 櫝이 眞珠를 보관하고 있는 것과 같으니, 經傳을 다루면서 道를 버리면 櫝만 사고 眞珠를 돌려

주는 것과 같은 바, 이 내용은《韓非子》〈外儲說〉에 보인다.

1 【漢文大系】聖人之道……乃無用之糟粕耳：論語子張篇曰 得其門者或寡矣라하니라 ○ 莊子天道篇曰 古人之糟粕而已라하니라

《論語》〈子張〉에 말하였다. "그 門을 찾은 자가 혹 적다."

○《莊子》〈天道〉에 말하였다. "옛사람의 糟粕일 뿐이다."

## 15-2 覬足下는 由經以求道하야 勉之又勉하라 異日에 見卓爾[1]有立於前[2]하리니 然後에 不知手之舞, 足之蹈[3]하야 不加勉而不能自止矣리라 〈手帖〉[4]

바라건대, 足下는 經傳으로 말미암아 道를 찾되 힘쓰고 또 힘쓰라. 後日에 卓然히 앞에 서 있음을 볼 수 있을 것이니, 그런 뒤에는 자신도 모르게 기뻐서 절로 손이 춤을 추고 발이 뛰어서 더 힘쓰지 않아도 스스로 그만둘 수 없을 것이다." 〈〈手帖〉에 보인다.〉

道非有形狀之可見이나 蓋其志道之切하고 行道之篤하야 視聽言動과 造次顚沛에 不違乎道하야 用力旣久면 所見이 益爲親切하야 如有卓然而立於前者리니 則中心喜樂하야 自然欲罷不能矣리라

道는 볼 수 있는 形狀이 있는 것이 아니나 道에 뜻함이 간절하고 道를 행함이 독실하여, 보고 듣고 말하고 동함과 造次와 顚沛에 道를 떠나지 아니하여 힘쓰기를 이미 오래하면 보는 바가 더욱 친절하여 마치 卓然히 앞에 서 있는 듯할 것이니, 이렇게 되면 中心이 기쁘고 즐거워 자연 그만두려고 해도 그만둘 수 없을 것이다.

1 【釋疑】卓爾：論語註에 卓立貌라 吳氏曰 所謂卓爾는 亦在乎日用行事之間이요 非所謂窈冥昏默者니라

《論語》註에 "卓爾는 우뚝히 서 있는 모양이다." 하였다. 吳氏가 말하였다. "이른바 卓爾라는 것은 또한 날마다 쓰는 일 사이에 있는 것이요, 이른바 아득하고 어둡고 침묵한다는 것이 아니다."

**2** 【漢文大系】卓爾有立於前：論語子罕篇曰 如有所立卓爾라하니라

《論語》〈子罕〉에 말하였다. "마치 서 있는 바가 우뚝한 듯하다."

**3** 【釋疑】手之舞, 足之蹈：孟子라 新安陳氏曰 手舞足蹈는 天理之眞樂이 形見於動容之間하야 而不自知者也니라

《孟子》에 보인다. 新安陳氏가 말하였다. "手舞足蹈는 天理의 참다운 즐거움이 動容하는 사이에 나타나서 자신도 알지 못하는 것이다."

**4** 【漢文大系】手帖：二程全書六十七卷에 有與方元寀手帖한대 註云 見近思錄이라하니라

《二程全書》 67卷에 "方元寀에게 준 手帖이 있다." 하였는데, 그 註에 "《近思錄》에 보인다." 하였다.

**16. 明道先生曰 修辭立其誠을 不可不子細理會니 言能修省言辭 便是要立誠이라 若只是修飾言辭爲心이면 只是爲僞也니라 若修其言辭는 正爲立己之誠意니 乃是體當自家의 敬以直內, 義以方外之實事니라 道之浩浩하니 何處下手오 惟立誠이라야 纔有可居之處니 有可居之處면 則可以修業也니라 終日乾乾이 大小大事로되 却只是忠信所以進德이 爲實下手處요 修辭立其誠이 爲實修業處니라**

## 16-1 明道先生曰 修辭立其誠을 不可不子細理會니 言能修省言辭 便是要立誠이라 若只是修飾言辭爲心이면 只是爲僞也니라

明道先生이 말씀하였다.

"말을 닦음에 誠을 세우는 것을 자세히 이해하지 않으면 안 되니, 言辭를 닦고 살핌에 곧 誠을 세워야 함을 말한 것이다. 만약 다만 言辭를 수식하는 것으로 마음을 삼는다면 다만 거짓을 할 뿐이다.

**修省言辭者**는 **中有其誠**하야 **省治之**하야 **將以立實德也**요 **修飾言辭者**는 **中無其誠**하고 **虛飾之**하야 **將以爲誇美也**니 **省飾之間**이 **乃天理人欲之分**이니라 ○ **朱子曰 橫渠**는 **以立言傳後**로 **爲修辭居業**이요 **明道所謂修辭**는 **但是非禮勿言**이니라

言辭를 닦고 살핀다는 것은 마음에 성실(진실)함이 있어 살피고 다스려서 장차 진실한 德을 세우려는 것이요, 言辭를 수식한다는 것은 마음에 성실함이 없고 헛되이 꾸며서 장차 아름다움을 자랑하려는 것이니, 살피고 수식하는 사이는 바로 天理와 人慾의 分界이다.

○ 朱子가 말씀하였다.

"橫渠는 말을 세워 後世에 전하는 것을 修辭居業이라고 여겼고, 明道의 이른바 修辭는 다만 禮가 아니면 말하지 않는 것이다."

## 16-2 若修其言辭는 正爲立己之誠意니 乃是體當自家의 敬以直內, 義以方外之實事니라

言辭를 닦는 것으로 말하면 바로 자신의 誠意를 세우는 것이니, 바로 자신의 敬以直內와 義以方外를 體當(體行)하는 진실한 일이다.

**敬義**는 **說見前**하니라 **誠意者**는 **合敬義之實而爲言也**라 **體當**은 **俗語**니 **猶所謂體驗勘當也**라 **蓋修其言辭者**는 **所以擬議[1]其敬義之實事**요 **而非徒事於虛辭也**니라

敬과 義는 해설이 앞에 보인다. 誠意는 敬과 義의 실제를 합하여 말한 것이다. 體當은 時俗의 말이니, 이른바 體驗, 勘當이라는 말과 같다. 言辭를 닦는 것은 敬과 義의 실제 일을 擬議하는 것이요, 한갓 虛辭를 일삼는 것이 아니다.

**【張伯行 註】體當者**는 **體認**하야 **使之貼合也**라 **言若修省其言辭**는 **正爲立己之誠意而然**이라 **將日用間凡有所言**에 **便當斟酌**하야 **恐心口或有相違**하고 **內外未能如一**이니 **此乃是體當自家平日主敬守義**하야 **無念不實**하고 **無事不方底工夫**니 **有此實事而不敢苟**면 **則此中之辭 不期省而自省**하야 **而當其言辭之省時**가 **卽是誠意之立時矣**리라

體當이란 體認하여 자신에게 합하게 하는 것이다. 言辭를 닦고 살피는 것으로 말하면 바로 자기의 誠意를 세우기 위하여 그러한 것이다. 일상생활하는 사이에 말하는 바가 있을 적에 곧 참작하여 마음과 입이 혹 서로 위배됨이 있고 안과 밖이 한결같지 못할까 두려워해야 하니, 이것이 바로 자신이 평소에 敬을 주장하고 義를 지켜서 생각마다 진실하지 않음이 없고 일마다 방정하지 않음이 없음을 體當하는 공부이다. 이러한 실제의 일이 있어서 감히 구차하게 하지 않으면 이 가운데의 말이 살피기를 기약하지 않아도 저절로 살펴져서 言辭를 살펴야 할 때가 바로 誠意가 확립되는 때일 것이다.

1 【譯註】擬議 : 擬는 무슨 일을 헤아리는 것이고 議는 의논하는 것으로 《周易》〈繫辭 上傳〉에 '擬之而後言 議之而後動 擬議以成其變化'라고 보인다.

## 16-3 道之浩浩하니 何處下手오 惟立誠이라야 纔有可居之處니 有可居之處면 則可以修業也니라

道가 浩浩하여 廣大하니, 어느 곳에 손을 써야 하는가. 오직 誠意를 세워야 비로소 依據할 곳이 있을 것이니, 依據할 곳이 있으면 業을 닦을 수 있다.

浩浩는 流行盛大貌라 下手는 謂用力處라 道之廣大하니 於何用功이리오 惟立己之誠意라야 始有可據守之地니 此誠旣立이면 則其業之所就 日以廣大하리라

浩浩는 流行함이 성대한 모양이다. 下手는 힘을 쓰는 곳을 이른다. 道가 광대하니, 어디에 힘을 써야 하겠는가. 오직 자신의 誠意를 세워야 비로소 의거하여 지킬 곳이 있게 되니, 이 誠意가 이미 확립되면 業의 성취되는 바가 날로 광대해질 것이다.

## 16-4 終日乾乾이 大小大事[1]로되 却只是忠信所以進德이 爲實下手處요 修辭立其誠이 爲實修業處니라 〈遺書 下同〉

종일토록 부지런히 힘쓰는 것〔乾乾〕이 매우 큰 일이나 다만 '忠信이 德을 진전시키는 것'이 실제로 힘을 쓰는 곳이 되고, '말을 닦음에 성실

함을 세우는 것'이 실제로 業을 닦는 곳이 된다." 〈《程氏遺書》에 보인다. 이하도 같다.〉

**說幷見易文言**하니라 **君子終日乾乾**은 **是體天行健[2]之事**니 **可謂大矣**나 **然其實則惟忠信積於內而無一念之不實者 爲用功之地**요 **修辭立於外而無一言之不實者 爲見功之地**니 **蓋表裏一於誠**이라 **至誠故**로 **乾乾而不息[3·4]**이니라

내용이 모두 《周易》〈文言傳〉에 보인다. 君子가 종일토록 부지런히 힘쓰는 것은 하늘의 運行이 굳셈을 體行하는 일이니, 크다고 이를 만하다. 그러나 그 실제는 오직 忠信이 안에 쌓여서 한 생각도 성실하지 않음이 없게 하는 것이 공력을 쓰는 곳이 되고, 말을 닦아 밖에 세워서 한 마디 말도 성실하지 않음이 없게 하는 것이 功效를 보는 곳이 되니, 表裏가 성실함에 한결같아 지극히 성실하기 때문에 부지런히 힘써서 쉬지 않는 것이다.

**1** 【譯註】 大小大事 : 大小大는 매우 크다는 뜻으로, 자세한 내용은 p.115 1권 19-4의 【譯註】 참조.

**2** 【漢文大系】 天行健 : **乾卦象曰 天行**이 **健**하니 **君子以**하야 **自强不息**이라하니라

乾卦 〈象傳〉에 말하였다. "하늘의 운행이 굳세니, 군자가 이것을 보고 응용하여 스스로 힘써 쉬지 않는다."

**3** 【釋疑】 修辭立於外……乾乾而不息 : **按 擬議**는 **非體當之意**요 **且修辭立於外**도 **文字有病**이라 **無一言之不實**도 **亦是用功**이니 **豈是見功之地乎**아 **無一念之不實**하고 **無一言之不實**이면 **則表裏一於誠也**니 **此乾乾不息底工夫**어늘 **又推而極之曰至誠故**로 **乾乾而不息**이라하니 **似非本文意**로라

살펴보건대 擬議는 體當의 뜻이 아니며, 또 말을 닦아 밖에 세운다는 것도 文字에 병통이 있다. '한 마디 말도 성실하지 않음이 없다.'는 것 역시 공력을 쓰는 것이니, 어찌 功效를 보는 자리이겠는가. 한 생각도 성실하지 않음이 없고 한 마디 말도 성실하지 않음이 없으면 表裏가 성실함에 한결같은 것이니, 이것이 부지런히 힘써 쉬지 않는 공부이다. 그런데 또 미루어서 '지극히 성실히 하기 때문에 부지런히 힘써 쉬지 않는다.'고 하였으니, 本文의 뜻이 아닐 듯하다.

**4** 【漢文大系】 至誠故 乾乾而不息 : **中庸曰 至誠無息**이라하니라

《中庸》에 이르기를 "지극히 성실하여 쉼이 없다." 하였다.

**17. 伊川先生曰 志道懇切이 固是誠意나 若迫切不中理면 則反爲不誠이라 蓋實理中에 自有緩急하야 不容如是之迫이니 觀天地之化면 乃可知[1]니라**

伊川先生이 말씀하였다.

"道에 뜻하기를 간절하게 하는 것이 진실로 誠意이나 만일 박절(급박)하여 道理에 맞지 않으면 도리어 성실하지 못함이 된다. 진실한 이치 가운데에 자연(본래) 緩急이 있어 이와 같이 박절할 수가 없으니, 天地의 造化를 보면 바로 알 수 있다."

有志於道하야 懇惻切至가 固誠意也나 然迫切之過而至於欲速助長[2]이면 則反害乎實理라 如春生夏長, 秋成冬實은 固不容一息之間斷이요 亦不能一日而遽就也니라

道에 뜻을 두어 간절하고 지극함이 진실로 誠意이나 박절함이 지나쳐 속히 하려고 하여 助長함에 이르면 도리어 진실한 이치를 해친다. 예컨대 〈天地의 造化가〉 봄에 낳고 여름에 자라고 가을에 이루고 겨울에 충실함은 진실로 한 순간의 間斷을 용납하지 않고, 또한 하루 사이에 대번에 성취할 수 없는 것과 같다.

1 【釋疑】觀天地之化 乃可知 : 程子曰 天地之化一息不留하니 疑其速也나 然寒暑之變이 甚漸이니라

程子가 말씀하였다. "天地의 造化가 한 순간도 멈추지 않으니, 신속한 듯하나 추위와 더위의 변화는 매우 점진적이다."

2 【漢文大系】助長 : 孟子公孫丑上篇曰 勿助長也라하니라

《孟子》〈公孫丑 上〉에 이르기를 "자라는 것을 돕지 말라." 하였다.

**18. 孟子는 才高하야 學之에 無可依據라 學者當學顏子니 入聖人爲近하야 有用力處니라 又曰 學者要學得不錯인대 須是學顏子니라**

**18-1 孟子**는 **才高**하야 **學之**에 **無可依據**라 **學者當學顏子**니 **入聖人爲近**하야 **有用力處**니라

〈伊川先生이 말씀하였다.〉

"孟子는 재주가 높아 배움에 의거할 곳이 없다. 배우는 자는 마땅히 顏子를 배워야 할 것이니, 聖人에 들어감이 가까워서 힘을 쓸 곳이 있다."

孟子는 天資超邁라 故難學이요 顏子는 天資純粹而功夫縝密하야 進德有序라 故學者有用力處니라

孟子는 天資가 超邁(초매)하므로 배우기가 어렵고, 顏子는 天資가 순수하고 공부가 치밀하여 德을 진전함에 차례가 있으므로 배우는 자가 힘을 쓸 곳이 있는 것이다.

**18-2 又曰 學者要學得不錯**인대 **須是學顏子**니라

또 말씀하였다.

"배우는 자가 배움이 어긋나지 않기를 바란다면 모름지기 顏子를 배워야 한다."

本註云 有準的이니라

本註에 "〈顏子를 배우면〉 準的(표준)이 있다." 하였다.

**19. 明道先生曰 且省**(생)**外事**하고 **但明乎善**하야 **惟進誠心**이면 **其文章**은 **雖不中**이나 **不遠矣**리니 **所守不約**이면 **泛濫無功**이니라

明道先生이 말씀하였다.

"우선 바깥 일을 줄이고 다만 善을 밝혀서 오직 誠心을 진전시키면 文章은 비록 도리에 맞지 않더라도 크게 멀지 않을 것이니, 지키는 바가 요약되지 않으면 범람하여 功效(효과)가 없다."

朱子曰 知至則意誠이니 善才(纔)明이면 誠心便進이라 文章은 是威儀制度之類라 此段은 恐是呂與叔[1]이 自關中來하야 初見程子時說話라 蓋橫渠學者 多用心於禮文制度之事하야 而不近裏라 故以此告之시니라

朱子가 말씀하였다.

"知識이 지극하면 뜻이 성실해지니, 善을 조금만 밝히면 誠心이 곧 진전된다. 文章은 威儀와 制度 따위이다. 이 단락은 아마도 呂與叔(呂大臨)이 關中으로부터 와서 처음 程子를 뵈었을 때의 말씀인 듯하다. 橫渠에게 배우는 자들이 대부분 禮文과 制度의 일에 마음을 써서 內面에 가깝지 않으므로 이것으로 말씀해 주신 것이다."

1 【釋疑】呂與叔 : 朱子曰 此說은 只可施之與叔諸人이니 若與龜山言이면 便不着地頭了라 今看了近思錄엔 須將遺書兼看이니 蓋他一人이 是一箇病痛이라 故로 程先生說得이 各各自有精采하시니라

朱子가 말씀하였다. "이 말은 다만 呂與叔 등 여러 사람에게만 베풀 수 있으니, 만약 楊龜山(楊時)과 말한다면 이것은 곧 자리에 마땅하지 않다. 지금 《近思錄》을 볼 때에는 모름지기 《二程遺書》를 겸하여 보아야 하니, 한 사람마다 한 가지씩 병통이 있으므로 程先生의 말씀이 각각 따로 精采가 있으신 것이다."

**20. 學者識得仁體하야 實有諸己인댄 只要義理栽培니 如求經義 皆栽培之意[12]니라**

〈明道先生이 말씀하였다.〉

"배우는 자가 仁의 體를 알아서 진실로 자기 몸에 소유하려 한다면 다만 義理로 栽培(培養)하여야 하니, 經傳의 뜻을 찾는 것과 같은 것이 모두 栽培하는 뜻이다."

仁者는 天地之生理요 人心之全德也니 其體具於心이라 固人之所本有나 然必內反諸己하야 察之精, 養之厚라야 有以見夫仁之全體하야 實爲己有니 則吾心所存이 無非天理而後에 博求義理以封植之[3]면 則生理日以充長하야 而仁不可勝用矣리라

仁은 天地가 물건을 낳는 이치이고 人心의 온전한 德이니, 그 本體가 마음에 갖추어져 있어서 진실로 사람들이 본래 가지고 있는 것이다. 그러나 반드시 안으로 자기 몸에 돌이켜서 정밀하게 살피고 후하게 길러야 仁의 全體를 볼 수 있어 자신의 소유로 삼을 수 있다. 그리하여 자신의 마음에 보존한 바가 모두 天理인 뒤에 義理를 널리 구하여 封植(재배)한다면 生物의 이치가 날로 충만하고 자라서 仁을 이루 다 쓸 수 없을 것이다.

1 **【漢文大系】學者識得仁體……皆栽培之意：益軒[1]曰 愚謂 要義理栽培者**는 **便是講習討論之學**이니 **日熟經義**면 **則良心油然而生**이니라

益軒(貝源益軒)이 말하였다. “내가 생각하건대 義理로 栽培하여야 한다는 것은 바로 강습하고 토론하는 학문이니, 날로 經傳의 뜻을 익숙히 하면 良心이 油然히 생기는 것이다.”

[1] **【譯註】**益軒：日本 학자로 姓은 貝源인 바, 저서에 《近思錄借考》 14권이 있다.

2 **【釋疑】學者識得仁體……皆栽培之意：朱子曰 識得**과 **與實有**를 **須做兩句看**이니 **識得**은 **是知之也**요 **實有**는 **是得之也**라 **若只識得**인댄 **只是知有此物**이니 **却須實有諸己**라야 **方是己物**이니라

朱子가 말씀하였다. “識得과 實有를 모름지기 두 句로 보아야 하니, 識得은 아는 것〔知〕이고 實有는 얻는 것〔行〕이다. 만약 단지 알기만 한다면 이는 단지 이 사물이 있음만을 아는 것이니, 모름지기 실제로 자기 몸에 소유하여야 비로소 자신의 물건이 되는 것이다.”

3 **【釋疑】吾心所存……以封植之：按 吾心所存**이 **無非天理**면 **則地位已高**어늘 **此後**에 **又博求義理以封植云者**는 **語失先後之序**라

살펴보건대 내 마음에 보존한 바가 天理 아님이 없으면 지위가 이미 높은데, 이 뒤에 또다시 ‘義理를 널리 찾아 封植한다.’고 하였으니, 말이 先後의 순서를 잃었다.

## 21. 昔에 受學於周茂叔할새 每令尋顏子仲尼樂處의 所樂何事[1]하시니라

〈明道先生이 말씀하였다.〉

"옛날 周茂叔(周惇頤)에게 受學할 적에 언제나 나로 하여금 顔子와 仲尼가 즐거워하신 곳의 즐거워하신 것이 무슨 일인가를 찾게 하셨다."

**朱子曰 按 程子之言**이 **引而不發**하시니 **蓋欲學者深思而自得之**니 **今亦不敢妄爲之說**하노라 **學者但當從事於博文約禮之誨**하야 **以至於欲罷不能而竭其才**하면 **則庶乎其可以得之矣**리라

朱子가 말씀하였다.

"程子의 말씀이 활을 당기기만 하고 발사하지 않듯이 하셨으니, 이는 배우는 자가 깊이 생각하여 스스로 터득하게 하고자 하신 것이니, 지금 또한 감히 함부로 설명하지 못한다. 배우는 자가 다만 博文·約禮의 가르침에 종사하여 그만두려고 해도 그만둘 수 없어 그 재주를 다하는 경지에 이른다면 거의 이것을 알 수 있을 것이다."

1 【釋疑】昔受學……所樂何事 : 鮮于侁이 問顔子何以不改其樂고 伊川曰 君謂其所樂者何也오 曰 樂道而已니이다 曰 使顔子以道爲樂而樂之면 則非顔子矣리라 ○ 問伊川이 以爲若以道爲樂이면 不足爲顔子라하시고 又却云 顔子所樂者는 仁而已라하시니 不知道與仁이 何辨이닛고 朱子曰 非是樂仁이요 唯仁故로 能樂耳니 是他有這仁하야 日用間에 無些私意故로 能樂也니라

鮮于侁이 "顔子가 어찌하여 그 즐거움을 변치 않았습니까?" 하고 물으니, 伊川이 말씀하기를 "그대가 생각하기에 顔子가 즐거워하신 것이 무엇인가?" 하였다. 鮮于侁이 대답하기를 "道를 즐거워했을 뿐입니다." 하니, 伊川이 말씀하기를 "만약 顔子가 道를 樂으로 삼아 즐거워했다면 顔子가 될 수 없다." 하였다.

○ "伊川이 '만약 道를 즐거워했다면 顔子가 될 수 없다.' 하고, 또 말씀하기를 '顔子가 즐거워한 것은 仁일 뿐이다.' 하였으니, 道와 仁이 어떻게 구별되는지 알지 못하겠습니다." 하고 묻자, 朱子가 말씀하였다. "이것은 仁을 즐거워한 것이 아니고 오직 仁하기 때문에 즐거워한 것이니, 顔子는 仁을 소유하고 있어서 일상생활하는 사이에 조금도 사사로운 뜻이 없었다. 그러므로 능히 즐거워하신 것이다."

**22. 所見所期**를 **不可不遠且大**라 **然行之**에 **亦須量力有漸**이니 **志大心勞**하고 **力小任重**이면 **恐終敗事**[1]니라

〈明道先生이 말씀하였다.〉

“보는 바와 기약하는 바를 원대하게 하지 않을 수 없다. 그러나 행할 적에는 또한 반드시 힘을 헤아려 점진적으로 하여야 하니, 뜻만 커서 마음이 수고롭고 힘이 작은데 짐이 무거우면 마침내 일을 그르치게 될까 염려된다.”

**朱子曰 學者志識**을 **固不可不以遠大自期**나 **然苟悅其高而忽於近**하고 **慕於大而略於細**하면 **則無漸次經由之實**하고 **而徒有懸想跂望之勞**하야 **亦終不能以自達矣**리라 **張南軒曰 學者當以聖人爲準的**이나 **然貪高慕遠**하야 **躐等以進**이면 **非徒無益**이라 **而又害之也**니라

朱子가 말씀하였다.

“배우는 자가 뜻과 지식을 진실로 원대하게 할 것을 기약하지 않을 수 없으나, 만일 높은 것만 좋아하여 비근한 것을 소홀히 하고 큰 것만 사모하여 작은 것을 소략히 한다면 점차로 經由하는 실제가 없고, 다만 엉뚱한 생각을 하고 높은 것을 바라는 수고로움이 있어서 또한 끝내 스스로 달성하지 못할 것이다.”

張南軒(張栻)이 말씀하였다.

“배우는 자는 마땅히 聖人을 準的(표준)으로 삼아야 한다. 그러나 높은 것을 탐하고 원대한 것을 사모하여, 등급을 건너뛰어 나아가면 한갓 무익할 뿐만 아니라 또 해치게 된다.”

**1** **【漢文大系】所見所期……恐終敗事 : 欄外書曰 所見**은 **是著眼處**요 **所期**는 **是規模處**니라

《欄外書》에 말하였다. “본 바〔所見〕는 주의하여 보아야 할 부분이요, 기약하는 바〔所期〕는 바로 규모가 될 만한 곳이다.”

## 23. 朋友講習은 更莫如相觀而善工夫多[1]니라

〈明道先生이 말씀하였다.〉

"朋友間에 講習함은 또 서로 보고 善하게 하는 공부가 좋은 것만한 것이 없다."

**朋友相處**는 **非獨講辨之功**이라 **薰陶漸染**하야 **得於觀感**이면 **自然進益**이니라

朋友가 서로 거처함은 비단 講習하고 분변하는 功夫 뿐만 아니라, 薰陶하고 漸染(물듦)하여 보고 감동하는 데에서 얻으면 자연 진전되고 유익하게 된다.

**【張伯行 註】此欲交友者知其所以取益之大也**라 **人之有朋友**는 **總以求其有益**이라 **故易曰 君子以**하야 **朋友講習**이라하니 **此致知事也**요 **禮曰 相觀而善之謂摩**라하니 **乃力行事也**니 **均之益也**라 **然講習討論**하야 **以辨其義理工夫之益**은 **猶少**하야 **更莫如相觀感化**하야 **有以善其身心之益爲多**하니 **此亦在取友者之能自得益而已**니라

이것은 벗을 사귀는 자가 유익함을 취함이 큼을 알게 하고자 한 것이다. 사람이 朋友가 있는 것은 모두 유익함을 구하려고 해서이다. 그러므로《周易》에 이르기를 "군자가 이것을 보고 응용하여 붕우간에 강습한다." 하였으니 이는 致知의 일이고,《禮記》에 "서로 보고 善하게 함을 摩(磨)라 한다." 하였으니 바로 力行의 일이니, 똑같이 유익하다. 그러나 강습하고 토론하여 義理工夫를 분별하는 유익함이 오히려 적어서, 서로 보고 감화하여 그 몸과 마음을 善하게 하는 유익함이 많은 것만 못하니, 이 또한 벗을 취하는 자가 스스로 유익함을 얻음에 달려 있을 뿐이다.

**1** **【漢文大系】朋友講習 更莫如相觀而善工夫多 : 欄外書曰 兌卦象傳曰 麗澤**이 **兌**니 **君子以**하야 **朋友講習**이라한대 **程子以爲以文會友之意**라하니라 **相觀而善之謂摩**는 **見於學記**라 **陳澔曰 如稱甲之善**이면 **則乙者觀而效之**하고 **乙有善可稱**이면 **甲亦如之**니라

《欄外書》에 말하였다. "兌卦 〈象傳〉에 이르기를 '澤이 둘인 것이 兌이니, 君子가 이것을 보고 응용하여 붕우간에 강습한다.' 하였는데, 程子는 이르기를 '글로써 벗을 모으는[以文會友] 뜻이다.' 하였다. '서로 보고 선해짐을 摩라 이른다.'는 것은《禮記》〈學記〉에 보이는 바, 陳澔는 '예컨대 甲의 善을 칭찬하면

乙이 보고서 본받고, 乙이 칭찬할 만한 善이 있으면 甲 또한 이와 같이 하는 것이다.' 하였다."

**24. 須是大其心**하야 **使開闊**이니 **譬如爲九層之臺**에 **須大做脚**이라야 **須[始]得**[1][2]이니라

〈明道先生이 말씀하였다.〉

"모름지기 마음을 크게 하여 열리고 넓게 하여야 하니, 비유하건대 9층의 臺를 만들 적에 모름지기 다리〔基壇〕를 크게 만들어야 비로소 되는 것과 같다."

**心不開闊**이면 **則規模狹陋而安於小成**하고 **持守固滯而惰於進善**[3]이니라

마음이 열리고 넓지 않으면 規模가 좁고 누추하여 小成을 편안히 여기고, 잡아 지킴이 固滯하여 善을 진전함에 게을러진다.

1 【漢文大系】 須是大其心……須大做脚須[始]得 : 欄外書曰 老子曰 九層之臺起於累土라하니라 程子所云大做脚은 只是大做累土根基也니라

《欄外書》에 말하였다. "老子가 말하기를 '九層의 樓臺가 흙을 쌓는 데에서 시작된다.' 하였으니, 程子의 이른바 '다리를 크게 만든다'는 것은 바로 흙을 쌓아 根基를 크게 만드는 것이다."

2 【釋疑】 須大做脚須[始]得 : 按 須字可疑라 他本엔 或作始하고 性理群書엔 作方하니라

살펴보건대 須字는 의심스럽다. 다른 本에는 혹 始字로 되어 있고, 性理群書에는 方字로 되어 있다.

3 【釋疑】 惰於進善 : 按 此句는 不但與持守固滯로 意不相屬이라 其於釋心不開闊에도 亦不襯切하니라

살펴보건대 이 句는 단지 持守固滯와 뜻이 서로 연결되지 않을 뿐만 아니라, 마음이 열리고 넓게 하지 못함을 해석함에 있어서도 또한 적절하지 못하다.

**25. 明道先生曰 自舜發於畎畝之中**으로 **至孫叔敖擧於海**[1]히 **若要熟**인댄 **也須從這裏過**[2][3]니라

明道先生이 말씀하였다.

"舜임금이 畎畝 가운데에서 發身함으로부터 孫叔敖가 바닷가에서 천거됨에 이르기까지 만약 完熟하기를 요구한다면 또한 모름지기 이 속(시련)을 따라서 통과하여야 한다."

**說見孟子**라 **履難處困**이면 **則歷變多而慮患深**하고 **察理密而制事審**이니라 ○ **朱子曰 曾親歷過**라야 **方認得許多險阻去處**니라

내용이 《孟子》에 보인다. 어려움을 겪고 곤궁함에 처하면 變故를 겪음이 많아서 患難을 염려함이 깊고, 이치를 살핌이 정밀하여 일을 裁制함이 상세하다.

○ 朱子가 말씀하였다.

"일찍이 몸소 경험하여야 허다한 險阻의 갈 곳을 비로소 알 수 있는 것이다."

**1** **【釋疑】明道先生曰……至孫叔敖擧於海：孟子**라 **按 孫叔敖 隱處海濱**이러니 **楚莊王**이 **擧之爲令尹**하니라 ○ **按 上六段**이 **皆明道語**어늘 **而於此**에 **別以明道先生起之**하니 **未詳其意**로라

《孟子》에 보인다. 살펴보건대 孫叔敖가 바닷가에 은거하였는데, 楚나라 莊王이 그를 천거하여 令尹으로 삼았다.

○ 살펴보건대 위의 여섯 단락은 모두 明道의 말씀인데, 여기에 明道先生이라고 구별하여 시작하였으니, 그 뜻을 자세히 알지 못하겠다.

**2** **【漢文大系】自舜發於畎畝之中……也須從這裏過：欄外書曰 陳潛室曰 熟**은 **謂義理與自家相便習**하야 **如履吾室中**이니라

《欄外書》에 말하였다. "陳潛室(陳埴)이 말하기를 '熟은 義理가 자신과 더불어 서로 익숙해져서 나의 방안을 걷는 것과 같음을 이른다.' 하였다."

**3** **【譯註】若要熟 也須從這裏過**：若要熟也에서 句를 떼기도 하나 語錄體로 보아 也를 뒤로 붙였음을 밝혀둔다.

## 26. 參也는 竟以魯得之하시니라

〈明道先生이 말씀하였다.〉

"曾參은 끝내 노둔함으로 道를 얻었다."

按 程子又曰 曾子之學은 誠篤而已라 聖門學者 聰明才辯이 不爲不多로되 而卒傳其道는 乃質魯之人爾라 故學以誠實爲貴也니라 尹氏曰 曾子之才魯라 故其學也確하니 所以能深造乎道也니라

살펴보건대 程子가 또 다음과 같이 말씀하였다.

"曾子의 學問은 성실함과 독실함 뿐이었다. 聖門의 배우는 자가 총명하고 재주있고 말 잘하는 자가 많지 않은 것이 아니나 끝내 그 道를 전한 것은 바로 질박하고 노둔한 사람이었다. 그러므로 學問은 성실함을 소중히 여기는 것이다."

尹氏(尹焞)가 말하였다.

"曾子의 재주가 노둔하므로 그 배움이 확고하였으니, 이 때문에 깊이 道에 나아간 것이다."

## 27. 明道先生은 以記誦博識으로 爲玩物喪志[1]하시니라

明道先生은 기억하고 외며 박식한 것을 玩物喪志라 하였다.

本註云 時以經語로 錄作一冊이라 鄭轂云 嘗見顯道[2]先生하니 云 某從洛中學時에 錄古人善行하야 別作一冊이러니 明道先生見之하시고 曰 是는 玩物喪志라하시니 蓋言心中에 不宜容絲髮事[3]라 胡安國云 謝先生이 初以記問爲學하고 自負該博하야 對明道하야 擧史書호되 成篇에 不遺一字어늘 明道曰 賢却記得許多하니 可謂玩物喪志로다하시니 謝聞此語하고 汗流浹背하고 面發赤[4]하니라 及看明道讀史하니 又却逐行看過하야 不蹉一字어시늘 謝甚不服이러니 後來省悟하야 却將此事[5]做話頭하야 接引博學之士[6]하니라 ○ 謝良佐의 字顯道니 上蔡人으로 程子門人也라 人心虛明하야 所以具萬理而應萬事니 有所繫滯면 則本志未免昏塞[7]이라 所貴乎讀書는 將以存心而明理也니 苟徒務記誦爲博이면 則書也者亦外物而已라 故曰 玩物喪志라하시니라 ○ 朱子曰 上蔡記誦과 明道看史가 此正爲己爲人之分이니라

本註에 이르기를 "때로 經傳의 말을 기록하여 한 책을 만들었다." 하였다.

鄭轂이 다음과 같이 말하였다. "일찍이 謝顯道先生을 뵈니, '내가 洛中에

서 배울 적에 古人의 善行을 기록하여 별도로 한 책을 만들었는데, 明道先生이 이것을 보시고는 이것이 玩物喪志라고 말씀하셨으니, 마음속에는 털끝만한 일도 용납해서는 안됨을 말씀한 것이다.'라고 하였다."

胡安國이 다음과 같이 말하였다.

"謝先生(謝良佐)이 처음에 기억하고 묻는 것을 學問이라 여기고 該博함을 자부하였다. 明道先生을 대하여 역사책을 들어 말하였는데, 全篇에 한 글자도 빠뜨리지 않았다. 明道가 말씀하기를 '그대는 허다한 것을 기억하고 있으니, 玩物喪志라고 이를 만하다.' 하였다. 謝先生은 이 말씀을 듣고 땀이 흘러 등이 젖고 얼굴빛이 벌겋게 달아올랐다. 그러다가 明道가 역사책을 읽는 것을 보니, 도리어 行(줄)마다 자세히 보고 한 글자도 지나쳐 버리지 않으므로 謝先生은 매우 不服하였다. 그런데 뒤에 이것을 살펴 깨닫고는 이 일을 話頭(화제)로 삼아 博學하는 선비들을 인도하곤 하였다."

○ 謝良佐의 字는 顯道이니, 上蔡 사람으로 程子의 門人이다. 사람의 마음이 虛明하여 萬理를 갖추고 만 가지 일에 응하는 것이니, 매이고 막히는 바가 있으면 본래의 뜻이 어둡고 막힘을 면치 못한다. 독서를 소중히 여기는 까닭은 장차 마음을 보존하여 이치를 밝히려고 해서이니, 한갓 기억하고 외는 것을 힘써 博學으로 삼는다면 책이라는 것도 外物일 뿐이다. 그러므로 玩物喪志라고 말씀하신 것이다.

○ 朱子가 말씀하였다.

"上蔡의 記誦과 明道의 역사책을 보신 것이 바로 爲己와 爲人의 구분이다."

**【張伯行 註】 玩物喪志**는 **周書旅獒篇語也**니 **言人耽玩外物**이면 **便喪失胸中之志氣也**라 **著意記誦博識**하야 **而無得於大道**면 **則心局於此而書亦物矣**라 **故爲玩物喪志**라

玩物喪志는《書經》〈周書 旅獒〉에 보이는 말이다. 사람이 外物을 좋아하면 곧 胸中의 志氣를 상실함을 말한 것이다. 記誦과 博識에 뜻을 두어 大道에 얻음이 없으면 마음이 여기에 국한되는데, 책 또한 물건이므로 玩物喪志라 한 것이다.

1 【釋疑】以記誦博識 爲玩物喪志 : 按 玩은 韻會에 弄也, 戱也라 ○ 朱子曰 明道以上蔡記誦으로 爲玩物喪志하시니 蓋爲其意不是理會道理하고 只是誇多鬪靡爲能이라 若明道看史에 不蹉一字는 則意思自別하니 此正爲己爲人之分이니라

살펴보건대 玩은《韻會》에 "희롱함이요 놀리는 것이다." 하였다.

○ 朱子가 말씀하였다. "明道가 上蔡의 기억하고 외는 것을 玩物喪志라고 하였으니, 이는 그의 뜻이 道理를 이해하려 하지 않고 다만 많은 지식을 자랑하고 화려함을 경쟁하는 것을 능함으로 삼았기 때문이다. 明道가 역사책을 볼 적에 한 글자도 틀리지 않은 것으로 말하면 意思가 각별하니, 이것이 바로 爲己와 爲人의 구분이다."

2 【釋疑】顯道 : 按 謝顯道는 名良佐니 習擧業하야 已知名이러니 往扶溝하야 見明道先生하고 受學하니라

살펴보건대 謝顯道는 이름이 良佐이니, 과거 공부를 하여 이미 명성이 있었는데, 扶溝에 가서 明道先生을 뵙고 수학하였다.

3 【釋疑】心中不宜容絲髮事 : 按 若以靜時工夫言之면 則如此可也어니와 不分動靜하고 而儱侗言之면 則恐有病이니라

살펴보건대 만약 靜할 때의 공부를 가지고 말했다면 이와 같이 해도 괜찮겠지만 動과 靜을 구분하지 않고 흐리멍덩하게 말한다면 병통이 있을 듯하다.

4 【釋疑】汗流浹背 面發赤 : 明道曰 此便是惻隱之心이라하니 朱子曰 上蔡聞過慚惶은 自是羞惡之心이어늘 如何却說惻隱고 是有惻隱之心이라야 方會動이요 動了라야 始有羞惡, 有恭敬, 有是非하니 動處 便是惻隱이니라

明道가 말씀하기를 "이는 곧 惻隱之心이다." 하였는데, 朱子가 이에 대하여 다음과 같이 말씀하였다. "上蔡가 잘못을 듣고서 부끄러워하고 황송해 한 것은 본래 羞惡之心인데, 어째서 惻隱之心이라고 말씀하였는가? 이는 惻隱之心이 있어야 비로소 動할 수 있고 動할 수 있어야 비로소 羞惡가 있고 恭敬이 있고 是非가 있으니, 動하는 곳이 바로 惻隱이기 때문이다."

5 【釋疑】却將此事 : 按 此事는 似指擧史不遺一字와 及明道逐行看過之事라

살펴보건대 '이 일'이란 역사를 거론하면서 한 글자도 빠뜨리지 않은 것과 明道가 行마다 자세히 본 일을 가리킨 듯하다.

6 【漢文大系】本註云……接引博學之士 : 欄外書曰 此條는 蓋上蔡所錄이요 本註亦其自記니 止八字라 所引鄭轂, 胡安國兩條는 則蓋平巖擧以證本文이니 恐脫圈字라 胡安國語는 見於淵源錄하니 引胡氏傳家錄이라 淵源錄엔 無成篇二字하고

蹉作差라 或曰 成篇은 只是全篇이라 愚謂不如無之愈니라

《欄外書》에 말하였다. "이 조항은 上蔡(謝良佐)가 기록한 것이고 本註 역시 그가 스스로 기록한 것이니, 다만 여덟 자 뿐이다. 인용한 鄭轂과 胡安國의 두 조항은 平巖(葉采)이 들어서 本文을 증명한 것이니, 圈字(○)가 빠진 듯하다. 胡安國의 말은 《淵源錄》에 보이는 바, 胡氏의 《傳家錄》을 인용한 것이다. 《淵源錄》에는 成篇 두 글자가 없고 蹉가 差로 되어 있다. 或者는 말하기를 '成篇은 다만 全篇'이라고 한다. 내가 생각건대 이것(成篇)은 없느니만 못하다고 여겨진다."

**7** 【釋疑】本志未免昏塞 : 按 志字는 恐不若心字之穩이라

살펴보건대 志字보다는 心字가 더 온당할 듯하다.

## 28. 禮樂이 只在進反之間하니 便得性情之正[1]이니라 〈以上竝明道語〉

〈明道先生이 말씀하였다.〉

"禮와 樂은 다만 나아가고 돌아오는 사이에 있으니, 곧 性情의 바름을 얻어야 한다." 〈이상은 모두 明道先生의 말씀이다.〉

樂記曰 禮主其減하고 樂主其盈하니 禮減而進이라 以進爲文하고 樂盈而反이라 以反爲文이니라 朱子曰 減은 是退讓樽節收斂底意思니 是禮之體本如此나 然非人之所樂故로 須進步向前하야 著力去做라 故以進爲文이라 盈은 是舒暢發越快滿底意思니 是樂之體 本如此나 然易至於流蕩일새 却須收拾向裏라 故以反爲文이니라 又曰[2] 禮減而不進則銷하고 樂盈而不反則放이라 故禮有報而樂有反이니라

〈樂記〉에 이르기를 "禮는 줄어드는 것을 주장하고 樂은 가득 차는 것을 주장하니, 禮는 줄어드는 데 나아가므로 나아감을 文으로 삼고, 樂은 가득 차는 데 돌아오므로 돌아옴을 文으로 삼는다." 하였다.

朱子가 말씀하였다.

"減은 退讓(겸양)하고 撙節(절제)하고 收斂하는 뜻이니, 이는 禮의 體가 본래 이와 같으나 사람들이 좋아하는 바가 아니므로 모름지기 進步하여 앞을

향해 힘써 가서 해야 한다. 그러므로 나아감을 文으로 삼는 것이다. 盈은 舒暢하고 發越(발랄)하고 快滿(만족)하는 뜻이니, 이는 樂의 體가 본래 이와 같으나 流蕩(방탕)함에 이르기가 쉬우므로 모름지기 수습하여 안으로 향해야 한다. 그러므로 돌아옴을 文으로 삼는 것이다."

〈樂記에〉 또 말하였다.

"禮는 줄어들기만 하고 나아가지 않으면 사라지고, 樂은 가득 차기만 하고 돌아오지 않으면 방탕해진다. 그러므로 禮는 나아가 보답함이 있고 樂은 돌아옴이 있는 것이다."

**1** 【釋疑】 禮樂只在進反……性情之正 : 馬氏曰 以體言之하면 禮減樂盈이요 以用言之하면 禮進樂反이라 禮主減故로 勉而作之하야 而以進爲文하고 樂主盈故로 反以抑之하야 而以反爲文하니 減而不進이면 則幾於息矣라 故로 銷요 盈而不反이면 則至於流矣라 故로 放이니라 ○ 朱子曰 禮는 如凡事儉約이라 如收斂恭敬이 便是減이니 須當着力向前去做이니 便是進이라 樂은 如歌詠和樂이 便是盈이니 須當有箇節制하야 和而不流이니 便是反이라 禮는 減而却進前去하고 樂은 盈而却反退來하니 便是得情性之正이니라

馬氏가 말하였다. "體로써 말하면 禮는 줄어들고 樂은 가득 차며, 用으로써 말하면 禮는 나아가고 樂은 돌아온다. 禮는 줄어드는 것을 주장하기 때문에 힘써서 하여 나아가는 것을 文으로 삼고, 樂은 가득 차는 것을 주장하기 때문에 돌이켜서 억제하여 돌아오는 것을 文으로 삼으니, 줄어드는데 나아가지 않으면 終息됨에 가까우므로 사라지고, 가득 차는데 돌아오지 않으면 흐름에 이르므로 방탕해지는 것이다."

○ 朱子가 말씀하였다. "禮는 모든 일을 儉約하는 것과 같다. 수렴하고 공경하는 것이 바로 줄어듦이니, 모름지기 힘을 써서 앞을 향해 가서 해야 하는 바 이것이 바로 進이다. 樂은 노래하고 읊고 화락한 것이 바로 가득 차는 것이니, 모름지기 節制가 있어서 和하면서도 흐르지 않아야 하는 바 이것이 바로 反이다. 禮는 줄어드는데 도리어 앞으로 나아가고 樂은 가득 차는데 도리어 뒤로 물러나니, 이것이 바로 情과 性의 바름을 얻는 것이다."

**2** 【釋疑】 又曰 : 按 又曰以下는 亦樂記語요 非朱子說이니라

살펴보건대 '又曰' 이하는 또한 〈樂記〉의 말이고, 朱子의 말씀이 아니다.

**29. 父子君臣**은 **天下之定理**라 **無所逃於天地之間**이니 **安得天分**하야 **不有私心**이면 **則行一不義**와 **殺一不辜**를 **有所不爲**니 **有分毫私**면 **便不是王者事**[12]니라

〈明道先生이 말씀하였다.〉

"父子와 君臣은 天下의 정해진 이치여서 天地 사이에 도피할 수가 없으니, 하늘의 분수를 편안히 여겨서 私心을 두지 않으면 한 가지라도 不義한 일을 행하는 것과 한 사람이라도 無罪한 사람을 죽이는 일을 하지 않는다. 一分과 一毫라도 私心이 있으면 곧 王者의 일이 아니다."

**父子君臣**은 **人倫之大端**이요 **天下之定理**니 **立於天地之間者**는 **必有而不容廢者也**라 **惟能全其天理而無私心者**는 **則處之**에 **各當其分**하야 **而行一不義之事**하고 **殺一不辜之人**이면 **雖可以得天下**라도 **亦不爲也**라 **蓋堯舜授禪**에 **無虧父子之恩**하고 **湯武征伐**에 **無愧君臣之義**는 **皆無私心故也**니라

父子와 君臣은 人倫의 큰 단서요 天下의 정해진 이치이니, 天地 사이에 서 있는 자는 반드시 이것을 간직하여야 하고 폐해서는 안 된다. 오직 天理를 보전하여 私心이 없는 자는 이에 대처함에 각각 그 분수에 마땅하여, 한 가지라도 不義의 일을 행하고 한 사람이라도 無罪한 사람을 죽이면 비록 天下를 얻을 수 있더라도 하지 않는다. 堯임금과 舜임금이 天子의 자리를 禪讓(선양)할 적에 父子間의 은혜를 손상함이 없었고, 湯王과 武王이 정벌할 때에 君臣間의 義理에 부끄러움이 없었던 것은 모두 私心이 없었기 때문이다."

**1** 【漢文大系】 父子君臣……便不是王者事 : **欄外書曰 此條已下**는 **係叔子語**니 **當表伊川先生曰字**라 **又曰 王者事字**를 **最宜著眼**이니 **凡爲此學者**는 **皆王者事也**라 **假如與木石居**하고 **與鹿豕游**하며 **處畎畝之中**하야 **樂堯舜之道**도 **亦是王者事**니 **不必拘形迹**이니라

《欄外書》에 말하였다. "이 조목 이하는 叔子(伊川)의 말씀에 해당하니, 마땅히 伊川先生曰이라는 글자를 표시해야 할 것이다." 또 말하였다. "王者事라는 글자를 가장 주의하여 보아야 할 것이니, 무릇 이 학문을 하는 자들은 모두 王者의 일인 것이다. 가령 〈舜임금이〉 木石과 함께 거처하고 사슴과 멧돼지와 함

께 놀며 〈伊尹이〉 畎畝의 가운데 처하여 堯舜의 道를 즐거워했다는 것도 王者의 일이니, 굳이 形迹에 구애할 필요가 없다."

2 【釋疑】 父子君臣……便不是王者事 : 朱子曰 天分은 卽天理也니 父安其父之分하고 子安其子之分하며 君安其君之分하고 臣安其臣之分이면 則安得私리오 故雖行一不義, 殺一不辜而得天下라도 有所不爲니라

朱子가 말씀하였다. "天分은 곧 天理이니, 아버지는 아버지의 분수를 편안히 여기고 자식은 자식의 분수를 편안히 여기며, 군주는 군주의 분수를 편안히 여기고 신하는 신하의 분수를 편안히 여기면 어찌 사사로울 수 있겠는가. 그러므로 비록 한 가지라도 의롭지 않은 일을 행하고 한 사람이라도 죄 없는 이를 죽이고서 천하를 얻는 일을 하지 않는 것이다.

## 30. 論性不論氣면 不備요 論氣不論性이면 不明이요 二之則不是[1]니라

〈明道先生이 말씀하였다.〉

"性만 논하고 氣를 논하지 않으면 구비하지 못하고, 氣만 논하고 性을 논하지 않으면 밝지 못하고, 〈性과 氣를〉 둘로 나누면 옳지 못하다."

此段은 疑當在首卷이라 論性之善而不推其氣稟之不同이면 則何以有上智下愚之不移리오 故曰不備요 論氣稟之異而不原其性之皆善이면 則是不達其本也라 故曰不明이라 然性者는 氣之理요 氣者는 性之質이라 元不相離하니 判而二之면 則亦非矣니라 ○ 朱子曰 論性不論氣는 孟子言性善이 是也요 論氣不論性은 荀子言性惡과 揚子言善惡混이 是也라 愚謂 孟子推原性之本善하시니 雖未及乎氣質이나 固不害其爲性也어니와 至於荀揚하야는 但知氣質之或異하고 而不知性之本同하니 則是不識性也니 豈不害道리오 要之컨대 必若程子橫渠之言이라야 始爲明備니라

이 단락은 마땅히 첫권에 있어야 할 듯하다. 性의 善함만 논하고 氣稟의 같지 않음을 미루어 말하지 않는다면 上智와 下愚가 변화할 수 없음을 어찌 알겠는가. 그러므로 구비하지 못하다고 말한 것이요, 氣稟의 다름만 논하고 性

이 모두 善함을 根原하지 않는다면 이는 根本을 통달하지 못한 것이다. 그러므로 밝지 못하다고 말한 것이다. 그러나 性은 氣의 理이고 氣는 性의 형질이어서 원래 서로 떨어질 수 없으니, 나누어서 둘로 만들면 또한 잘못이다.

○ 朱子가 말씀하였다.

"性만 논하고 氣를 논하지 않는 것은 孟子가 性善을 말씀한 것이 이것이요, 氣만 논하고 性을 논하지 않는 것은 荀子의 性惡과 揚子(揚雄)의 善惡이 뒤섞였다고 말한 것이 이것이다."

내가 생각하건대 孟子는 性이 본래 善함을 미루어 근원하였으니, 비록 氣質을 언급하지 않았으나 실로 性이 됨에 無妨하거니와, 荀子와 揚子에 이르러서는 다만 氣質이 혹 다름만 알고 性이 본래 같음을 알지 못하였으니, 이는 性을 알지 못한 것이다. 어찌 道에 해롭지 않겠는가. 요컨대 반드시 程子와 橫渠의 말씀과 같이 하여야 비로소 밝고 구비함이 된다."

**1** 【釋疑】 論性不論氣……二之則不是 : 朱子曰 天命之性이 若無氣質이면 却無安頓處니 且如一勺水를 非有物盛之면 則水無歸着이라 程子云 論性不論氣면 不備요 論氣不論性이면 不明이요 二之則不是라하시니 所以發明千古聖賢未盡之意하야 甚爲有功이니라

朱子가 말씀하였다. "天命之性이 만약 氣質이 없으면 편안히 머무를 곳이 없으니, 예컨대 한 잔의 물을 器物에 담지 않으면 물이 귀착할 곳이 없는 것과 같다. 程子가 말씀하기를 '性만 논하고 氣를 논하지 않으면 구비하지 못하고, 氣만 논하고 性을 논하지 않으면 분명하지 못하고, 性과 氣를 둘로 나누면 옳지 못하다.' 하였으니, 이는 千古의 聖賢들이 다하지 않은 뜻을 발명하여 매우 큰 공이 있다."

## 31. 論學엔 便要明理요 論治엔 便須識體[1·2]니라

〈明道先生이 말씀하였다.〉

"學問을 논할 때에는 이치를 밝혀야 하고, 政治를 논할 적에는 大體를 알아야 한다."

論學而不明理면 則徒事乎詞章記誦之末이니 未爲知學也요 論治而不識其體면 則徒講乎制度文爲之末이니 未爲知治也니라

學問을 논하면서 이치를 밝히지 않으면 한갓 詞章(文章)과 記誦의 지엽적인 것만을 일삼으니 학문을 알지 못하는 것이고, 政治를 논하면서 大體를 알지 못하면 한갓 制度와 文爲의 지엽적인 것만을 講하니 정치를 알지 못하는 것이다.

1 【漢文大系】論學便要明理 論治便須識體 : 欄外書曰 識體卽明理요 明理亦識體로되 但言各有當耳니 須知니라

《欄外書》에 말하였다. "大體를 아는 것이 바로 이치를 밝히는 것이고, 이치를 밝히는 것 또한 大體를 아는 것인데, 다만 말이 각기 해당됨이 있을 뿐이니 모름지기 이것을 알아야 한다."

2 【釋疑】論治便須識體 : 問 是體段之體否아 朱子曰 是如此니라 又問如爲朝廷에 有朝廷之體하고 爲一國에 有一國之體하고 爲州縣에 有州縣之體否아 曰 然하다

"이것(體)은 體段의 體입니까?" 하고 묻자, 朱子는 "이와 같다."고 대답하였다. 또 "朝廷을 다스릴 때엔 朝廷의 大體가 있고, 한 나라를 다스릴 때엔 한 나라의 大體가 있고, 州縣을 다스릴 때엔 州縣의 大體가 있는 것과 같습니까?" 하고 묻자, 朱子는 "그렇다."고 대답하였다.

## 32. 曾點漆雕開 已見大意라 故聖人與之[1]하시니라

〈明道先生이 말씀하였다.〉

"曾點과 漆雕開는 이미 大意를 보았다. 그러므로 聖人(孔子)이 허여하신 것이다."

曾點言志에 以爲莫(暮)春者에 春服旣成이어든 冠者五六人과 童子六七人으로 浴乎沂하고 風乎舞雩하야 詠而歸라하니 蓋有見於是道之大 流行充滿하야 而於日用之間에 從容自得하야 有與物各適其所之意라 子使漆雕開仕하신대 對曰 吾斯之未能信이라하니 開於是理에 必有見焉이로되 顧於應酬之際에 未能自信其悉中乎是理니 此其所見之大而不安於小成이요

所守之篤而必期於自信이라 二者는 雖其行之未成이나 要皆有見於聖人之大意니라 ○ 朱子曰 點은 更規模大하고 開는 更縝密이니라 蔡節齋曰 點之意는 欲止요 開之意는 方進而未已니라

曾點이 뜻을 말할 적에 이르기를 "暮春에 봄옷이 이미 이루어지거든 冠을 쓴 어른 5, 6명과 童子 6, 7명과 함께 沂水에서 목욕하고 舞雩에서 바람 쐬고서 詩를 읊으며 돌아오겠습니다." 하였으니, 이 道의 큼이 流行하고 充滿한 것을 봄이 있어 일상생활하는 사이에 從容하고 自得해서 물건과 함께 각각 제자리에 적당하게 하는 뜻이 있었다. 孔子가 漆雕開로 하여금 벼슬하게 하시자, 대답하기를 "저는 이 벼슬하는 이치를 자신할 수 없습니다." 하였으니, 漆雕開는 이 이치에 대하여 반드시 본(앎)바가 있었을 것이나 다만 應酬하는 즈음에 모두 이 이치에 맞는지를 자신하지 못한 것이니, 이는 본 바가 커서 小成을 편안히 여기지 않고 지키는 바가 독실하여 반드시 自信하기를 기약한 것이다. 두 가지는 비록 행함이 이루어지지 못하였으나 요컨대 모두 聖人의 大意를 본 것이다.

○ 朱子가 말씀하였다.

"曾點은 더욱 규모가 크고 漆雕開는 더욱 치밀하다."

蔡節齋(蔡淵)가 말하였다.

"曾點의 뜻은 그치고자 하였고 漆雕開의 뜻은 나아가고 그치지 않았다."

1 【漢文大系】曾點漆雕開……故聖人與之 : 欄外書曰 曾點浴沂는 是狂이요 漆彫開自信은 是狷로되 竝槪見此道之無窮하야 不覊於富貴榮達하니 蓋顏子中行之亞也니 程意或如此니라

《欄外書》에 말하였다. "曾點이 沂水에서 목욕하겠다고 한 것은 狂이고 漆彫開가 自信한 것은 외람됨인데, 모두 이 道의 무궁함을 보아서 부귀영달에 얽매이지 않았다. 이는 中道를 행한 顏子의 다음이니, 程子의 뜻이 혹 이와 같은 듯하다."

**33. 根本을 須是先培壅이니 然後에 可立趨向也라 趨向旣正이면 所造淺深은 則由勉與不勉也[1]니라**

〈明道先生이 말씀하였다.〉

"根本을 모름지기 먼저 북돋워야 하니, 이렇게 한 뒤에야 趨向(나아가는 방향)을 세울 수 있다. 趨向이 이미 바루어지면 나아가는 바(造詣)의 얕고 깊음은 힘쓰는가 힘쓰지 않는가에 달려 있다."

**涵養心德**하야 **根本深厚然後**에 **立趨向而不差**요 **又勉而不已**라야 **乃能深造**니라 ○ **朱子曰 收其放心**[1][2]**然後**에 **自能尋向上去 亦此意也**[3]니라

마음의 德을 涵養하여 根本이 깊고 후한 뒤에야 趨向을 세워 어그러지지 않고, 또 힘쓰고 그치지 않아야 비로소 깊이 나아갈 수 있다.

○ 朱子가 말씀하였다.

"放心을 거둔 뒤에야 자연히 위를 찾아간다는 것 또한 이 뜻이다."

1 【漢文大系】根本……則由勉與不勉也 : 欄外書曰 施璜虹玉曰 學之根本이 在身心하니 主敬以立其本이 乃培壅之功也라 又要立趨向者는 立志必爲聖賢也니라

《欄外書》에 말하였다. "施璜虹玉이 말하기를 '배움의 근본은 몸과 마음에 달려 있으니, 敬을 주장하여 근본을 세우는 것이 바로 培壅하는 功이다. 또 趨向을 세우고자 하는 것은 뜻을 세워 반드시 聖賢이 되겠다고 기약하는 것이다.' 하였다."

2 【漢文大系】收其放心 : 孟子告子上篇曰 學問之道는 無他라 求其放心而已라하니라

《孟子》〈告子 上〉에 이르기를 "學問하는 道는 딴 것이 없다. 放心을 찾을 뿐이다." 하였다.

3 【釋疑】朱子曰……亦此意也 : 按 明道先生曰 聖賢千言萬語 只是欲人將已放之心하야 約之하야 使反復入身來니 自能尋向上去라하시니 朱子截取此言하야 以明培壅根本之意하시니라

살펴보건대 明道先生이 말씀하기를 "聖賢의 천 마디 말씀과 만 마디 말씀은 단지 사람들이 이미 잃어버린 마음을 가져다가 要約하여 도로 몸으로 들어오게 하고자 하신 것이니, 이렇게 하면 자연 위를 향해 간다." 하였으니, 朱子가 이 말씀을 잘라서 근본을 북돋우는 뜻을 밝힌 것이다.

## 34. 敬義夾持면 直上이니 達天德[1]이 自此[2·3]니라

〈明道先生이 말씀하였다.〉

"敬과 義가 좌우에서 〈자신을〉 잡아 주면 곧바로 위로 올라가니, 天德(聖人의 德)에 도달함이 이(敬·義)로부터 시작된다."

朱子曰 敬主乎中하고 義方乎外하니 二者相夾持하야 要放下霎(삽)時라도 也不得이요 只得直上去라 故便達天德이니라 又曰 表裏夾持하야 更無東走西作이요 直上者는 不爲物慾所累니 則可上達天德矣니라

朱子가 말씀하였다.

"敬은 마음속을 주장하고 義는 밖을 방정하게 하니, 두 가지가 서로 양쪽에서 잡아 주어 한순간을 놓으려고 해도 되지 않고 다만 곧바로 위로 올라간다. 그러므로 天德에 도달할 수 있는 것이다."

또 말씀하였다.

"겉과 속(안)을 양쪽에서 잡아 주어 다시는 동쪽과 서쪽으로 달아남이 없게 하는 것이요, 곧바로 위로 올라간다는 것은 物慾에 얽매이지 않는 것이니, 이렇게 되면 위로 天德에 도달할 수 있다."

【張伯行 註】 此示人下學而可以上達之功也라 居敬則心有主요 和義則事皆宜니 動靜相維하야 無瞬息之間斷이면 則工夫自當直前而上行이라 敬以守之而內直이요 義以裁之而外方하야 表裏交密하야 無毫釐之走作이면 則心思專直하야 日進高明하리니 天德之達이 不自此可信哉아

이는 사람들이 아래로 人事를 배워 위로 天理를 통달하는 공부를 보여 준 것이다. 敬에 거하면 마음에 주장함이 있고 義에 맞으면 일이 모두 마땅하니, 動과 靜이 서로 유지하여 瞬息間의 間斷도 없으면 공부가 저절로 곧장 앞으로 전진하여 위로 올라가게 된다. 敬하여 지켜서 內面이 곧아지고 義로 재단하여 外面이 방정해져서 表裏가 서로 치밀하여 털끝만큼이라도 달아남이 없으면 마음과 생각이 專一하고 곧아서 날로 高明한 데로 나아갈 것이니, 天德을 통달하는 것이 이로부터 시작됨을 믿지 않을 수 있겠는가.

1 【譯註】直上 達天德 : 直上達天德을 한 句로 보아 '곧바로 위로 天德을 통달한다.'로 해석한 경우도 있다.

2 【漢文大系】敬義夾持……自此 : 欄外書曰 敬之立於外爲義요 義之存於內爲敬이니 其實은 一也라 程子就內外言이라 故曰夾持耳니라 又曰 直上達天德은 卽文言德不孤字意니라

《欄外書》에 말하였다. "敬이 밖에 확립되는 것이 義이고 義가 안에 보존되는 것이 敬이니, 그 실제는 하나이다. 程子는 內外를 가지고 말씀하였기 때문에 '서로 잡는다〔夾持〕' 고 한 것이다." 또 말하였다. "위로 곧바로 올라가 天德을 통달하는 것이 바로 《周易》〈文言傳〉에 '德은 외롭지 않다.'는 글자의 뜻이다."

3 【釋疑】敬義夾持……自此 : 朱子曰 敬義內外交相養하야 夾定在這裏하야 莫教一箇有些走失이니 如此면 則下不染於物欲하고 只得上達天德也니라 ○ 沙溪曰 此는 指敬義而言也니라

朱子가 말씀하였다. "敬과 義가 內外에 서로 길러져서 양쪽에서 잡아주어 定하여 여기에 있어서 조금이라도 달아나거나 잃음이 있지 않게 하는 것이니, 이와 같이 하면 아래로 物欲에 물들지 않고 다만 위로 天德을 통달하게 된다."
○ 沙溪가 말씀하였다. "〈自此의〉 此는 敬과 義를 가리켜 말한 것이다."

## 35. 懈意一生이면 便是自棄自暴니라

〈明道先生이 말씀하였다.〉
"게으른 뜻이 한 번 생기면 곧 自暴自棄하는 것이다."

## 36. 不學이면 便老而衰[1]니라

〈明道先生이 말씀하였다.〉
"배우지 않으면 곧 늙어 쇠해진다."

學問則義理爲主故로 閱理久而益以精明이요 不學則血氣爲主故로 閱時久而益以衰謝니라

배우고 물으면 義理가 主가 되기 때문에 이치를 봄이 오래면 더욱 精하고

밝아지며, 배우지 않으면 血氣가 主가 되기 때문에 시간을 지남이 오래면 더욱 쇠하고 시드는 것이다.

1 【漢文大系】不學 便老而衰：欄外書曰 記誦詞章之學은 雖學非學이라 故亦老而衰니라

《欄外書》에 말하였다. "記誦·詞章의 학문은 비록 배우나 학문이 아니다. 그러므로 또한 늙으면 쇠하는 것이다."

## 37. 人之學이 不進은 只是不勇[1]이니라

〈明道先生이 말씀하였다.〉

"사람의 學問이 진전되지 못함은 다만 용맹스럽지 못해서이다."

志氣之勇이라

志氣의 용맹이다.

1 【漢文大系】人之學不進 只是不勇：朱子曰 學者悠悠 是大病이니라

朱子가 말씀하기를 "배우는 자가 그럭저럭 한가롭게 지내는 것〔悠悠〕이 큰 병통이다." 하였다.

## 38. 學者爲氣所勝, 習所奪은 只可責志니라

〈明道先生이 말씀하였다.〉

"배우는 자가 기운에게 이김을 당하고 습관에게 빼앗김을 당함은 다만 뜻을 책망하여야 한다."

立志之不大不剛이면 則義理不足以勝其氣質之固蔽요 學力不足以移其習俗之纏繞(전요)라 故曰只可責志라하시니라

뜻을 세움이 크지 못하고 剛하지 못하면 義理가 굳게 가리워진 氣質을 이겨내지 못하고, 學問의 功力이 纏繞(속박)하는 習俗을 변화시키지 못한다. 그러므로 다만 뜻을 책망해야 한다고 말씀한 것이다.

**39. 內重則可以勝外之輕이요 得深則可以見誘之小니라**

〈明道先生이 말씀하였다.〉

"內面이 중하면 外物의 가벼움을 이겨낼 수 있고, 얻음이 깊으면 유혹의 작음을 볼 수 있다."

道義重則外物輕하고 造理深則嗜欲微니라

道義가 중하면 外物이 가벼워지고, 이치에 나아감이 깊으면 嗜慾(욕망)이 작아진다.

**40. 董仲舒謂 正其義, 不謀其利하고 明其道, 不計其功이라하고 孫思邈曰 膽欲大而心欲小하고 智欲圓而行欲方이라하니 可以爲法矣로다**

## 40-1 董仲舒謂 正其義, 不謀其利하고 明其道, 不計其功[12]이라하고

〈明道先生이 말씀하였다.〉

"董仲舒가 이르기를 '그 義를 바루고 그 利를 도모하지 않으며, 그 道를 밝히고 그 功을 계산하지 않는다.' 하였고

仲舒는 詳見十四卷하니라 義者는 當然之理요 利者는 義之和也라 然君子는 惟欲正其義而已요 未嘗預謀其利하나니 有謀利之心이면 則是有所爲而爲之니 非正其義矣니라 道者는 自然之路요 功者는 行道之效也라 然君子는 惟欲明其道而已요 未嘗計度(탁)其功하나니 有計功之心이면 則是有私意介乎其間이니 非明其道矣니라

董仲舒는 상세한 내용이 14卷에 보인다. 義는 당연한 이치이고 利는 義의 조화로움이다. 그러나 君子는 오직 그 義를 바루고자 할 뿐이요 일찍이 미리 그 利를 도모하지 않으니, 利를 도모하는 마음이 있으면 이는 위한 바

가 있어서 하는 것이니 義를 바루는 것이 아니다. 道는 自然의 길이요 功은 道를 행한 효험이다. 그러나 君子는 오직 道를 밝히고자 할 뿐이요 일찍이 功을 계산하지 않으니, 功을 계산하는 마음이 있으면 이는 사사로운 마음이 그 사이에 개입한 것이니, 道를 밝히는 것이 아니다.

1 【漢文大系】董仲舒……不計其功 : 欄外書曰 正其義하고 明其道하면 則利與功이 自在其中이니 但謀計之念이 爲不可耳니라

《欄外書》에 말하였다. "그 義를 바르게 하고 그 道를 밝히면 利와 功이 저절로 이 안에 들어 있으니, 다만 이익을 꾀하고 공을 계산하는 생각이 불가할 뿐이다."

2 【釋疑】董仲舒……不計其功 : 道誼(義)는 是箇體用이니 道是大綱說이요 誼是就一事上說이라 功은 是就道中하야 做得功效出來니라

道와 誼는 바로 體와 用이니, 道는 大綱으로 말한 것이고 誼는 한 가지 일에 나아가 말한 것이다. 功은 道 가운데에 나아가 공효를 만들어낸 것이다.

## 40-2 孫思邈曰 膽欲大而心欲小[1]하고 智欲圓而行欲方이라하니 可以爲法矣[2]로다

孫思邈이 말하기를 '膽力은 크게 하고자 하고 마음은 작게 하고자 하며, 지혜는 둥글게 하고자 하고 행실은 모나게 하고자 한다.' 하였으니, 法으로 삼을 만하다."

思邈은 隋唐間人이라 膽大則敢於有爲하고 心小則密於察理하며 智圓則通而不滯하고 行方則正而不流니라 ○ 朱子曰 志不大則卑陋하고 心不小則狂妄하며 圓而不方則譎詐하고 方而不圓則執而不通이니라

孫思邈은 隋·唐 사이의 사람이다. 膽力이 크면 훌륭한 일을 함에 용감하고 마음이 작으면 이치를 살핌에 치밀하며, 지혜가 둥글면 통하여 막히지 않고 행실이 모나면 방정하여 흐르지 않는다.

○ 朱子가 말씀하였다.

"뜻이 크지 않으면 비루하고 마음이 작지 않으면 망령되며, 둥글기만 하고 모나지 않으면 속이고, 모나기만 하고 둥글지 않으면 固執하여 통하지 못한다."

1 【釋疑】膽欲大而心欲小：朱子曰 膽大는 是千萬人吾往之意[1]요 心小는 只是畏敬이라

朱子가 말씀하였다. "담이 크다는 것은 '千萬人이라도 내가 가겠다.'는 뜻이고, 마음이 작다는 것은 다만 두려워하고 공경하는 것이다."

[1] 【譯註】是千萬人吾往之意：《孟子》〈公孫丑 上〉에 '自反而縮 雖千萬人吾往矣'라고 보이는 바, 吾往은 '내가 가서 千萬人을 상대한다.'는 뜻이다.

2 【漢文大系】孫思邈曰……可以爲法矣：欄外書曰 孫思邈이 擧此語하야 答盧照鄰하니 見於唐書나 而語實出於淮南子하고 膽作志하니 程子偶引孫思邈耳니라

《欄外書》에 말하였다. "孫思邈이 이 말을 들어서 盧照鄰에게 답하였는 바, 《唐書》에 보인다. 그러나 이 말은 실로 《淮南子》에서 나왔고 膽은 志로 되어 있는데, 程子가 우연히 孫思邈이라고 인용했을 뿐이다."

## 41. 大抵學不言而自得者 乃自得也니 有安排布置者는 皆非自得也니라

〈明道先生이 말씀하였다.〉

"대저 學問은 말하지 않고 스스로 터득하는 것이 바로 自得이니, 安排하고 布置(적당히 배치함)함이 있는 것은 모두 自得이 아니다."

學而有得이면 則暗者忽而明하고 疑者忽而信하야 欣然有契于心하야 蓋有所不能形容者라 安排布置는 卽是著(착)意强爲니 非眞自得者也니라

배워서 얻음이 있으면 어둡던 것이 갑자기 밝아지고 의심스럽던 것이 갑자기 밝아져서 欣然히 마음에 합함이 있어 形容할 수 없는 즐거움이 있다. 安排와 布置는 바로 뜻을 두어 억지로 하는 것이니, 참으로 自得하는 것이 아니다.

## 42. 視聽思慮動作이 皆天也니 人이 但於其中에 要識得眞與妄爾[12]니라

〈明道先生이 말씀하였다.〉

"보고 듣고 생각하고 동작하는 것이 모두 天理이니, 사람이 다만 이 가운데에서 眞(眞實)과 妄(邪妄)을 알아야 할 뿐이다."

視聽思慮言動이 皆天理自然而不容已者나 然順理則爲眞이요 從欲則爲妄이니라

보고 듣고 생각하고 말하고 동함이 모두 天理의 自然이어서 그만둘 수 없다. 그러나 이치에 순하면 眞이 되고 욕심을 따르면 妄이 된다.

1 【漢文大系】視聽思慮動作……要識得眞與妄爾：益軒曰 愚謂皆天也는 言皆是天理之發動이니 猶鳶飛魚躍이 亦皆天機也라 眞者는 純于天理而無挾雜於人欲也니라

益軒이 말하였다. "내가 생각하건대 '모두 天理〔皆天也〕'라는 것은 모두가 天理의 發動임을 말한 것이니, 예컨대 솔개가 날고 물고기가 뛰어 노는 것도 모두 天機인 것과 같다. 眞은 天理에 순수하여 人欲에 挾雜함이 없는 것이다."

2 【釋疑】視聽思慮動作……要識得眞與妄爾：朱子曰 言視聽思慮動作이 皆是天理니 其順發出來하야 無非當然之理 卽所謂眞이요 其妄者는 却是反乎天理者也니라

朱子가 말씀하였다. "보고 듣고 생각하고 동작하는 것이 모두 天理임을 말한 것이니, 순히 발하여 나와서 당연한 이치 아님이 없는 것이 이른바 眞이고, 妄이라는 것은 天理에 위반되는 것이다."

**43. 明道先生曰 學은 只要鞭辟近裏著己而已라 故切問而近思면 則仁在其中矣라하고 言忠信하며 行篤敬이면 雖蠻貊之邦이라도 行矣어니와 言不忠信하며 行不篤敬이면 雖州里나 行乎哉아 立則見其參於前也요 在輿則見其倚於衡也니 夫然後에 行이라하니 只此是學이니라 質美者는 明得盡하야 查滓便渾化하야 却與天地同體요 其次는 惟莊敬持養이니 及其至則一也니라**

## 43-1 明道先生曰 學은 只要鞭辟近裏著己而已[1]라 故切問而近思면 則仁在其中矣라하고

明道先生이 말씀하였다.

"學問은 다만 〈마음을〉 채찍질하여 內面에 가깝게 하고 자기 몸에 붙게 하려고 할 뿐이다. 그러므로 '간절히 묻고 가까이 생각하면 仁이 그 가운데에 있다.' 하였고

鞭辟近裏著己者는 切己之謂也라 切問近思而不泛遠이면 則心德存矣리라

'鞭辟하여 內面에 가깝게 하고 자기 몸에 붙게 한다.'는 것은 자기 몸에 간절히 함을 이른다. 간절히 묻고 가까이 생각하여 泛泛하게 하거나 멀리하지 않으면 마음의 德이 보존될 것이다.

【張伯行 註】 此는 示人切己之學也라 學은 所以求道요 而道卽在身心之中하니 所謂仁이 是也라 鞭辟은 猶言警策이요 近裏著己는 猶言貼身也라 言爲學之功이 若著一毫虛浮騖外之意면 便與道離니 只要反求諸身心하야 著實理會면 自然能有所得이라 如子夏言切問近思則仁在其中者는 胥是道也라 蓋問必求其切實이요 思勿忽於淺近이면 則聰明內斂하고 志意眞摯하야 心存而理從此得矣리니 此致知之功近裏著己者也라

이는 사람들에게 자기 몸에 간절한 학문을 보여 준 것이다. 배움은 道를 구하기 위한 것이고 道는 바로 자신의 몸과 마음 가운데에 있으니, 이른바 仁이 이것이다. 鞭辟은 警策이란 말과 같고 近裏著己는 貼身(몸에 붙임)이란 말과 같다. 학문하는 공부가 만일 털끝만치라도 허황하고 들떠서 밖으로 달려가려는 뜻이 있으면 곧 道와 멀어지니, 다만 자기 몸과 마음에 돌이켜 찾아서 착실히 이해하면 자연히 얻어지는 바가 있을 것이다. 子夏가 '간절히 묻고 가까이 생각하면 仁이 이 가운데 있다.' 고 말한 것이 바로 이 道이다. 물음은 반드시 절실한 것을 구하여야 하고, 생각은 천근한 것을 소홀히 하지 말아야 하니, 이렇게 하면 聰明이 안에 거두어지고 意志가 진지해져서 마음

이 보존되어 이치가 이로부터 얻어질 것이니, 이는 致知工夫를 內面에 가깝게 하고 자기 몸에 붙게 하는 것이다.

1 【釋疑】學只要鞭辟近裏着己而已 : 朱子曰 鞭辟近裏는 此是洛中語라 辟은 如驅辟一般하니 一處에 說作鞭約이라 大抵是要鞭督向裏去니라

朱子가 말씀하였다. "鞭辟近裏는 洛陽 지방의 말이다. 辟은 驅辟이라는 말과 똑같으니, 한 곳에는 鞭約으로 되어 있다. 〈이 말은〉 대체로 채찍질하여 독려해서 안을 향해 가는 것이다."

## 43-2 言忠信하며 行篤敬이면 雖蠻貊之邦이라도 行矣어니와 言不忠信하며 行不篤敬이면 雖州里나 行乎哉아 立則見其參於前也요 在輿則見其倚於衡也니 夫然後에 行[1]이라하니 只此是學이니라

'말이 忠信(성실)하고 행실이 篤敬(돈후하고 공경함)하면 비록 오랑캐의 나라라도 행해지거니와 말이 忠信하지 못하고 행실이 篤敬하지 못하면 비록 자기가 사는 고을과 마을이라 하더라도 행해지겠는가. 서면 〈言忠信·行篤敬이〉 앞에 참여됨을 보고, 수레에 있으면 〈言忠信·行篤敬이〉 말멍에에 기대고 있는 듯함을 볼 수 있어야 하니, 그런 뒤에야 행해진다.' 하였으니, 다만 이것이 學問이다.

言必忠信而無一辭之欺誕하고 行必篤敬而無一事之慢弛면 則以是行於遠方異類라도 猶可以誠實感通이어니와 苟不信不敬이면 則雖近而州里之間이라도 其可得而行乎아 然非可以暫焉而强爲之也라 要必眞積力久하야 隨其所寓하야 常若有見乎忠信篤敬之道而不可須臾離者니 如此一於誠實이면 自然信順[1]하야 無往而不可니라 ○ 以上은 皆切己之學이라 切問近思者는 致知之事也요 言忠信行篤敬者는 力行之事也니 說竝見論語하니라

말이 반드시 忠信하여 한 마디 말도 속이고 허탄함이 없고, 행실이 반드시 篤敬하여 한 가지 일이라도 태만하고 해이함이 없으면 이로써 먼 지방과 다

른 族類(異民族)에게 행하더라도 오히려 誠實로써 感通할 수 있거니와 만일 〈말이〉 忠信하지 못하고 〈행실이〉 篤敬하지 못하면 비록 가까운 州里의 사이라도 어찌 행해질 수 있겠는가. 그러나 이것은 잠깐 동안에 억지로 할 수 있는 것이 아니다. 요컨대 반드시 진실을 쌓고 힘쓰기를 오래하여, 붙여 있는 곳에 따라 항상 忠信과 篤敬의 道를 봄이 있는 듯하여 잠시라도 떠나지 않아야 하니, 이와 같이 성실함에 한결같으면 자연 〈사람들이〉 믿고 순하여 가는 곳마다 불가함이 없을 것이다.

○ 이상은 모두 자기 몸에 간절히 하는 學問이다. 切問과 近思는 致知의 일이요 言忠信과 行篤敬은 力行의 일이니, 내용이 모두 《論語》에 보인다.

**1** **【釋疑】** **言忠信……夫然後行 : 蠻**은 **南蠻**이요 **貊**은 **北狄**이라 **其者**❶는 **指忠信篤敬而言**이라 ○ **朱子曰 篤**은 **有重厚深沈之意**하니 **敬而不篤**이면 **則有拘迫之患**이니라 **南軒張氏曰 篤敬者**는 **敦篤於敬也**라하고 **雙峯饒氏曰 凡事詳審不輕發**이 **是篤底意思**요 **戒謹恐懼**하야 **猶恐失之 是敬底意思**니 **篤自篤, 敬自敬**이니라 ○ **按 饒說**은 **與朱張之說不同**하니라

蠻은 南蠻이고 貊은 北狄이다. 其는 忠信과 篤敬을 가리켜 말한 것이다.

○ 朱子가 말씀하기를 "篤은 重厚와 深沈의 뜻이 있으니, 공경하기만 하고 敦厚하지 못하면 拘迫하는 병통이 있다." 하였고, 南軒張氏는 말하기를 "篤敬은 敬에 돈독한 것이다." 하였고, 雙峯饒氏(饒魯)는 말하기를 "모든 일을 자세히 살펴서 가볍게 발하지 않는 것이 篤의 뜻이고, 戒謹恐懼하여 행여 잃을까 두려워하는 것이 敬의 뜻이니, 篤은 篤이고 敬은 敬이어서 따로이다." 하였다.

○ 살펴보건대 饒氏의 말은 朱子와 張南軒의 말씀과 같지 않다.

❶ **【譯註】** 其者 : 本文의 '立則見其'와 '在輿則見其'의 其字를 가리킨 것이다.

**2** **【釋疑】** **信順 : 出禮記**하니 **見下**라

《禮記》에 나오는 바, 아래에 보인다.

## 43-3 質美者는 明得盡하야 查滓便渾化하야 却與天地同體[1]요 其次는 惟莊敬持養이니 及其至則一也[2]니라

資質이 아름다운 자는 밝히기(知工夫)를 다하여 찌꺼기가 곧 완전히

變化(消化)해서 天地와 똑같은 體가 되고, 그 다음은 오직 莊敬으로 잡아 길러야 하니, 지극함에 이르면 똑같다.”

**朱子曰 査滓**는 **是私意人欲之消未盡者**니 **人與天地本同體**로되 **只緣査滓未去**하야 **所以有間隔**이니 **若無査滓**면 **便與天地同體**라 **質美者明得盡**은 **是見得透徹**이라 **如顔子克己復禮**니 **天理人欲**이 **截然兩段**하야 **更無査滓**요 **其次**는 **旣未到此**면 **則須莊敬持養**하야 **以消去其査滓**니 **如仲弓出門如見大賓, 使民如承大祭**[3]니 **常如此持養**하야 **久久**면 **亦自明徹矣**리라

朱子가 말씀하였다.

“査滓는 私意와 人慾이 다 사라지지 않은 것이니, 사람이 天地와 본래 똑같은 體이나 다만 査滓를 제거하지 못함으로 인하여 이 때문에 간격이 있는 것이니, 만약 査滓가 없다면 곧 天地와 똑같은 體가 된다. ‘資質이 아름다운 자가 밝히기를 다한다.’는 것은 보기를 투철히 하는 것이다. 예컨대 顔子의 克己復禮와 같은 것이니, 天理와 人慾이 두 단락으로 분명하여 다시 査滓가 없는 것이요, 다음은 이미 이 경지에 이르지 못했으면 모름지기 莊敬으로 잡아 길러서 査滓를 제거하여야 하니, 예컨대 仲弓의 ‘문에 나가서는 큰 손님을 뵈온 듯이 공경하고 백성을 부리기를 큰 제사를 받들 듯이 조심한다.’는 것과 같은 것이니, 항상 이와 같이 잡아 길러서 오래되면 또한 저절로 밝아지고 통할 것이다.”

**【張伯行 註】承上文言**호되 **同此知行而氣稟不同**하니 **苟能用力而成功自一也**라 **蓋求仁求行**이 **旣不外切問近思忠信篤敬而得之**하니 **學者亦可知所用力矣**리라 **但用力**이 **亦關氣質**하니 **氣質美者**는 **得天淸明**하야 **見地容易透徹**하야 **當其一了百了**에 **私欲淨盡**하야 **自然不雜**이라 **其剛健和順**이 **自與天地同體**요 **其次**는 **未易渾化**하니 **則惟端莊恭敬**하고 **操持涵養**하야 **以俟其熟而自至耳**라 **然及其眞積力久**하면 **亦自消融明淨**하야 **與天地同體**하리니 **其造詣固歸於一也**라 **苟能切實爲己**면 **何人不可以勉學哉**아

윗글을 이어서 말하기를 ‘이 知·行이 똑같으나 氣稟이 똑같지 않으니, 만일 힘을 써서 成功하면 저절로 똑같아진다.’고 말한 것이다. 仁을 구하고 行

을 구하는 것이 이미 切問과 近思, 言忠信과 行篤敬을 벗어나지 않고 얻어지니, 배우는 자가 또한 힘쓸 곳을 알 것이다. 다만 힘쓰는 것이 또한 氣質에 관계되니, 氣質이 아름다운 자는 하늘의 淸明함을 얻어 보는 것이 투철하기가 쉬워서, 한 번 하고 백 번 함에 私欲이 깨끗이 다 없어져 저절로 섞이지 않는다. 그리하여 剛健하고 和順함이 저절로 天地와 體가 같아지는 것이요, 그 다음은 渾化하기가 쉽지 않으니, 오직 端莊하고 恭敬하며 마음을 잡아지키고 涵養하여, 익숙해져서 저절로 이르기를 기다릴 뿐이다. 그러나 진실을 쌓고 힘쓰기를 오래함에 이르면 또한 저절로 私欲이 깨끗이 사라지고 밝아져서 天地와 體가 같아질 것이니, 造詣가 진실로 똑같음으로 돌아간다. 만일 절실하게 자신을 위한다면 어떤 사람인들 학문에 힘쓰지 못하겠는가.

1 【譯註】查滓便渾化 却與天地同體 : 語錄體에 却을 위로 붙여 읽는 경우가 있으며 中國本과 漢文大系本 역시 標點이 똑같지 않은바, 却與天地로 뗀 것이 약간 많으므로 本書에서도 이를 따랐음을 밝혀둔다. 退溪의 말씀과 같이 却을 위로 붙여 읽는 것으로는 本書 7권 31항의 '只爲而今士大夫道得箇乞字慣却'이 그 例이다.

2 【釋疑】質美者……及其至則一也 : 退溪曰 明得盡은 屬知하니 知之明也요 查滓渾化는 乃行之之效라 却은 語辭니 當屬上句라 俗讀云却與天地라하니 非是라 問 心學은 以心中有一物爲非어늘 而曰言忠信하고 行篤敬하야 念念不息하야 使參前倚衡이라하니 則莫是偏繫之病否잇가 曰 夫如是故로 程子曰 不可着意요 又不可不着意라하시니라 ○ 按 性理群書에 却與天地爲句하니라

退溪가 말씀하였다. "明得盡은 知에 속하니 앎이 분명한 것이고, 查滓渾化는 바로 이것을 行한 효험이다. 却은 어조사이니, 마땅히 윗구에 속하여야 한다. 세속에서는 '却與天地'라고 읽는데, 옳지 않다." "心學에서는 마음속에 한 가지 일이라도 있는 것을 나쁘다고 하였는데, 여기에서는 '말이 忠信하고 행실이 篤敬하여, 이것을 생각하고 생각하여 잊지 않아서 〈忠信과 篤敬이〉 앞에도 참여함을 볼 수 있고 멍에에 기댈 때에도 볼 수 있어야 한다.'고 하였으니, 이것은 편벽되이 얽매이는 병통이 아닙니까?" 하고 묻자, 退溪가 말씀하였다. "이와 같기 때문에 程子가 말씀하기를 '뜻을 붙여서도 안 되고 또 뜻을 붙이지 않아서도 안 된다.'고 하신 것이다."

○ 살펴보건대 性理群書에는 '却與天地'를 한 구로 삼았다.

**3** 【漢文大系】仲弓出門如見大賓, 使民如承大祭：仲弓問仁한대 子曰 出門如見大賓云云이라

《論語》〈顔淵〉에 "仲弓이 仁을 묻자, 孔子께서 대답하시기를 문을 나가서는 큰 손님을 뵙는 듯이 하는 것이다." 하였다.

**44. 忠信所以進德과 修辭立其誠所以居業者는 乾道也요 敬以直內와 義以方外者는 坤道也니라**

〈明道先生이 말씀하였다.〉

"忠信이 德을 진전시키는 것과 말을 닦아 성실함을 세움이 業을 쌓는 것은 乾道이고, 敬以直內와 義以方外는 坤道이다."

乾은 主健主動이라 故進德修業이 皆進爲不息之道요 坤은 主順主靜이라 故敬直義方이 皆收斂裁節之道니라

乾은 굳셈을 주장하고 動함을 주장하므로 德을 진전시키고 業을 쌓는 것이 모두 나아가서 하고 쉬지 않는 道이며, 坤은 순함을 주장하고 靜함을 주장하므로 敬以直內와 義以方外가 모두 收斂하고 節裁하는 道인 것이다.

**45. 凡人이 才(纔)學엔 便須知著力處요 既學엔 便須知得力處[1]니라**

〈明道先生이 말씀하였다.〉

"무릇 사람들이 처음 배울 때에는 모름지기 힘쓸 곳을 알아야 하고, 이미 배우고 나서는 모름지기 힘(효력)을 얻는 곳을 알아야 한다."

始學而不知用力之地면 則何以爲入道之端이며 旣學而不知得力之地면 則何以爲造道之實이리오 學者隨其淺深하야 必各有所自得이니 不然이면 是未嘗實用力於學也니라

처음 배우면서 힘쓸 곳을 알지 못한다면 어떻게 道에 들어가는 단서를 삼

겠는가. 이미 배우고서 힘을 얻는 곳을 알지 못한다면 어떻게 道에 나아가는 실제를 삼겠는가. 배우는 자가 깊고 얕은 경지에 따라 반드시 각각 自得하는 바가 있어야 하니, 그렇지 않으면 이는 일찍이 실제로 學問에 힘을 쓰지 않은 것이다.

1 【漢文大系】凡人……便須知得力處：欄外書曰 知著力處는 如射之樹的이요 知得力處는 如射之中的이니라

《欄外書》에 말하였다. "힘을 쓸 곳을 앎은 활을 쏠 적에 표적을 세우는 것과 같고, 힘을 얻을 곳을 앎은 활을 쏘아 표적을 맞추는 것과 같은 것이다."

**46. 有人治園圃하야 役知(智)力甚勞어늘 先生曰 蠱之象에 君子以하야 振民育德[1]이라하니 君子之事는 唯有此二者요 餘無他焉이니 二者는 爲己爲人之道也니라**

어떤 사람이 園圃(菜田)를 가꾸었는데 지혜와 힘을 사역하여 매우 수고롭게 하자, 〈明道先生이〉 다음과 같이 말씀하였다.

"蠱卦의 〈象傳〉에 '君子가 이것을 보고서 백성을 振作하고 德을 기른다.' 하였으니, 君子의 일은 오직 이 두 가지가 있을 뿐이다. 나머지는 딴것이 없으니, 〈振民과 育德〉 두 가지는 자신을 위하고 남을 위하는 道이다."

振民은 謂興起而作成之요 育德은 謂涵養己德이라 成己成人이 皆吾道之當然이요 外此則無益之事니 非君子所務矣니라

振民은 興起하여 作成함을 이르고 育德은 자신의 德을 함양함을 이른다. 자신을 이루고 남을 이룸이 모두 나의 道理에 당연한 것이요 이것을 벗어나면 무익한 일이니, 君子가 힘쓸 바가 아니다.

1 【釋疑】蠱之象……振民育德：蠱大象에 山下有風이 蠱니 君子以하야 振民育德이라한대 傳에 山下有風하니 風遇山而回하면 則物皆散亂이라 故爲有事之象이라 君子觀有事之象하여 以振濟於民이니라 朱子曰 振起聳(용)動民觀聽하고 養育其德也라 在己則養德하고 於天下則濟民하니 君子之所事 無大於此二者니라 ○ 隆山李氏曰 振民을 猶巽風之鼓爲號令也하고 育德을 猶艮山之養成財力也니라

蠱卦 〈大象〉에 "山 아래에 바람이 있는 것이 蠱卦이니, 君子가 보고서 백성들을 구제하며 德을 기른다." 하였는데, 《易傳》에 "山 아래에 바람이 있으니, 바람이 山을 만나 돌면 물건이 다 흩어져서 혼란해진다. 그러므로 일이 있는 象이 된 것이다. 君子가 일이 있는 象을 보아 백성들을 구제한다." 하였다. 朱子가 말씀하였다. "백성들의 보고 들음을 振作하고 聳動(감동)시키며 자신의 德을 기르는 것이다. 자신에게 있어서는 德을 기르고 天下에 있어서는 백성을 구제하니, 君子가 일삼는 바가 이 두 가지보다 더 큰 것이 없다."

○ 隆山李氏(李舜臣)가 말하였다. "백성을 振作하기를 巽風이 물건을 두들겨 호령하는 것과 같이 하고, 德을 기르기를 艮山이 財力을 기르는 것과 같이 하는 것이다."

**47. 博學而篤志하고 切問而近思를 何以言仁在其中矣오 學者要思得之니 了此면 便是徹上徹下之道[1]니라**

〈伊川先生이 말씀하였다.〉

"배우기를 널리 하고 뜻을 독실히 하며 간절히 묻고 가까이 생각하는 것을 어찌하여 仁이 이 가운데에 들어 있다고 말씀하였는가. 배우는 자는 이것을 생각하여 알아야 하니, 이것을 안다면 곧 徹上徹下(위를 통하고 아래를 통함)하는 방도이다."

朱子曰 四者는 皆學問思辨之事耳요 未及乎力行而爲仁也라 然從事於此하면 則心不外馳하야 而所存自熟이라 故曰仁在其中矣라하니라 愚謂 學問思辨은 學者所以求仁也라 然博學而篤志, 切問而近思는 皆懇切篤厚之意니 卽此一念[2]이 便是惻隱之心流行發見之地라 不待更求요 而仁之全體를 可識矣라 故曰徹上徹下之道라하니라

朱子가 말씀하였다.

"네 가지는 모두 배우고 묻고 생각하고 분변하는 일이요, 力行하여 仁을 함에는 이르지 못한다. 그러나 여기에 종사하면 마음이 밖으로 달려가지 않아서 보존하는 바가 저절로 익숙해지므로 仁이 이 가운데에 들어 있다고 말씀한 것이다."

내가 생각하건대 배우고 묻고 생각하고 분변함은 배우는 자가 仁을 구하는 일이다. 그러나 배우기를 널리 하고 뜻을 독실히 하며 간절히 묻고 가까이 생각함은 모두 간절하고 篤厚한 뜻이니, 곧 이 한 생각이 바로 惻隱之心이 유행하여 發現되는 곳이다. 달리 찾을 필요가 없고 仁의 全體를 알 수 있다. 그러므로 徹上徹下하는 방도라고 말씀한 것이다.

【張伯行 註】學은 所以求仁이나 然求仁者는 非一箇仁在彼하야 而切切求之也라 仁卽在吾心이요 亦卽在日用事物之間하니 隨時隨事하야 博以學之는 窮其理也요 立志誠篤은 專其務也며 所問至切은 辨其眞也요 近以爲思는 繹其要也라 必有事焉하야 勿忘勿助하면 則心常存而思不雜하고 功無間而理自熟하리니 仁卽此而在矣라 學者口讀子夏之言하고 試思博學篤志切問近思를 何以不言求仁하고 而言仁在其中고 若能了悟乎此하면 便知是徹上徹下之道리라 蓋形上은 卽具形下之中이요 下學은 卽是上達之事니 功與心純熟無累면 便謂之仁이라 無內外精麤하야 一以貫之也니라

배움은 仁을 구하는 것이다. 그러나 仁을 구하는 것은 하나의 仁이 저쪽에 있어서 간절히 구하는 것이 아니다. 仁은 바로 내 마음에 있고 또한 바로 일상생활하는 사물의 사이에 있으니, 때에 따르고 일을 따라 널리 배움은 그 이치를 궁구하는 것이요, 뜻을 세우기를 진실하고 독실히 함은 그 일을 專一하게 하는 것이요, 묻기를 지극히 간절히 함은 그 진리를 분변하는 것이요, 가까이 생각함은 그 요점을 생각하는 것이다. 반드시 일삼음이 있어서 잊지 않고 助長하지 않으면 마음이 항상 보존되어 생각이 잡되지 않고 공부가 間斷함이 없어서 이치가 저절로 익숙해질 것이니, 仁이 바로 여기에 있는 것이다. 배우는 자는 입으로 子夏의 말을 읽고(외고) 한 번 생각해 보라. 배우기를 널리 하고 뜻을 독실히 하며 간절히 묻고 가까이 생각함을, 어찌하여 仁을 구한다고 말하지 않고 仁이 이 가운데 있다고 말하였는가. 만약 이것을 깨닫는다면 곧 徹上徹下의 道를 알 것이다. 形而上은 바로 形而下의 가운데 갖추어져 있고 下學이 바로 上達의 일이니, 공부가 마음과 함께 순수하고 익숙해져서 累가 없으면 곧 이것을 仁이라 이른다. 內外와 精麤의 간격이 없어 一以貫之인 것이다.

1 【釋疑】博學而篤志……徹上徹下之道 : 朱子曰 於是四者也에 見得箇仁底道理 便是徹上徹下之道니라 ○ 沙溪云 了는 知也니 了字釋在道字下니라 ○ 按 性理群書註曰 悟此則仁之全體를 可見이라 故曰 徹上徹下之道라하니 據此면 沙溪說이 恐未穩이니라

朱子가 말씀하였다. "이 네 가지에서 仁의 道理가 곧 徹上徹下하는 道임을 볼 수 있다."

○ 沙溪가 말씀하기를 "了는 앎이니, 了字를 道字까지 풀이하여야 한다." 하였다.

○ 살펴보건대 性理群書의 註에 보면 "이것을 깨달으면 仁의 全體를 볼 수 있다. 그러므로 徹上徹下의 道라 한다." 하였으니, 이것을 근거해 보면 沙溪의 말씀은 온당치 못할 듯하다.

2 【釋疑】卽此一念 : 按 一念二字 似剩이로다

살펴보건대 一念이라는 두 글자는 필요없는 말인 듯하다.

## 48. 弘而不毅則難立이요 毅而不弘則無以居之[1]니라

〈明道先生이 말씀하였다.〉

"크기만 하고 굳세지 못하면 서기가 어렵고, 굳세기만 하고 크지 못하면 거할(머물) 수가 없다."

本註云 西銘에 言弘之道라 ○ 說見論語라 弘은 寬大요 毅는 剛强也니 弘而不毅면 則寬大有餘而規矩不足이라 故不能自立이요 毅而不弘이면 則剛强有餘而狹陋自足이라 故無以居之니라

本註에 "〈西銘〉에 마음을 크게(넓게) 하는 道를 말하였다." 하였다.

○ 내용이 《論語》에 보인다. 弘은 너그럽고 큼이요 毅는 강하고 굳셈이니, 크기만 하고 굳세지 못하면 관대함은 유여하나 法度가 부족하므로 自立하지 못하고, 굳세기만 하고 크지 못하면 剛强함은 유여하나 좁고 누추하여 스스로 만족하게 여기므로 거할 수가 없는 것이다.

1 【漢文大系】弘而不毅……無以居之 : 論語泰伯篇曰 曾子曰 士不可以不弘毅니 任重而道遠이라하니라

《論語》〈泰伯〉에 曾子가 말씀하기를 "선비는 도량이 넓고 뜻이 굳세지 않으면 안 되니, 책임이 무겁고 갈 길이 멀기 때문이다." 하였다.

2 【釋疑】弘而不毅……無以居之：雲峯胡氏曰 惟弘能勝重하야 不以一善而自足也요 惟毅能致遠하야 不以半途而自廢也니라

雲峯胡氏(胡炳文)가 말하였다. "오직 넓어야 무거운 짐을 감당하여 한 가지 善에 만족하지 않고, 오직 굳세어야 먼 곳에 이를 수 있어서 中道에 폐하지 않는다."

**49. 伊川先生曰 古之學者는 優柔厭飫하야 有先後次序러니 今之學者는 却只做一場話說하야 務高而已니라 常愛杜元凱語의 若江海之浸하고 膏澤之潤하야 渙然氷釋하고 怡然理順然後에야 爲得也하노라 今之學者는 往往에 以游夏爲小하야 不足學이라하나 然游夏는 一言一事 却摠是實이러니 後之學者는 好高하야 如人游心於千里之外나 然自身은 却只在此니라**

## 49-1 伊川先生曰 古之學者는 優柔厭飫(어)하야 有先後次序러니 今之學者는 却只做一場話說하야 務高而已니라

伊川先生이 말씀하였다.

"옛날에 배우는 자들은 優柔厭飫(오랜 시간을 두고 빠져 들며 충분히 맛봄)하여 先後의 次序가 있었는데, 지금에 배우는 자들은 다만 一場(한바탕)의 說話만 하여 높은 것을 힘쓸 뿐이다.

古之爲學者는 有序하야 隨時隨事하야 各盡其力하야 優柔而不迫하고 厭飫而有餘라 故其用功也實而自得也深이러니 後之學者는 躐等務高하야 徒資口耳之末而已니라

옛날에 배우는 자들은 순서가 있어서 때에 따르고 일을 따라 각각 그 힘을 다해서 優柔하여 急迫하지 않고 厭飫하여 여유가 있었다. 그러므로 공력을 씀이 眞實하고 自得함이 깊었는데, 후세에 배우는 자들은 等級을 건너뛰고 높은 것을 힘써서 한갓 口耳의 지엽적인 것을 자뢰할 뿐이다.

**49-2 常愛杜元凱語[1]의 若江海之浸하고 膏澤之潤하야 渙然氷釋하고 怡然理順然後에야 爲得也[2]하노라**

나는 일찍이 杜元凱(杜預)의 말에 '江海가 浸灌(침식)하듯 하고 膏澤(빗물)이 적셔 주듯 하여 渙然히 얼음이 풀리듯 하고 怡然히 이치가 순한 것과 같게 한 뒤에야 얻는다.'고 한 말을 좋아한다.

杜預의 字元凱라 作春秋左氏經傳集解하니 序中語也라 江海之浸은 則漸漬而深博이요 膏澤之潤은 則優柔而豊腴이니 此皆言涵養有漸[3]而周徧融液也라 至於所見者明徹而無滓면 則渙然而氷釋하고 所存者安裕而莫逆이면 則怡然而理順이니 學至於是면 其深造而自得也를 可知矣로다

杜預의 字가 元凱이다. 《春秋左氏經傳集解》를 지었으니, 이 내용은 序文에 있는 말이다. 江海가 침식하는 것은 담가서 적셔 줌이 깊고 너른 것이요, 膏澤이 적셔 주는 것은 優柔하여 풍부한 것이니, 이는 모두 涵養함이 점점함이 있어서 두루하고 融液(완전히 풀림)함을 말한 것이다. 보는 바가 明徹하여 찌꺼기가 없음에 이르면 渙然하여 얼음이 풀리듯 하고, 보존한 바가 편안하고 여유가 있어 거슬리지 않음에 이르면 怡然히 이치가 순하게 되니, 學問이 이러한 경지에 이르면 깊이 나아가고 自得함을 알 수 있다.

【張伯行 註】此引杜預之言하야 以證古人之優游厭飫也라 元凱는 預之字라 江海之浸은 漬之深也요 膏澤之潤은 濡以漸也라 冰釋者는 融解無痕之謂요 理順者는 曉暢條達之謂라 元凱有言호되 讀書를 當若江海之浸하야 淵涵渟蓄하고 膏澤之潤하야 漸濡默化라 久之면 便能道理融徹하야 渙然如冰澌之紛解하고 節目疏通하야 怡然見條理之直達하리니 然後爲深造而自得也라 古

人之爲學이 如是하니 宜其功深而得實也니라

이는 杜預의 말을 인용하여 옛사람의 優游하고 厭飫함을 증명한 것이다. 元凱는 杜預의 字이다. 江海之浸은 담그기를 깊게 하는 것이요, 膏澤之潤은 적시기를 점점하는 것이다. 얼음이 풀린다는 것은 깨끗이 풀려서 흔적이 없음을 이르고, 이치가 순하다는 것은 밝게 통하여 條理가 통달함을 이른다. 元凱가 말하기를 '책을 읽을 때에는 마땅히 江海가 침식하듯이 깊이 담그고 많이 쌓을 것이요, 膏澤이 적셔주듯이 점점 적셔주고 묵묵히 化해야 한다. 오래하면 곧 도리가 融徹하여 얼음이 풀리듯 환해지고, 節目이 소통하여 條理가 곧바로 통달함을 볼 것이니, 이런 뒤에야 깊이 나아가 자득함이 된다. 옛사람이 학문하는 것이 이와 같았으니, 그 공력이 깊어서 얻는 것이 진실함이 당연하다.' 하였다.

1 【釋疑】杜元凱語 : 左傳序本註에 以寬舒學者之心하야 使自求索其高意하고 以飽足學者之好하야 使自奔趨其深致니 如江海 以水深之故로 所浸者遠이요 如膏澤이 以雨多之故로 所潤者博이라 江海之浸과 膏澤之潤은 以喩傳之廣記備言이요 亦欲浸潤經文하야 使義理通透也니라

《春秋左氏傳》序文의 本註에 "배우는 자의 마음을 너그럽게 해서 스스로 높은 뜻을 찾게 하고, 배우는 자의 좋아함을 충족시켜서 스스로 깊은 경지에 달려가게 하는 것이니, 江海가 물이 깊기 때문에 침식함이 먼 것과 같으며 膏澤이 비가 많기 때문에 적셔 줌이 넓은 것과 같다. 江海의 침식함과 膏澤의 적셔 줌은 傳文(左氏傳)에 널리 기록하고 갖추어 말함을 비유한 것이고, 또한 經文에 흠뻑 빠져 들어가서 義理에 通透하게 하고자 한 것이다."

2 【漢文大系】常愛杜元凱語……爲得也 : 左傳杜預序曰 優而柔之하야 使自求之하고 饜而飫之하야 使自趨之하야 若江海之浸하고 膏澤之潤하야 渙然冰釋하고 怡然理順이니 然後爲得也라하니라

《春秋左氏傳》의 杜預 序文에 말하였다. "優柔하여 스스로 구하게 하고 실컷 충족하여 스스로 달려가게 해서 江海가 침식하듯이 하고 膏澤이 적셔 주듯하여 渙然히 얼음이 풀리는 듯하고 怡然히 이치가 순해져야 하니, 그런 뒤에야 얻음이 된다."

3 【釋疑】涵養有漸 : 按 序註所論所謂浸潤은 非謂涵養有漸也라 然言之於涵養도 亦好라

살펴보건대 序文의 註에 말한 이른바 浸潤이라는 것은 涵養함에 점점함이 있음을 말한 것이 아니나 함양에 말해도 좋다.

**49-3 今之學者**는 **往往**에 **以游夏爲小**하야 **不足學**이라하나 **然游夏**는 **一言一事 却摠是實**이러니 **後之學者**는 **好高**하야 **如人游心於千里之外**나 **然自身**은 **却只在此**니라

지금에 배우는 자들은 왕왕 子游와 子夏를 하찮게 여겨서 배울 것이 못된다고 말하나 子游와 子夏는 한 마디 말과 한 가지 일이 모두 진실하였는데, 후세에 배우는 자들은 높은 것을 좋아하여 마치 사람이 마음은 千里 밖에 놀고 있으나 자기 몸은 다만 여기에 있는 것과 같다."

言偃의 字子游요 卜商의 字子夏니 二子在孔門에 固非顔曾比나 然其所言所事 皆明辨而力行之하니 無非實也라 今之學者는 徒好高而無實得하니 則亦何所至哉아

言偃의 字가 子游이고 卜商의 字가 子夏이니, 두 사람은 孔子의 門下에 있어서 진실로 顔子와 曾子에게 비할 수 있는 바가 아니다. 그러나 그 말한 바와 일삼은 바가 모두 밝게 분별하고 힘써 행하였으니, 진실함 아님이 없었다. 지금에 배우는 자들은 한갓 높은 것만 좋아하고 진실한 얻음이 없으니, 또한 어디에 이르겠는가.

**50. 修養之所以引年**과 **國祚之所以祈天永命**[1]과 **常人之至於聖賢**이 **皆工夫到這裏**면 **則有此應**이니라

〈伊川先生이 말씀하였다.〉

"修養이 引年(수명을 연장)함과 國祚(國運)가 하늘의 영원한 命을 기원함과 보통 사람들이 聖賢에 이르는 것은 모두 공부가 이 안에 지극하면 이러한 效應(應驗)이 있는 것이다."

人生壽夭有命이나 而修養之士 保煉精氣하면 乃可以引年而獨壽요 國祚之脩短有數나 而聖賢之君이 力行仁義하면 乃可以祈天之永命이요 常人資質은 其視夫生知安行者하면 亦遠矣나 然學而不已하면 卒可與聖賢爲一이니 凡是三者는 皆非一旦之功으로 苟簡超越하야 幸而得之者라 蓋其工夫至到하면 有此應效耳라 所以明學聖人者 當眞積力久而得之也니라

人生의 장수하고 요절함은 天命에 달려 있으나 修養하는 선비가 精氣를 보존하고 단련하면 수명을 연장하여 홀로 장수를 누릴 수 있으며, 國運의 길고 짧음은 運數에 달려 있으나 賢聖한 군주가 힘써 仁義를 행하면 마침내 하늘의 永遠한 命을 기원할 수 있으며, 보통 사람의 資質은 生而知之하고 安而行之하는 聖人에 비하면 또한 거리가 멀지만 배워서 그치지 않으면 마침내 聖賢과 하나가 되니, 무릇 이 세 가지는 모두 하루 아침의 功力으로 구차하고 간략하게 건너뛰어 요행으로 얻어지는 것이 아니다. 공부가 지극하면 이러한 效應이 있는 것이다. 이는 聖人을 배우는 자가 마땅히 眞實을 쌓고 힘쓰기를 오래하여 얻어야 함을 밝힌 것이다.

1 【釋疑】祈天永命：書傳이라 西山眞氏曰 天命至公하야 不可以求而得也어늘 曰祈者는 蓋一於用德이니 乃不祈之祈也니라

祈天永命은 《書傳》에 보인다. 西山眞氏가 말하였다. "天命은 지극히 公正하여 구할 수가 없는데, 祈願한다고 말한 것은 德을 씀에 한결같음을 말한 것이니, 바로 기원하지 않는 기원이다."

## 51. 忠恕는 所以公平이니 造德則自忠恕요 其致則公平[1·2]이니라

〈伊川先生이 말씀하였다.〉

"忠恕는 公平하게 하는 것이니, 德에 나아감은 忠恕로부터 시작하고 이것이 지극하면 公平해진다."

發乎眞心之謂忠이요 推以及人之謂恕니 忠恕則視人猶己라 故大公而至平이니라 致는 極至也라 學者進德則自忠恕요 其極至則公平이니라

眞心에서 발함을 忠이라 이르고 미루어 남에게 미침을 恕라 이르니, 忠恕를 하면 남을 보기를 자기와 같이 하므로 크게 公正하고 지극히 均平하게 된다. 致는 지극함이다. 배우는 자가 德에 나아감은 忠恕로부터 시작하고 이것이 지극하면 公平해지는 것이다.

1 **【漢文大系】忠恕……其致則公平 : 論語里仁篇曰 夫子之道**는 **忠恕而已矣**라하니라 ○ **欄外書曰 公平**은 **是不見痕跡處**니라

《論語》〈里仁〉에 이르기를 "夫子의 道는 忠과 恕일 뿐이다." 하였다.

○《欄外書》에 말하였다. "公平은 흔적을 나타내지 않는 것이다."

2 **【釋疑】忠恕……其致則公平 : 忠是本根**이요 **恕是枝葉**이니 **非是別有枝葉**이라 **乃是本根中發出**이니 **枝葉**이 **卽是本根**이니라 ○ **造德則自忠恕**는 **是從這裏做出來**요 **其致則公平**은 **言其極則公平也**라 ○ **退溪曰 造**는 **詣也**라

忠은 根本이고 恕는 枝葉이니, 별도로 지엽이 있는 것이 아니라 바로 근본 가운데에서 나오는 것이니, 지엽이 바로 근본이다.

○ 德에 나아감은 忠恕로부터 시작한다는 것은 이 속(忠恕)에서 만들어낸다는 뜻이요, 지극하면 公平해진다는 것은 그 극치가 公平임을 말한 것이다.

○ 退溪가 말씀하였다. "造는 나아감이다."

**52. 仁之道**는 **要之**컨대 **只消道一公字**니 **公**은 **只是仁之理**라 **不可將公**하야 **便喚做仁**이니 **公而以人體之**라 **故爲仁**이니라 **只爲公則物我兼照**라 **故仁**이 **所以能恕**요 **所以能愛**니 **恕則仁之施**요 **愛則仁之用也**니라

## 52-1 仁之道는 要之컨대 只消道一公字니 公은 只是仁之理라 不可將公하야 便喚做仁이니 公而以人體之라 故爲仁이니라

〈伊川先生이 말씀하였다.〉

"仁의 道는 요컨대 다만 모름지기 한 公字로 말할 수 있으니, 公은 다

만 仁의 이치이다. 公을 가지고 곧 仁이라고 불러서는 안 되니, 公平하면서 사람(人道)을 體(근간과 골자)로 삼기 때문에 仁이 되는 것이다.

仁者는 以天地萬物爲一하니 其理公而已라 然言其理至公而無私나 必體之以人이면 則其寬平普博之中에 自然有惻怛慈愛之意하니 斯所謂仁也라 體는 猶榦[1]骨也라 ○ 朱子曰 公則無情이요 仁則有愛하니 公字는 屬理하고 愛字는 屬人이라 克己復禮하야 不容一毫之私 豈非公乎아 親親仁民而無一物之不愛 豈非仁乎아

仁한 자는 天地 萬物을 하나로 여기니, 그 이치는 公일 뿐이다. 그러나 그 이치가 지극히 公平하여 私가 없다고 말하나 반드시 사람을 體로 삼으면 寬平하고 너른 가운데에 자연 惻怛하고 慈愛하는 뜻이 있으니, 이것이 이른바 仁이라는 것이다. 體는 나무의 줄기와 동물의 뼈와 같은 것이다.

○ 朱子가 말씀하였다.

"公正하면 私情이 없고 仁하면 사랑이 있으니, 公字는 理에 속하고 愛字는 人에 속한다. 克己復禮하여 털끝만큼의 私를 용납하지 않는 것이 어찌 公이 아니겠는가. 친척을 친애하고 사람을 사랑하여 한 물건도 사랑하지 않음이 없는 것이 어찌 仁이 아니겠는가."

1 【釋疑】榦 : 按 與幹同하니 築墻兩旁木也라
살펴보건대 榦은 幹과 같으니, 담을 쌓을 때 양쪽에 세우는 나무이다.

## 52-2 只爲公則物我兼照라 故仁이 所以能恕요 所以能愛니 恕則仁之施요 愛則仁之用也[1]니라

다만 公을 하면 남과 나를 겸하여 비추게 된다. 그러므로 仁은 恕를 할 수 있고 사랑을 할 수 있는 것이니, 恕는 仁의 베풂이요 사랑은 仁의 쓰임이다."

恕者는 推於此요 愛者는 及於彼라 仁은 譬泉之源也니 恕則泉之流出[2]이요 愛則泉之潤澤이요 公則疏通而無壅塞之謂也라 惟其疏通而無壅塞故로 能流而澤物이리라

恕는 여기에서 미루는 것이요 사랑은 저기에 미치는 것이다. 仁은 비유하면 샘의 根源과 같으니, 恕는 샘물이 흘러 나오는 것이요, 사랑은 샘물이 적셔 주어 윤택하게 하는 것이요, 公은 소통하여 막힘이 없음을 이른다. 오직 疏通하여 막힘이 없기 때문에 흘러가서 물건을 윤택하게 하는 것이다.

1 【釋疑】仁之道……仁之用也：退溪曰 消는 須也라 ○ 體者는 乃是以人而體公이라 蓋人이 撑起這公하야 作骨子면 則無私心而仁矣라 蓋公은 只是一箇公理요 仁은 是人心本仁이니 人而不公이면 則害夫仁故로 必體此公하야 在人身上하야 以爲之體니 則無所害其仁하야 而仁流行矣리라 ○ 恕與愛本皆出於仁이나 然非公이면 則安能恕며 安能愛人이리오 ○ 仁之發處自是愛요 恕는 推那愛底니라 ○ 公은 在仁之先이요 愛恕는 在仁之後니라

退溪가 말씀하였다. "消는 모름지기이다."

○ 朱子가 말씀하였다. "體는 바로 사람으로서 公을 體行하는 것이다. 사람이 이 公을 일으켜 骨子로 삼으면 사사로운 마음이 없어져서 仁하게 된다. 公은 다만 하나의 公理이고 仁은 사람의 마음이 본래 仁한 것이니, 사람으로서 公正하지 못하면 仁을 해치게 된다. 그러므로 반드시 이 公을 體行하여 사람의 身上에 있게 하여 體(根幹과 骨子)로 삼는 것이니, 이렇게 하면 仁을 해침이 없어서 仁이 유행할 것이다."

○ 恕와 愛는 본래 모두 仁에서 나왔다. 그러나 公이 아니면 어찌 恕할 수 있으며 어찌 사람을 사랑할 수 있겠는가.

○ 仁이 발로되는 곳은 본래 사랑이며, 恕는 이 사랑을 미루어 가는 것이다.

○ 公은 仁의 앞에 있고 愛와 恕는 仁의 뒤에 있다.

2 【釋疑】恕則泉之流出：按 此與或人所問恕如水之流同意나 然以朱子恕是分俵此水之說觀之하면 則葉註語未圓備하야 似欠分俵意로라

살펴보건대 이는 或者가 '恕는 물이 흘러가는 것과 같으냐?'고 물은 것과 같은 뜻이다. 그러나 '恕는 이 물을 分俵(나눔)하는 것'이란 朱子의 말씀으로 보면 葉氏의 註는 내용이 원만하고 구비하지 못하여 分俵의 뜻이 부족한 듯하다.

**53. 今之爲學者는 如登山麓하야 方其迤邐(이리)엔 莫不闊步라가 及到峻處하야는 便止하나니 須是要剛決果敢以進이니라**

〈伊川先生이 말씀하였다.〉

"지금의 배우는 자들은 산기슭에 오를 적에 길이 〈平平하여〉 계속해서 갈 수 있을 때에는 모두 闊步를 하다가 가파른 곳에 이르러서는 곧 발걸음을 멈추는 것과 같으니, 모름지기 剛하게 결단하고 과감하게 나아가야 한다."

**朱子曰 爲學**엔 **須要剛毅果決**이니 **悠悠**면 **不濟事**라 **且如發憤忘食**[1], **樂以忘憂 是什麼**[2]**精神**이며 **什麼骨肋**(륵)이리오

朱子가 말씀하였다.

"학문을 함에는 모름지기 剛하고 굳세며 과감하게 결단해야 하니, 悠悠(한가로이 세월을 보냄)하면 일을 이루지 못한다. 우선 發憤(분발)하여 밥 먹는 것을 잊고 즐거워하여 근심을 잊는 것이 어떠한 精神이며 어떠한 骨肋(志氣)이겠는가."

1 【漢文大系】發憤忘食 : 論語述而篇曰 其爲人也 發憤忘食 樂以忘憂云云이라
《論語》〈述而〉에 이르기를 "그 사람됨이 〈알지 못하면〉 분발하여 밥먹는 것도 잊고, 〈알면〉 즐거워서 근심을 잊는다." 하였다.

2 【釋疑】什麼 : 按 與甚麼(삼마)同이라
살펴보건대 什麼는 甚麼와 같다.

**54. 人謂要力行**이라하니 **亦只是淺近語**라 **人旣能知見一切事皆所當爲**하면 **不必待著意**니 **纔著意**면 **便是有箇私心**이라 **這一點意氣 能得幾時了**[12]오

〈伊川先生이 말씀하였다.〉

"사람들이 力行을 해야 한다고 말하는데, 이 또한 다만 淺近한 말이다. 사람이 一切의 일이 모두 마땅히 해야 할 것임을 이미 안다면 굳이 뜻을 붙일 필요가 없으니, 조금이라도 뜻을 붙인다면 곧 私心이 있는 것이다. 이 한 點의 意氣가 얼마 동안이나 가겠는가."

眞知事之當然이면 則不待著意하고 自不容已니 著意爲之면 已是私心이라 所謂私者는 非安乎天理之自然이요 而出乎人力之使然也라 徒以其意氣之使然[3]이면 則亦必不能久라 故君子莫急於致知니라

일의 당연함을 참으로 안다면 굳이 뜻을 붙이지 않아도 저절로 그만둘 수가 없으니, 뜻을 붙여서 하면 이미 私心이다. 이른바 私라는 것은 天理의 自然을 편안히 여기지 않고 人力으로 하는 데에서 나오는 것이다. 한갓 意氣로 그렇게 한다면 또한 반드시 오래가지 못한다. 그러므로 君子는 知識을 지극히 하는 것보다 더 급함이 없는 것이다.

1 【釋疑】能得幾時了 : 沙溪云 時子는 猶云日子라
沙溪가 말씀하였다. "時子는 日子라는 말과 같다."

2 【譯註】能得幾時了 : 時了가 時子로 표기된 本도 있으며, 沙溪는 "時子는 日子(日字)라는 말과 같다."고 주를 달기도 하였으나 諸本을 따라 時了로 표기하였음을 밝혀둔다.

3 【釋疑】人力之使然也 徒以其意氣之使然 : 按 使然二字는 皆未穩이라 若云所爲면 則如何오
살펴보건대 使然이란 두 글자는 모두 온당치 못하다. 만약 所爲라고 한다면 어떨지 모르겠다.

**55. 知之면 必好之요 好之면 必求之요 求之면 必得之니 古人은 此箇學이 是終身事라 果能顚沛造次에 必於是하면 豈有不得道理[12]리오**

〈伊川先生이 말씀하였다.〉
"알면 반드시 좋아하고 좋아하면 반드시 구하고 구하면 반드시 얻으니, 옛사람들은 이 學問이 바로 終身의 일이었다. 과연 顚沛와 造次에도 이에 반드시 한다면 어찌 道를 얻지 못할 이치가 있겠는가."

學은 是終身事니 則不求速成하고 不容半塗而廢[3]하야 勉焉孶孶하야 死而後已[4]可也라 顚沛造次에 必於是면 則無一事而非學이요 無一時而不勉이니

苟能如是면 其有得於斯道를 可必矣리니 所以誘進學者之不容自已也니라

學問은 終身의 일이니, 속히 이루기를 바라지 않고 半途(中道)에 폐함을 용납하지 아니하여, 부지런히 힘써서 죽은 뒤에야 그만두어야 한다. 顚沛와 造次에도 이에 기필한다면 한 가지 일도 學問 아닌 것이 없고 한 시도 힘쓰지 않음이 없는 것이니, 진실로 이와 같이 한다면 이 道에 얻음이 있음을 기필할 수 있을 것이다. 이는 배우는 자들이 저절로 그만둘 수 없도록 유인하여 나아가게 한 것이다.

1 【漢文大系】知之必好之……豈有不得道理：論語曰 子曰 知之者 不如好之者라하니라
《論語》〈雍也〉에 말하였다. "孔子께서 말씀하시기를 '아는 자는 좋아하는 자만 못하다.' 하였다."

2 【釋疑】豈有不得道理：沙溪云 豈有不得道之理也리오
沙溪가 말씀하였다. "어찌 道를 얻지 못할 이치가 있겠느냐는 뜻이다."

3 【漢文大系】半塗而廢：中庸曰 半塗而廢하나니 吾弗能已矣라하니라
《中庸》에 "중도에 폐지하는데, 나는 그만둘 수 없다." 하였다.

4 【漢文大系】勉焉孳孳 死而後已：禮記表記曰 俛焉日有孳孳하야 斃而後已라하니라
《禮記》〈表記〉에 "힘써 날마다 부지런히 하고 부지런히 하여 죽은 뒤에야 그만둔다." 하였다.

**56. 古之學者는 一이러니 今之學者는 三이로되 異端이 不與(예)焉이라 一曰文章之學이요 二曰訓詁之學이요 三曰儒者之學이니 欲趨道인댄 舍儒者之學이면 不可니라**

〈伊川先生이 말씀하였다.〉

"옛날에 배우는 것은 한 가지였지만 지금에 배우는 것은 세 가지이나 異端은 여기에 참예(포함)되지 않는다. 첫 번째는 文章學이요 두 번째는 訓詁學이요 세 번째는 儒者學이니, 道에 나아가려 한다면 儒學을 버리고는 안 된다."

釋敎言이 爲訓이요 釋古言이 爲詁니 爾雅에 有釋訓釋詁 是也라 儒者之學은 所以求道요 文章訓詁는 皆其末流니라

가르치는 말을 해석함을 訓이라 하고 옛말을 해석함을 詁라 하니, 《爾雅》의 〈釋訓〉과 〈釋詁〉가 이것이다. 儒者學은 道를 구하는 것이요, 文章과 訓詁는 모두 末流이다.

**57. 問作文이 害道否잇가 曰 害也니라 凡爲文이 不專意則不工이요 若專意則志局於此니 又安能與天地同其大也리오 書曰 玩物喪志라하니 爲文도 亦玩物也니라 呂與叔有詩云 學如元凱方成癖이요 文似相如殆類俳라 獨立孔門無一事하니 只輸顏氏得心齋라하니 此詩甚好라 古之學者는 惟務養情性이요 其他則不學이러니 今爲文者는 專務章句하야 悅人耳目하니 旣務悅人이면 非俳優而何오 曰 古者에 學爲文否잇가 曰 人見六經하고 便以謂聖人亦作文이라하나니 不知聖人亦攄發胸中所蘊하야 自成文耳니 所謂有德者必有言也니라 曰 游夏를 稱文學은 何也잇가 曰 游夏亦何嘗秉筆하야 學爲詞章也리오 且如觀乎天文하야 以察時變하고 觀乎人文하야 以化成天下 此豈詞章之文也리오**

**57-1 問作文이 害道否잇가 曰 害也니라 凡爲文이 不專意則不工이요 若專意則志局於此니 又安能與天地同其大也리오 書曰 玩物喪志라하니 爲文도 亦玩物也니라**

"文章을 짓는 것이 道에 해롭습니까?" 하고 묻자, 伊川先生이 말씀하였다.

"해롭다. 무릇 文章을 짓는 것은 專心하지 않으면 잘하지 못하고, 만약 專心하면 뜻이 여기에 局限되니, 또 어떻게 天地처럼 클 수 있겠는가. 《書經》에 '물건을 보고 익히면 뜻을 상실한다.〔玩物喪志〕' 하였으니, 文章을 짓는 것도 玩物이다.

**人所以參天地[1]而竝立者**는 **惟此心爲之主耳**니 **苟志有所局**이면 **又安能與天地參哉**아 **故玩習外物**이면 **則正志喪失**하리니 **專意爲文**도 **亦玩物也**라

사람이 天地에 참예되어 天地와 竝立할 수 있는 까닭은 오직 이 마음이 주가 되기 때문이니, 만일 心志가 局限되는 바가 있다면 또 어떻게 天地에 참예될 수 있겠는가. 그러므로 外物을 보고 익히면 바른 뜻이 상실되는 것이니, 文章을 짓는 데에 專心하는 것도 玩物이나.

1 【漢文大系】參天地 : 中庸第二十二章曰 可以與天地參矣라하니라
《中庸》第22章에 이르기를 "天地와 더불어 참여된다." 하였다.

**57-2 呂與叔[1]有詩云 學如元凱方成癖**이요 **文似相如殆類俳**라 **獨立孔門無一事**하니 **只輸[2]顔氏得心齊(齋)[3·4]**라하니 **此詩甚好**라 **古之學者**는 **惟務養情性**이요 **其他則不學**이러니 **今爲文者**는 **專務章句**하야 **悅人耳目**하니 **旣務悅人**이면 **非俳優而何**오

呂與叔의 詩에 '배움은 元凱(杜預)와 같으면 癖을 이루고, 문장은 司馬相如와 같으면 자못 俳優와 유사하네. 오직 孔門에는 한 가지 일도 없으니, 다만 顔氏(顔回)의 마음을 공경함만 못하다네.' 하였으니, 이 詩가 매우 좋다. 옛날에 배우는 자들은 오직 情性을 기르기에 힘썼고 그 나머지는 배우지 않았는데, 지금에 문장을 짓는 자들은 오로지 章句에 힘써서 사람들의 耳目을 기쁘게 하니, 이미 남을 기쁘게 하기를 힘쓴다면 俳優가 아니고 무엇이겠는가."

**呂大臨**의 **字與叔**이니 **張程門人也**라 **杜元凱嘗自謂有左氏癖**이라하고 **所著訓解凡十餘萬言**이라 **司馬相如**는 **作子虛上林等賦**에 **徒衒文詞**하야 **務以悅人**이라 **故曰類俳**라하니라 **俳優**는 **倡戱也**라 **齊**는 **齊肅純一之意**니 **心齊**는 **說見莊子**하니라

呂大臨의 字가 與叔이니, 張子와 程子의 門人이다. 杜元凱가 일찍이 스스로 이르기를 "左氏(《春秋左氏傳》)의 癖이 있다." 하였고, 자신이 지은 訓解(해석서)가 모두 十餘萬字이다. 司馬相如가 〈子虛賦〉와 〈上林賦〉 등을 지을 적에 한갓 文詞를 자랑하여 사람들을 기쁘게 하려고 힘썼으므로 俳優와 유사하다고 한 것이다. 배우는 놀이하는 광대이다. 齊는 齊肅하고 純一한 뜻이니, 心齊는 내용이 《莊子》에 보인다.

**【張伯行 註】** **因上文**하야 **言爲文亦玩物**하고 **遂引與叔詩**하야 **以明其不誣也**라 **癖**은 **偏滯之病也**라 **俳**는 **俳優**니 **伶人之屬也**라 **心齋**는 **潔其心**하야 **若齋時也**라 **莊子言顏子心齋坐忘**이라하니 **與叔**이 **實用其語**하니라

上文을 인하여 文章을 짓는 것도 玩物임을 말하고, 마침내 呂與叔의 詩를 인용하여 그 말이 거짓말이 아님을 밝힌 것이다. 癖은 편벽되게 막히는 병이다. 俳는 배우이니 伶人(광대)의 등속이다. 心齋는 그 마음을 깨끗이 하여 齋戒할 때와 같이 하는 것이다. 《莊子》에 '顏子가 心齋를 하고 坐忘을 했다.' 하였으니, 呂與叔이 실로 이 말을 인용한 것이다.

**1** **【釋疑】** 呂與叔 : **按 淵源錄**에 **大鈞之弟**니 **藍田人**이라 **始學於橫渠先生**이러니 **卒乃入洛**하야 **事二先生**하고 **有東見錄**하니라

살펴보건대 《淵源錄》에 "呂與叔은 呂大鈞의 아우이니, 藍田 사람이다. 처음 橫渠先生에게 배웠는데, 마침내 洛陽에 들어가서 두 程先生을 師事하였으며, 저서로 《東見錄》이 있다." 하였다.

**2** **【釋疑】** 輸 : **退溪曰 猶致也**요 **又爲也**라 **柳眉巖曰 輸**는 **猶負也**니 **勝負**를 **謂之贏**(영)**輸**라 **按 此輸字**는 **當作爲字意看**이니라

退溪가 말씀하기를 "輸는 致와 같고 또 爲(함)이다." 하였다. 柳眉巖(柳希春)은 "輸는 負와 같으니, 勝負를 贏輸라 한다." 하였다. 살펴보건대 이 輸字는 마땅히 爲字의 뜻으로 보아야 할 것이다.

3 【漢文大系】顔氏得心齊(齋) : 莊子人間世篇에 顔回曰 敢問心齋하노이다 仲尼曰 云云 道集虛하니 虛者는 心齋也라하니라

《莊子》〈人間世〉에 말하였다. "顔回가 말하기를 '감히 心齋를 묻습니다.' 하니, 仲尼가 말씀하기를 '…… 道는 虛한 곳에 모이니, 虛한 것은 心齋이다.' 하였다."

4 【釋疑】顔氏得心齊(齋) : 退溪曰 一志虛心이 爲心齋라 顔淵能心齋故로 孔子告之以道하시니라

退溪가 말씀하였다. "뜻을 한결같이 하고 마음을 비우는 것을 心齋라 한다. 顔淵이 마음에 齋戒하였기 때문에 孔子가 道를 말씀해 주신 것이다."

## 57-3 曰 古者에 學爲文否잇가 曰 人見六經하고 便以謂聖人亦作文이라하나니 不知聖人亦攄發胸中所蘊하야 自成文耳니 所謂有德者必有言也[1]니라

"옛날에도 文章을 짓는 것을 배웠습니까?" 하고 묻자, 다음과 같이 말씀하였다.

"사람들이 六經을 보고는 곧 聖人도 文章을 지었다고 이르는데, 이는 聖人 또한 가슴속에 쌓인 것을 펴내어 저절로 文章을 이루었을 뿐임을 알지 못한 것이니, 이른바 '德이 있는 자는 반드시 훌륭한 말이 있다.'는 것이다."

聖人은 道全德盛하야 非有意於爲文이나 而文自不可及耳니라

聖人은 道가 온전하고 德이 성대하여 文章을 짓는데 뜻을 둔 것이 아니나 文章이 〈훌륭하여〉 자연 미칠 수 없을 뿐이다.

1 【漢文大系】所謂有德者必有言也 : 論語憲問篇曰 子曰 有德者는 必有言이어니와 有言者는 不必有德이라하니라

《論語》〈憲問〉에 말하였다. "孔子께서 말씀하시기를 '德이 있는 자는 반드시 훌륭한 말이 있거니와, 훌륭한 말이 있는 자는 반드시 德이 있지는 못하다.' 하였다."

**57-4 曰 游夏를 稱文學은 何也오 曰 游夏亦何嘗秉筆하야 學爲詞章也[1]리오**

"子游와 子夏를 文學이라 칭함은 어째서입니까?" 하고 묻자, 다음과 같이 말씀하였다.

"子游와 子夏도 어찌 일찍이 붓을 잡고서 詞章(文章)을 짓는 것을 배웠겠는가.

**游夏는 蓋習於詩書禮樂之文者라 舊說에 子游作檀弓하고 子夏作樂記之類라 凡此皆道體之流行이요 人事之儀則이니 固未嘗秉筆學爲如此之文이요 而亦非若後世無用之空言也니라**

子游와 子夏는 詩書와 禮樂의 글을 익힌 자이다. 옛 주석에 '子游가 〈檀弓〉(禮記의 편명)을 짓고 子夏가 〈樂記〉를 지었다는 따위이다.' 하였다. 이러한 글은 모두 道體의 流行이요 人事의 儀則이니, 진실로 붓을 잡고서 이와 같은 文章을 짓는 방법을 배운 것이 아니요, 또한 후세에 쓸데없는 빈 말과 같은 것이 아니다.

1 【漢文大系】游夏……學爲詞章也 : 論語先進篇曰 文學은 子游子夏라하니라
《論語》〈先進〉에 "文學은 子游와 子夏이다." 하였다.

2 【漢文大系】舊說 : 益軒曰 考檀弓樂記之古注疏及漢書藝文志컨대 無此說하니 未知出處라
益軒이 말하였다. "〈檀弓〉과 〈樂記〉의 옛 注疏 및 《漢書》〈藝文志〉를 상고해 보건대 이러한 말이 없으니, 出處를 알 수 없다."

**57-5 且如觀乎天文하야 以察時變하고 觀乎人文하야 以化成天下 此豈詞章之文也[1]리오**

또 '天文을 관찰하여 時變을 살피고 人文을 관찰하여 天下를 化成(교화하여 이룸)한다.'와 같은 것이 어찌 詞章의 글이겠는가."

說見賁卦라 天文은 謂日月星辰之文이요 人文은 謂人倫禮樂之文이라

내용이 賁卦에 보인다. 天文은 日·月·星辰의 文을 이르고 人文은 人倫과 禮樂의 文을 이른다.

1 【漢文大系】且如觀乎天文……此豈詞章之文也：賁卦彖曰 觀乎天文하야 以察時變하고 觀乎人文하야 以化成天下라하니라

賁卦 〈彖傳〉에 이르기를 "天文을 관찰하여 時變을 살피고 人文을 관찰하여 天下를 化成한다." 하였다.

## 58. 涵養은 須用敬이요 進學則在致知[12]니라

〈明道先生이 말씀하였다.〉

"涵養은 모름지기 敬을 써야 하고, 學問을 진전시킴은 知識을 지극히 함에 달려 있다."

朱子曰 主敬以立其本하고 窮理以進其知니 二者를 不可偏廢며 使本立而知益明하고 知精而本益固니 二者亦互相發이니라

朱子가 말씀하였다.

"敬을 주장하여 근본을 세우고 이치를 연구하여 知識을 진전시켜야 하니 두 가지를 어느 한 쪽도 폐해서는 안 되며, 根本이 서면 知識이 더욱 밝아지고 知識이 정밀하면 根本(涵養)이 더욱 견고해지게 하여야 하니 두 가지가 또한 서로 發明이 된다."

1 【漢文大系】涵養須用敬 進學則在致知：欄外書曰 涵養進學이 其實은 一也라 但涵養은 在未發邊이요 進學은 在已發邊이니라

《欄外書》에 말하였다. "涵養과 進學이 실제는 하나이다. 다만 涵養은 未發 쪽에 있고 進學은 已發 쪽에 있다."

2 【釋疑】涵養須用敬 進學則在致知：朱子曰 無事時엔 且存養在這裏하야 提撕警覺하야 不要放肆요 到講習應接時히야 便當思量義理니라

朱子가 말씀하였다. "일이 없을 때에는 우선 存養하여 〈마음을〉 여기에 두어

서 提撕(제시)하고 깨우쳐서 放肆하지 않게 하고, 강습하고 응접할 때에 이르러서는 곧 義理를 생각하여 헤아리는 것이다."

**59. 莫說道將第一等**하야 **讓與別人**하고 **且做第二等**하라 **才(纔)如此說**이면 **便是自棄**라 **雖與不能居仁由義[1]者**로 **差等**이 **不同**이나 **其自小**는 **一也**니 **言學**인댄 **便以道爲志**요 **言人**인댄 **便以聖爲志[2]**니라

〈伊川先生이 말씀하였다.〉

"제일등(聖人의 일)을 가져다가 사양하여 다른 사람에게 주고 우선 제이등(賢人의 일)을 하겠다고 말하지 말라. 조금이라도 이와 같이 말한다면 곧 自棄이다. 비록 仁에 거하고 義를 행하지 못하는 자와는 差等이 있어 똑같지 않으나 스스로 작게 여기는 것은 똑같으니, 學問을 말할진댄 곧 道로써 뜻을 삼아야 하고, 사람을 말할진댄 곧 聖人으로써 뜻을 삼아야 한다."

性無不善이요 人所同得이니 苟安於小成이면 皆自棄也니라

性은 不善함이 없고 사람이 똑같이 얻은 것이니, 만일 小成을 편안히 여긴다면 모두 自棄이다.

**1** 【釋疑】不能居仁由義 : 按 孟子曰 吾身不能居仁由義를 謂之自棄也라하니라

살펴보건대 《孟子》에 "내 몸이 仁에 거하고 義를 따르지 못함을 自棄라 한다." 하였다.

**2** 【漢文大系】莫說道將第一等……便以聖爲志 : 益軒曰 愚謂學者當以天下第一等爲志하야 而不墮于自棄니라 ○ 欄外書曰 此條는 是立志第一緊要處니 卽當仁不讓於師之意니라

益軒이 말하였다. "내가 생각건대 배우는 자는 항상 天下의 第一等을 뜻으로 삼아서 自棄에 떨어지지 말아야 한다."

○《欄外書》에 말하였다. "이 조항은 立志의 제일 긴요한 부분이니, 바로 《論語》에 '仁을 당해서는 스승에게도 사양하지 않는다.'는 뜻이다."

**60. 問 必有事焉은 當用敬否잇가 曰 敬은 是涵養一事요 必有事焉은 須用集義니 只知用敬이요 不知集義면 却是都無事也니라 又問 義莫是中理否잇가 曰 中理는 在事하고 義는 在心하니라**

**60-1 問 必有事焉[1]은 當用敬否잇가 曰 敬은 是涵養一事요 必有事焉은 須用集義니 只知用敬이요 不知集義면 却是都無事也니라**

"반드시 일삼음이 있어야 한다는 것은 마땅히 敬을 써야 합니까?" 하고 묻자, 〈明道先生이〉 다음과 같이 말씀하였다.

"敬은 涵養하는 한 가지 일이요 '반드시 일삼음이 있어야 한다.'는 것은 모름지기 集義(의로운 일을 축적함)를 써야 하니, 다만 敬을 쓸 줄만 알고 集義할 줄을 모른다면 이는 모두 일삼음이 없는 것이다."

孟子言養氣[2]曰 必有事焉이라하시고 又曰 是集義[3·4]所生者라하시니 人之所爲皆合於義하야 自反無愧면 此浩然之氣 所以生也라 敬者는 存心而已니 若不集義면 安得謂之必有事焉이리오

孟子가 浩然之氣를 기르는 것을 말씀하면서 "반드시 일삼음이 있어야 한다." 하였고, 또 말씀하기를 "이(浩然之氣)는 義로운 일을 축적하여 생겨나는 것이다." 하였으니, 사람의 행하는 바가 모두 義理에 부합하여 스스로 돌아보아 부끄러움이 없으면 이 浩然之氣가 생겨나는 것이다. 敬은 마음을 보존할 뿐이니, 만약 集義하지 않는다면 어떻게 반드시 일삼음이 있다고 이를 수 있겠는가.

【張伯行 註】此程子恐人以敬爲專是主靜하야 而流爲寂守之學也라 或問必有事焉은 當用敬否잇가하니 是疑孟子言必有事者는 或是當用敬以持之니

**便是有所事也라 程子言敬者는 主一無適이니 乃是涵養一邊事라 有事雖不離敬이나 而必有事焉者는 須用集義工夫라 蓋隨事合宜하야 積累以獲此心裁制之安이 方是有事니 若只知用敬하야 空洞洞把持在此하고 不知就事物上하야 體察其所當然之理면 卻是都無一事也니 何以言必有事乎아**

이는 程子가 사람들이 敬을 오로지 靜을 주장하는 것이라고 여겨서 고요히 지키는 학문으로 흐를까 두려워한 것이다. 或者가 묻기를 '"必有事焉'은 마땅히 敬을 써야 합니까?'" 하였으니, 이는 孟子가 말씀한 '必有事'라는 것이 혹 敬을 써서 지켜야 하니, 이것이 곧 '일삼는 바가 있는 것인가' 하고 의심한 것이다. 이에 程子는 다음과 같이 대답하였다. "敬이라는 것은 主一無適이니 바로 함양하는 쪽의 일이다. 일삼음이 있는 것이 비록 敬을 떠나지는 않으나 '반드시 일삼음이 있다.'는 것은 모름지기 集義工夫를 써야 한다. 일에 따라 마땅하게 하여 이것을 많이 쌓아 이 마음의 裁制하는 편안함을 얻는 것이 바야흐로 일삼음이 있는 것이니, 만약 다만 敬을 쓸 줄만 알아 부질없이 잡아서 여기에 두고, 事物上에 나아가서 그 所當然의 이치를 體察할 줄 모른다면 이는 도리어 한 가지 일도 없는 것이니, 어찌 반드시 일삼음이 있다고 말할 수 있겠는가."

**1** 【漢文大系】必有事焉 : 孟子公孫丑上篇曰 必有事焉而勿正이라하니라

《孟子》〈公孫丑 上〉에 이르기를 "반드시 일삼음이 있으나 효과를 미리 기대하지 말라." 하였다.

**2** 【漢文大系】孟子言養氣 : 孟子公孫丑篇曰 我善養吾浩然之氣라하니라

《孟子》〈公孫丑 上〉에 이르기를 "나는 나의 浩然之氣를 잘 기른다." 하였다.

**3** 【漢文大系】集義 : 同篇曰 又曰 是集義所生者라 非義襲而取之也라하니라

《孟子》의 같은 篇에 또 이르기를 "이것은 義를 많이 축적하여 생기는 것이다. 義가 하루 아침에 엄습하여 갑자기 취하는 것이 아니다." 하였다.

**4** 【釋疑】集義 : 孟子本註曰 集義는 猶言積善이니 蓋欲事事皆合於義也라

《孟子》의 本註에 "集義는 積善이라는 말과 같으니, 일마다 모두 義에 합하게 하고자 하는 것이다." 하였다.

**60-2 又問 義莫是中理否**잇가 **曰 中理**는 **在事**[1]하고 **義**는 **在心**하니라

또다시 묻기를 "義는 이치에 맞는 것이 아닙니까?" 하자, 다음과 같이 말씀하였다.

"이치에 맞음은 일에 있고, 義는 마음속에 있는 것이다."

義者는 吾心之裁制요 中理者는 合乎事理之宜也라 故有在事在心之別이니라

義는 내 마음의 裁制이고 이치에 맞음은 事理의 마땅함에 합하는 것이다. 그러므로 일에 있고 마음속에 있는 구별이 있는 것이다.

1 【釋疑】中理在事 : 按 所以中者 非吾心之裁制乎아 然理在事上故로 曰 中理在事라하니라

살펴보건대 이치에 맞는 것이 내 마음의 裁制가 아니겠는가. 그러나 이치는 일에 있으므로 이치에 맞는 것이 일에 있다고 말한 것이다.

**61. 問 敬義何別**이닛고 **曰 敬**은 **只是持己之道**요 **義**는 **便知有是有非**하야 **順理而行**이 **是爲義也**니 **若只守一箇敬**하고 **不知集義**면 **却是都無事也**니라 **且如欲爲孝**인댄 **不成只守著一箇孝字**라 **須是知所以爲孝之道**하야 **所以侍奉**을 **當如何**며 **溫凊**을 **當如何**니 **然後**에 **能盡孝道也**니라

**61-1 問 敬義何別**이닛고 **曰 敬**은 **只是持己之道**요 **義**는 **便知有是有非**하야 **順理而行**이 **是爲義也**니 **若只守一箇敬**하고 **不知集義**면 **却是都無事也**니라

"敬과 義가 어떻게 다릅니까?" 하고 묻자, 〈伊川先生이〉 다음과 같이 말씀하였다.

"敬은 다만 자신을 잡아지키는 방도이고, 義는 곧 옳고 그름이 있음을 알아서 이치를 따라 행하는 것이니, 이것이 義이다. 만약 다만 하나의 敬만 지키고 集義할 줄을 모른다면 이는 모두 일삼음이 없는 것이다.

張南軒曰 居敬集義工夫竝進하야 相須而相成也니 若只要能敬하고 不知集義면 則所謂敬者亦塊然[1]無所爲而已니 烏得心體之周流哉아 又曰 集義는 只是事事求箇是而已[2]니라 朱子曰 敬義工夫 不可偏廢니 彼專務集義而不知主敬者는 固有虛驕急迫之病하야 而所謂義者或非其義라 然專言主敬而不知就日用間念慮起處하야 分別其公私義利之所在하야 而決取舍之幾焉이면 則亦未免於昏憒雜擾하야 而所謂敬者 有[亦]非其敬矣리라

張南軒이 말하였다.

"居敬(敬에 거함) 공부와 集義 공부가 아울러 진전되어서 서로 필요로 하고 서로 이루어 주니, 만약 단지 敬만 하고 集義할 줄을 모른다면 이른바 敬이라는 것이 또한 흙덩이처럼 하는 바가 없을 뿐이니, 어떻게 心體의 周流함을 얻을 수 있겠는가."

또 말씀하였다.

"集義는 단지 일마다 옳음을 구하는 것일 뿐이다."

朱子가 말씀하였다.

"敬공부와 義공부는 어느 한쪽도 폐해서는 안 되니, 저 오로지 集義만 힘쓰고 主敬을 모르는 자는 진실로 허황하고 교만하고 급박한 병통이 있어서 이른바 義라는 것이 혹 진정한 義가 아닐 수 있다. 그러나 오로지 主敬만 말하고, 일상생활하는 사이에 생각이 일어나는 곳에 나아가 公私와 義利의 所在를 분별하여 취하고 버릴 기미를 결단할 줄 모른다면 또한 어둡고 雜擾함을 면치 못하여 이른바 敬이라는 것이 또한 진정한 敬이 아닐 것이다."

【張伯行 註】此與明道先生之言敬義意同이라 或問敬與義 其用旣不同이면 則二者必有分別而後에 見其不同也라한대 伊川言敬與義原自不同하니 安得無別이리오 敬乃用力字라 是吾身心을 本當斂束이니 持己之道則然耳요 義則

凡事에 原有是非하니 吾心處之에 便知有是有非하야 順乎至是之理而行이 是乃所以爲義也라 若只守一箇敬字하야 以爲學問之道已盡이라하고 不知去事上更用集義工夫하면 則是身心間에 都無一事니 何所著落이리오 不將與致虛守寂者等乎아 學者當早辨之니라

이는 明道先生이 말씀한 敬·義와 뜻이 같다. 或者가 묻기를 "敬과 義가 그 쓰임이 이미 같지 않다면 두 가지가 반드시 분별함이 있은 뒤에 그 같지 않음을 볼 수 있습니다." 하자, 伊川이 다음과 같이 말씀하였다. "敬과 義가 원래 같지 않으니 어찌 구별이 없겠는가. 敬은 바로 힘을 쓰는 글자이니, 자신의 몸과 마음을 본래 마땅히 검속해야 하는 바, 자기 몸을 지키는 道가 그러한 것이요, 義는 모든 일에 원래 옳고 그름이 있으니, 내 마음이 일을 대처할 적에 옳고 그름이 있음을 알아서 지극히 옳은 이치를 따라 행하는 것이 바로 義를 하는 것이다. 만약 단지 하나의 敬字만을 지켜서 學問의 道가 이미 극진하다고 여기고 事物上에 나아가 다시 集義工夫를 할 줄 모른다면 이는 몸과 마음 사이에 전혀 한 가지 일도 함이 없는 것이니, 어디에 귀착되겠는가. 장차 虛함을 지극히 하고 고요함을 지키는 자와 같아지지 않겠는가. 배우는 자가 마땅히 일찍 분변해야 한다.

1 【漢文大系】塊然 : 漢書顔師古注에 塊然은 獨處之意니 如土塊也라

《漢書》顔師古의 注에 "塊然은 홀로 거처하는 뜻이니 흙덩이와 같다." 하였다.

2 【釋疑】集義 只是事事求箇是而已 : 朱子曰 南軒曰 集義는 只是事事求箇是而已라하니 此則說窮理요 未說到集義라 程子所謂知有是非하야 順理而行이 可謂縝密이니라

朱子가 말씀하였다. "南軒은 '集義는 단지 일마다 옳음을 구하는 것일 뿐이다.' 하였으니, 이는 窮理만 말하고 集義를 말하지 않은 것이다. 程子의 이른바 '옳고 그름이 있음을 알아서 이치를 따라 행한다.'고 하신 것이 치밀하다고 할 수 있다."

**61-2 且如欲爲孝인댄 不成[1]只守著一箇孝字라 須是知所以爲孝之道하야 所以侍奉을 當如何며 溫凊[2]을 當如何니 然後에 能盡孝道也니라**

우선 孝道를 하려 한다면, 다만 하나의 孝字만을 지키면 된다는 것은 말이 되지 않는다. 모름지기 효도하는 方道를 알아서 侍奉하기를 마땅히 어떻게 해야 하며, 溫凊(겨울에 따뜻하게 하고 여름에 시원하게 함)하기를 마땅히 어떻게 해야 하는가를 알아야 하니, 그러한 뒤에야 효도를 다할 수 있는 것이다."

言此以明集義之道 必有事焉者也라

이것을 말씀하여 集義하는 道가 반드시 일삼음이 있어야 함을 밝힌 것이다.

**1** 【釋疑】不成 : 退溪曰 指下之不得如此而言也라

退溪가 말씀하였다. "아랫글에 말한 것과 같이 할 수 없음을 가리켜 말씀한 것이다."

**2** 【漢文大系】溫凊 : 禮記曲禮篇曰 凡爲人子之禮는 冬溫而夏凊이라하니라

《禮記》〈曲禮〉에 이르기를 "무릇 人子가 된 자의 禮는 겨울에는 어버이를 따뜻하게 해드리고 여름에는 시원하게 해드린다." 하였다.

**62. 學者須是務實이요 不要近名이라야 方是니 有意近名이면 則是僞也라 大本이 已失이니 更學何事리오 爲名與爲利 淸濁이 雖不同이나 然其利心則一也니라**

〈伊川先生이 말씀하였다.〉

"배우는 자들은 모름지기 실제(진실)를 힘쓸 것이요 명예를 가까이 하고자 하지 말아야 비로소 옳으니, 명예를 가까이 함에 뜻이 있으면 이는 거짓이다. 큰 根本을 이미 잃었으니, 다시 무슨 일을 배우겠는가. 명예를 위함과 이익을 위함은 淸濁이 비록 똑같지 않으나 그 이로우려는 마음은 똑같다."

志於求名이면 則非務實이요 有爲而爲니 卽是利心이니라

명예를 구함에 뜻을 두면 실제를 힘쓰는 것이 아니요 위함이 있어서 하는 것이니, 곧 이것이 이로우려는 마음이다.

**63. 回也其心三月不違仁**은 **只是無纖毫私意**니 **有少私意**면 **便是不仁**이니라

〈明道先生이 말씀하였다.〉

"顔回가 그 마음이 3개월 동안 仁을 떠나지 않았던 것은 다만 털끝만한 私意가 없어서이니, 조금이라도 私意가 있다면 곧 仁하지 못한 것이다."

仁者는 天理之公이요 心德之全也니 有一毫私意介乎其間이면 則害乎仁之全體矣리라

仁은 天理의 公正함이고 心德의 온전함이니, 털끝만큼이라도 私意가 그 사이에 끼어 있다면 仁의 全體를 해칠 것이다.

**64. 仁者**는 **先難後獲**[12]이니 **有爲而作**은 **皆先獲也**라 **古人**은 **惟知爲仁而已**러니 **今人**은 **皆先獲也**니라

〈明道先生이 말씀하였다.〉

"仁한 자는 어려운 일을 먼저하고 얻음을 뒤로 하니, 위함이(목적하는 바가) 있어서 하는 것은 모두 얻음을 먼저하는 것이다. 옛사람들은 오직 仁을 행하는 것만 알 뿐이었는데, 지금 사람들은 모두 얻음을 먼저 한다."

說見論語라 後는 猶未有義而後其君之後라 先難者는 存心之篤而不容一念之或間이요 克己之力而不容一事之非禮며 後獲者는 順乎天理而未嘗謀其私요 發乎誠心而未嘗計其效니 此仁者之事也라 或曰 智者利仁[3]은 是亦先獲也라하니 曰 所謂利仁者는 以其察之明而後行之決이니 蓋擇善而

**固執之者也**라 **未若仁者**의 **安行乎天理之自然而已**나 **又豈區區計功謀效者之爲哉**아 **萌計謀之私**면 **則已非仁矣**니 **尙何利仁之有**리오

내용이 《論語》에 보인다. 後는 '의롭고서 그 임금을 뒤로 하는 이가 있지 않다.'는 後字와 같다. '어려운 일을 먼저한다.'는 것은 마음을 두기를 독실히 하여 한 생각이라도 혹 間斷함을 용납하지 않고 자신의 私慾을 이기기를 힘써 한 가지 일이라도 禮가 아닌 것을 용납하지 않는 것이며, 얻음을 뒤로 한다는 것은 天理를 따라 일찍이 사사로움을 도모하지 않고 誠心에서 나와 일찍이 그 功效를 계산하지 않는 것이니, 이는 仁者의 일이다.

혹자가 말하기를 "지혜로운 자는 仁을 이롭게 여긴다〔智者利仁〕는 것도 얻음을 먼저하는 것입니다."라고 하자, 다음과 같이 말씀하였다.

"이른바 利仁이란 것은 살피기를 분명히 한 뒤에 행하기를 결단성 있게 하는 것이니, 善을 택하여 굳게 지키는 자이다. 仁者가 天理의 自然을 편안히 행할 뿐인 것만은 못하나, 또 어찌 구구하게 功效를 계산하고 도모하는 자의 행위이겠는가. 만일 功效를 계산하고 도모하는 私心이 싹튼다면 이미 仁이 아니니, 오히려 어찌 仁을 이롭게 여김이 있겠는가."

**1** **【漢文大系】先難後獲 : 論語雍也篇**에 **樊遲問仁**한대 **子曰 仁者**는 **先難而後獲**이니 **可謂仁矣**라하시니라

《論語》〈雍也〉에 樊遲가 仁에 대해서 묻자, 孔子께서 대답하시기를 "仁한 자는 어려운 일을 먼저 하고 얻음을 뒤로 하니, 이렇게 하면 仁이라고 이를 수 있다." 하셨다.

**2** **【釋疑】先難後獲 : 論語本註曰 先其事之所難而後其效之所得**은 **仁者之心也**라 **朱子曰 董子所謂仁人者**는 **正其誼**하고 **不謀其利**하며 **明其道**하고 **不計其功**이 **正謂此也**니라

《論語》의 本註에 "그 일에 어려운 바를 먼저하고 얻는 바의 효험을 뒤로 함은 仁者의 마음이다." 하였다. 朱子가 말씀하였다. "董子의 이른바 '仁人은 誼를 바르게 하고 이익을 도모하지 않으며, 道를 밝히고 功을 계산하지 않는다.'는 것이 바로 이것이다."

**3** **【釋疑】智者利仁 : 論語本註曰 利**는 **猶貪也**니 **蓋深知篤好**하야 **而必欲得之也**라하니라

《論語》의 本註에 "利는 貪과 같으니, 깊이 알고 돈독히 좋아하여 반드시 얻고자 하는 것이다." 하였다.

**65. 有求爲聖人之志然後**에 **可與共學**이요 **學而善思然後**에 **可與適道**요 **思而有所得則可與立**이요 **立而化之則可與權**[12]이니라

〈伊川先生이 말씀하였다.〉

"聖人이 되려고 하는 뜻이 있은 뒤에야 더불어 함께 배울 수 있고, 배워서 생각을 잘한 뒤에야 더불어 道에 나갈 수 있고, 생각하여 얻은 바가 있으면 더불어 설 수 있고, 서서 化하면 더불어 權道(때에 따라 마땅하게 함)를 행할 수 있는 것이다."

**說見論語**라 **學者**는 **所以學爲聖人也**니 **有志希聖然後**에 **可與共學**이요 **學原於思**하니 **善於致思然後**에 **能通乎道**요 **思而有實得然後**에 **可與立而物欲異端**이 **不能奪之**요 **旣立矣**요 **又能通變而不滯**라야 **斯可與權**이라 **蓋權者**는 **隨時制宜**하야 **唯變所適**이니 **又非執一者所能與也**니라

내용이 《論語》에 보인다. 배운다는 것은 聖人이 됨을 배우는 것이니, 聖人을 바라는 뜻이 있은 뒤에야 더불어 함께 배울 수 있고, 배움은 생각에 근원하니 생각을 다하기를 잘한 뒤에야 道를 통달할 수 있고, 생각하여 실제 얻음이 있은 뒤에야 더불어 서서 物慾과 異端이 빼앗지 못하고, 이미 서고 또 능히 변통하여 막히지 않아야 더불어 權道를 행할 수 있는 것이다. 權은 때에 따라 마땅하게 하여 오직 변화에 適應하는 것이니, 또 한 가지만을 지키는 자가 참여할 수 있는 것이 아니다.

**1** **【漢文大系】有求爲聖人之志……可與權：論語子罕篇**에 **子曰 可與共學**이오도 **未可與適道**며 **可與適道**오도 **未可與立**이며 **可與立**이오도 **未可與權**이라하니라

《論語》〈子罕〉에 孔子께서 말씀하시기를 "더불어 함께 배울 수는 있어도 함께 道에 나아갈 수는 없으며, 더불어 道에 나아갈 수는 있어도 더불어 설 수는 없으며, 더불어 설 수는 있어도 더불어 權道를 행할 수는 없다." 하셨다.

2 【釋疑】有求爲聖人之志……可與權：論語註曰 可與者는 言其可與共爲此事也라 權은 稱錘也니 所以稱物而知輕重者也니 可與權은 爲能權輕重하야 使合義也라 楊氏曰 信道篤然後에 可與立이요 知時措之宜然後에 可與權이니라 ○ 朱子曰 立은 是見得那正當道理分明了하야 不爲事物所遷惑이니 可與立者는 能處置得常事요 可與權者는 能處置得變事니라

《論語》의 註에 다음과 같이 말하였다. "可與는 함께 이 일을 할 수 있음을 말한다. 權은 저울과 저울추이니, 물건을 달아 輕重을 아는 것인 바, 더불어 權道를 행할 수 있다는 것은 일의 輕重을 저울질하여 義에 합하게 하는 것이다. 楊氏가 말하기를 '道에 대한 믿음이 독실한 뒤에야 더불어 설 수가 있고, 時宜適切하게 조처할 줄 안 뒤에야 더불어 權道를 행할 수 있다.' 하였다."

○ 朱子가 말씀하였다. "立은 정당한 도리를 분명히 보아서 事物에게 옮겨지거나 현혹당하지 않는 것이니, 더불어 설 수 있다는 것은 평상적인 일을 처치할 수 있는 것이요, 더불어 權道를 행할 수 있다는 것은 평상적이지 않은 일을 처치할 수 있는 것이다.

**66. 古之學者는 爲己하야 其終에 至於成物이러니 今之學者는 爲物[12]하야 其終에 至於喪己니라**

〈伊川先生이 말씀하였다.〉

"옛날에 배우는 자들은 자신을 위하여 종말에는 남을 이루어 주는 데에 이르렀는데, 지금에 배우는 자들은 남을 위하여 종말에는 자신을 잃는 데에 이른다."

爲己者는 盡吾性之當然이요 非有預於人也로되 其終에 至於成物者는 蓋道本無外하야 人己一致하야 能盡己之性이면 則能盡物之性矣라 然其成物也亦無非盡己之事也라 苟徒務外면 則將陷於邪僞하야 反害其性矣리라

자신을 위하는 자는 자신의 性의 당연함을 다하고 남에게 관여함이 있지 않으나 종말에 남을 이루어 줌에 이르니, 이는 道가 본래 밖이 없어 남과 내가 한 이치여서 자신의 性을 다하면 남의 性을 다할 수 있기 때문이다. 그러나 남을 이루어 줌은 또한 모두 자신을 다하는 일이다. 만약 한갓 외면만을

힘쓴다면 장차 간사함과 거짓에 빠져서 도리어 本性을 해칠 것이다.

1 【漢文大系】古之學者……今之學者爲物 : 論語憲問篇曰 古之學者는 爲己러니 今之學者는 爲人이라하니라 ○ 欄外書曰 不曰人而曰物하니 物은 是凡外物이니 包人亦在內니라

《論語》〈憲問〉에 이르기를 "옛날에 배우는 자들은 자신을 위하였는데 지금에 배우는 자들은 남을 위한다." 하였다.

○《欄外書》에 말하였다. "사람이라고 말하지 않고 物이라고 말했는데, 物은 바로 모든 外物이니, 사람도 포함하여 또한 이 안에 들어 있다."

2 【釋疑】今之學者爲物 : 按 論語本註에 物作人하니라

살펴보건대 《論語》의 本註에는 物이 人으로 되어 있다.

**67. 君子之學은 必日新[1]하니 日新者는 日進也요 不日新者는 必日退하나니 未有不進而不退者라 唯聖人之道는 無所進退하니 以其所造者極也일새니라**

〈伊川先生이 말씀하였다.〉

"君子의 學問은 반드시 날로 새로워야 한다. 날로 새로운 자는 날로 진전하고 날로 새롭지 못한 자는 반드시 날로 후퇴하니, 진전하지도 않고 후퇴하지도 않는 자는 있지 않다. 오직 聖人의 道는 진전하고 후퇴하는 바가 없으니, 이는 나아간 바가 極에 도달하였기 때문이다."

君子之學은 當日進而不已니 一或自止면 則智日昏而行日虧矣라 唯聖人은 理造乎極하고 行抵乎成하니 則無所進退니라 或曰 聖人純亦不已하시니 固未嘗不日新也니이다 曰 論其心則固無時而自已하니 一念之或已면 則是間斷也니 何以爲聖人이리오 論其進德之地[2]하면 則至於神聖而極이니 不容有所加損也니라

君子의 學問은 마땅히 날로 진전하고 그치지 않아야 하니, 한 번이라도 혹 스스로 멈추면 지혜가 날로 어두워지고 행실이 날로 이지러진다. 오직 聖

人은 이치가 極에 나아가고 행실이 완성에 이르렀으니, 전진하고 후퇴하는 바가 없는 것이다.

혹자가 말하기를 "聖人은 순수함이 또한 그치지 않으시니, 진실로 일찍이 날로 새롭지 않은 것이 아닙니다." 하자, 다음과 같이 대답하였다.

"그 마음을 논한다면 진실로 스스로 그칠 때가 없으니, 한 생각이 혹시라도 그치면 이는 間斷함이니, 어찌 聖人이 될 수 있겠는가. 〈그러나〉 進德의 경지를 논한다면 神聖함에 이르러 지극하니, 加減하는 바가 있을 수 없는 것이다."

**1** 【漢文大系】君子之學 必日新 : 大學曰 苟日新이어든 日日新하고 又日新이라하니라
《大學》에 이르기를 "진실로 어느날 새롭거든 나날이 새롭고, 또 날로 새로워야 한다." 하였다.

**2** 【釋疑】行抵乎成……進德之地 : 按 兩語는 言賢人則可커니와 語聖人則不可니라
살펴보건대 위의 두 말은 賢人을 말한 것이라면 괜찮지만 聖人을 말한 것이라면 불가하다.

## 68. 明道先生曰 性靜者 可以爲學[1]이니라 〈外書 下同〉

〈明道先生이 말씀하였다.〉

"성품이 고요한 자가 學問을 할 수 있다." 〈《程氏外書》에 보인다. 이하도 같다.〉

智以靜而明이요 行以靜爲主니라

지혜는 고요함으로 인하여 밝아지고, 행실은 고요함을 위주로 한다.

**1** 【漢文大系】明道先生曰……可以爲學 : 欄外書曰 爲學에 性浮躁者는 不篤이요 唯沈靜者可以深造之라 故雖在浮躁者라도 亦須克己以養靜이면 則足以爲學矣라 諸葛武侯曰 學은 須靜也라하니 就工夫言이니라
《欄外書》에 말하였다. "학문을 함에 성품이 들뜨고 조급한 자는 독실하지 못하고, 오직 침착하고 고요한 자만이 깊이 나아갈 수 있다. 그러므로 비록 들뜨고 조급한 자라도 모름지기 克己하여 고요함을 기르면 충분히 학문을 할 수 있

는 것이다. 諸葛武侯(諸葛亮)가 말하기를 '배움은 모름지기 고요해야 한다.' 하였으니, 공부를 가지고 말한 것이다."

## 69. 弘而不毅則無規矩요 毅而不弘則隘陋니라

〈明道先生이 말씀하였다.〉

"마음이 크기만 하고 굳세지 않으면 規矩(법도)가 없고, 굳세기만 하고 크지 않으면 좁고 누추하다."

說見前이라

내용이 앞에 보인다.

## 70. 知性善하고 以忠信爲本이면 此先立其大者[1]니라

〈明道先生이 말씀하였다.〉

"性善을 알고 忠信을 근본으로 삼으면 이것이 먼저 그 큰 것을 확립하는 것이다."

學莫大於知性하니 眞知性之本善이면 則知之大者요 忠信以爲質然後에 禮義有所措니 以忠信爲本이면 則行之大者니라

學問은 性을 아는 것보다 더 큰 것이 없으니, 性이 본래 善함을 참으로 안다면 아는 것이 큰 것이요, 忠信을 바탕으로 삼은 뒤에 禮義를 둘 곳이 있으니, 忠信을 근본으로 삼는다면 행실이 큰 것이다.

1 【漢文大系】知性善……此先立其大者 : 論語曰 主忠信이라하니라
《論語》〈學而〉에 "忠信을 주장한다." 하였다.

## 71. 伊川先生曰 人安重則學堅固[12]니라

伊川先生이 말씀하였다.

"사람이 편안하고 重厚하면 學問이 견고해진다."

**躁擾輕浮**면 **則所知者易忘**이요 **所守者易隳**(휴)[3]니라

조급하고 경박하면 아는 것을 잊기 쉽고 지키는 것이 무너지기 쉽다.

1 【漢文大系】人安重則學堅固：論語學而篇曰 君子不重則不威니 學則不固라하니라

《論語》〈學而〉에 "군자가 厚重하지 않으면 威嚴이 없으니, 배움도 견고하지 못하다." 하였다.

2 【釋疑】人安重則學堅固：按 論語에 君子不重則不威라하니 本註에 輕乎外者는 必不能堅乎內라 故로 所學이 亦不堅固也라하니라

살펴보건대 《論語》에 "君子가 厚重하지 않으면 위엄이 없다." 하였는데, 本註에 "외면에 가벼운 자는 반드시 內面에 堅實하지 못하다. 그러므로 배우는 바도 또한 견고하지 못하다." 하였다.

3 【釋疑】隳：與墮(휴)同하니 毁也라

隳는 墮와 같으니, 훼손함이다.

## 72. 博學之, 審問之, 愼思之, 明辨之, 篤行之五者에 廢其一이면 非學也니라

〈伊川先生이 말씀하였다.〉

"널리 배우고 자세히 묻고 신중히 생각하고 밝게 분별하고 독실히 행하는 다섯 가지 중에 하나라도 버리면 學問이 아니다."

**說見中庸**이라 **學不博則無以備事物之理**니 **旣博矣則不能無疑**요 **疑則不容不問**이요 **問或疎略而不審**이면 **則無以決疑而取正**이라 **問審矣**요 **又必反之心思**하야 **以驗其實**이니 **思之而不謹**이면 **則或泛濫而不切**하고 **或穿鑿而過深**하리니 **則亦不足以揆所聞之當否**라 **思之謹矣**요 **至於應酬事物之際而辨其是非疑似之間者 必極其明**하야 **而不容有毫釐之差焉**이라 **然知之明**이라도 **行之不力**이면 **則其所已知者 猶或奪於物欲之私**하야 **而陷於自欺之域矣**라 **故以力行終之**하니 **此五者 雖有次第**나 **實相須而進**이요 **不容闕其一 焉**이니라

내용이 《中庸》에 보인다. 배움이 넓지 않으면 사물의 이치를 구비할 수가 없다. 배움이 넓으면 의심이 없을 수 없고, 의심스러우면 묻지 않을 수 없고, 물음이 혹 소략하여 살피지 못하면 의심을 결단하여 바름을 취할 수가 없다. 그러므로 묻기를 자세히 하는 것이며, 또 반드시 마음과 생각에 돌이켜서 그 실제를 징험하여야 한다. 생각하기를 신중히 하지 않으면 혹 범람하여 간절하지 못하고 혹 穿鑿하여 지나치게 깊을 것이니, 또한 들은 바의 마땅하고 마땅하지 않음을 헤아리지 못한다. 그러므로 생각하기를 신중히 하는 것이며, 사물을 應酬할 때에 是非와 疑似의 사이를 분별하는 것이 반드시 밝음을 극진히 하여 털끝만한 어그러짐도 있어서는 안 된다. 그러나 아는 것이 분명하더라도 행하기를 힘쓰지 않으면 이미 알고 있는 것을 오히려 혹 物慾의 사사로움에 빼앗겨서 스스로 속이는 지경에 빠진다. 그러므로 力行으로 끝마친 것이니, 이 다섯 가지는 비록 차례가 있으나 진실로 서로 필요로 하여 나아가는 것이요, 한 가지도 빼놓을 수가 없다.

【張伯行 註】此卽中庸所謂誠之之目也라 五者는 有實義하고 有實功하고 有次第하고 有緩急이라 如人不可不學하고 不可不問하고 不可不思하고 不可不辨하고 不可不行이니 此實義也요 學必博하고 問必審하고 思必愼하고 辨必明하고 行必篤이니 此實功也요 乃學然後問하고 問然後思하고 思然後辨하고 辨然後行하니 則有次第也요 若學問思辨은 在先하고 篤行은 在後하니 當其始則以學問思辨으로 爲從入之門하고 及其終則以行之篤으로 爲歸宿之地하니 則又其緩急處也라 古今爲學工夫 不能出此五者라 故曰廢其一이면 非學也라하니라

이는 바로 《中庸》에서 말한 성실히 한다는 조목이다. 이 다섯 가지는 실제의 뜻이 있고 실제의 공부가 있고 차례가 있고 緩急이 있다. 예컨대 사람은 배우지 않을 수 없고 묻지 않을 수 없고 생각하지 않을 수 없고 분변하지 않을 수 없고 행하지 않을 수 없으니 이는 실제의 뜻이요, 배움을 반드시 넓게 하고 묻기를 반드시 상세히 하고 생각함을 반드시 삼가고 분변하기를 반드시 분명히 하고 행함을 반드시 독실히 하여야 하니 이는 실제의 공부요, 그

리고 배운 뒤에 묻고 물은 뒤에 생각하고 생각한 뒤에 분변하고 분변한 뒤에 행하니 이는 차례가 있는 것이요, 또 學·問·思·辨은 앞에 있고 篤行은 뒤에 있으니, 처음에는 學·問·思·辨을 들어가는 문으로 삼고, 종말에 이르러서는 행실을 독실히 하는 것을 歸宿하는 곳으로 삼아야 하는 바, 이는 또 그 緩急의 곳이다. 古今에 학문하는 공부가 이 다섯 가지를 벗어나지 않는다. 그러므로 "한 가지라도 버리면 학문이 아니다."라고 한 것이다.

**73. 張思叔[1]이 請問할새 其論이 或太高어늘 伊川不答하시고 良久曰 累高는 必自下니라**

張思叔이 물을 적에 그 의논이 혹 너무 높자, 伊川先生은 답하지 않고 한동안 계시다가 말씀하기를 "많이 쌓아 높아짐은 반드시 아래로부터 시작하는 것이다." 하였다.

張繹의 字思叔이니 程子門人也라 學必有序하야 不容躐等하니 積累而高는 必自下始니라

張繹의 字가 思叔이니 程子의 門人이다. 배움은 반드시 차례가 있어서 등급을 건너뜀을 용납하지 않으니, 많이 쌓아 높아짐은 반드시 아래로부터 시작하는 것이다.

1 【釋疑】張思叔 : 按 淵源錄에 河南壽安人이니 伊川門人이라
살펴보건대 《淵源錄》에 "河南의 壽安 사람이니, 伊川의 門人이다." 하였다.

**74. 明道先生曰 人之爲學에 忌先立標準이니 若循循不已면 自有所至矣니라**

明道先生이 말씀하였다.

"사람들이 학문을 함에는 먼저 標準을 세우는 것을 꺼리니, 만약 순서를 따라 나아가고 그치지 않는다면 저절로 이르는 바가 있게 된다."

**標幟準的**은 **蓋期望之地也**라 **爲學而先立標準**이면 **則必有好高躐等之患**이라 **故莫若循序而進**하야 **孶孶不已**면 **自有所至**니라 ○ **朱子曰 此**는 **如必有事焉而勿正之謂**니 **觀顔子喟然之歎**이 **不於高堅瞻忽處用功**하고 **却就博文約禮**[1] **上進步**하면 **則可見矣**리라

標幟(표치)와 準的은 期望(기대)하는 곳이다. 學問을 하면서 먼저 標準을 세우면 반드시 높은 것을 좋아하고 등급을 건너뛰는 병통이 있다. 그러므로 순서를 따라 나아가서 부지런히 힘쓰고 그치지 않으면 저절로 이르는 바가 있는 것만 못한 것이다.

○ 朱子가 말씀하였다.

"이는 '반드시 일삼음이 있으나 미리 효과를 기대하지 말라.'는 말과 같으니, 顔子의 喟然의 歎息이 高堅·瞻忽의 곳에 공부를 쓰지 않고 博文·約禮上에 나아가 進步한 것을 보면 알 것이다."

1 【譯註】顔子喟然之歎……却就博文約禮 : 高堅은 '仰之彌高 鑽之彌堅(우러러볼수록 더욱 높고 뚫을수록 더욱 견고함)'을 축약한 것이고 瞻忽은 '瞻之在前 忽焉在後(바라보면 앞에 있는가 싶더니 홀연히 뒤에 있음)'를 축약한 것이며, 博文·約禮는 '博我以文 約我以禮(文으로써 나의 지식을 넓혀 주시고 禮로써 나의 행동을 요약하게 해 주심)'를 축약한 것으로《論語》〈子罕〉에 보인다.

## 75. 尹彦明이 見伊川後半年에 方得大學西銘看[1]하니라

尹彦明이 伊川을 뵌 지 반년이 지난 뒤에야 비로소《大學》과〈西銘〉을 보았다.

**尹焞**(돈)의 **字彦明**이니 **程子門人也**라 **始學之士 未知嚮(向)方**일새 **敎之以大學**하야 **使其知入道之門, 進學之序也**라 **然學莫大於求仁**하니 **繼之以西銘**은 **所以使其知仁之體而無私己之蔽也**라 **然有待於半年之後者**는 **蓋欲其厚積誠意**하고 **蠲除氣習**하야 **以爲學問根本也**니라

尹焞의 字가 彦明이니 程子의 門人이다. 처음 배우는 선비는 向方을 알지 못하므로《大學》을 가르쳐서 道에 들어가는 문과 學問에 나아가는 순서

를 알게 한 것이다. 그러나 學問은 仁을 구하는 것보다 더 큰 것이 없으니, 〈西銘〉으로 뒤를 이음은 仁의 體를 알아서 私己의 가리움이 없게 한 것이다. 그러나 반년 뒤를 기다린 것은 誠意를 많이 쌓고 氣習을 제거하여 學問하는 根本을 삼게 하고자 한 것이다.

1 【釋疑】見伊川後半年 方得大學西銘看 : 沙溪曰 此與大學讀法의 朱子說不同하니 此謂厚積誠意하야 半年之後에 始讀大學西銘이요 讀法則謂讀大學西銘이 至於半年之久니라

沙溪가 말씀하였다. "이는 〈大學讀法〉에 나오는 朱子의 말씀과 같지 않으니, 여기서는 誠意를 많이 쌓아 반 년이 지난 뒤에야 비로소 《大學》과 〈西銘〉을 읽었음을 말한 것이고, 〈大學讀法〉에서는 《大學》과 〈西銘〉을 읽기를 반 년에 이를 정도로 오래하였음을 말한 것이다."

**76. 有人이 說無心한대 伊川曰 無心은 便不是니 只當云 無私心[1]이니라**

어떤 사람이 無心해야 한다고 말하자, 伊川은 다음과 같이 말씀하였다. "無心은 옳지 않으니, 다만 私心이 없어야 한다고 말해야 한다."

**苟欲無心이면 則必一切絶滅思慮하야 槁木死灰而後可니 豈理也哉아 故聖賢이 未嘗無心이요 特是心之所存所用者 無非本天理之公[2]而絶乎人欲之私耳니라**

만일 無心하고자 한다면 반드시 思慮를 일체 끊어 없애어 마른 나무와 꺼진 재처럼 된 뒤에야 가할 것이니, 어찌 이치이겠는가. 그러므로 聖賢은 일찍이 無心한 적이 없고 다만 마음에 두는 바와 쓰는 바가 天理의 公 아님이 없어서 人慾의 私를 끊는 것이다.

1 【釋疑】無私心 : 按 無字를 恐不可下於初學이니 不如去字之穩이니라

살펴보건대 無字를 初學에 놓을 수 없을 듯하니, 去字가 더 온당할 듯하다.

2 【釋疑】本天理之公 : 按 本字剩이라

살펴보건대 本字는 불필요한 글자이다.

**77. 謝顯道見伊川한대 伊川曰 近日事如何오 對曰 天下何思何慮리잇고 伊川曰 是則是有此理어니와 賢却發得太早在라하시니 伊川이 直是會鍛煉得人이라 說了에 又道恰好著工夫也로다**

## 77-1 謝顯道見伊川한대

謝顯道(謝良佐)가 伊川을 뵙자

一本作伯淳이라

一本에는 伊川이 伯淳(明道)으로 되어 있다.

## 77-2 伊川曰 近日事如何오 對曰 天下何思何慮리잇고 伊川曰 是則是有此理어니와 賢却發得太早在라하시니

伊川이 "近日에 무슨 일을 하는가?" 하고 묻자, 대답하기를 "천하에 무엇을 생각하고 무엇을 염려할 것이 있겠습니까?" 하였다. 伊川은 말씀하기를 "이것이 이러한 이치가 있으나 그대가 發說하기를 너무 일찍한다." 하셨으니,

至誠之道 不思而得[1]하니 初何容心이리오 然未能義精仁熟[2]而遽欲坐忘絶念이면 此告子之不動心[3]而反爲心害者也니라

至誠의 道는 생각하지 않고 저절로 터득하니, 애당초 어찌 마음 씀을 용납하겠는가. 그러나 義가 정밀하고 仁이 익숙하지 못하면서 대번에 앉아서 잊고 생각을 끊고자 한다면 이는 告子의 不動心이어서 도리어 마음에 害가 된다.

1 【釋疑】至誠之道 不思而得 : 中庸이라 按 中庸本意는 言其聖人之德이 眞實無妄하야 不待思而得也요 此는 就知上하야 說何思何慮하야 言順理自然하야 不費思慮云爾니 意相不同이라

'至誠之道 不思而得'은《中庸》에 보인다. 살펴보건대《中庸》의 本意는 聖人의 德이 진실하고 망령됨이 없어서 생각하기를 기다리지 않고 앎을 말한 것이요, 이것은 知上에 나아가 何思何慮를 말하여 이치의 자연함을 따라 思慮를 허비하지 않음을 말한 것이니, 뜻이 서로 같지 않다.

**2** 【譯註】義精仁熟 : 義精은 義理를 정밀하게 연구하는 것으로 知에 속하고 仁熟은 仁을 익숙하게 행하는 것으로 行에 속한다.

**3** 【釋疑】告子之不動心 : **孟子**라 **按 不動心**을 **朱子謂於言**에 **有所不達**이면 **則當舍置其言**하야 **而不必反求其理於心**이요 **於心**에 **有所不安**이면 **則當力制其心**하야 **而不必更求其助於氣**라하시니 **此與司馬子微之坐忘**으로 **不同矣**어늘 **葉氏渾而言之**[1]하니 **不可不辨**이니라

不動心은《孟子》에 보인다. 살펴보건대 告子의 不動心을 朱子는 "말에 통달하지 못하는 것이 있으면 마땅히 그 말을 버려두어 굳이 마음에 그 이치를 돌이켜 찾을 것이 없으며, 마음에 편안하지 못한 것이 있으면 마땅히 그 마음을 힘써 제재해서 굳이 기운에 도움을 구할 것이 없다."고 말씀하였으니, 이는 司馬子微(司馬承禎)의 坐忘과는 같지 않다. 그런데 葉氏가 뒤섞어 말하였으니, 분변하지 않으면 안 된다.

❶ 【譯註】此與司馬子微……渾而言之 : 謝氏가 말한 何思何慮는 司馬子微의 坐忘과 같고 告子의 不動心과는 다른데, 葉采가 이것을 '告子의 不動心'이라 하였으므로 말한 것이다.

## 77-3 伊川이 直是會鍛煉得人이라 說了[1]에 又道恰好著工夫也[2]로다

伊川은 곧바로 사람을 단련시킬 줄을 알았다. 그리하여 이렇게 말씀하고, 또 공부를 잘하도록 말씀한 것이다.

**鍛煉**은 **冶工之治金**이니 **言其善於成治人也**라 **心無紛擾 乃進學之地**라 **故又曰恰好著工夫**라하시니라 ○ **朱子曰 人所患者**는 **不能見得大體**니 **謝氏合下**[3]**便見得**호되 **只是下學之功都欠**이라 **故道恰好著工夫**라하시니라

鍛錬은 冶工이 쇠를 다스리는 것이니, 사람을 성취시키고 다스리기를 잘함을 말한다. 마음이 紛擾함이 없는 것이 바로 學問에 나아가는 터전이므로

또 공부를 잘하도록 하였다고 말한 것이다.

○ 朱子가 말씀하였다.

"사람들이 염려스러운 것은 大體를 보지 못함이니, 謝氏가 合下(원래, 당초)에 이러한 이치를 보았으나 다만 下學의 공부가 전혀 없었다. 그러므로 공부를 잘하도록 말씀하였다고 한 것이다."

**【張伯行 註】此因上文戒顯道之詞**하야 **又詳記伊川一時之語**하야 **以明其善敎也**라 **鍛鍊**은 **猶言陶鑄也**라 **言伊川先生**이 **最能隨時誘人**하야 **旣戒其發言太早**하고 **又欲乘機策其下工夫**일새 **曰恰好著工夫**라 **蓋上蔡亦是涵養得有些端倪**하야 **見得無欲之妙**로되 **但未有著實工夫**하야 **後來**에 **終成捕風捉影**이라 **故戒以輕易自足**하고 **復勉以及時下學**하야 **便能循循向上去**라 **勸戒有加無已如此**하시니 **宜其成就人之速也**로다

이는 윗글의 顯道를 경계한 말씀으로 인하여, 또 伊川이 한때에 한 말씀을 자세히 기록해서 잘 가르치심을 밝힌 것이다. 鍛鍊은 陶鑄라는 말과 같다. 伊川先生이 때에 따라 사람을 誘引하기를 가장 잘하여 發言을 너무 일찍함을 이미 경계하였고, 또 기회를 틈타 공부에 힘쓰게 하고자 하였으므로 "공부를 잘하도록 말씀하였다."고 한 것이다. 上蔡(謝良佐) 또한 이러한 단서를 함양하여 無欲의 妙理를 알았으나 다만 착실한 공부가 없어서 後來에 끝내 바람을 잡고 그림자를 잡는 지경에 이르게 되었다. 그러므로 쉽게 스스로 만족해 함을 경계하였고, 다시 때에 미쳐 아래로 人事를 배움을 힘써서 차례차례 위를 향해 가게 한 것이다. 勸戒가 더함이 있고 그침이 없음이 이와 같았으니, 사람을 속히 성취하게 함이 당연하다 하겠다.

**1** 【譯註】直是會鍛煉得人 說了 :《釋疑》에 尤菴의 按을 보면 '鍛鍊得人說了요'로 句를 떼고 吐를 달아 '사람을 단련시켜 말씀하였고'로 해석해야 할 듯하다.

**2** 【釋疑】伊川曰……恰好著工夫也 : 問以說了로 爲絶句否아 發得太早在는 是恰好着工夫處否아 退溪曰 得人字絶句나 然得字는 粘着鍛鍊說이요 人字는 單擧說爲是라 發得太早處는 非是着工夫요 因是回頭하야 却就平實田地上做活計니 是恰好着工夫處耳니라 ○ 沙溪曰 葉氏는 以何思何慮, 是則是有此理로 爲恰好着工夫하고 朱子는 以發得太早在로 爲恰好着工夫하야 二說이 不同하니 鍛鍊得人說

者는 貼是則是有此理否아 貼發得太早在否아 ○ 按 是有此理어니와 賢却發得太早는 是鍛鍊得人說了者也요 恰好着工夫는 則在其中하니 恐不可以鍛鍊得, 着工夫로 分屬上二句也니라

"說了에서 句를 떼야 합니까? 發得太早在가 바로 공부를 잘하도록 말씀한 곳입니까?" 하고 묻자, 退溪는 다음과 같이 말씀하였다. "得人이라는 글자에서 句를 떼야 한다. 그러나 得字에 鍛鍊을 붙여 말한 것이고, 人字는 단독으로 들어 설명하는 것이 옳다. 發得太早가 공부하는 것이 아니요, 이로 인해 머리를 돌려서 다시 平實한 곳에 나아가 공부하게 한 것이니, 이것이 바로 공부를 잘하도록 한 것〔恰好着工夫〕이다."

○ 沙溪가 말씀하였다. "葉氏는 何思何慮와 是則是有此理를 恰好着工夫로 여겼고, 朱子는 發得太早在를 恰好着工夫로 여겨서 두 말씀이 같지 않다. 鍛鍊得人說이라는 것은 是則是有此理에 해당하는가? 發得太早在에 해당하는가?"

○ 살펴보건대 '是有此理 賢却發得太早'는 사람을 단련시켜 말씀한 것〔鍛鍊得人說了〕이요, 恰好着工夫는 바로 이 가운데 들어 있으니, 鍛鍊得과 着工夫를 가지고 위의 두 句에 나누어 소속시켜서는 안 될 듯하다.

3 【釋疑】合下 : 沙溪曰 猶言當初니 退溪眉巖이 皆訓初하니라

沙溪가 말씀하였다. "合下는 當初란 말과 같으니, 退溪와 眉巖이 모두 初로 풀이하였다."

**78. 謝顯道云 昔에 伯淳敎誨어시늘 只管著[1]他言語러니 伯淳曰 與賢說話는 却似扶醉漢하야 救得一邊이면 倒了一邊하니 只怕人執著一邊[2]이라하시니라**

謝顯道가 말하였다.

"옛날에 伯淳(明道)이 나에게 가르쳐 주실 적에 나는 다만 그 말씀에 집착하였는데, 伯淳이 말씀하기를 '그대와 말하는 것은 다만 술취한 사람을 부축하는 것과 같아서 한쪽을 잡아주면 한쪽으로 쓰러지니, 다만 사람들이 한쪽에 집착할까 두렵다.' 하셨다."

朱子曰 上蔡因有發於明道玩物喪志之一言이라 故其所論이 每每過高하니

如浴沂御風[3], 何思何慮之類 皆是墮於一偏이니라

朱子가 말씀하였다.

"上蔡(謝良佐)가 明道의 玩物喪志라는 한 말씀에 開發됨이 있었다. 그러므로 논한 바가 언제나 지나치게 높았으니, '沂水에서 목욕하고 바람을 쐰다.'는 것과 '무엇을 생각하고 무엇을 염려할 것이 있겠느냐.'는 따위와 같은 것은 모두 한쪽에 떨어진 것이다."

1 【釋疑】管著 : 按 猶主着之意라

살펴보건대 主着(주장하여 의지함)의 뜻과 같다.

2 【釋疑】救得一邊……執着一邊 : 按 戒玩物하면 則溺於過高하니 此救一邊에 倒一邊也라 只怕人執着一邊은 恐人偏執一邊하야 不能自立於中途也라

살펴보건대 玩物을 경계하면 지나치게 높음에 빠지니, 이는 한쪽을 잡아주면 한쪽으로 쓰러지는 것이다. 다만 사람들이 한쪽에 집착할까 두렵다는 것은 사람들이 편벽되이 한쪽을 잡아서 中途에 스스로 서지 못할까 두려워한 것이다.

3 【釋疑】浴沂御風 : 按 此必上蔡語라

살펴보건대 이는 반드시 上蔡가 한 말일 것이다.

**79. 橫渠先生曰 精義入神은 事豫吾內하야 求利吾外也요 利用安身은 素利吾外하야 致養吾內也니라 窮神知化는 乃養盛自至요 非思勉之能强이라 故崇德而外엔 君子未或致知也니라**

## 79-1 橫渠先生曰 精義入神은 事豫吾內하야 求利吾外也요 利用安身은 素利吾外하야 致養吾內也[1]니라

橫渠先生이 말씀하였다.

"精義入神(義理를 정밀하게 연구하여 神妙한 경지에 들어감)은 事理가 나의 內面에 미리 정해져서 나의 外面을 이롭게 하는 것이요, 利用安身(致

用을 순히 하여 몸을 편안히 함)은 본래 나의 外面을 이롭게 하여 나의 內面을 지극히 기르는 것이다.

**說見易繫辭**라 **研精義理**하야 **妙以入神**은 **知之功也**나 **然事理素定於內**면 **則施於外者 無不順**이요 **順於致用**하야 **以安其身**은 **行之功也**나 **然所用**이 **旣順於外**면 **則養於內者益以厚**니 **此**는 **明內外之交養而知行之相資也**니라

내용이 《周易》〈繫辭傳〉에 보인다. 義理를 정밀하게 연구하여 神妙하여 神의 경지에 들어감은 知의 功效이나 事理가 평소(미리) 안에 定해지면 밖에 베푸는 것이 순하지 않음이 없으며, 致用을 순히 하여 몸을 편안히 함은 行의 功效이나 쓰는 바가 이미 밖에 順하면 안에 기르는 바가 더욱 두터워지니, 이는 內·外가 서로 길러주고 知·行이 서로 자뢰함을 밝힌 것이다.

**【張伯行 註】此言內外之交養互發**하야 **以明繫辭所言爲學自然之機也**라 **天下之理 本無內外**라 **故爲學之道 不離屈伸**이라 **易曰 精義入神**이라하니 **乃精於研究義理**하야 **以通乎神妙之極**이니 **可謂屈矣**나 **然凡事斂其精神**하야 **刻入深思**하야 **使義理素定於心**이면 **則推之於身**에 **無不順理而裕**하리니 **如是**는 **乃求利吾外也**라 **伸何如乎**아 **又曰 利用安身**이라하니 **乃利於推行事理**하야 **使吾身各適其所安**이니 **可謂伸矣**나 **然凡事沛然肆應**하야 **從容恬適**이면 **則吾身之德**이 **愈覺光明而日休**리니 **是**는 **所以致養吾內也**니 **無非屈之機也**라 **然則寂守而不足以利用**이면 **是遺外也**니 **非所謂學也**요 **徇物而不足以養心**이면 **是遺內也**니 **亦非所謂學也**니라

이는 內와 外가 서로 길러주고 서로 發明함을 말하여, 〈繫辭傳〉에서 말한 학문하는 自然의 기틀을 밝힌 것이다. 天下의 이치가 본래 內·外의 차이가 없다. 그러므로 학문하는 道가 屈·伸을 떠나지 않는다. 《周易》에 "義理를 정밀하게 연구하여 神妙한 경지에 들어간다." 하였으니, 이는 바로 義理를 연구함을 정밀하게 해서 神妙함의 지극함에 통하는 것이니, 屈이라고 이를 만하다. 그러나 모든 일에 그 精神을 거두어서 심각하게 받아들이고 생각하여 義理가 평소 마음에 정해지게 하면 몸에 미루어 감에 이치를 따라 여유

가 있지 않음이 없을 것이니, 이와 같이 함은 바로 나의 外面을 이롭게 하기를 구하는 것이다. 펴짐이 무엇이 이보다 더하겠는가. 〈繫辭傳〉에 또 "씀을 이롭게 하여 몸을 편안히 한다." 하였으니, 이는 바로 事理를 미루어 행함에 이롭게 해서 내 몸으로 하여금 각기 그 편안한 바에 나아가게 하는 것이니, 伸이라고 이를 만하다. 그러나 모든 일에 沛然히 응하여 여유롭고 편안하여 맞으면 내 몸의 德이 더욱 광명하여 날로 아름다움을 깨달을 것이니, 이는 나의 內面을 기르기를 지극히 하는 것이니, 屈의 기틀이 아님이 없다. 그렇다면 고요히 지키기만 하고 씀을 이롭게 하지 못한다면 이는 밖을 버리는 것이니 이른바 학문이라는 것이 아니요, 사물을 따르기만 하고 마음을 기르지 못하면 이는 안을 버리는 것이니 또한 이른바 학문이라는 것이 아니다.

**1** 【漢文大系】**精義入神……致養吾內也：易繫辭下傳曰 精義入神**은 **以致用也**요 **利用安身**은 **以崇德也**라하니라 ○ **朱子曰 求字似有病**이라 **精義入神**이면 **自然是能利我外**니 **何時待於求**리오 **當云所以利吾外也**니라

《周易》〈繫辭 下傳〉에 "義를 정밀하게 연구하여 神妙한 경지에 들어감은 씀을 지극히 하고자 해서이고, 씀을 이롭게 하고 몸을 편안히 함은 德을 높이기 위해서이다." 하였다.

○ 朱子가 말씀하였다. "求字는 병통이 있는 듯하다. 義를 정밀하게 연구하여 신묘한 경지에 들어가면 자연 나의 밖을 이롭게 할 수 있으니, 어찌 구하기를 기다릴 필요가 있겠는가. 마땅히 '내 밖을 이롭게 한다〔所以利吾外也〕'고 해야 할 것이다."

## 79-2 窮神知化는 乃養盛自至요 非思勉之能强이라 故崇德而外엔 君子未或致知也[1]니라 〈正蒙 下同〉

神妙한 이치를 궁구하고 造化를 아는 것은 바로 기름이 성대하여 저절로 이르는 것이요, 생각하고 힘써서 억지로 할 수 있는 것이 아니다. 그러므로 德을 높이는 것 이외에는 君子가 혹 알려고 하지 않는다." 〈《正蒙》에 보인다. 이하도 같다.〉

**神者**는 **妙萬物而無方**이요 **化者**는 **著萬物而有迹**[2]이라 **窮神知化**는 **蓋窮理盡性**하야 **以至於命**[3]이니 **是則知行交養**하야 **德盛所致**니 **非思之所能得, 勉之所能至者**[4]라 **故君子惟盡力於精義以致其用**하고 **利用以崇其德**이요 **自崇德之外**엔 **則有所不能致其力者**라 **故曰過此以往**은 **未之或知也**라하니라

神은 萬物을 妙하게 하여 일정한 方所가 없고, 化는 萬物에 드러나 자취가 있다. 神妙한 이치를 궁구하고 造化를 아는 것은 이치를 궁구하고 性을 다하여 天命에 이르는 것이니, 이는 知와 行이 서로 길러져서 德이 성대하여 이루어지는 것이니, 생각하여 얻을 수 있고 힘써서 이를 수 있는 것이 아니다. 그러므로 君子는 오직 義를 정밀하게 연구하여 씀을 지극히 하고, 致用을 순히 하여 德을 높임에 힘을 다할 뿐이요, 德을 높이는 것 이외에는 힘을 다할 수 없는 것이다. 그러므로 '이것을 지난 이후(이 이상)로는 혹 알지 못한다.'고 말한 것이다.

**1** 【釋疑】精義入神……未或致知也：按 繫辭曰 精義入神은 以致用也요 利用安身은 以崇德也니 過此以往은 未之或知也라 窮神知化는 德之盛也라하니라 朱子曰 精硏其義하야 至於入神은 屈之至也나 然乃所以爲出而致用之本이요 利其施用하야 無適不安은 信(伸)之極也나 然乃所以爲入而崇德之資니 內外交相養하고 互相發也니라 ○ 朱子曰 橫渠云 陰陽二氣 推行以漸을 謂化요 闔闢不測을 謂神이라하시니 伊川說神化等이 却不似橫渠說得分明이니라 ○ 橫渠曰 一故神이요 兩在故不測이요 兩故化라하니 化는 是逐些子挨將去底니 一日復一日하고 一月復一月하야 節節挨將去하야 便成一年이요 神은 是一箇物事 或在彼하고 或在此하야 當其在陰時엔 全體在陰하고 在陽時엔 全體在陽이라 都只是這一物이 兩處都在하야 不可測故로 謂神이니라

살펴보건대 〈繫辭傳〉에 "精義入神은 씀을 지극히 하려는 것이요, 利用安身은 德을 높이려는 것이니, 이 이상은 혹 알 수 없다. 窮神知化는 德의 성함이다." 하였다. 이에 대하여 朱子가 말씀하였다. "그 義理를 정밀하게 연구하여 入神의 경지에 이름은 굽힘이 지극한 것이나 이는 바로 나가서 씀을 지극히 하는 근본이요, 施用을 이롭게 하여 가는 곳마다 편안하지 않음이 없음은 폄이 지극한 것이나 이는 바로 들어가서 德을 높이는 자료가 되니, 內와 外가 서로 길러주고 서로 發明하는 것이다."

○ 朱子가 말씀하였다. "橫渠가 '陰陽 두 氣가 미루어 행하여 점점함을 化라

이르고, 열리고 닫혀 측량할 수 없음을 神이라 한다.' 하였으니, 伊川이 神과 化 등을 설명한 것은 橫渠의 말씀처럼 분명하지 못하다."

○ 橫渠가 말씀하기를 "한결같기 때문에 신묘하고, 두 가지에 모두 있기 때문에 측량할 수 없고, 두 가지이기 때문에 化하다." 하였으니, 化는 작은 것을 따라 미루어 가는 것이니, 하루를 하고 또다시 하루를 하며 한 달을 하고 또다시 한 달을 하여 節節이 미루어 가서 곧 1년을 이루는 것이요, 神은 하나의 사물이 혹 저기에도 있고 혹 여기에도 있어서, 陰에 있을 때를 당해서는 전체가 陰에 있고 陽에 있을 때를 당해서는 전체가 陽에 있는 것이다. 그리하여 모두 다만 이 한 물건이 〈陰과 陽〉 두 곳에 모두 있어 측량할 수 없으므로 神이라 한 것이다.

**2** **【釋疑】著萬物而有迹 : 按 化固有迹**이나 **然語意似陡**하니 **如曰變萬物而有漸**이라하면 **則如何**오

살펴보건대 化는 진실로 자취가 있으나 말뜻이 너무 동떨어진 듯하니, 만일 '만물을 변화함에 점점함이 있다.'고 하면 어떨지 모르겠다.

**3** **【釋疑】窮理盡性 以至於命 : 說卦**라 **朱子曰 窮天下之理**하고 **盡人物之性**하야 **而合於天道**니 **此聖人作易之極功也**라

窮理盡性 以至於命은 〈說卦〉에 보인다. 朱子가 말씀하였다. "天下의 이치를 다하고 人·物의 性을 다하여 天道에 부합하는 것이니, 이는 聖人이 易을 지은 지극한 공이다."

**4** **【釋疑】非思之所能得 勉之所能至者 : 按 若如此說**이면 **則學者終不可到窮神知化地位耶**아 **若曰 非思勉之所能及**이라하면 **則可也**니라

살펴보건대 만약 이 말과 같다면 배우는 자는 끝내 窮神知化의 경지에 이를 수 없단 말인가. 만약 '생각하고 힘써서 능히 미칠 수 있는 것이 아니다.' 라고 한다면 좋을 것이다.

## 80. 形而後에 有氣質之性[1]이니 善反[2]之면 則天地之性이 存焉이라 故氣質之性을 君子有弗性者焉[3]이니라

〈橫渠先生이 말씀하였다.〉

"形體가 있은 뒤에 氣質之性이 있는 것이니, 잘 돌이키면(회복하면) 天地의 本性이 보존된다. 그러므로 氣質之性을 君子는 性이라고 여기지 않는다."

天命流行하야 賦予萬物에 本無非善하니 所謂天地之性也요 氣聚成形에 性爲氣質所拘면 則有純駁偏正之異하니 所謂氣質之性也라 然人能以善道自反이면 則天地之性이 復全矣라 故氣質之性을 君子不以爲性하나니 蓋不徇乎氣質之偏하야 必欲復其本然之善이니 孟子謂性無有不善이 是也니라 ○ 朱子曰 天地之性은 專指理而言이요 氣質之性은 則以理雜氣而言이니라 又曰 性을 譬之水하면 本皆淸也로되 以淨器盛之則淸하고 以汙器盛之則濁이나 澄治之면 則本然之淸이 未嘗不在니라

天命이 流行하여 萬物에 賦與함에 본래 善하지 않은 것이 없으니 이른바 天地의 性(本然之性)이란 것이요, 氣가 모여 形體를 이룸에 性이 氣質에 구애되면 순수하고 잡박하며 편벽되고 바름의 차이가 있으니 이른바 氣質之性이라는 것이다. 그러나 사람이 善한 道로써 스스로 돌이키면 天地의 性이 다시 온전해진다. 그러므로 氣質之性을 君子는 性이라고 하지 않는 것이니, 이는 氣質의 편벽됨을 따르지 아니하여 반드시 本然의 善을 회복하고자 해서인 바, 孟子가 '性은 不善함이 없다.'고 말씀하신 것이 이것이다.

○ 朱子가 말씀하였다.

"天地의 性은 오로지 理만을 가리켜 말한 것이요, 氣質之性은 理에 氣가 섞인 것을 가지고 말한 것이다."

또 말씀하였다.

"性을 물에 비유하면 물이 본래 맑으나 깨끗한 그릇에 담으면 맑고 더러운 그릇에 담으면 흐리다. 그러나 맑게 하면 本然의 맑음이 언제나 있지 않음이 없는 것이다."

1 【釋疑】形而後 有氣質之性：朱子曰 天地之性은 是理也요 纔到有陰陽行處하면 便有氣質之性이니 於此에 便有昏明厚薄之殊니라 ○ 有天地之性하고 有氣質之性하니 天地之性은 則太極本然之妙로 萬殊之一本也요 氣質之性은 則二氣交運而生이니 一本而萬殊也라

朱子가 말씀하였다. "天地의 性은 바로 理이고, 조금이라도 陰陽이 유행하는 곳에 이르면 곧 氣質之性이 있으니, 여기에서 곧 어둡고 밝고 후하고 박한 차이가 있는 것이다."

○ 天地之性이 있고 氣質之性이 있으니, 天地之性은 太極의 本然의 묘함으로 만 가지로 다른 것이 根本은 같은 것이고, 氣質之性은 陰陽의 두 기운이 서로 운행하여 생겨난 것으로 根本은 같으나 만 가지로 다른 것이다.

2 【釋疑】善反 : 按 善字는 有能字意라

살펴보건대 善字는 能字의 뜻이 있다.

3 【漢文大系】形而後……君子有弗性者焉 : 孟子盡心下篇曰 堯舜은 性者也요 湯武는 反之也라하니라 ○ 朱注曰 反之者는 修爲以復其性이라

《孟子》〈盡心 下〉에 말하였다. "堯·舜은 本性대로 하신 분이고, 湯·武는 회복하였다."

○ 朱子의 注에 "反之는 닦아서 그 本性을 회복하는 것이다." 하였다.

## 81. 德不勝氣면 性命於氣요 德勝其氣면 性命於德이니 窮理盡性이면 則性天德이요 命天理니 氣之不可變者는 獨死生脩夭而已니라

### 81-1 德不勝氣면 性命於氣요 德勝其氣면 性命於德[1]이니

〈橫渠先生이 말씀하였다.〉

"德이 氣質을 이기지 못하면 性이 氣質에게 명령(지배)을 받고, 德이 氣質을 이기면 性이 德에게 명령을 받으니,

義理與氣質이 相爲消長하니 德不勝氣면 則氣爲之主而性命拘於雜糅之質[2]이요 德勝其氣면 則德爲之主而性命全乎本然之善이니라

義理와 氣質이 서로 사라지고 자라나니, 德이 氣質을 이기지 못하면 氣質이 주장이 되어 性命이 잡된 氣質에게 구속당하고, 德이 氣質을 이기면 德이 주장이 되어 性命이 本然의 善을 온전히 하게 된다.

1 【譯註】性命於德 : 葉采의 註는 性命을 性과 命으로 나누어 본 듯하나 命은 동사가 되어 지배를 받는 것으로 보아야 할 듯하다. 이 句는 글뜻이 분명하지 않다.

2 【釋疑】雜糅之質 : 按 質字未穩이라
살펴보건대 質字는 온당치 못하다.

**81-2 窮理盡性이면 則性天德이요 命天理니 氣之不可變者는 獨死生脩夭而已[1]니라**

이치를 연구하여 性을 다하면 性이 天德이 되고 命이 天理가 되니, 氣質의 바꿀 수 없는 것은 오직 死生과 脩夭(장수와 요절) 뿐이다."

窮萬物之理而盡一己之性은 此問學之極功也라 學至於是면 則查滓渾化하고 義理昭融[2]하야 所性者卽天之德이요 所命者卽天之理니 尙何氣質之爲累哉아 獨死生壽夭는 則稟氣有定數하야 而不可移耳니라 ○ 黃勉齋曰 窮理盡性이면 則不但德勝其氣而已요 且將性命於天矣리라 德은 以所得者而言이요 理는 以本然者而言이라 故性曰天德이요 命曰天理라하니 一而已矣니라

萬物의 이치를 연구하여 자신의 性을 다함은 學問의 지극한 공효이다. 學問이 여기에 이르면 찌꺼기가 완전히 변화하고 義理가 밝아져서 性으로 삼은 것이 곧 하늘의 德이고 命으로 삼은 것이 곧 하늘의 이치이니, 오히려 어찌 氣質에 얽매임을 당하겠는가. 오직 死生과 壽夭만은 품부받은 기운에 정해진 數가 있어서 바꿀 수 없을 뿐이다.

○ 黃勉齋(黃幹)가 말하였다.

"이치를 연구하여 性을 다하면 다만 德이 氣質을 이길 뿐만 아니라, 또 장차 性이 하늘(天理)에게 명령을 받을 것이다. 德은 사람이 얻은 바로써 말하였고 理는 本然으로써 말하였다. 그러므로 性에는 天德이라 하고 命에는 天理라 하였으니, 同一할 뿐이다."

【張伯行 註】此欲人修德以全性이니 卽所謂善反之者也라 性命於天하니 出於無爲者也요 德成於人하니 可力而勉者也라 人不能修德이면 則性情難以堅定하야 便爲血氣所使하야 而德不足以勝乎氣리니 如是면 則我之所受와 與天之所賦가 專職其權於氣하야 而滿腔이 皆是氣用事矣리라

**旣成其德**이면 **則義理已極充盈**이요 **血氣亦自退聽**하야 **而德遂有以勝乎氣**리니 **如是**면 **則我之所受**와 **與天之所賦**가 **皆主其權於德**하야 **而滿腔**이 **盡是德用事矣**라 **故窮天下之理**하고 **盡人物之性**이면 **則我之所受 皆天之德**이요 **而所賦於我 皆天之理**하야 **遂成爲有德矣**리니 **至是而氣亦不自知其變矣**라 **所不變者**는 **獨生死脩夭**로 **爲氣之有定數而不可移者耳**니라

이것은 사람이 德을 닦아 性을 온전히 하고자 한 것이니, 바로 이른바 '잘 회복한다.' 는 것이다. 性은 하늘에서 받으니 無爲에서 나오고, 德은 사람에게서 이루어지니, 힘써 이룰 수 있는 것이다. 사람이 德을 닦지 못하면 性情이 견고하게 정해지기가 어려워서 곧 血氣에 사역당하여 德이 기운을 이기지 못할 것이니, 이와 같이 되면 내가 받은 것(性)과 하늘이 부여해 준 것(命)이 오로지 氣에게 主權을 맡겨 온 몸이 다 氣가 用事할 것이다. 그리고 이미 德을 이루면 義理가 지극히 충만하고 血氣 또한 스스로 물러나 따라서 德이 마침내 기운을 이길 수 있을 것이니, 이와 같이 되면 내가 받은 것과 하늘이 부여한 것이 모두 德에게 主權을 주어 온몸이 다 德이 用事할 것이다. 그러므로 天下의 이치를 연구하고 人·物의 性을 다하면 내가 받은 바의 性이 모두 하늘의 德이 되고, 나에게 부여한 바의 命이 모두 하늘의 이치가 되어서 마침내 德을 소유함을 이룰 것이니, 이에 이르면 氣 또한 자신도 모르게 변화할 것이다. 변할 수 없는 것은 오직 生死와 脩夭로 氣가 정해진 數가 있어서 옮길 수 없는 것일 뿐이다.

**1** **【釋疑】德不勝氣……脩夭而已：橫渠云 所不可變者**는 **惟壽夭耳**라하니 **要之**컨대 **此亦可變**이니 **但大槪如此**니라 ○ **按 性命於氣**는 **文意分明**이나 **性命於德一句**는 **有若以德與性爲二者然**하야 **不可曉**나 **然橫渠文字本如此**니라

橫渠가 "변할 수 없는 것은 오직 壽夭뿐이다." 하였으니, 요컨대 이 壽夭도 변할 수 있으나 다만 대체로 이와 같은 것이다.

○ 살펴보건대 '性命於氣'는 글뜻이 분명하나 '性命於德' 한 句는 德과 性을 두 가지로 나눈 듯하여 이해할 수가 없다. 그러나 橫渠의 문자가 본래 이와 같다.

**2** **【漢文大系】昭融：詩經大雅曰 昭明有融**이라하니라

《詩經》〈大雅 旣醉〉에 "昭明함이 매우 밝다." 하였다.

**82. 莫非天也**나 **陽明勝則德性用**하고 **陰濁勝則物欲行**이니 **領惡而全好[1]者**는 **其必由學乎**인저

〈橫渠先生이 말씀하였다.〉

"天理 아님이 없으나 陽明이 이기면 德性이 쓰여지고 陰濁이 이기면 物慾이 행해지니, 惡을 다스리고 善을 온전히 함은 반드시 學問을 말미암아야 한다."

**領惡而全好**는 **見戴記**라 **鄭氏曰 領**은 **猶理治也**요 **好**는 **善也**라 **人之氣質不齊**나 **要皆稟于天也**니 **陽明而陰暗**하고 **陽淸而陰濁**이라 **稟陽之多者**는 **明而不暗**이라 **故德性用**하고 **稟陰之多者**는 **濁而不淸**이라 **故物欲行**이니 **若夫領物欲之惡而不得行**하고 **全德性之好而盡其用者**는 **其必由於學乎**인저 **所謂雖愚必明, 雖柔必强者也**니라

'領惡而全好'는《小戴禮記》에 보인다.

鄭氏(鄭玄)가 말하기를 "領은 理治(다스림)와 같고 好는 善이다." 하였다. 사람의 氣質이 똑같지 않으나 요컨대 모두 하늘에게서 받았으니, 陽은 밝고 陰은 어두우며 陽은 맑고 陰은 흐리다. 陽을 많이 받은 자는 밝고 어둡지 않으므로 德性이 쓰여지고, 陰을 많이 받은 자는 흐리고 맑지 못하므로 物慾이 행해지니, 만약 物慾의 惡을 다스려서 행해지지 못하게 하고 德性의 善을 온전히 하여 쓰임을 다하게 함은 반드시 學問으로 말미암아야 할 것이다. 〈《中庸》에〉 이른바 '비록 어리석으나 반드시 밝아지고 비록 유약하나 반드시 강해진다.'는 것이다."

1 【釋疑】領惡而全好 : 記仲尼燕居라 應氏曰 領은 謂摠覽收拾之也라 好惡對立하야 一長一消하니 惡者收斂而無餘면 則善者渾全而無虧리라 劉氏曰 領惡은 猶言克己也라

《禮記》〈仲尼燕居〉에 보인다. 應氏가 말하였다. "領은 總攬하여 수습한다는 말이다. 好와 惡이 대립되어 하나가 자라면 하나가 사라지니, 악한 것을 거두어서 남음이 없으면 선한 것이 온전하여 이지러짐이 없을 것이다." 劉氏가 말하였다. "領惡은 克己라는 말과 같다."

**83. 大其心則能體天下之物**이니 **物有未體則心爲有外**라 **世人之心**은 **止於見聞之狹**이어니와 **聖人**은 **盡性**이라 **不以見聞梏其心**하야 **其視天下**에 **無一物非我**니 **孟子謂盡心則知性知天**이 **以此**라 **天大無外故**로 **有外之心**은 **不足以合天心**이니라

**83-1 大其心則能體天下之物**이니 **物有未體則心爲有外**라 **世人之心**은 **止於見聞之狹**이어니와 **聖人**은 **盡性**이라 **不以見聞梏其心**하야 **其視天下**에 **無一物非我**니

〈橫渠先生이 말씀하였다.〉

"마음을 크게 하면 天下의 사물을 體認할 수 있으니, 사물을 體認하지 못함이 있으면 마음이 밖이 있다고 한다. 세상 사람들의 마음은 보고 듣는 편협함에 국한되지만 聖人은 性을 다하므로 보고 듣는 것으로써 마음을 桎梏하지 않아, 天下를 볼 때에 한 물건도 자신이 아님이 없는 것이다.

萬物一體라 性本無外하니 苟拘於耳目之偏狹이면 則私意蔽固하야 藩籬爾汝[1]니 安能體物而不遺[2]리오 惟聖人能盡此性이라 故心大而無外하야 其視物與己 本無間然也니라 ○ 朱子曰 體는 猶體認之體니 將自身入事物之中하야 究見其理니라 又曰 只是有私意라 便內外扞格[3]하야 只見得自身上事요 凡物이 皆不得與己相關이니 便是有外之心이니라

萬物이 一體여서 性이 본래 밖이 없다. 만일 耳目의 편협함에 구애되면 私意가 굳게 가리워서 간격이 생겨 너(남)라 할 것이니, 어찌 萬物의 體가 되어 빠뜨리지 않을 수 있겠는가. 오직 聖人은 이 性을 다한다. 그러므로 마음이 커서 밖이 없어 물건(남)과 자신을 봄에 본래 간격이 없는 것이다.

○ 朱子가 말씀하였다.

“體는 體認의 體와 같으니, 자신을 가지고 事物 속에 들어가서 그 이치를 연구하여 보는 것이다.”

또 말씀하였다.

“다만 사사로운 마음이 있으므로 곧 안과 밖이 막혀서 단지 자기 身上의 일만 보고 모든 물건이 다 자신과 상관이 없게 되는 것이니, 이는 밖이 있는 마음이다.”

**1** 【釋疑】萬物一體……藩籬爾汝 : 按 朱子釋體字曰 體認之體也요 體群臣之體也요 體貼出來之體也라 置心在物中하야 究見其理니 如格物致知之意也라하시니 合此而觀之면 則物有未體之體는 乃是就事物上體認之意니 一物之理 或有所未體면 則心爲有外云耳니라 朱子論體天下之物엔 則曰猶仁體事而無不在라하시고 論物有未體엔 則曰體認이라하야 釋兩體字 其意微矣라 葉氏는 似以此體字로 爲仁者與天地萬物爲一體之體하니 此不可曉니라

살펴보건대 朱子는 體字를 해석하기를 “體認의 體이고 體群臣(여러 신하들의 마음을 체득함)의 體이고 體貼出來(자세하게 체득하여 알아냄)의 體이다. 마음을 사물 가운데에 두어서 그 이치를 연구하여 보는 것이니, 格物·致知의 뜻과 같다.” 하였다. 이것을 합하여 보면 物有未體의 體는 바로 事物上에 나아가서 體認하는 뜻이니, 한 사물의 이치를 혹시 體認하지 못함이 있으면 마음이 밖이 있음이 됨을 말씀한 것이다. 朱子가 體天下之物(천하의 사물에 體가 됨)을 논할 적에는 “이미 일에 體(근간과 골자)가 되어 있지 않음이 없음과 같다.” 하였고, 物有未體를 논할 적에는 ‘體認’이라 말씀하여 두 體字를 해석한 것이 그 뜻이 은미하다. 그런데 葉氏는 이 體字를 仁者가 天地萬物과 一體가 된다는 體로 풀이하였으니, 이는 이해할 수 없다.

**2** 【釋疑】體物而不遺 : 中庸이라 按 此는 言鬼神이 爲物之體하야 而物之所不能遺也라 然用之於心之體物도 亦好니라

體物而不遺는《中庸》에 보인다. 살펴보건대 이는 鬼神이 물건의 體(근간)가 되어 물건이 빠뜨릴 수 없음을 말한 것이다. 그러나 마음이 사물을 體認하는 데에 사용해도 또한 좋다.

**3** 【釋疑】內外扞格 : 謂身與物也라 栗谷曰 格은 如民莫敢格[1]之格이라

內·外는 자신과 물건을 이른다. 栗谷이 말씀하였다. “格은 ‘백성들이 감히 대항하는 이가 없다’는 格과 같다.”

❶ 【譯註】民莫敢格 :《資治通鑑》秦紀 二十六年條에 "王賁自燕南攻齊 猝入臨淄 民莫敢格者"라고 보인다.

## 83-2 孟子謂盡心則知性知天이 以此라 天大無外故로 有外之心은 不足以合天心[1·2]이니라

孟子가 '마음을 다하면 性을 알고 하늘(天理)을 안다.'고 하신 것은 이 때문이다. 하늘은 커서 밖이 없으므로 밖이 있는 마음은 天心에 부합할 수 없는 것이다."

人能全心德之大[3]면 則知性知天矣리니 無一物而非天이라 故天大無外하니 人之心이 苟猶有外면 則與天心不相似니라

사람이 心德의 큼을 온전히 하면 性을 알고 하늘을 알 것이니, 한 사물도 하늘 아님이 없다. 그러므로 하늘은 커서 밖이 없는 것이다. 사람의 마음이 만일 아직도 밖이 있다면 天心과 서로 같지 못하게 된다.

1 【漢文大系】孟子謂……不足以合天心 : 孟子盡心上篇曰 盡其心者는 知其性也니 知其性則知天矣라하니라

《孟子》〈盡心 上〉에 "그 마음을 다하는 자는 그 性을 아니, 그 性을 알면 天理를 안다." 하였다.

2 【釋疑】大其心……不足以合天心 : 朱子曰 大其心則能遍體天下之物이니 體는 猶仁體事而無不在니 言心理流行하야 脈絡貫通하야 無有不到라 苟一物有未體면 則便有不到處하야 包括不盡이니 是心爲有外라 蓋私意間隔而物我對立이면 則雖至親이라도 且未必能無外矣리라 ○ 物有未體此體字는 猶云體群臣也라 ○ 按 孟子曰 盡其心者는 知其性也니 知其性則知天矣라한대 朱子曰 天大無外而性稟其全이라 故로 人之本心이 其體廓然하야 亦無限量이로되 惟其梏於形氣之私하고 滯於聞見之小라 是以로 有所蔽而不盡이라 人能卽事卽物하야 窮究其理하야 至於一日會通貫徹하야 無所遺焉이면 則有以全其本然之體하야 而吾之所以爲性과 天之所以爲天者 皆不外此하야 而一以貫之矣리라 伊川云 盡心然後知性이라하시니 此不然이라 盡字大하고 知字零星이라 性者는 吾心之實理니 若不知得이면 却盡箇甚(삼)이리오 惟就知上積累將去하면 自然盡心이니 人能盡其心者는 只爲知其

**性**이라 **以大學之序言之**하면 **知性**은 **則物格之謂**요 **盡心**은 **則知至之謂也**니라 **按橫渠說盡心知性知天**은 **與伊川意相似**하야 **而與朱子說不同**이니라

朱子가 말씀하였다. "그 마음을 크게 하면 天下의 사물을 두루 體得할 수 있으니, 體는 '仁이 일을 체득하여 있지 않음이 없다.'는 말과 같다. 마음의 이치가 유행하여 脈絡이 관통해서 이르지 않음이 없음을 말한 것이다. 만일 한 물건이라도 體得하지 못함이 있으면 곧 이르지 못하는 곳이 있어서 다 포괄하지 못하니, 이는 마음이 밖에 있음이 된다. 私意가 가로막아서 물건과 내가 대립하면 비록 至親이라도 반드시 밖이 없지 못할 것이다."

○ '物有未體'의 體字는 群臣의 마음을 체득한다는 말과 같다.

○ 살펴보건대《孟子》에 "그 마음을 다하는 자는 그 性을 아니, 그 性을 알면 하늘(天理)을 안다." 하였는데, 朱子는 다음과 같이 말씀하였다. "하늘이 커서 밖이 없는데, 사람의 性이 그 온전한 것을 받았으므로 사람의 本心이 그 體가 廓然하여 또한 限量이 없는 것이다. 다만 形氣의 私에 질곡되고 聞見의 작음에 막힌다. 이 때문에 가리우는 바가 있어서 다하지 못하는 것이다. 사람이 事物에 나아가 그 이치를 궁구해서 어느 날 融會貫通하여 빠뜨리는 바가 없음에 이르면 그 本然의 體를 온전히 하여, 내가 性으로 삼은 것과 하늘이 하늘이 된 것이 다 여기에서 벗어나지 아니하여 一以貫之할 것이다. 伊川은 '마음을 다한 뒤에 性을 안다.' 하셨는데, 이는 그렇지 않다. 盡字는 뜻이 크고 知字는 뜻이 작다. 性은 내 마음의 진실한 이치이니, 만약 이것을 알지 못한다면 무엇을 다한단 말인가. 오직 아는 것에 나아가 누적해 나가면 자연히 마음을 다하게 되는 것이니, 사람이 그 마음을 다하는 것은 다만 그 性을 알려고 하는 것이다. 《大學》의 순서로 말하면 知性은 物格을 이르고 盡心은 知至를 이른다."

살펴보건대 橫渠가 말씀한 盡心, 知性, 知天은 伊川의 뜻과 서로 비슷하여, 朱子의 말씀과는 같지 않다.

**3** 【釋疑】**人能全心德之大**:**按 此據橫渠意而釋之**라 **故自與孟子註**로 **不同**하니라

살펴보건대 이는 橫渠의 뜻에 근거하여 풀이하였으므로 자연《孟子》의 朱子註와는 같지 않은 것이다.

**84. 仲尼絶四[1·2]**는 **自始學**으로 **至成德**히 **竭兩端之教[3]也**라 **意**는 **有思也[4]**요 **必**은 **有待也[5]**요 **固**는 **不化也**요 **我**는 **有方也**니 **四者**에 **有一焉**이면 **則與天地爲不相似矣**니라

〈橫渠先生이 말씀하였다.〉

"仲尼의 絶四는 처음 배움으로부터 德을 이룸에 이르기까지 兩端을 다하신 가르침이다. 意는 생각함이 있는 것이요, 必은 기대함이 있는 것이요, 固는 變化하지 못하는 것이요, 我는 方所가 있는 것이니, 네 가지 중에 한 가지라도 있으면 天地와 서로 같지 못하게 된다."

**意必固我**는 **蓋私意見於應事接物之間**이로되 **自始至終**히 **有此四者**라 **橫渠先生**이 **解絶毋皆爲禁止之意**[6]이라 **故以此爲聖人設敎之道**라하시니 **謂自始學**으로 **以至於成德**히 **其所以克治融釋**[7]**者 不外乎此**하니 **所謂竭兩端之敎也**라 **意者**는 **萌心之始**라 **故曰有思**요 **必者**는 **期望於終**[8]이라 **故曰有待**요 **固者**는 **滯於已往**이라 **故曰不化**요 **我者**는 **成於己私**[9]라 **故曰有方**[10]이니라 ○ **朱子曰 起於意**하야 **遂於必**하고 **留於固而成於我**하니 **意必**은 **常在事前**이요 **固我**는 **常在事後**니라 **或問 四者相爲終始**어늘 **而曰有一焉**은 **何也**잇가 **曰 人之爲事 亦有其初未必出於私意**로되 **而後來固執而不化者**하니 **若曰絶私意則三者皆無**인댄 **則曰絶一**이면 **斯可矣**니 **何用更言絶四**리오 **以此**로 **知四者又各是一病**이니라

意·必·固·我는 사사로운 마음이 사물을 응접하는 사이에 나타나는데, 처음부터 끝까지 이 네 가지가 있는 것이다. 橫渠先生은 絶과 毋를 모두 금지하는 뜻으로 해석하였다. 그러므로 이것을 가지고 聖人이 가르침을 베푼 道라고 한 것이다. 처음 배움으로부터 德을 이룸에 이르기까지 이겨 다스리고 풀리게 하는 것이 여기에서 벗어나지 않음을 말씀하였으니, 이른바 兩端을 다하신 가르침이란 것이다. 意는 마음에 싹트는 始初이므로 '생각함이 있다.'고 하였고, 必은 終末에 기대하고 바라는 것이므로 '기대함이 있다.'고 하였고, 固는 지나간 일에 막혀있는 것이므로 '變化하지 못한다'고 하였고, 我는 己私에 이루어지므로 '方所가 있다.'고 한 것이다.

○ 朱子가 말씀하였다.

"意에서 시작되어 必에서 이루어지고 固에서 머물러 我에서 완성되니, 意와 必은 항상 일의 앞에 있고, 固와 我는 항상 일의 뒤에 있다."

혹자가 "네 가지는 항상 終과 始가 되는데, 이 중에 한 가지라도 있다고 말함은 어째서입니까?" 하고 묻자, 〈朱子가〉 다음과 같이 대답하였다.

"사람이 일을 할 때에 또한 처음에는 반드시 私意에서 나온 것이 아니나 후래에 固執하여 變化하지 못하는 경우가 있으니, 만약 '私意를 없애면 세 가지가 모두 없어진다.'고 말할진댄 絶一(하나를 없앰)이라고 말하면 될 것이니, 어찌 絶四라고 말할 필요가 있겠는가. 이로써 네 가지가 각각 한 가지 병통임을 알 수 있다."

**1** **【漢文大系】仲尼絶四**：論語子罕篇曰 子絶四러시니 毋意毋必毋固毋我라하니라

《論語》〈子罕〉에 "孔子는 네 가지를 완전히 끊어버리셨으니, 사사로운 뜻이 없고 기필하는 뜻이 없고 고집함이 없고 我가 없으셨다." 하였다.

**2** **【釋疑】仲尼絶四**：論語本註에 曰 絶은 無之盡者라 毋는 史記作無하니 是也라 意는 私意요 必은 期必이요 固는 執滯요 我는 私己니라 ○ 無意者는 渾然天理하야 不任私意요 無必者는 隨事順理하야 不先期必也요 無固者는 過而不留하야 無所凝滯也요 無我者는 大同於物하야 不私一身也니 意是始오 我是終이며 固必은 在中間하니 一節이 重似一節也라

《論語》의 本註에 "絶은 없음이 다한 것이다. 毋는《史記》에 無로 되어 있으니 옳다. 意는 사사로운 뜻이요, 必은 기필함이요, 固는 執滯함이요, 我는 私己이다." 하였다.

○ 無意는 渾然히 天理여서 사사로운 뜻에 맡기지 않는 것이요, 無必은 일에 따라 이치를 순히 하여 먼저 기필하지 않는 것이요, 無固는 지나가면 마음속에 머물러 두지 않아 凝滯하는 바가 없는 것이요, 無我는 남과 크게 같이 하여 자기 한 몸을 사사로이 하지 않는 것이니, 意가 시작이고 我가 끝이며 固와 必은 중간에 있으니, 一節이 一節보다 더하다.

**3** **【釋疑】竭兩端之教**：按 論語曰 我叩其兩端而竭焉이라한대 註에 兩端은 猶兩頭라 尹氏曰 聖人之言은 上下兼盡하야 卽其近이면 衆人皆可與知요 極其至면 則雖聖人이라도 亦無以加焉하니 是之謂兩端이니라

살펴보건대《論語》에 "나는 그 兩端(양끝)을 다 말해 준다." 하였는데, 註에 다음과 같이 말하였다. "兩端은 兩頭(두 끝)라는 말과 같다. 尹氏가 말하기를 '聖人의 말씀은 上·下가 겸하여 극진해서 그 淺近한 데에 나아가면 衆人들도 모두 참여하여 알 수 있고, 그 지극함을 다하면 비록 聖人이라도 이보다 더할 수가 없으니, 이것을 일러 兩端이라 한다.' 하였다."

4 【釋疑】意有思也：按 思者는 人之所不能無者니 安得絶之리오 橫渠此語는 恐有病이니라

살펴보건대 思는 사람이 없을 수 없는 것이니, 어찌 이것을 끊어 없앨 수 있겠는가. 橫渠의 이 말씀은 병통이 있는 듯하다.

5 【釋疑】必有待也：按 此與朱子所謂期必也니 必欲其成之意로 少異라

살펴보건대 이는 朱子의 이른바 '期必함이니, 반드시 이루고자 한다.'는 뜻과 조금 다르다.

6 【譯註】解絶毋皆爲禁止之意：朱子는 絶은 '無之盡者'라 하여 완전히 없는 것으로 보고 毋 역시 無와 같은 字로 보아 없는 것으로 해석하였는 바, 끊으려고 노력함과 알려고 하는 것은 모두 금지하는 뜻이며, 無는 힘쓰지 않고 저절로 없음을 가리킨다.

7 【釋疑】克治融釋：按 克治는 始學也요 融釋은 成德也라

살펴보건대 克治는 처음 배우는 것이고 融釋은 德을 이룸이다.

8 【釋疑】萌心之始……期望於終：按 此等語는 從橫渠意解之故로 自與朱子說不同이니라

살펴보건대 이러한 말은 橫渠의 뜻을 따라 풀이하였으므로 자연 朱子의 말씀과는 같지 않은 것이다.

9 【釋疑】我者 成於己私：按 己私는 卽是我也니 成於二字未穩이라

살펴보건대 己私가 바로 我이니, 成於 두 글자는 온당치 못하다.

10 【釋疑】有方：沙溪曰 方은 方所也니 滯而有方所也라

沙溪가 말씀하였다. "方은 方所이니, 막혀서 方所가 있는 것이다."

## 85. 上達은 反天理요 下達은 徇人欲者歟[1]인저

〈橫渠先生이 말씀하였다.〉

"上達은 天理로 돌아옴이요, 下達은 人欲을 따르는 자일 것이다."

**說見論語라 反天理면 則所趨日以高遠이요 徇人欲이면 則所趨日以沈溺이니라**

내용이《論語》에 보인다. 天理로 돌아오면 나아가는 바가 날로 高遠해지고, 人欲을 따르면 나아가는 바가 날로 沈溺(침몰)된다.

1 【漢文大系】上達……徇人欲者歟 : 論語憲問篇曰 君子上達이요 小人下達이라하니라
《論語》〈憲問〉에 "君子는 위로 통달하고 小人은 아래로 통달한다." 하였다.

**86. 知(智)崇은 天也라 形而上也니 通晝夜而知면 其知崇矣라 知及之而不以禮性之면 非己有也라 故知禮成性[1]而道義出[2]이니 如天地位而易行[3]이니라**

〈橫渠先生이 말씀하였다.〉

"지식(지혜)이 높음은 하늘이다. 이는 形而上이니, 晝夜의 변화를 통달하여 알면 그 지식이 높아진다. 앎(지식)이 미치더라도 禮로써 性대로 하지 않으면 자신의 소유가 아니다. 그러므로 知와 禮로 性을 이루어 道·義가 나오는 것이니, 마치 天地가 자리를 정하면 易의 이치가 그 가운데 행해지는 것과 같다."

說見繫辭[4]라 人能通晝夜陰陽之變이면 智則崇矣니 所以效天也요 又能守品節事物之禮면 性斯成焉이니 所以法地也라 智禮相資而成其性이면 道義之所從出이 猶天地定位而易之理[5]行乎兩間也니라 ○ 或問知禮成性之說한대 朱子曰 如習與性成之意니라 又曰 性者는 我所得於天底요 道義는 是衆人共由底니라

내용이 〈繫辭傳〉에 보인다. 사람이 晝夜와 陰陽의 變化를 통달하면 지식이 높아지니 이는 하늘을 본받는 것이요, 또 事物을 品節하는 禮를 지키면 性이 이루어지니 이는 땅을 본받는 것이다. 知와 禮가 서로 자뢰하여 性을 이루면 道·義가 따라서 나오니, 이는 마치 天地가 자리를 정하면 易의 이치가 天地 사이에 행해지는 것과 같다.

○ 혹자가 '知와 禮로 性을 이룬다'는 말을 묻자, 朱子는 다음과 같이 말씀하였다.

"習慣이 本性과 더불어 이루어진다〔習與性成〕는 것과 같은 뜻이다."

또 말씀하였다.

“性은 내가 하늘에게서 얻은 것이요, 道·義는 여러 사람들이 함께 행하는 것이다.”

【張伯行 註】此는 會易繫與論語所言知禮之意하야 以見其互相發明也라 易言知(智)崇禮卑라하니 知崇者는 窮理則見識高明하야 日進而上하야 殆如天也니 形而上之象也라 必如何라야 方可言知崇고 如易言通乎晝夜而知是也요 研究事物之理하야 已徹乎陰陽動靜之故라야 乃能通乎晝夜而知其理니 其知可謂崇矣라 然旣已知之而不能行之以禮하야 使中正在躬하야 若出天性之固然이면 尙非己有也니 此易言知崇에 必繼以禮卑하고 而孔子言知及에 亦曰不以禮未善也라 故人能知明禮安하야 以成其性이면 則知行竝進하야 天下之道義 皆從此出이니 如天高地下하야 而陰陽之理行焉이라 是以로 易言天地設位어든 而易行乎其中이니 成性存存이 道義之門也라하니 蓋知崇如天하고 禮卑如地하고 道義如陰陽하야 原無二理也니라

이는 《周易》의 〈繫辭傳〉과 《論語》에서 말한 知·禮의 뜻을 모아서 서로 發明함을 나타낸 것이다. 《周易》에 “지식은 높고 禮는 낮다.” 고 말하였으니, 지식이 높다는 것은 이치를 궁구하면 識見이 高明해져서 날로 나아가 향상되어 거의 하늘과 같아지는 것이니 이는 形而上의 형상이다. 반드시 어떻게 하여야 비로소 지식이 높다고 말할 수 있는가. 《周易》에서 “晝夜를 통하여 안다.” 고 말한 것과 같이 하는 것이 이것이다. 사물의 이치를 연구하여 이미 陰陽과 動靜의 所以然을 통하여야 비로소 晝夜를 통하여 그 이치를 알 수 있으니, 그 지식이 높다고 이를 만하다. 그러나 이미 알았더라도 禮로써 행하지 못하여 中正함이 몸에 있게 하지 못해서 본래의 天性에서 나오는 것처럼 하지 못한다면 오히려 자신의 소유가 아니니, 이는 《周易》에서 지식이 높음을 말할 적에 반드시 禮가 낮음으로 뒤를 잇고, 孔子께서 지식이 미침을 말씀할 때에 또한 ‘禮로써 하지 않으면 善하지 않다.’ 고 말씀하신 이유이다. 그러므로 사람이 지식이 밝고 禮가 편안하여 그 性을 이루면 知·行이 함께 진전되어서 天下의 道義가 모두 이로부터 나오니, 마치 하늘이 높고 땅이 낮아서 陰陽의 이치가 행해지는 것과 같다. 이 때문에 《周易》에서

"天地가 자리를 베풀면 易이 이 가운데에 행해지니, 이루어진 性을 보존하고 보존하는 것이 道·義의 문"이라고 말한 것이다. 지식은 높아 하늘과 같고 禮는 낮아 땅과 같고, 道·義는 陰陽과 같아 원래 두 이치가 없는 것이다.

**1** 【釋疑】知禮成性 : 按 成性은 朱子曰 本成之性也라하고 又曰 猶言見性底性이라 然此章知禮成性은 則須如葉說이라야 乃通이니라

살펴보건대 成性은 朱子가 말씀하기를 "본래 이루어진 性이다." 하였고, 또 말씀하기를 "見性이라는 性과 같다." 하였다. 그러나 이 章의 知禮成性은 모름지기 葉氏의 말과 같이 해석하여야 비로소 통한다.

**2** 【譯註】知禮成性而道義出 : 《周易》〈繫辭 上〉에 "智는 높고 禮는 낮으니, 높음은 하늘을 본받았고 낮음은 땅을 본받은 것이다. 하늘과 땅이 자리를 베풂에 易이 이 가운데 행해지니, 이루어진 性을 보존하고 보존함이 道義의 門이다.〔智崇 禮卑 崇效天 卑法地 天地設位 而易行乎其中矣 成性存存 道義之門〕" 하였는데, 朱子의 《本義》에 "하늘과 땅이 자리를 베풂에 易이 이 가운데 행해짐은 智와 禮가 性에 보존되어 道義가 나오는 것과 같다.〔猶知禮存性而道義出也〕" 하였다. 成性을 朱子는 본래 이루어진 性으로 해석하였으나 橫渠는 朱子의 存性과 같은 뜻으로 풀이하여 性을 이룸으로 해석한 것으로 보인다.

**3** 【釋疑】知崇天也……天地位而易行 : 按 朱子曰 知崇은 是知識要超邁요 禮卑는 是須就切實處行이니 若知不高則識見淺陋하고 若履不切則所行不實이라 知識高는 便是象天이요 所行實은 便是法地니라 ○ 朱子曰 陰陽升降이 便是易이니 易者는 陰陽是已라 天地設位而變化行은 猶知禮存性而道義出也라 存存은 謂存而又存이니 不已之意也니 道는 體也요 義는 用也라

살펴보건대 朱子는 다음과 같이 말씀하였다. "知崇은 지식이 超邁하고자 하는 것이요 禮卑는 모름지기 절실한 곳에 나아가 행하는 것이니, 만약 지식이 높지 못하면 識見이 淺陋하고, 만약 실천함이 간절하지 못하면 행하는 바가 절실하지 못하다. 지식이 높음은 곧 하늘을 형상한 것이요, 행하는 바가 진실함은 곧 땅을 본받은 것이다."

○ 朱子가 말씀하였다. "陰陽이 오르내리는 것이 바로 易이니, 易은 陰陽이 이것이다. '하늘과 땅이 자리를 베풀면 變化가 행해진다.'는 것은 知와 禮로 性을 보존하여 道·義가 나옴과 같다. 存存은 보존하고 또 보존함을 이르니, 그치지 않는 뜻인 바, 道는 體이고 義는 用이다."

**4** 【漢文大系】說見繫辭 : 易繫辭上傳曰 知는 崇하고 禮는 卑하니 崇은 效天하고 卑는

法地하니라 天地設位어든 而易이 行乎其中矣니 成性存存이 道義之門이라하니라

《周易》〈繫辭 上傳〉에 "知는 높고 禮는 낮으니 높음은 하늘을 본받고 낮음은 땅을 본받은 것이다. 天地가 자리를 베풀면 易이 이 가운데 행해지니, 이루어진 性을 보존하고 보존하는 것이 道·義의 문이다." 하였다.

5 【釋疑】易之理：按 本義曰 天地設位而變化行이라하니 變化는 言易也라 然則易之理理字 有病이니라

살펴보건대《本義》에 "天地가 자리를 베풀면 變化가 행해진다." 하였으니, 變化는 易을 말한 것이다. 그렇다면 易之理의 理字는 병통이 있다.

## 87. 困之進人也爲德辨하고 爲感速하니 孟子謂人有德慧術智者常存乎疢疾이 以此[1]니라

〈橫渠先生이 말씀하였다.〉

"困(困卦로 곤궁함을 뜻함)이 사람을 진전시킴은 德됨이 분명하고 감동함이 신속하니, 孟子께서 '사람이 德慧와 術智가 있는 자는 항상 疢疾(재앙과 환난)에 있다.'고 말씀한 것은 이 때문이다."

繫辭曰 困은 德之辨也라하니 辨은 明也라 人處患難之時엔 則操心危懼而無驕侈之蔽라 故其見理也明[2]하고 置身窮厄而有反本之思라 故其從善也敏이니라 德慧는 謂德之慧요 術智는 謂術之智라 疢疾은 災患也라

〈繫辭傳〉에 "困은 德의 분변이다." 하였으니, 辨은 분명함이다. 사람이 患難에 처할 때에는 마음가짐이 위태롭게 여기고 두려워하여 교만하고 사치한 병폐가 없으므로 이치를 봄이 분명하고, 몸이 困厄 속에 있어 根本으로 돌아오려는 생각이 있으므로 善을 따름이 빠른 것이다. 德慧는 德의 지혜를 이르고 術智는 術의 지혜를 이른다. 疢疾은 재앙과 환난이다.

1 【釋疑】困之進人……疢疾以此：朱子曰 困은 德之辨이니 困而通이면 則可辨其是요 困而不通이면 則可辨其非니라

朱子가 말씀하였다. "困은 德의 분변이니, 곤궁하여 통하면 그 옳음을 분변할 수 있고 곤궁하여 통하지 못하면 그 그름을 분변할 수 있다."

2 【釋疑】見理也明 : 按 朱子可辨之說은 承困之彖辭의 困而不失其所亨은 其唯君子而言也라 朱子說은 則當辨其處困者之是與非요 葉氏는 以見理之明釋之하니 其意不同이나 然葉說이 得橫渠之意니라 又按 朱子曰 辨은 猶子細라하니 與前說不同이니라

살펴보건대 朱子의 可辨의 말씀은 困卦 〈彖辭〉의 '困하면서도 형통함을 잃지 않음은 오직 군자일 것'이라는 내용을 이어서 말씀한 것이다. 朱子의 말씀은 곤궁함에 처한 자의 옳고 그름을 분변하는 것이요, 葉氏는 이치를 봄이 밝음으로 해석하였으니, 그 뜻이 같지 않다. 그러나 葉氏의 말이 橫渠의 뜻에 맞는다. 또 살펴보건대 朱子가 말씀하기를 "辨은 子細함과 같다." 하였으니, 앞의 말씀과 같지 않다.

## 88. 言有敎, 動有法, 晝有爲, 宵有得, 息有養, 瞬有存이니라

〈橫渠先生이 말씀하였다.〉

"말에는 가르침이 있고, 행동에는 法이 있고, 낮에는 하는 일이 있고, 밤에는 얻는 것이 있고, 숨쉴 때에도 기름이 있고, 눈을 깜빡일 때에도 보존함이 있어야 한다."

非先王之法言이어든 不敢言은 言有敎也요 非先王之德行이어든 不敢行은 動有法也요 終日乾乾은 晝有爲也요 夜氣所養은 宵有得也요 氣之出入爲息이니 一息而必有所養也요 目之開闔爲瞬이니 一瞬而必有所存也라 此는 言君子無往無時而非學也니라

先王의 法言(예법에 맞는 말)이 아니면 감히 말하지 않음은 말에 가르침이 있는 것이요, 先王의 德行이 아니면 감히 행하지 않음은 행동에 法이 있는 것이요, 종일토록 乾乾(부지런히 힘씀)함은 낮에 하는 일이 있는 것이요, 夜氣를 기름은 밤에 얻음이 있는 것이요, 氣(숨)를 내쉬고 들이마시는 것을 息이라 하니 한 번 숨쉴 때에도 반드시 기름이 있는 것이요, 눈을 떴다 감는 것을 瞬이라 하니 한 번 눈을 깜박일 때에도 반드시 마음을 보존

함이 있는 것이다. 이는 君子가 어디를 가든 어느 때이든 學問 아님이 없음을 말씀한 것이다.

**【張伯行 註】** **此**는 **示人以無息之學也**라 **言君子自一身**으로 **以至於一日一刻**히 **皆當操存省察**하야 **無少間斷然後**에 **能進進不已**하야 **以幾於聖賢之學**이라 **故就一身而論**하면 **不能無言也**니 **言則必係世道人心而後**에 **爲有教**요 **不能不動也**니 **動則必中乎規矩準繩而後**에 **爲有法**이며 **自一日而論**하면 **必有事於晝也**니 **晝則勤其功而有爲**니 **終日乾乾**이 **是也**요 **不可廢於夜也**니 **夜必澂其慮以驗有得**이니 **夕惕若**이 **是也**라 **至於密之又密**하야 **如一息之間**에 **道義不使去心**하고 **一瞬之頃**에 **天理自覺常存**이면 **而終食不違**와 **參前倚衡**이 **不是過也**라 **學者用功**이 **不當如是乎**아

이는 사람들에게 쉼이 없는 배움을 보여 준 것이다. 君子는 자기 한 몸으로부터 하루와 한 시각에 이르기까지 모두 잡아 보존하고 省察하여 조금도 間斷함이 없은 뒤에야 나아가고 나아가서 그치지 아니하여 聖賢의 學問에 이를 수 있음을 말한 것이다. 그러므로 한 몸을 가지고 논하면 말이 없을 수 없으니 말하면 반드시 世道와 人心에 관계된 것을 한 뒤에야 가르침이 있게 되고, 動하지 않을 수 없으니 動하면 반드시 規矩와 準繩(法度)에 맞은 뒤에야 法이 있음이 된다. 하루를 가지고 논하면 반드시 낮에 일삼는 것이 있어야 하니 낮에 공부를 부지런히 힘써서 함이 있어야 하는 바, '종일토록 부지런히 힘쓴다.〔終日乾乾〕'는 것이 이것이요, 밤에 폐해서는 안 되니 밤에 반드시 생각을 맑게 하여 얻음이 있음을 징험하여야 하는 바, '저녁에도 조심한다.〔夕惕若〕'는 것이 이것이다. 치밀하게 하고 또 치밀하게 하여 한 번 숨쉬는 사이에도 道義가 마음에서 떠나지 않게 하고, 한 번 눈을 깜짝거리는 사이에도 天理가 항상 보존함을 자각함에 이르면 '한번 밥을 먹는 동안에도 仁을 떠나지 않는다.'는 것과 '앞에 참여하고 수레에 가로댄 나무에 의지한다.'는 것이 이에 지나지 않는다. 배우는 자가 공부함이 이와 같지 않을 수 있겠는가.

**89. 橫渠先生이 作訂頑曰 乾稱父요 坤稱母라 予茲藐焉이 乃混然中處로다 故天地之塞이 吾其體요 天地之帥 吾其性이니 民吾同胞요 物吾與也라 大君者는 吾父母宗子요 其大臣은 宗子之家相也라 尊高年은 所以長其長이요 慈孤弱은 所以幼吾幼며 聖其合德이요 賢其秀也며 凡天下疲癃殘疾惸獨鰥寡는 皆吾兄弟之顚連而無告者也니라 于時保之는 子之翼也요 樂且不憂는 純乎孝者也라 違曰悖德이요 害仁曰賊이요 濟惡者는 不才요 其踐形이 惟肖者也라 知化則善述其事요 窮神則善繼其志라 不愧屋漏爲無忝이요 存心養性이 爲匪懈라 惡旨酒는 崇伯子之顧養이요 育英材는 穎〔潁〕封人之錫類며 不弛勞而底(지)豫는 舜其功也요 無所逃而待烹은 申生其恭也며 體其受而歸全者는 參乎요 勇於從而順令者는 伯奇也라 富貴福澤은 將厚吾之生也요 貧賤憂戚은 庸玉汝於成也니 存吾順事요 沒吾寧也니라**

## 89-1 橫渠先生이 作訂頑[1]曰 乾稱父요 坤稱母[2]라 予茲藐焉이 乃混然中處로다

橫渠先生이 〈訂頑〉을 지었는데, 그 내용은 다음과 같다.

"乾을 아버지라 칭하고 坤을 어머니라 칭하니, 내 이 작은 몸이 混合하여 天地의 中間에 있도다.

朱子曰 天은 陽也니 以至健而位乎上[3]하니 父道也요 地는 陰也니 以至順而位乎下[4]하니 母道也라 人이 稟氣於天하고 賦形於地하야 以藐[5]然之身으로 混

合無間而位乎中하니 子道也라 然不曰天地而曰乾坤者는 天地는 其形體也요 乾坤은 其性情也라 乾者는 健而無息之謂니 萬物之所資以始者也요 坤者는 順而有常之謂니 萬物之所資以生者也니 是乃天地之所以爲天地而父母乎萬物者라 故指而言之하시니라 ○ 愚按 禮記에 仁人之事親也如事天하고 事天如事親하니 此謂孝子成身[6]이라하니 卽西銘之原也니라

朱子가 말씀하였다.

"하늘은 陽이니 지극히 굳세면서 위에 위치하였으니 父의 道이고, 땅은 陰이니 지극히 순하면서 아래에 위치하였으니 母의 道이다. 사람은 하늘에서 氣를 받고 땅에서 形體를 부여받아 작은 몸으로 混合하여 간격이 없으면서 中間에 위치하였으니, 자식의 道이다. 그러나 天地라고 말하지 않고 乾坤이라고 말한 것은 天地는 形體이고 乾坤은 性情이기 때문이다. 乾은 굳세어 쉼이 없음을 이르니 萬物이 자뢰하여 시작하는 것이요, 坤은 순하여 떳떳함이 있음을 이르니 萬物이 자뢰하여 낳는 것이니, 이는 바로 天地가 天地가 되어 萬物에게 父母가 되는 이유이다. 그러므로 가리켜 말씀한 것이다."

○ 내가 살펴보건대 《禮記》에 "어진 사람은 어버이 섬기기를 하늘을 섬기는 것처럼 하고 하늘 섬기기를 어버이를 섬기는 것처럼 하니, 이것을 일러 孝子가 몸을 이룬다고 한다." 하였으니, 바로 〈西銘〉의 原理이다.

【張伯行 註】此는 橫渠先生이 頂天立地하고 深契本原하야 已見大意라 故推生人所由來와 與此身所自主하야 融會而參同之하고 因事親以明事天하야 合併而言하야 交暢其旨라 作銘自訂하야 欲使胸中洞達하야 不致頑而不化也시니라

이는 橫渠先生이 하늘을 떠받들고 땅에 서서 本原의 이치를 깊이 알아 이미 大意를 보았다. 그러므로 사람이 태어난 유래와 이 몸이 말미암아 생겨난 바를 미루어서 融會하여 함께 하고 어버이를 섬김으로 인하여 하늘을 섬기는 이치를 밝혀서, 합하여 말씀해서 그 뜻을 서로 通暢하게 한 것이다. 銘을 시어 스스로 〈완고함을〉 고쳐서, 가슴속이 동달해서 완고하여 化하지 않음이 없게 하고자 한 것이다.

1 【釋疑】訂頑：退溪曰 訂은 平議也니 亦有訂正訛舛之意라 頑者는 不仁之名이라 不仁之人은 私欲蔽錮하야 心頑如石故로 謂之頑이라 此銘은 反覆推明吾與天地萬物一本之故하야 使其頑然之心으로 融化洞徹하야 物我無間하야 痒痾疾痛이 眞切吾身而仁道得矣라 故名之曰訂頑이라하니라

退溪가 말씀하였다. "訂은 평론함이니, 또한 잘못된 것을 訂正한다는 뜻이 있다. 頑은 不仁함의 명칭이다. 不仁한 사람은 私欲이 굳게 가려서 마음이 돌처럼 완고하므로 頑이라 이른 것이다. 이 銘은 나와 天地의 萬物이 근본이 하나인 이유를 반복하여 미루어 밝혀서, 그 頑然한 마음으로 하여금 融化하고 洞徹하여 남과 내가 간격이 없어서, 남의 가려움과 질병이 내 몸에 참으로 간절하여 仁道가 얻어지게 하였다. 그러므로 이것을 이름하여 訂頑이라 한 것이다."

2 【漢文大系】乾稱父 坤稱母：易說卦曰 乾은 天也라 故稱乎父요 坤은 地也라 故稱乎母라하니라

《周易》〈說卦傳〉에 "乾은 하늘이므로 아버지라 칭하고, 坤은 땅이므로 어머니라 칭한다." 하였다.

3 【漢文大系】天陽也以至健而位乎上：易乾卦象曰 天行이 健이라하니라

《周易》乾卦 〈象傳〉에 "하늘의 운행이 굳세다." 하였다.

4 【漢文大系】地陰也以至順而位乎下：易坤卦彖曰 順承天이라하니라

《周易》坤卦 〈彖傳〉에 "하늘을 순히 받든다." 하였다.

5 【釋疑】藐：按 韻會에 遠也요 又弱也라 左傳에 藐諸孤라하니라

살펴보건대 《韻會》에 "藐은 멂이요 또 약함이다." 하였다. 《春秋左氏傳》에 "藐諸孤(약한 여러 孤)"라 하였다.

6 【釋疑】禮記……此謂孝子成身：按 記哀公問孔子曰 仁人之事親也에 如事天하고 事天을 如事親이라 是故로 孝子成身이라 註曰 親則近而疑其不尊하고 天則遠而疑其難格하니 事親如事天者는 所以致其尊而不欲其褻也요 事天如事親者는 所以求其格而不欲其疎也니 此兩句는 非聖人이면 不能言이라 成身者는 言其德之不虧也라 無此謂二字하니라

살펴보건대 《禮記》〈哀公問〉에 孔子께서 말씀하시기를 "仁人은 어버이를 섬김에 하늘을 섬기는 것처럼 하고, 하늘을 섬김에 어버이를 섬기는 것처럼 한다. 이 때문에 孝子가 몸을 이룬다." 하였는데, 註에 "어버이는 가까이 있어서 높이지 않을까 의심하고, 하늘은 멀리 있어서 감동하기 어려울까 의심하니, '어버이를 섬기기를 하늘을 섬기는 것처럼 한다.'는 것은 높이기를 지극히 하여 함

부로 하고자 하지 않는 것이요, '하늘을 섬기기를 어버이를 섬기는 것처럼 한다.'는 것은 감동하기를 바라 소원하게 하고자 하지 않는 것이니, 이 두 句는 聖人이 아니면 말씀하지 못한다. 몸을 이룬다는 것은 德이 이지러지지 않음을 말한 것이다. '此謂' 두 글자는 없다.

## 89-2 故天地之塞이 吾其體요 天地之帥 吾其性[1]이니

그러므로 天地의 사이에 가득한 것(氣)이 나의 形體가 되고 天地의 장수〔理〕가 나의 性이 되었으니,

**朱子曰 乾陽坤陰**은 **此天地之氣**니 **塞乎兩間而人物之所資以爲體者也**라 **故曰天地之塞**이 **吾其體**요 **乾健坤順**은 **此天地之志**니 **爲氣之帥而人物之所得以爲性者也**라 **故曰天地之帥吾其性**이라하니 **深察乎此**하면 **則父乾母坤混然中處之實**을 **可見矣**리라

朱子가 말씀하였다.

"乾의 陽과 坤의 陰은 天地의 氣이니, 天地 사이에 가득하여 人物(사람과 물건)이 자뢰하여 形體로 삼았으므로 '天地 사이에 가득한 것이 나의 形體가 되었다.'고 말씀한 것이요, 乾의 굳셈과 坤의 순함은 天地의 뜻이니, 氣의 장수가 되어 人物이 얻어서 性으로 삼았으므로 '天地의 장수가 나의 性이 되었다.'고 말씀한 것이니, 이를 깊이 살펴본다면 乾을 아버지라 칭하고 坤을 어머니라 칭하여 混合하여 天地의 中間에 있는 실제를 볼 수 있을 것이다."

1 【釋疑】天地之塞……吾其性：塞與帥字는 皆張子用字妙處라 塞은 乃孟子塞天地之間이요 體는 乃孟子氣體之充者며 帥는 卽志氣之帥而有主宰之意하니라 ○ 天地之塞은 謂充滿乎天地之間이 莫非氣인대 而吾所得以爲形骸者 皆此氣耳요 天地之帥는 則天地之心而理在其中也니라

塞字와 帥字는 모두 張子가 글자를 사용함이 묘한 곳이다. 塞은 바로《孟子》에 '천지 사이에 가득하다.'는 것이고, 體는 바로《孟子》에 '몸에 충만하다.'는 것이며, 帥는 곧 '志가 氣의 장수'란 것으로 主宰의 뜻이 있다.

○ 天地之塞은 천지의 사이에 충만한 것이 氣 아님이 없는데 내가 얻어서 형

체로 삼은 것이 모두 이 氣임을 말한 것이요, 天地之帥는 天地의 마음인데 理가 그 가운데 들어 있는 것이다.

## 89-3 民吾同胞요 物吾與也[1]라

백성(사람)들은 나의 同胞이고 물건은 나와 함께 있는 자들이다.

朱子曰 人物이 竝生於天地之間하야 其所資以爲體者 皆天地之塞이요 其所得以爲性者 皆天地之帥나 然體有偏正之殊라 故其於性也에 不無明暗之異어니와 惟人也는 得其形氣之正이라 是以로 其心最靈而有以通乎性命之全體하야 於竝生之中에 又爲同類而最貴焉이라 故曰同胞라하니 則其視之也 皆如己之兄弟矣라 物則得夫形氣之偏하야 而不能通乎性命之全이라 故與我不同類而不若人之貴나 然原其體性之所自하면 是亦本之天地而未嘗不同也라 故曰吾與라하니 則其視之也 亦如己之儕輩矣라 惟同胞也故로 以天下爲一家하고 中國爲一人이 如下文之云이요 惟吾與也故로 凡有形於天地之間者 若動若植, 有情無情히 莫不有以若其性, 遂其宜焉하니 此儒者之道 所以必至於參天地贊化育然後에 爲功用之全而非有所强於外也니라

朱子가 말씀하였다.

"人物이 똑같이 天地의 사이에 태어나서, 자뢰하여 形體로 삼은 것은 모두 天地 사이에 가득한 氣요 얻어서 性으로 삼은 것은 모두 天地의 장수인 理이다. 그러나 形體에 편벽되고 바른 차이가 있으므로 性에 밝고 어두운 차이가 없지 못하다. 오직 사람은 形氣의 바른 것을 얻었다. 이 때문에 그 마음이 가장 영특하여 性命의 全體를 통할 수 있어서 함께 태어난 것 중에 또 나와 同類이면서 가장 귀하다. 그러므로 同胞라고 말하였으니, 사람을 보기를 모두 자신의 兄弟처럼 여기는 것이다. 물건은 形氣의 편벽된 것을 얻어서 性命의 全體를 통하지 못한다. 그러므로 나와 同類가 되지 못하여 사람처럼 귀하지는 못하나 그 形體와 性이 말미암은 바를 근원해 보면 또한 天地에 근본하여 일찍이 다르지 않다. 그러므로 나와 함께 있는 자들이라고 말

하였으니, 이들(물건)을 보기를 또한 자신의 儕輩(동무)처럼 여기는 것이다. 同胞이기 때문에 天下를 한 집안으로 여기고 中國을 한 사람으로 여기기를 아랫글에 말한 바와 같이 하는 것이요, 나와 함께 있는 자들이기 때문에 天地 사이에 形體를 소유하고 있는 것은 動物이든 植物이든 情이 있는 것이든 情이 없는 것이든 모두 그 性을 순히 하고 그 마땅함을 이루게 하는 것이니, 이는 儒者의 道가 반드시 天地에 참여하여 化育을 도움에 이른 뒤에야 功用의 온전함이 되는 것이요, 밖에 억지로 함이 있는 것이 아니다."

【張伯行 註】此卽竝生於天地者니 推其共本同原하야 以明父乾母坤者之不容以自私也라

이는 바로 天地에 함께 태어난 것이니, 근본이 같고 근원이 같음을 미루어서 乾을 아버지로 하고 坤을 어머니로 한 자가 스스로 사사로이 할 수 없음을 밝힌 것이다.

1 【釋疑】民吾同胞物吾與也 : 問與莫是黨與之與否아 朱子曰 然하다
"與는 黨與(같은 무리)의 與가 아닙니까?" 하고 묻자, 朱子는 "옳다." 하였다.

**89-4 大君者는 吾父母宗子[1]요 其大臣은 宗子之家相也라 尊高年은 所以長其長이요 慈孤弱은 所以幼吾幼며 聖其合德이요 賢其秀也며 凡天下疲癃殘疾惸獨鰥寡[2]는 皆吾兄弟之顚連[3]而無告者也니라**

君主는 우리 父母의 宗子요 大臣은 宗子의 家相(家臣)이다. 연세가 높은 분을 존경함은 나의 어른을 어른으로 섬기는 것이요, 고아와 약한 자를 사랑함은 나의 어린이를 어린이로 사랑하는 것이니, 聖人은 天地와 德이 합한 자이고 賢人은 빼어난 자이며, 무릇 天下에 파리한 자와 殘疾이 있는 자와 외로운 자와 홀아비·과부는 모두 우리 형제 중에 顚連(가난하고 의지할 곳이 없음)하여 하소연할 곳이 없는 자들이다.

**朱子曰 乾父坤母而人生其中이면 則凡天下之人이 皆天地之子矣라 然繼承天地하야 統理人物은 則大君而已라 故爲父母之宗子요 輔佐大君하야 綱紀衆事는 則大臣而已라 故爲宗子之家相이라 天下之老 一也라 故凡尊天下之高年者 乃所以長吾之長이요 天下之幼一也라 故凡慈天下之孤弱者 乃所以幼吾之幼라 聖人은 與天地合其德하니 是兄弟之合德乎父母者也요 賢者는 才德過於常人하니 是兄弟之秀出乎等夷者也라 是皆以天地之子言之면 則凡天下之疲癃殘疾惸獨鰥寡 非吾兄弟之無告者而何哉오**

朱子가 말씀하였다.

"乾이 아버지가 되고 坤이 어머니가 되어 사람이 그 가운데에 태어났으니, 그렇다면 모든 천하 사람이 다 天地의 자식인 것이다. 그러나 天地를 계승하여 사람과 물건을 統理(통치)하는 것은 君主일 뿐이다. 그러므로 父母의 宗子가 되는 것이요, 君主를 보좌하여 여러 일을 綱紀(다스림)하는 것은 大臣일 뿐이다. 그러므로 宗子의 家相(집사장)이 되는 것이다. 천하의 老人이 똑같으므로 모든 천하의 연세가 높은 분을 높임은 바로 나의 어른을 어른으로 섬기는 것이요, 천하의 어린이가 똑같으므로 모든 천하의 孤兒와 약한 자를 사랑함은 바로 나의 어린이를 어린이로 사랑하는 것이다. 聖人은 天地와 德이 합하니 이는 형제 중에 父母(天地)와 德이 합한 자요, 賢者는 재주와 德이 보통사람보다 뛰어나니 이는 형제 중에 等夷(보통의 무리)보다 빼어난 자이다. 모두 天地의 자식이란 입장에서 말했다면 모든 천하의 疲癃·殘疾과 惸獨·鰥寡는 나의 형제 중에 하소연할 데가 없는 자가 아니고 무엇이겠는가."

**【張伯行 註】此又卽同胞之中에 別其貴賤尊卑賢否窮達하고 明其皆爲乾坤所子皆吾兄弟하야 而與共事父母者也라**

이는 또 同胞 가운데에 貴賤과 尊卑, 賢否와 窮達을 구별하고, 이들이 모두 乾坤의 자식이 되어 모두 우리의 형제여서 함께 父母를 섬기는 자임을 밝힌 것이다.

**1** 【釋疑】大君者 吾父母宗子 : 退溪曰 旣以天下之人爲吾兄弟하면 則當以繼禰

之宗爲言이니 若繼祖以上之宗은 則皆非吾親兄弟也라

退溪가 말씀하였다. "이미 天下 사람을 나의 兄弟(친형제)라고 했으면 마땅히 아버지 사당을 잇는 宗으로 말한 것이니, 만약 祖考의 사당을 잇는 宗 이상이라면 모두 나의 친형제가 아니다."

**2** 【釋疑】惸獨鰥寡 : 按 孟子는 惸作煢하니 註에 困悴貌라 獨은 單也라 又孟子에 老而無妻曰鰥이요 老而無夫曰寡요 老而無子曰獨이요 幼而無父曰孤니 此四者는 天下之窮民而無告者라하니라

살펴보건대《孟子》에는 惸이 煢으로 되어 있는데, 註에 "곤궁하고 초췌한 모양이다." 하였다. 獨은 單(혼자)이다. 또《孟子》에 "늙어서 아내가 없는 것을 鰥이라 하고, 늙어서 남편이 없는 것을 寡라 하고, 늙어서 자식이 없는 것을 獨이라 하고, 어려서 부모가 없는 것을 孤라 하니, 이 네 가지는 天下의 곤궁한 백성으로 하소연할 데가 없는 자이다." 하였다.

**3** 【釋疑】顚連 : 按 恐是顚沛流連之意라

살펴보건대 顚連은 顚沛流連의 뜻인 듯하다.

## 89-5 于時保之[1]는 子之翼[2]也요 樂且不憂[3]는 純乎孝者也라

이에 잘 保全함은 자식이 공경함이요, 즐거워하고 근심하지 않음은 효도에 純實한 자이다.

朱子曰 畏天以自保者는 猶其敬親之至也요 樂天而不憂者는 猶其愛親之純也니라 又曰 首論天地萬物與我同體之意 固極宏大나 然所論事天功夫는 則自于時保之以下로 方極親切이니라

朱子가 말씀하였다.

"天命을 두려워하여 스스로 保全하는 것은 어버이를 공경함이 지극함과 같고, 天命을 즐거워하여 근심하지 않는 것은 어버이를 사랑함이 지극함과 같은 것이다."

또 말씀하였다.

"처음에 天地의 萬物이 나와 同體임을 논한 뜻이 진실로 지극히 넓고 크

나 하늘을 섬기는 공부를 논한 것은 '于時保之' 이하가 비로소 지극히 親切하다."

【張伯行 註】上言天下一家, 萬物一體하고 自此以下는 乃言事天之功이 不異於事親也라

위에서는 天下가 한 집이고 萬物이 한 몸임을 말하였고, 이 이하는 바로 하늘을 섬기는 일이 어버이를 섬기는 것과 다르지 않음을 말하였다.

1 【釋疑】于時保之 : 按 周頌我將云에 畏天之威하야 于時保之라하니라

살펴보건대《詩經》〈周頌 我將〉에 "하늘의 위엄을 두려워하여 이에 命을 보존한다." 하였다.

2 【釋疑】子之翼 : 按 大雅烝民云 小心翼翼이라하니 翼翼은 恭敬貌라

살펴보건대《詩經》〈大雅 烝民〉에 "小心翼翼"이라 하였는데, 註에 "翼翼은 공경하는 모양이다." 하였다.

3 【漢文大系】樂且不憂 : 易繫辭曰 樂天知命하야 不憂라하니라

《周易》〈繫辭傳〉에 "하늘을 즐거워하고 命을 알아 근심하지 않는다." 하였다.

## 89-6 違曰悖德[1]이요 害仁曰賊이요 濟惡者는 不才[2]요 其踐形이 惟肖[3]者也[4]라

이를 어기는 것을 悖德이라 하고 仁을 해치는 것을 賊이라 하고 惡을 이루는 자는 훌륭한 인재가 아니며, 形體를 잘 실천하는 것이 오직 어진 자(부모를 닮은 자)이다.

朱子曰 不循天理而徇人欲者는 不愛其親而愛他人也라 故謂之悖德이요 戕滅天理하야 自絶本根者는 賊殺其親하야 大逆無道也라 故謂之賊이요 長惡不悛하야 不可敎訓者는 世濟其凶하야 增其惡名也라 故謂之不才요 若夫盡人之性而有以充人之形이면 則與天地相似而不違矣라 故謂之肖니라

朱子가 말씀하였다.

"天理를 따르지 않고 人欲을 따르는 자는 자기 어버이를 사랑하지 않고 다른 사람을 사랑하는 것이므로 悖德이라 이르고, 天理를 해치고 멸하여 스스로 根本을 끊는 자는 그 어버이를 해치고 죽여 大逆無道하므로 賊이라 이르고, 惡을 助長하고 고치지 않아 가르칠 수 없는 자는 대대로 흉함을 이루어 惡名을 더하므로 不才라 이르며, 만약 사람의 性을 다하여 사람의 形體를 채울 수 있다면 天地와 서로 같아져서 어기지 않으므로 肖라 이른 것이다."

**【張伯行 註】由是而天人父子之際**에 **逆者自逆**하고 **順者自順**을 **俱可參觀矣**라

이로부터 天人과 父子의 사이에 悖逆하는 자는 悖逆하고 順從하는 자는 순종함을 모두 참고하여 볼 수 있다.

1 **【釋疑】違曰悖德 : 退溪曰 違**는 **違天也**니 **卽論語違仁之違**니라 **違仁**은 **卽違天也**라 **孝經曰 不愛其親而愛他人者**를 **謂之悖德**이라하니라

退溪가 말씀하였다. "違는 하늘을 어김이니, 곧 《論語》에 '違仁'의 違로 仁을 어김은 바로 하늘을 어기는 것이다. 《孝經》에 '그 어버이를 사랑하지 않고 다른 사람을 사랑하는 자를 悖德이라 한다.' 하였다."

2 **【釋疑】濟惡者不才 : 按 左傳**에 **季文子使史克對宣公曰 高陽氏**는 **有才子八人**하야 **世濟其美**하야 **不隕其名**하고 **顓頊氏**는 **有不才子**하야 **世濟其凶**하야 **增其惡名**이라 **註**에 **濟**는 **成也**라 **渾敦, 窮奇, 檮杌三族**이 **皆不才子**라

살펴보건대 《春秋左氏傳》에 季文子가 史克을 시켜 宣公에게 대답하기를 "高陽氏는 재주있는 아들 여덟 명이 있어서 대대로 그 아름다움을 이루어 명성을 실추하지 않았으며, 顓頊氏는 재주없는 아들이 있어서 대대로 그 흉함을 이루어 그 악명을 더하였다." 하였는데, 註에 "濟는 이룸이다. 渾敦, 窮奇, 檮杌 세 집안이 모두 재주없는 아들이다." 하였다.

3 **【釋疑】惟肖 : 書說命**이라 **退溪曰 橫渠將丹朱之不肖**와 **舜之子亦不肖之肖**하야 **轉作肖天地之義**호되 **而其文則用傳說惟肖之語**하니 **其巧妙無窮**이니라

惟肖는 《書經》〈說命〉에 보인다. 退溪가 말씀하였다. "橫渠가 《孟子》에 '丹朱가 불초하였고 舜임금 아들이 또한 불초하였다'는 肖字를 가지고 天地를 닮았다는 뜻으로 삼았는데, 그 글은 傳說의 '惟肖'라는 말을 사용하였으니, 그 교묘함이 무궁무진하다."

**4** 【漢文大系】違曰悖德……惟肖者也：孟子曰 賊仁者를 謂之賊이라하니라 ○ 左傳文公十八年에 昔에 帝鴻氏 有不才子云云이라 孟子曰 形色은 天性也니 惟聖人然後에 可以踐形이라하니라 又書經說命曰 說이 築傳巖之野하더니 惟肖라하니라

《孟子》에 "仁을 해치는 것을 賊이라 이른다." 하였다.

○《春秋左氏傳》 文公 18년 조에 "옛날 帝鴻氏(黃帝)에게 不才子가 있다." 하였다. 《孟子》에 "形色은 天性이니 오직 聖人인 뒤에야 形體를 실천할 수 있다." 하였으며, 또 《書經》〈說命〉에 "傅說이 傅巖의 들에서 거주하였는데 그 모습이 닮았다." 하였다.

## 89-7 知化則善述其事요 窮神則善繼其志[1]라

天地의 造化를 알면 그 일을 잘 傳述(이어감)하고, 天地의 神妙함을 연구하면 그 뜻을 잘 계승할 것이다.

朱子曰 孝子는 善繼人之志하고 善述人之事者也라 聖人이 知變化之道면 則所行者無非天地之事矣요 通神明之德이면 則所存者無非天地之心矣니 此二者는 皆樂天踐形之事也라 又曰 化底是氣니 有迹可見故로 爲事요 神底是理니 無形可窺故로 爲志니라

朱子가 말씀하였다.

"孝子는 사람(父母)의 뜻을 잘 계승하고 사람의 일을 잘 傳述하는 자이다. 聖人은 變化의 道(조화)를 알면 행하는 것이 天地의 일 아님이 없고, 神明의 德을 통달하면 마음에 두고 있는 것이 天地의 마음 아님이 없으니, 이 두 가지는 모두 天理를 즐거워하고 形體를 실천하는 〈聖人의〉 일이다."

또 말씀하였다.

"化는 기운이니 볼 수 있는 자취가 있으므로 일이라 하였고, 神은 이치이니 볼 수 있는 형체가 없으므로 뜻이라 한 것이다."

【張伯行 註】此卽能踐形者而極言之니 乃上文樂天之事也라

이는 바로 形體를 실천하는 자를 가지고 極言하였으니, 바로 上文의 樂天의 일이다.

1 【釋疑】知化則善述其事 窮神則善繼其志：按 繫辭曰 窮神知化는 德之盛也라하고 中庸曰 孝者는 善繼人之志하고 善述人之事라

살펴보건대 〈繫辭傳〉에 "窮神知化는 德이 성대하다." 하였으며, 《中庸》에 "효도라는 것은 남의 뜻을 잘 계승하고 남의 일을 잘 傳述하는 것이다." 하였다.

## 89-8 不愧屋漏 爲無忝[1]이요 存心養性이 爲匪懈[2]라

방의 귀퉁이에도 부끄럽지 않게 함은 〈나를 낳아주신 父母를〉 욕되지 않게 하는 것이요, 마음을 보존하여 性을 기름은 〈부모를 섬김에〉 게으르지 않는 것이다.

朱子曰 孝經에 引詩曰 無忝爾所生이라하니 故事天者仰不愧, 俯不怍이면 則不忝乎天地矣요 又曰 夙夜匪懈라하니 故事天者存其心하야 養其性이면 則不懈乎事天矣라 此二者는 畏天之事而君子所以求踐夫形者也라

朱子가 말씀하였다.

"《孝經》에 《詩經》의 '너를 낳아주신 부모를 욕되지 않게 하라'는 내용을 인용하였으니, 그러므로 하늘을 섬기는 자가 우러러 하늘에 부끄럽지 않고 굽어 사람에게 부끄럽지 않으면 天地에게 욕되지 않은 것이요, 또 '일찍 일어나 밤늦도록 게을리하지 않는다.'는 詩를 인용하였으니, 그러므로 하늘을 섬기는 자가 마음을 보존하여 性을 기르면 하늘을 섬김에 게으르지 않은 것이다. 이 두 가지는 하늘을 두려워하는 일로, 君子가 形體를 실천하기를 구하는 것이다."

【張伯行 註】又卽求踐形者而實言之니 亦上文畏天之事也라

이는 形體를 실천함을 구하는 것을 가지고 실제를 말하였으니, 또한 上文의 畏天의 일이다.

1 【釋疑】不愧屋漏 爲無忝：退溪曰 衛武公作抑詩하야 以自警하니 其詩曰 相在爾室컨대 尙不愧于屋漏라하니 相은 視也요 屋漏는 室西北隅니 謂深隱處也라 言在室中之時에도 猶當戒懼謹畏하야 使無愧於屋漏也니 此는 事天事也라 周大夫遭

亂하고 兄弟相戒하야 作小宛하니 其詩曰 夙興夜寐하야 無忝爾所生이라하니 言無作不善하야 以忝辱父母라 此引喩云是爲天無忝之子矣라

退溪가 말씀하였다. "衛나라 武公이 〈抑〉詩를 지어 스스로 경계하였는데, 그 시에 이르기를 '네가 방안에 있음을 살펴보건대 오히려 屋漏에 부끄럽지 않게 한다.' 하였는 바, 相은 봄이요 屋漏는 방의 서북쪽 귀퉁이이니, 깊이 숨어 있는 것을 말한다. 이는 방안에 있을 때에도 오히려 마땅히 戒懼하고 謹畏하여 屋漏에 부끄럽지 않게 함을 말한 것이니, 이는 하늘을 섬기는 일이다. 그리고 周나라 大夫가 亂을 만나 형제가 서로 경계하여 〈小宛〉를 지었는 바, 그 詩에 '일찍 일어나고 밤늦게 자서 너를 낳아 주신 분(부모)을 욕되게 하지 말라.' 하였으니, 이는 不善한 짓을 하여 부모에게 욕되게 하지 않음을 말한 것이다. 여기서는 이것을 인용하여 하늘에 욕되지 않은 자식이 됨을 비유한 것이다."

**2** 【釋疑】存心養性 爲匪懈 : 退溪曰 孟子曰 存其心, 養其性은 所以事天이라한대 程子曰 心也性也天也一理也라하시니라 詩烝民曰 夙夜匪懈하야 以事一人이라하니 詩人은 本謂仲山甫能盡忠事君이어늘 孝經引之하야 以言卿大夫盡忠事君이 乃所以爲孝라 故로 橫渠以是爲孝子事親之事하야 因以喩不懈於事天也시니라

退溪가 말씀하였다. "《孟子》에 '그 마음을 보존하여 性을 기름은 하늘을 섬기는 것이다.' 하였는데, 程子가 말씀하기를 '心과 性과 天이 똑같은 이치이다.' 하였다. 《詩經》〈烝民〉에 '밤낮으로 게을리 하지 않아서 한 사람(군주)을 섬긴다.' 하였으니, 詩人은 본래 仲山甫가 충성을 다하여 군주를 섬김을 말하였는데, 《孝經》에서 이것을 인용하여 卿大夫가 충성을 다하여 군주를 섬김이 바로 孝가 됨을 말하였다. 그러므로 橫渠가 이것을 孝子가 어버이를 섬기는 일로 삼아, 인하여 하늘을 섬김에 게으르지 않음을 비유한 것이다."

## 89-9 惡旨酒는 崇伯子之顧養[1]이요 育英材는 穎[潁]封人之錫類[2]며

맛있는 술을 싫어함은 崇伯의 아들(禹임금)이 父母의 봉양을 돌아봄이요, 英材를 기름은 潁封人(潁考叔)이 남에게 善을 베풀어 준 것이다.

朱子曰 好飮酒而不顧父母之養者는 不孝也라 故遏人欲을 如禹之惡旨酒면 則所以顧天之養者至矣요 性者는 萬物之一源이요 非有我之得私也라

故育英材를 如穎考叔之及莊公이면 則所以永錫爾類者廣矣니라

朱子가 말씀하였다.

“술 마시기를 좋아하여 父母의 봉양을 돌보지 않는 것은 不孝이다. 그러므로 人欲을 막기를 禹임금이 맛있는 술을 싫어한 것처럼 하면 하늘의 봉양을 돌아봄이 지극한 것이요, 性은 만물의 한 根源이고 내가 사사로이 할 수 있는 것이 아니다. 그러므로 英材를 기르기를 穎考叔이 莊公에게 미치듯이 한다면 길이 너의 무리에게 善을 베풀어 줌이 넓은 것이다.”

【張伯行 註】自此以下三節은 乃擧古來之善事親者하야 以證事天之功也라

이 아래 三節은 바로 예로부터 어버이를 잘 섬긴 자를 들어서 하늘을 섬기는 일을 증명하였다.

1 【釋疑】惡旨酒 崇伯子之顧養 : 按 崇伯은 鯀爵이니 見書註라 ○ 退溪曰 儀狄이 作酒어늘 禹飮而甘之曰 後世에 必有以酒亡其國者라하시고 遂疎儀狄而絶旨酒하시니라 崇伯子는 謂禹也라 孟子以好飮酒하야 不顧父母之養으로 爲不孝라 故로 橫渠引此而反其語云 禹之惡旨酒는 乃遏人欲而存天理시니 如子不好飮酒而能顧父母之養也라

살펴보건대 崇伯은 鯀의 작위이니,《書經》의 註에 보인다.

○ 退溪가 말씀하였다. “儀狄이 술을 만들자, 禹임금이 술을 마시고 맛있게 여기며 말씀하기를 ‘후세에 반드시 이 술 때문에 나라를 망칠 자가 있을 것이다.’ 하고는 마침내 儀狄을 멀리하고 맛있는 술을 끊었다. 崇伯의 아들은 禹임금을 이른다. ‘술마시기를 좋아하여 부모의 봉양을 돌보지 않는 것’을 孟子가 不孝라 하였으므로 橫渠가 이것을 인용하고 그 말씀을 뒤집어서 ‘禹임금이 맛있는 술을 싫어함은 바로 人欲을 막아 天理를 보존한 것이니, 아들이 술마시기를 좋아하지 않아 父母의 봉양을 돌보는 것과 같다.’고 한 것이다.”

2 【釋疑】育英材 穎封人之錫類 : 退溪曰 孟子曰 得天下英材而敎育之三樂也라하시니라 穎考叔이 爲封疆之官故로 謂之封人이라 鄭莊公이 置母于城穎하고 誓曰 不及黃泉이면 無相見[1]이라하니라 考叔이 見公한대 公賜之食이어늘 舍肉羹하고 曰 請以遺母라하니 公曰 爾有母어늘 我獨無로다 考叔이 問何謂오 公告之故한대 對曰 掘地及泉而相見이면 誰曰不然이리오 公從之하야 母子如初하니라 君子曰 考叔은 愛其母하야 施及莊公이라 詩旣醉曰 孝子不匱하야 永錫爾類라하니 其是之

謂乎인저 橫渠引此而言君子推吾天性之善하야 以教英材를 如考叔推己孝以及莊公也라

退溪가 말씀하였다. "孟子는 '天下의 英材를 얻어 교육하는 것이 세 번째 즐거움이다.' 하셨다. 潁考叔이 封疆(국경을 맡음)의 관원이 되었으므로 그를 封人이라 이른 것이다. 鄭나라 莊公이 어머니를 城의 潁땅에 留置하고는 '黃泉에 이르지 않으면 서로 만나보지 않겠다.'고 맹세하였다. 考叔이 公을 뵙자 공이 그에게 음식을 하사하였는데, 고깃국을 먹지 않고 놓아두며 말하기를 '어머니에게 드리고자 합니다.' 하였다. 公이 말하기를 '너는 어머니가 있는데 나만 홀로 어머니가 없다.' 하니, 考叔이 '무슨 말씀입니까?' 하고 물었다. 公이 사실대로 말하자, 考叔은 대답하기를 '땅을 파서 黃泉에 이르러 서로 만나면 누가 옳지 않다고 하겠습니까.' 하니, 公이 그 말을 따라 마침내 母子間이 처음처럼 다정해졌다. 君子가 말하기를 '考叔은 자기 어머니를 사랑하여 莊公에게까지 미쳤다. 《詩經》〈旣醉〉에 「孝子가 다하지 아니하니 길이 사람들에게 善을 준다」 하였으니, 이것을 말함일 것이다.' 하였다. 橫渠가 이것을 인용하여 君子가 자신의 天性의 善을 미루어서 英材를 가르치기를 考叔이 자신의 孝를 미루어서 莊公에게 미친 것과 같이 하였음을 말씀한 것이다."

❶ 【譯註】鄭莊公……無相見 : 莊公의 어머니인 武姜은 평소 큰 아들인 莊公을 미워하고 작은 아들인 共叔段을 사랑하였으며, 莊公이 즉위한 뒤에도 작은 아들을 두둔하였다. 그후 共叔段이 반란을 꾀하자, 莊公은 그를 토벌하여 죽이고 어머니와도 결별하며 "죽어서 지하에 가지 않으면 만나보지 않겠다."고 하였다.(《春秋左氏傳》 隱公 원년)

## 89-10 不弛勞而底(지)豫는 舜其功也[1][2]요 無所逃而待烹은 申生其恭也[3]며

수고로움을 게을리 하지 않아 기뻐함에 이른 것은 舜임금의 功이요, 도망하지 않고 烹刑을 기다린 것은 申生의 공손함이다.

朱子曰 舜이 盡事親之道而瞽瞍底豫하니 其功大矣라 故事天者盡事天之道하야 而天心豫焉이면 則亦天之舜也요 申生이 無所逃而待烹하니 其恭至矣라 故事天者夭壽不貳하야 而修身以俟之면 則亦天之申生也니라

朱子가 말씀하였다.

"舜임금이 어버이 섬기는 道理를 다하자, 瞽瞍가 기뻐함에 이르렀으니 그 功이 크다. 그러므로 하늘을 섬기는 자가 하늘을 섬기는 道理를 다하여 天心이 기뻐하면 이 또한 하늘의 舜임금인 것이요, 申生이 도망하지 않고 烹刑을 기다렸으니 공손함이 지극하다. 그러므로 하늘을 섬기는 자가 요절하든 장수하든 의심하지 않고 몸을 닦아 天命을 기다린다면 또한 하늘의 申生인 것이다."

1 【漢文大系】不弛勞而底(지)豫 舜其功也 : 孟子離婁上에 舜이 盡事親之道에 而瞽瞍底豫하니 瞽瞍底豫에 而天下化하며 瞽瞍底豫에 而天下之爲父子者定하니 此之謂大孝라한대 朱註에 底는 致也요 豫는 悅樂也라하니라

《孟子》〈離婁 上〉에 "舜임금이 어버이 섬기는 도리를 다함에 瞽瞍가 기뻐함에 이르렀으니, 瞽瞍가 기뻐함에 이르자 천하가 敎化되었으며, 瞽瞍가 기뻐함에 이르자 천하의 父子된 자가 안정되었으니, 이를 일러 大孝라 한다." 하였는바, 朱子의 註에 "底는 이룸이요 豫는 悅樂함이다." 하였다.

2 【釋疑】舜其功也 : 按 天下之爲父子者定하니 是其功也라

살펴보건대 天下의 父子된 자가 안정되었으니, 이것이 功이다.

3 【釋疑】無所逃而待烹 申生其恭也 : 見檀弓이라 ○ 退溪曰 晉獻公이 用驪姬之譖하야 欲殺申生한대 或勸之奔他國호되 不聽하고 遂自殺하니 諡曰恭이라 今云待烹은 猶言鼎鑊且不避也라 言君子之處患難에 能守死不貳를 如此면 則其敬天之心이 如申生之恭也라

《禮記》〈檀弓〉에 보인다.

○ 退溪가 말씀하였다. "晉나라 獻公이 驪姬의 모함을 듣고 太子인 申生을 죽이려 하자, 或者가 申生에게 他國으로 도망할 것을 권하였으나 따르지 않고 마침내 자살하니, 시호를 恭이라 하였다. 지금 烹刑을 기다렸다고 말한 것은 '가마솥도 피하지 않는다.'고 말한 것과 같다. 君子가 患難에 대처함에 죽음으로 지키고 마음을 변치 않기를 이와 같이 한다면 하늘을 공경하는 마음이 申生의 공손함과 같음을 말씀한 것이다."

## 89-11 體其受而歸全者는 參乎[12]요 勇於從而順令者는

## 伯奇[3]也라

父母에게서 받은 것을 體行하여 온전히 돌아간 것은 曾參이요, 父母의 뜻을 따름에 용감하고 명령에 순종한 것은 伯奇이다.

**朱子曰 父母全而生之**하시니 **子全而歸之**를 **若曾子之啓手啓足**이면 **則體其所受乎親者而歸其全也**라 **況天之所以與我者 無一善之不備**하니 **亦全而生之也**라 **故事天者 能體其所受於天者而全歸之**면 **則亦天之曾子矣**라 **子於父母**에 **東西南北唯令之從**을 **若伯奇之履霜中野**면 **則勇於從而順令也**라 **況天之所以命我者 吉凶福禍**이 **非有人欲之私**라 **故事天者 能勇於從而受其正**이면 **則亦天之伯奇矣**니라

朱子가 말씀하였다.

"父母가 온전히 자식을 낳아주셨으니, 자식이 온전히 보전하여 돌아가기를 曾子가 臨終할 적에 이불을 젖혀 手足을 보여 준 것처럼 한다면 어버이에게서 받은 것을 體行하여 온전히 보전해서 돌아가는 것이다. 더구나 하늘이 나에게 주신 것은 한 가지 善도 구비하지 않음이 없으니, 이 또한 온전히 낳아주신 것이다. 그러므로 하늘을 섬기는 자가 하늘에게서 받은 것을 體行하여 온전히 돌아간다면 이 또한 하늘의 曾子인 것이다. 자식이 父母에 있어 東·西·南·北을 오직 명령하시는 대로 따르기를 伯奇가 들 가운데에서 서리를 밟은 것처럼 한다면 따름에 용감하여 명령에 순종하는 것이다. 더구나 하늘이 나에게 명하는 吉凶과 禍福은 人欲의 사사로움이 있지 않다. 그러므로 하늘을 섬기는 자가 따름에 용감하여 바름〔正命〕을 받는다면 또한 하늘의 伯奇인 것이다."

1 **【漢文大系】體其受而歸全者 參乎 : 論語泰伯篇**에 **曾子有疾**하사 **召門弟子曰 啓予足**이라하니라

《論語》〈泰伯〉에 말하였다. "曾子가 병환이 위독하시자, 門下의 弟子들을 불러서 '이불을 걷고 나의 발을 보라.' 하였다."

2 **【釋疑】體其受而歸全者 參乎 : 退溪曰 父母全而生之**하시니 **子全而歸之**라하니 **見禮記**라 **孔子謂曾子曰 身體髮膚**는 **受之父母**라 **不敢毁傷**이 **孝之始也**라하시니

曾子終身服此教라 故로 其臨終에 召門弟子曰 啓予足하며 啓予手하라 而今而後에 吾知免夫라하시니 此曾子體受歸全之事也라 參乎는 用論語參乎吾道一以貫之之語라

退溪가 말씀하였다. '"부모가 온전히 낳아주셨으니 자식이 온전히 하여 돌아가야 한다.' 하였는 바, 이 내용이《禮記》〈祭義〉에 보인다. 孔子께서 曾子에게 이르시기를 '신체와 모발과 살은 부모에게서 받았으니, 감히 훼상하지 않는 것이 효도의 시작이다.' 하셨는데, 曾子가 종신토록 이 가르침을 따랐다. 그러므로 曾子가 임종할 적에 門下의 제자들을 불러 이르기를 '이불을 젖혀 내 발을 보고 내 손을 보라. 지금 이후에야 내가 이러한 근심에서 면할 수 있음을 알았노라.' 하였으니, 이는 曾子가 父母에게서 받은 몸을 체행하여 온전히 보전해서 돌아간 일이다. 參乎는《論語》의 '參乎 吾道一以貫之'라는 말을 사용한 것이다."

3 【譯註】伯奇 : 周나라 宣王 때의 名臣인 尹吉甫의 아들로, 효성이 지극하여 부모가 시키는 대로 순종하였으나 계모의 모함을 받고 물에 빠져 죽었다 한다. 一說에는 王國의 아들이고 이복동생인 伯封의 형인데, 형제간에 우애가 깊었으나 伯封을 후계자로 삼으려는 계모의 모함으로 쫓겨났다고 하는 바,《說苑》에 보인다.

## 89-12 富貴福澤은 將厚吾之生也요 貧賤憂戚은 庸玉汝[1]於成也니

富貴와 福澤(복록과 은택)은 하늘이 장차 나의 삶을 풍부하게 해 주시려는 것이요, 貧賤과 걱정은 너(나)를 玉처럼 갈고 연마하여 완성시키시려는 것이니,

朱子曰 富貴福澤은 所以大奉於我而使吾之爲善也輕[2]이요 貧賤憂戚은 所以拂亂於我而使吾之爲志也篤이니 天地之於人과 父母之於子에 其設心이 豈有異哉리오 故君子之事天也에 以周公之富[3]而不至於驕하고 以顏子之貧而不改其樂하며 其事親也에 愛之則喜而弗忘하고 惡之則懼而無怨하나니 其心이 亦一而已矣니라

朱子가 말씀하였다.

“富貴와 福澤은 나를 크게 받들어 나의 善을 행함을 쉽게 하려는 것이요, 貧賤과 憂戚은 나를 拂亂하게 하여 나의 뜻을 독실하게 하려는 것이니, 天地가 人間에게 있어서와 父母가 자식에게 있어서 그 마음을 씀이 어찌 차이가 있겠는가. 그러므로 君子가 하늘을 섬길 적에 周公의 부유함으로도 교만함에 이르지 않고, 顏子의 가난함으로도 그 즐거움을 변치 않으며, 어버이를 섬길 적에 사랑해 주시면 기뻐하여 잊지 않고, 미워하시면 두려워하고 원망함이 없는 것이니, 그 마음이 또한 동일할 뿐이다.”

【張伯行 註】此又言 人能忘遇以事天이면 則見天之處我者無非父母之心也라

이는 또 사람이 환경을 잊고 하늘을 섬기면 하늘이 나를 대하는 것이 부모의 마음 아님이 없음을 볼 수 있음을 말하였다.

1 【釋疑】玉汝 : 退溪曰 詩民勞云 王欲玉汝라하니 周厲王時大夫 相戒之辭라 汝는 指同列也요 玉은 寶愛之意라 言王欲以汝爲玉而寶愛之하니 引此하야 言天實寶愛汝而欲成就之라 汝는 托天以指我也라 ○ 問申生之不去와 伯奇之自沈이 皆陷父於惡이요 非中道也어늘 而取之하야 與舜曾同은 何也오 曰 舜之底豫는 贊化育也라 故曰功이요 申生待烹은 順受而已라 故曰恭이요 曾子歸全은 全其所以與我者니 終身之仁也요 伯奇順令은 順其所以使我者니 一事之仁也라 伯奇는 尹吉甫之子니 其事不知據何書요 而爲實自沈도 恐未可盡信이라 然彼所事者는 人也니 人則有妄이니 父母之命이 有時而出於人欲之私라 故有陷父之失이어니와 此所事者는 天也니 天豈有妄而又何陷耶아 西銘은 大率借彼以明此하니라

退溪가 말씀하였다. “《詩經》〈民勞〉에 ‘왕이 너를 玉으로 만들고자 한다.’ 하였으니, 이는 周나라 厲王 때에 大夫들이 서로 경계한 말이다. 너는 同列을 가리키며, 玉은 보배로 여기고 사랑한다는 뜻이다. 王이 너를 옥으로 여겨 보배로 여기고 사랑함을 말한 것이니, 이것을 인용하여 하늘이 실로 너를 보배로 여기고 사랑하여 성취하고자 함을 말씀한 것이다. 너는 하늘에 의탁하여 자신을 가리킨 것이다.”

○ “申生이 도망가지 않은 것과 伯奇가 스스로 물에 빠져 죽은 것은 모두 아버지를 惡에 빠뜨려서 中道가 아닌데도 두 사람을 취하여 舜임금과 曾子와 같이 놓은 것은 어째서입니까?” 하고 묻자, 朱子는 다음과 같이 말씀하였다. “舜임금이 기쁨을 이룸은 天地造化의 기름을 도운 것이므로 功이라 하였고, 申生

이 烹刑을 기다린 것은 명령을 순히 받았을 뿐이므로 恭이라 하였으며, 曾子가 온전히 하여 돌아간 것은 자신에게 준 것을 온전히 한 것이니 終身의 仁이고, 伯奇가 명령에 순종한 것은 자신에게 시킨 것을 순종한 것이니 한 가지 일의 仁이다. 伯奇는 尹吉甫의 아들인데 이 사실은 어느 책에 근거한 것인지 알 수 없으며, 실제로 스스로 물에 빠져 죽었다는 것도 다 믿을 수 없을 듯하다. 그러나 저기에서 섬긴 것은 사람이니 사람은 망녕됨이 있는 바, 부모의 명령은 때로 人欲의 사사로움에서 나오므로 아버지를 惡에 빠뜨리는 잘못이 있을 수 있지만, 여기에서 섬기는 것은 하늘이니 하늘이 어찌 망녕됨이 있으며 또 어찌 惡에 빠뜨리겠는가. 〈西銘〉은 대체로 저것을 빌어 이것을 밝힌 것이다."

**2** 【釋疑】 爲善也輕：孟子에 民之從之也輕이라하니 註에 輕은 猶易也라하니라

《孟子》에 "백성들이 따르기가 쉽다." 하였는데, 註에 "輕은 易와 같다." 하였다.

**3** 【漢文大系】 周公之富：論語先進篇에 季氏富於周公이라한대 朱註曰 周公이 以王室至親으로 有大功하야 位冢宰하니 其富宜矣라하니라

《論語》〈先進〉에 "季氏가 周公보다도 부유하다." 하였는데, 朱子의 註에 "周公은 王室의 至親으로 큰 功이 있어 지위가 冢宰였으니, 그 부유함이 당연하다." 하였다.

## 89-13 存吾順事요 沒吾寧也니라

살아 있으면 내가 하늘을 순히 섬기고, 죽으면 내가 편안하다.

**朱子曰 孝子之身이 存則其事親也 不違其志而已요 沒則安而無所愧於親也며 仁人之身이 存則其事天也 不逆其理而已요 沒則安而無所愧於天也니 蓋所謂朝聞夕死, 吾得正而斃[1]焉者라 故張子之銘이 以是終焉하시니라**

朱子가 말씀하였다.

"孝子의 몸이 살아 있으면 어버이를 섬김에 그 뜻을 어기지 않을 뿐이요 죽으면 편안하여 어버이에게 부끄러운 바가 없으며, 仁人의 몸이 살아 있으면 하늘을 섬김에 그 이치를 어기지 않을 뿐이요 죽으면 편안하여 하늘에 부끄러운 바가 없으니, 〈《論語》에〉 이른바 '아침에 道를 들으면 저녁에 죽어도

좋다'는 것과 〈《禮記》에〉 '내 바름을 얻고 죽는다.'는 것이다. 그러므로 張子의 銘이 이것으로 끝마친 것이다."

【張伯行 註】結言事天事親이 皆必至於生順死安하야 無復遺恨而後에 爲至也라

하늘을 섬기고 어버이를 섬김이 모두 반드시 살아서는 순하고 죽으면 편안하여 다시는 遺恨이 없음에 이른 뒤에야 지극함이 됨을 결론하여 말한 것이다.

1 【釋疑】得正而斃 : 記檀弓에 曾子寢疾이어늘 童子隅坐러니 曰 華而晥하니 大夫之簀與인저 曾子瞿然起하야 易簀曰 吾得正而斃면 斯已矣라하시니라

《禮記》〈檀弓〉에 曾子가 병환이 위독하자 童子가 모시고 앉아 있었는데, 깔자리를 보고 "너무 화려하고 빛나니, 大夫의 자리인가 봅니다." 하였다. 曾子가 이 말씀을 듣고 깜짝 놀라 일어나 자리를 바꾸게 하고 말씀하기를 "내 바름을 얻고 죽으면 이뿐이다." 하였다.

◎ 明道先生曰 訂頑之言은 極醇無雜하니 秦漢以來學者所未到니라 又曰 訂頑一篇은 意極完備하니 乃仁之體也라 學者其體此意하야 令有諸己하면 其地位已高하니 到此地位하면 自別有見處라 不可窮高極遠이니 恐於道에 無補也로라 又曰 訂頑立心하면 便達得天德이니라 又曰 游酢이 得西銘讀之하고 卽渙然不逆於心하고 曰 此中庸之理也라하니 能求於言語之外者也니라 楊中立問曰 西銘이 言體而不及用하야 恐其流遂至於兼愛하니 何如잇고 伊川先生曰 橫渠立言이 誠有過者나 乃在正蒙이요 西銘之書는 推理以存義하야 擴前聖所未發하야 與孟子性善養氣之論同功하니 豈墨氏之比哉아 西銘은 明理一而分

殊요 墨氏則二本而無分이니라 分殊之蔽는 私勝而失仁하고 無分之罪는 兼愛而無義니라 分立而推理一하야 以止私勝之流는 仁之方也요 無別而迷兼愛하야 以至於無父之極은 義之賊也어늘 子比而同之하니 過矣로다 且彼欲使人推而行之하니 本爲用也어늘 反謂不及하니 不亦異乎아

**◎[1] 明道先生曰 訂頑之言은 極醇無雜하니 秦漢以來學者所未到니라**

明道先生이 말씀하였다.

"〈訂頑〉의 내용은 지극히 순수하고 잡됨이 없으니, 秦·漢 이후 學者들이 이르지 못한 바이다."

1 【譯註】原文에 이 부분은 章에 들어가 있지 않고 원문보다 한 자 낮추었으므로 원문을 따라 한 자를 들이고 ◎로 표시하였다. 이하도 이와 같다.

**◎ 又曰 訂頑一篇은 意極完備하니 乃仁之體也라 學者其體此意하야 令有諸己하면 其地位已高하니 到此地位하면 自別有見處라 不可窮高極遠이니 恐於道에 無補也[1]로라**

또 말씀하였다.

"〈訂頑〉 한 편은 뜻이 지극히 완비되었으니, 바로 仁의 體이다. 배우는 자가 이 뜻을 체인하여 자기 몸에 있게 하면 그 지위(경지)가 이미 높아지니, 이러한 지위에 이르면 자연 특별히 보는 곳이 있게 된다. 높은 것을 다하고 먼 것을 지극히 해서는 안 되니, 이렇게 하면 道에 보탬이 없을 듯하다."

**仁者**는 **本以天地萬物爲一體**[2·3]하니 **體認此意**하야 **實爲我有**면 **所謂眞知而實踐之**니 **至此則又有見於大本一原之妙**[4]**矣**리라

仁한 자는 본래 天地와 萬物을 一體로 여긴다. 이 뜻을 體認하여 진실로 자신의 소유로 삼는다면 이른바 '참으로 알고 진실로 실천한다'는 것이니, 이 경지에 이르면 또 大本一原의 妙理를 봄이 있을 것이다.

**1** 【漢文大系】學者其體此意……無補也 : 陳北溪曰 見得此理渾然無間하야 實有諸己後엔 日用酬酢(수작)이 無往而非此理니 更有何事며 更何用窮高極遠이리오

陳北溪(陳淳)가 말하였다. "이 이치가 渾然하여 간격이 없음을 알아서 실제로 자기 몸에 둔 뒤에는 일상생활에 酬酢하는 것이 가는 곳마다 이 이치 아님이 없을 것이니, 다시 무슨 일이 있으며 다시 어찌 높은 것을 다하고 먼 것을 지극히 할 필요가 있겠는가."

**2** 【漢文大系】仁者 本以天地萬物爲一體 : 論語雍也篇註에 程子曰 仁者는 以天地萬物爲一體하야 莫非己云云이라

《論語》〈雍也〉註에 "仁한 者는 天地와 萬物을 一體로 여겨서 자신 아님이 없다." 하였다.

**3** 【釋疑】仁者 本以天地萬物爲一體 : 按 所謂仁之體는 乃指仁之大體요 初非謂以天地萬物로 爲一體也라

살펴보건대 이른바 '仁의 體'라는 것은 바로 仁의 大體를 가리킨 것이요, 애당초 天地萬物을 一體로 여김을 말씀한 것이 아니다.

**4** 【釋疑】至此則又有見於大本一原之妙 : 按 到此地位하면 自有見於大本一原之妙니 程子所謂自別有見處是也라 又字未妥하니 恐不如自字爲穩이니라

살펴보건대 이 지위에 이르면 자연이 大本一原의 묘함을 봄이 있는 것이니, 程子의 이른바 '특별하게 보는 곳이 있다.'는 것이 이것이다. 又字는 온당치 못하니, 自字가 더욱 온당할 듯하다.

## ◎ 又曰 訂頑立心하면 便達得天德이니라

또 말씀하였다.

"〈訂頑〉으로 마음을 세우면 곧 天德에 도달할 수 있다."

普萬物而無私 天德也라

萬物을 두루하여 사사로움이 없는 것이 天德이다.

**◎ 又曰 游酢이 得西銘讀之하고 卽渙然不逆於心하고 曰 此中庸之理也라하니 能求於言語之外者也니라**

또 말씀하였다.

"游酢이 〈西銘〉을 얻어 읽고는 곧바로 渙然히 풀려 마음에 거슬리지 않고는 말하기를 '이는 中庸의 이치이다.' 하였으니, 言語의 밖에서 찾은 자이다."

游酢은 字定夫니 程子門人也라 中庸은 推本乎天命之性하니 中者는 性之體요 和者는 性之用이니 致中和하면 至於天地位, 萬物育이나 實則原於天命之本然이라 西銘은 以人物之生에 同稟是氣以爲體하고 同具是理以爲性하니 雖有差等이나 實無二本也라 今一視同仁者 亦所以盡一己之性而全天命之本然耳니 此卽中庸之理也니라

游酢은 字가 定夫이니, 程子의 門人이다. 《中庸》은 天命之性에 미루어 근본하였으니, 中은 性의 體이고 和는 性의 用인 바, 中和를 지극히 하면 天地가 자리를 편안히 하고 萬物이 길러짐에 이르나 실제는 天命의 本然에 근원한다. 〈西銘〉은 사람과 물건이 태어날 적에 똑같이 이 氣를 받아 形體로 삼고 똑같이 이 理를 갖추어 性으로 삼았으니, 비록 差等이 있으나 실로 두 根本이 없다. 이제 한결같이 보고 똑같이 사랑하는 것은 또한 자기의 性을 다하여 天命의 本然을 온전히 하는 것이니, 이는 바로 《中庸》의 이치이다.

**◎ 楊中立問曰 西銘이 言體而不及用하야 恐其流遂至於兼愛하니 何如잇고 伊川先生曰 橫渠立言이 誠有過者나 乃**

**在正蒙**이요 **西銘之書**는 **推理以存義**하야 **擴前聖所未發**하야 **與孟子性善養氣之論同功**하니 **豈墨氏之比哉**아 **西銘**은 **明理一而分殊**요 **墨氏則二本而無分**이니라

楊中立이 묻기를 "〈西銘〉은 體만 말하고 用은 언급하지 않아 그 흐름이 마침내 〈墨子의〉 兼愛에 이를까 두려우니, 어떻습니까?" 하자, 伊川先生은 다음과 같이 말씀하였다.

"橫渠가 글을 쓴 것이 진실로 지나친 부분이 있으나 그것은 바로 〈正蒙〉에 있고, 〈西銘〉의 글은 이치를 미루어 義를 보존해서 前聖들이 미처 발명하지 못한 것을 擴充하여 孟子의 性善·養氣의 의논과 功이 똑같으니, 어찌 墨氏의 兼愛說과 같겠는가. 〈西銘〉은 理는 하나이나 分(분수, 또는 나뉨)이 다름을 밝혔고, 墨氏는 根本이 둘이어서 分이 없다.

本註云 老幼及人은 理一也요 愛無差等은 本二也라 ○ 楊時의 字中立이니 程子門人也라 西銘은 以天地爲父母하고 萬物爲同體하니 是理一也라 然而貴賤親疎上下 各有品節之宜하니 是分殊也라 若墨氏는 惑於兼愛하야 則泛然竝施而無差等하야 施之父母者 猶施之路人하니 是는 親疎竝立而爲二本也니라 ○ 或問 理一分殊는 如同胞吾與, 大君家相, 長幼殘疾이 皆自有等差하니 是分殊處否잇가 朱子曰 此是一直看下어니와 更須橫截看이니 天氣而地質하야 與父母固是一理나 然吾之父母與天地는 自是有介親疎요 同胞裏面에 便有理一分殊하고 吾與裏面에 亦便有理一分殊라 龜山이 正是疑同胞吾與 爲近於墨氏하니 不知同胞吾與에 各自有理一分殊在其中矣니라

本註에 이르기를 "내 노인을 존경하고 내 어린이를 사랑하여 남에게까지 미침은 이치가 하나이고, 〈墨子의〉 사랑함에 差等이 없음은 根本이 둘이다." 하였다.

○ 楊時의 字가 中立이니 程子의 門人이다. 〈西銘〉은 天地를 父母로 여

기고 萬物을 同體로 여겼으니, 이는 理가 하나인 것이다. 그러나 貴·賤과 親·疎와 上·下가 각각 品節의 마땅함이 있으니, 이는 分이 다른 것이다. 墨氏(墨子)로 말하면 兼愛說에 혹하여 泛然히 똑같이 베풀어 差等이 없어서 父母에게 베푸는 것을 길 가는 사람에게 베푸는 것처럼 하였으니, 親·疎가 竝立하여 根本이 둘인 것이다.

○ 혹자가 '理는 하나이나 分이 다르다.〔理一分殊〕'는 것은 同胞와 吾與, 大君과 家相, 長幼와 殘疾이 모두 본래 差等이 있으니 이것이 分이 다른 부분입니까?" 하고 묻자, 朱子는 다음과 같이 말씀하였다.

"이것은 一直線으로 본 것이다. 하지만 다시 橫으로 잘라 보아야 하니, 하늘은 氣이고 땅은 質이어서 父母와 진실로 한 理이나 나의 父母와 天地는 자연 親疎가 있으며, 同胞의 裏面에 곧 理一分殊가 있고 吾與의 裏面에 또 理一分殊가 있는 것이다. 龜山(楊時)은 바로 同胞와 吾與가 墨氏에 가깝다고 의심하였으니, 同胞와 吾與에 각각 理一分殊가 그 안에 들어 있음을 알지 못한 것이다."

## ◎ 分殊之蔽는 私勝而失仁하고 無分之罪는 兼愛而無義니라

分殊의 병폐는 私가 이겨 仁을 잃는 것이고, 無分의 죄는 兼愛하여 義가 없는 것이다.

**徒知分之殊而不知理之一**이면 **則其蔽也爲己之私勝**하야 **而失其公愛之理**요 **徒知理之一而不知分之殊**하면 **則其過也兼愛之情勝**하야 **而失其施愛之宜**니라

한갓 分이 다른 것만 알고 理가 하나임을 알지 못한다면 그 가리움(폐단)은 자신을 위하는 私가 이겨서 公愛의 이치를 잃게 되고, 한갓 理가 하나인 것만 알고 分이 다름을 알지 못한다면 그 허물은 兼愛의 情이 이겨서 사랑을 베푸는 마땅함을 잃게 된다.

**◎ 分立而推理一**하야 **以止私勝之流**는 **仁之方也**요 **無別而迷兼愛**하야 **以至於無父之極**은 **義之賊也**어늘 **子比而同之**하니 **過矣**로다

分이 서고나서 理가 하나임을 미루어 이로써 私가 이기는 流弊를 그치게 함은 仁을 행하는 방법이요, 分別이 없어서 兼愛에 미혹되어 無父의 極에 이름은 義를 해치는 賊인데, 그대가 이것을 나란히 놓고 똑같이 여기니, 잘못된 것이다.

分立而推其理之一이면 則無私勝之蔽니 此爲仁之方이니 西銘是也요 施無差等而迷於兼愛면 則其極也至於無父하니 此害義之賊이니 墨氏是也니라

分이 서고나서 그 理가 하나임을 미루면 私가 이기는 폐단이 없을 것이니 이는 仁을 행하는 방법으로 〈西銘〉이 이것이요, 베풂에 差等이 없어서 兼愛에 미혹되면 그 極에는 無父에 이를 것이니 이는 義를 해치는 賊으로 墨氏가 이것이다.

**◎ 且彼欲使人推而行之**하니 **本爲用也**어늘 **反謂不及**하니 **不亦異乎**아

또 저(橫渠)는 사람들로 하여금 이것을 미루어 행하게 하고자 하였으니 본래 用인데, 도리어 用을 언급하지 않았다고 말하니 이상하지 않은가.

西銘은 本言理一하야 欲人推大公之用이러니 因龜山有兼愛之疑라 故程子又明其分之殊하시니 蓋莫非自然之理[1]也라 或曰 旣言理一하고 又曰分殊하니 是理與分이 爲二也로이다 曰 以理推之하면 則竝生於天地之間者同體同性하야 不容以異觀也라 然是理也則有品節之殊, 輕重之等하니 所謂分也者는 特是理之等差耳요 非二端也니라

〈西銘〉은 본래 理가 하나임을 말하여 사람들이 大公의 用을 미루게 하고

자 한 것인데, 이로 인하여 龜山이 兼愛인가 의심하였으므로 程子가 또 分의 다름을 밝힌 것이니, 自然의 이치 아님이 없다.

혹자가 말하기를 "이미 理가 하나임을 말씀하고 또 分이 다르다고 말씀하였으니, 이는 理와 分이 두 가지가 되는 것입니다." 하고 묻자, 다음과 같이 말씀하였다.

"理로 미루어 보면 天地의 사이에 함께 태어난 것이 形體가 같고 性이 같아서 다르게 볼 수가 없다. 그러나 이 理에는 品節의 다름과 輕重의 등급이 있으니, 이른바 分이라는 것은 다만 이 理의 差等일 뿐이요, 두 가지가 아니다."

**1** 【釋疑】莫非自然之理 : 按 此는 言分殊也라
살펴보건대 이는 分이 다름을 가리켜 말한 것이다.

◎ 又作砭(폄)愚曰 戲言은 出於思也요 戲動은 作於謀也라 發於聲하며 見乎四支어늘 謂非己心이면 不明也요 欲人無己疑면 不能也니라 過言은 非心也요 過動은 非誠也라 失於聲하며 繆迷其四體어늘 謂己當然이면 自誣也요 欲他人己從이면 誣人也니라 或者謂出於心者를 歸咎爲己戲하고 失於思者를 自誣爲己誠하야 不知戒其出汝者하고 歸咎其不出汝者하니 長傲요 且遂非라 不智孰甚焉고 橫渠學堂雙牖에 右書訂頑하고 左書砭愚러니 伊川曰 是起爭端이라하야 改訂頑曰西銘이라하고 砭愚曰東銘이라하시니라

◎ 又作砭(폄)愚[1]曰 戲言은 出於思也요 戲動은 作於謀也라 發於聲하며 見乎四支어늘 謂非己心이면 不明也요 欲人無己疑면 不能也니라

〈橫渠先生이〉 또 〈砭愚〉를 지었는데, 그 내용은 다음과 같다.

"희롱하는 말(농담)은 생각에서 나오고 희롱하는 행동(장난)은 꾀함(계획)에서 나온다. 희롱하는 말은 소리에 나오고 희롱하는 행동은 四肢에 나타나는데, 자기 마음이 아니라고 한다면 지혜가 밝지 못한 것이요 남이 자기를 의심하지 않기를 바란다면 될 수 없는 것이다.

**言雖戲**나 **必以思而出也**요 **動雖戲**나 **必以謀而作也**라 **戲言**은 **發於聲**이요 **戲動**은 **見乎四支**어늘 **謂非本於吾心**이면 **是惑也**요 **本於吾心而欲人之不我疑**면 **不可得也**니라

말은 비록 희롱이라도 반드시 생각하여 나오고, 행동이 비록 희롱이라도 반드시 꾀하여 나온다. 희롱하는 말은 소리에 나오고 희롱하는 행동은 四肢에 나타나는데, 자신의 마음에 근본한 것이 아니라고 말한다면 이는 미혹된 것이요, 자신의 마음에 근본하고서 남이 자신을 의심하지 않기를 바란다면 될 수 없는 것이다.

**1** 【釋疑】砭愚 : 退溪曰 以石爲針治病을 謂之砭이니 以此銘으로 治去愚病故로 名之曰砭愚라하니라 ○ 張子曰 戲謔은 不唯害事라 志亦爲氣所流니 不戲謔도 亦是持氣之一端이니라 - 按 持氣之氣는 疑志字라 ○ 按 退溪曰 或者는 有甚於前所云者라 前面人은 以爲非己心이요 謂己當然而已라하야 猶有可改之望이어니와 至此或者하야는 則以之爲己戲라하고 爲己誠이라하야 更無可改之意하니 所以爲甚也니라 愚謂 非己心, 謂己當然者는 此泛論其不明自誣之意요 其曰或者는 指謂某人如此云也니 恐不可分前後하야 以彼爲甚於此也니라 ○ 退溪曰 訂頑砭愚二言이 皆頗隱奧하야 將致學者辨詰紛然之弊라 故程子以爲啓爭端이라하야 改之爲東銘西銘云이라

退溪가 말씀하였다. "돌로 침을 만들어 병을 치료함을 砭이라 하니, 이 銘文으로 어리석은 병통을 다스려 제거하기 때문에 이름을 '砭愚'라 한 것이다."

○ 張子가 말씀하였다. "戲謔은 단지 일에 해로울 뿐만 아니라 뜻 또한 기운에 흘러가는 바가 되니, 戲謔하지 않는 것도 기운(뜻)을 지키는 한 방법이다." - 살펴보건대 持氣의 氣字는 의심컨대 志字가 옳을 듯하다.

○ 살펴보건대 退溪가 말씀하기를 "或者는 앞에서 말한 경우보다 더 심하다. 앞의 사람은 자기 마음이 아니라고 하고 자기가 당연하다고 말할 뿐이어서 오

히려 고칠 수 있는 희망이 있으나, 이 或者에 이르러서는 이것을 자기의 희롱이라고 하고 자기의 진실이라고 하여 다시 고칠 뜻이 없으니, 이 때문에 더욱 심한 것이다." 하였다. 내(尤菴)가 생각하건대 자기 마음이 아니요 자기가 당연하다고 말하는 것은 밝지 못하여 스스로 속이는 뜻을 泛然히 논한 것이요, 或者라고 말한 것은 아무 사람은 이와 같다고 가리켜 말한 것이니, 前·後를 나누어 저것(혹자)이 이것보다 심하다고 할 수는 없을 듯하다.

○ 退溪가 말씀하였다. "〈訂頑〉과 〈砭愚〉는 둘다 내용이 모두 은미하고 심오하여, 장차 배우는 자들이 변론하고 힐난하여 분분하게 다투는 병폐를 이룰 수 있다. 그러므로 程子가 '분쟁의 단서를 열어 놓는다.' 하여, 〈東銘〉과 〈西銘〉으로 명칭을 고치신 것이다."

## ◎ 過言은 非心也요 過動은 非誠也라 失於聲하며 繆迷其四體어늘 謂己當然이면 自誣也요 欲他人己從이면 誣人也니라

잘못된 말은 眞心이 아니며 잘못된 행동은 誠實(진실)이 아니다. 소리에 잘못되고 四體(四肢)에 잘못되었는데, 자신의 당연한 것이라고 이른다면 자기 마음을 속이는 것이요, 타인이 자기를 따르기를 바란다면 남을 속이는 것이다.

言之過者는 非其心之本然[1]也요 動之過者는 非其誠之實然也라 失於聲而爲過言하고 繆迷其四體而爲過動하니 謂之過者는 皆誤而非故也어늘 或者吝於改過하야 遂以爲己之當然이라하니 是는 自誣其心也요 旣憚改而自誣하고 又欲人之從之하면 是는 誣人也라 此夫子所謂小人之過也必文이요 孟子所謂過則順之하고 又從而爲之辭니라

말이 잘못된 것은 마음의 本然이 아니요, 행동이 잘못된 것은 誠의 眞實이 아니다. 소리에 잘못되어 잘못한 말이 되고 四體에 잘못되어 잘못된 행동이 되었으니, 이를 過라고 이름은 모두 過誤요 故意가 아닌 것이다. 그런데 혹자는 허물을 고치는데 인색하여, 마침내 자기의 당연한 것이라고 하니

이는 스스로 자기 마음을 속이는 것이요, 이미 허물을 고치기를 꺼려서 스스로 속이고 또 남이 자기를 따르기를 바란다면 이는 남을 속이는 것이다. 이는 夫子(孔子)의 이른바 '小人의 허물은 반드시 文飾한다.'는 것이요, 孟子의 이른바 '허물이 있으면 순히 덮어두고 또 따라서 변명한다.'는 것이다.

1 【釋疑】非其心之本然 : 按 本然字未穩이라
살펴보건대 '本然'이라는 글자는 온당치 못하다.

**◎ 或者謂出於心者를 歸咎爲己戲하고 失於思者를 自誣爲己誠하야 不知戒其出汝者하고 歸咎其不出汝者하니 長傲요 且遂非라 不智孰甚焉고**

혹자는 마음에서 나온 것을 허물을 돌려 자기의 희롱이라 하고, 생각에 잘못된 것을 스스로 속여 자기의 眞心에서 나온 것이라 하여, 너(자신)에게서 나온 것을 경계하고 너에게서 나오지 않은 것에 허물을 돌릴 줄을 알지 못하니, 오만함을 자라게 하고 또 非行을 이룬다. 지혜롭지 못함이 무엇이 이보다 심하겠는가."

戲諿은 出於心思하니 乃故爲也어늘 不知所當戒하고 徒歸咎以爲戲면 則長傲而慢愈滋矣라 過誤는 不出於心思하니 乃偶失耳어늘 不知歸咎於偶失하고 反自誣以爲實然이면 則遂非而過不改矣니라 ○ 學者深省乎此면 則崇德辨惑, 矯輕警惰之功이 亦大矣라 然其於戲且誤者에도 克治尙如此之嚴이어든 況乎過之非戲誤者를 豈復留之纖芥하야 以累其身心哉아

戲諿은 마음과 생각에서 나오니 바로 故意로 한 것인데, 마땅히 경계해야 할 줄을 알지 못하고 한갓 희롱에 허물을 돌린다면 이는 오만함을 자라게 하여 오만함이 더욱 불어난다. 과오는 마음과 생각에서 나오지 않았으니 바로 우연히 잘못한 것인데, 우연히 잘못한 것에 허물을 돌릴 줄을 알지 못하고 도리어 스스로 속여서 진실이라고 여기면 이는 비행을 이루어 허물을 고치지 못한다.

○ 배우는 자가 이것을 깊이 살핀다면 德을 높이고 의혹을 분변함과 경솔함을 바로잡고 나태함을 경계하는 공부가 또한 클 것이다. 그러나 희롱과 과오에도 이겨 다스리기를 오히려 이와 같이 엄격히 하는데, 하물며 희롱과 과오가 아닌 과오를 어찌 다시 조금이라도 남겨두어 몸과 마음에 누가 되게 하겠는가.

◎ **橫渠學堂雙牖**에 **右書訂頑**하고 **左書砭愚**러니 **伊川曰 是起爭端**이라하야 **改訂頑曰西銘**이라하고 **砭愚曰東銘**이라하시니라

橫渠가 學堂의 두 창에 오른쪽에는 〈訂頑〉을 쓰고 왼쪽에는 〈砭愚〉를 써붙였는데, 伊川이 말씀하기를 "이것은 論爭의 단서를 일으킬 수 있다." 하여 〈訂頑〉을 고쳐 〈西銘〉이라 하고 〈砭愚〉를 고쳐 〈東銘〉이라 하였다.

頑者는 暴忍而不仁이요 愚者는 昏塞而不智라 訂頑은 主仁而義在其中이요 砭愚는 主智而禮在其中이니라

頑은 포악하고 잔인하여 仁하지 못한 것이고, 愚는 어둡고 막혀 지혜롭지 못한 것이다. 〈訂頑〉은 仁을 주장하였는데 義가 이 가운데에 들어 있고, 〈砭愚〉는 智를 주장하였는데 禮가 이 가운데에 들어 있다.

【張伯行 註】張子揭此二則하야 警示學者한대 伊川이 恐人泥愚頑字하야 或左右互訕하야 以起爭端이라 故改爲東西銘하시니 不作標題라도 義指自渾이니라

張子가 이 두 銘文을 게시하여 배우는 자들에게 경계하여 보이셨는데, 伊川은 사람들이 愚字와 頑字에 집착하여 혹은 좌우로 서로 비방하여 분쟁의 단서가 야기될까 두려워하였다. 그러므로 〈東銘〉과 〈西銘〉이라고 고치셨으니, 標題를 붙이지 않았지만 의미가 저절로 渾然하다.

**90. 將修己인댄 必先厚重以自持니 厚重知學이라야 德乃進而不固矣리라 忠信進德은 惟尙友而急賢이요 欲勝己者親인댄 無如改過之不吝[1]이니라 〈文集 下同〉**

〈橫渠先生이 말씀하였다.〉

"장차 자기 몸을 닦으려고 한다면 반드시 먼저 厚重하여 스스로 지켜야 하니, 厚重하면서 배울 줄을 알아야 德이 마침내 진전되어 固滯하지 않을 것이다. 忠信하여 德을 진전시킴은 오직 벗을 높이고 어진이와 사귐을 급히 여기는 것이요, 자기보다 나은 자가 친해 주기를 바란다면 허물을 고치는 데에 인색하지 않는 것보다 더한 것이 없다." 〈《橫渠先生文集》에 보인다. 이하도 같다.〉

說見論語라 君子修己之道 必以厚重爲本이니 苟輕浮則無受道之基나 然徒重厚而不知學이면 則德亦固滯而不進矣리라 然進德之道는 必以忠信爲主요 而求忠信之輔者는 莫急於交勝己之賢이라 但或吝於改過면 則無所施其責善之道하야 賢者亦不我親矣리라 ○ 學則不固之說은 與本文異[2]하니 此自是一義라 有益學者故로 取焉하니 此錄經說에 有與本文異者放此하니라

내용이 《論語》에 보인다. 君子가 修己하는 道는 반드시 厚重함으로 根本을 삼으니, 만일 경박하고 들뜨면 道를 받아들일 기반(터전)이 없는 것이다. 그러나 한갓 厚重하기만 하고 배울 줄을 알지 못하면 德이 또한 固滯하여 진전하지 못할 것이다. 그러나 進德하는 道는 반드시 忠信을 주장으로 삼으며, 忠信의 도움을 구하는 것은 자기보다 나은 賢者를 사귀는 것보다 더 급한 것이 없다. 다만 혹시라도 허물을 고치는 데 인색하면 責善의 道理를 베풀 곳이 없어서 賢者가 또한 나와 친해 주지 않을 것이다.

○ '學則不固'의 해설은 本文과 다르니, 이는 별도로 한 가지 뜻이다. 배우는 자들에게 유익하므로 취하였으니, 여기에 기록한 經說 중에 本文과 다른 것은 이와 같다.

1 【漢文大系】將修己……無如改過之不吝：論語學而篇曰 君子不重則不威니 學則不固니라 主忠信하며 無友不如己者요 過則勿憚改라하니라

《論語》〈學而〉에 "군자가 厚重하지 않으면 위엄이 없으니 학문도 견고하지 못하다. 忠信을 주장하며 자신만 못한 자를 벗하려 하지 말고, 허물이 있으면 고치기를 꺼리지 말라." 하였다.

2 【譯註】學則不固之說 與本文異：'學則不固'에 대하여 朱子는 윗글을 이어받아 '학문이 견고하지 못하다.'로 해석하였으나 張橫渠는 "배우면(학문을 하면) 固滯하지 않는다."로 풀이하여, 固를 朱子는 좋게 본 반면, 橫渠는 나쁘게 보았으므로 本文과 다르다고 말씀한 것이다.

**91. 橫渠先生이 謂范巽之[1]曰 吾輩不及古人은 病源何在오 巽之請問한대 先生曰 此非難悟라 設此語者는 蓋欲學者存意之不忘하야 庶游心浸熟하야 有一日脫然如大寐之得醒耳[2]니라**

橫渠先生이 范巽之에 이르기를 "우리들이 古人에게 미치지 못함은 병통의 근원이 어디에 있는가?" 하자, 范巽之가 이에 대해 물으니, 선생은 다음과 같이 말씀하였다. "이것은 깨닫기가 어렵지 않다. 내가 이러한 말을 하는 것은 배우는 자들이 뜻을 두고 잊지 아니하여, 마음을 優游하여 잠기고 익숙하게 해서 어느날 脫然히 큰 잠을 깨듯이 하고자 해서이다."

范育의 字巽之라 朱子曰 橫渠設此語는 正要學者將此題目하야 時時自省하야 積久貫熟而自得之耳니라 又曰 人於義理에 須如所謂脫然大寐之得醒이라야 方始是信得處니라

范育의 字가 巽之이다.

朱子가 말씀하였다.

"橫渠가 이 말씀을 하신 것은 바로 배우는 자들이 이 題目을 가져다가 때

때로 살펴 오랫동안 쌓아 익숙해져서 스스로 터득하게 하고자 하신 것이다."

또 말씀하였다.

"사람이 義理에 있어 모름지기 이른바 '脫然히 큰 잠을 깨듯이 한다.'는 것처럼 하여야 비로소 믿어 얻는 것이다."

1 【釋疑】范巽之 : 按 張子門人이니 序正蒙하니라

살펴보건대 范巽之는 張子의 門人이니, 〈正蒙〉의 서문을 지었다.

2 【漢文大系】橫渠先生……脫然如大寐之得醒耳 : 欄外書曰 語類에 問如何說存意不忘이닛고 曰 只是常存不及古人意니라 又曰 不忘은 是立志요 忘은 是病源이라 遊心浸熟하야 勿忘勿助長이니 猶服藥調護하야 脫然得醒이면 則確然病去也라 言希賢希聖을 久而得效也니라

《欄外書》에 말하였다. "《語類》에 '어떠하여야 뜻을 보존하여 잊지 않는다고 말할 수 있습니까?' 하고 묻자, 〈朱子가〉 대답하기를 '다만 항상 옛사람에게 미치지 못한다는 뜻을 보존하는 것이다.' 하였다. 또 말씀하기를 '잊지 않음은 뜻을 세우는 것이요, 잊음은 바로 병의 근원이다. 마음을 優游하여 잠기고 익숙하게 해서 잊지도 말고 助長하지도 말아야 하니, 마치 약을 먹어 병을 조리하는 것과 같아서 脫然히 깨어나면 確然히 병이 제거될 것이다.' 하였다. 이는 賢人을 바라고 聖人을 바라는 것을 오랜 뒤에야 효험을 얻을 수 있음을 말한 것이다."

**92. 未知立心엔 惡思多之致疑요 旣知所立엔 惡講治之不精이니라 講治之思 莫非術內니 雖勤而何厭이리오마는 所以急於可欲者는 求立吾心於不疑之地니 然後에 若決江河하야 以利吾往이니라 遜此志하야 務時敏이면 厥修乃來라 故雖仲尼之才之美로도 然且敏以求之하시니 今持不逮之資하야 而欲徐徐以聽其自適은 非所聞也로다**

**92-1 未知立心엔 惡思多之致疑요 旣知所立엔 惡講治**

**之不精**이니라

〈橫渠先生이 말씀하였다.〉

"마음을 세울 줄 모를 적에는 생각을 많이 하여 의혹을 이룸을 싫어하고, 이미 마음을 세울 바를 안 뒤에는 講治가 精하지 못함을 싫어해야 한다.

立心未定而多思致惑이면 則所向或移하고 立心旣定而講治粗疎면 則所業莫進이니라

마음을 세움이 정해지지 못했는데 생각을 많이 하여 의혹을 이루면 趨向하는 바가 혹 바뀌게 되고, 마음을 세움이 이미 정해졌는데 講治가 거칠고 소홀하면 공부하는 바가 진전되지 못한다.

**92-2 講治之思 莫非術內**니 **雖勤而何厭**이리오마는 **所以急於可欲者**는 **求立吾心於不疑之地**니 **然後**에 **若決江河**하야 **以利吾往**[1]이니라

講治의 생각은 모두 學術 안에 있는 것이니, 비록 수고로우나 어찌 싫어하겠는가마는 可欲(좋아할 만한 좋은 방법)을 밝힘을 급하게 여기는 까닭은 나의 마음을 의혹하지 않는 곳에 세우고자 해서이니, 이렇게 한 뒤에야 江河를 터놓은 듯하여 나의 감을 순탄하게 할 수 있다.

承上文而言호되 致思講治 乃窮理之事니 皆在吾學術之內라 初何厭乎勤이리오하시니 此는 言講治之貴精이라 然所以急於明可欲之善者는 蓋欲先定吾志하야 無所疑惑[2]이니 然後에 能若決江河하야 進而不可遏이니 此는 言立心之必定이니라

윗글을 이어 말씀하기를 "致思와 講治는 바로 窮理의 일이니, 모두 나의 學術 안에 들어 있다. 애당초 어찌 수고로움을 싫어하겠는가." 하였으니, 이

는 講治에 精함을 귀하게 여김을 말씀한 것이다. 그러나 可欲의 善을 밝히는 것을 급하게 여기는 까닭은 먼저 내 마음을 定하여 의혹하는 바가 없게 하고자 해서이다. 이렇게 한 뒤에야 江河를 터놓은 듯하여 전진하여 막을 수 없는 것이니, 이는 마음을 세움을 반드시 定해야 함을 말씀한 것이다.

**【張伯行 註】可欲**은 **對惡**(오)**字看**이니 **承上文思多講治而言**이라 **講治之功**과 **致思之多**가 **莫非吾學術分內之事**니 **雖勤勤於此**라도 **亦所不廢**니 **何必厭之而有所惡**리오 **顧君子爲學**에 **自有所欲之功耳**라 **所以急於可欲者**는 **求志向堅定明白**하야 **立吾心於不疑之地**하야 **自無多思之可惡然後**에 **沈潛講治**하고 **優游厭飫**하야 **沛然有得**이라 **若江河之決**하야 **條達流行**하야 **任吾所往**호되 **無不冰釋理順**하야 **而講治亦無惡其不精矣**리라 **如是乃君子之所貴耳**니 **非謂講治致思之可不事也**니라

可欲은 惡字와 상대하여 보아야 하니, 上文의 思多(생각을 많이 함)와 講治를 이어서 말한 것이다. 講治의 공부와 致思의 많음이 모두 내 學術의 분수 안의 일이니, 비록 여기에 부지런히 힘쓰더라도 또한 폐하지 않아야 할 바이니, 어찌 싫어하여 미워하는 바가 있겠는가. 다만 君子가 學問할 적에 자연 하고자 하는 공부가 있다. 可欲을 급히 여기는 이유는 志向이 굳게 정해지고 분명하여 의심하지 않는 자리에 나의 마음을 세워서 자연 미워할 만한 많은 생각이 없게 한 뒤에야 沈潛하고 講治하며 優游하고 厭飫하여 沛然히 얻음이 있을 것이다. 江河를 터놓은 것과 같아서 條理가 暢達하고 流行하여 내가 가는 대로 맡겨두어도 모두 얼음이 풀리듯 이치가 순하여 講治 또한 그 정밀하지 못함을 싫어함이 없을 것이다. 이와 같이 하는 것이 바로 君子가 귀하게 여기는 것이니, 講治와 致思를 일삼지 않아도 된다고 말한 것은 아니다.

**1** 【釋疑】未知立心……以利吾往 : 按 孟子可欲之謂善이라한대 朱子曰 天下之理 其善者는 必可欲이요 其惡者는 必可惡니 其爲人也 可欲而不可惡면 則可謂善人矣니라 又曰 可欲은 是資稟好하야 別人以爲可欲이니 是說這人可愛也라 其爲人이 處心造事行己接物에 一皆可欲而不可惡면 則可謂之善人矣리라 ○ 慶源輔氏曰 先儒多以可欲으로 爲己之欲이로되 獨集註不然하니 可欲은 是別人이 以爲可欲이니라

○ 按 橫渠所謂可欲은 與朱子意不同하니라

살펴보건대《孟子》에 '可欲(좋아할 만함)을 善'이라 하였는데, 그 註에 朱子가 말씀하였다. "天下의 이치가 善한 것은 반드시 좋아할 만하고 惡한 것은 반드시 미워할 만하니, 그 사람됨이 좋아할 만하고 미워할 만하지 않으면 善人이라 이를 수 있다." 또 말씀하였다. "可欲은 資稟이 좋아서 딴 사람이 可欲이라 하는 것이니, 이 사람이 좋아할 만하다고 말하는 것이다. 그 사람됨이 마음을 두고 일을 하며 자기 몸을 행하고 남을 대하는 것이 한결같이 모두 사랑할 만하고 미워할 만하지 않으면 善人이라 이를 수 있다."

○ 慶源輔氏가 말하였다. "先儒들은 可欲을 자기가 하고자 하는 것이라고 많이 말하였는데, 유독 朱子의《集註》는 그렇지 않으니, 可欲은 딴 사람이 可欲이라고 여기는 것이다."

○ 살펴보건대 橫渠가 말씀한 可欲은 朱子의 뜻과는 다르다.

2 【釋疑】急於明可欲之善……無所疑惑 : 按 朱子曰 急於可欲之善이면 則便是無善惡之雜이니 便是立吾心於不疑之地라하시니 此專以行言이어늘 葉說은 似以知言하니 恐未穩이라

살펴보건대 朱子가 말씀하기를 "可欲의 善을 급하게 여기면(우선하면) 곧 善惡의 뒤섞임이 없으니, 이것이 바로 내 마음을 의심하지 않는 곳에 세우는 것이다." 하였는 바, 이는 오로지 行으로 말씀한 것인데, 葉氏의 註는 知로 말한 듯하니, 온당하지 못할 듯하다.

## 92-3 遜此志하야 務時敏이면 厥修乃來라 故雖仲尼之才之美로도 然且敏以求之[1]하시니 今持不逮之資하야 而欲徐徐以聽其自適은 非所聞也[2]로다

이 뜻을 겸손히 하여 힘써 때로 민첩하게 하면 그 닦아짐이 마침내 올 것이다. 그러므로 비록 仲尼의 훌륭한 재주로도 민첩하게 구하셨으니, 이제 미치지 못하는 資質을 가지고 서서히 悠悠自適하도록 내버려 두고자 하는 것은 내가 들어본 바가 아니다."

遜은 順也라 遜此志則立心已定이요 務時敏則講學爲急[3]이니 如是則所修乃日見其進也라 說見尙書하니라

遜은 공순(겸손)함이다. 이 뜻을 겸손히 하면 立心이 이미 정해지고, 힘써 때로 민첩하게 하면 講學을 급하게 여기니, 이와 같이 하면 닦는 바가 날로 진전됨을 볼 것이다. 내용이 《尙書》에 보인다.

**1** 【釋疑】 敏而求之 : 論語註에 敏은 速也니 謂汲汲也라

《論語》의 註에 "敏은 신속함이니, 급급히 함을 이른다." 하였다.

**2** 【漢文大系】 遜此志……非所聞也 : 書經說命篇曰 惟學은 遜志니 務時敏이라야 厥修乃來라하니라 ○ 論語述而篇曰 好古敏以求之者也라하니라 ○ 書經說命篇曰 匪說攸聞이라한대 註云 甚言無此理也라하니라

《書經》〈說命〉에 이르기를 "배움은 뜻을 겸손히 하여야 하니, 힘써 때로 민첩하게 하면 그 닦아짐이 마침내 온다." 하였다.

○《論語》〈述而〉에 "옛것을 좋아하여 민첩히 구하는 자이다." 하였다.

○《書經》〈說命〉에 "제(說)가 들은 바가 아닙니다." 하였는데, 註에 "이러할 이치가 없음을 지극히 말한 것이다." 하였다.

**3** 【釋疑】 遜此志則……講學爲急 : 按 書註曰 如有所不及이어든 勤以勵己라하니라 朱子曰 遜其志요 又須時敏이니 若似做不做하야 或作或輟이면 亦不濟事라하시니 然則時敏은 以敏於行言이요 不但以講學言也라 若以遜志務時敏으로 爲立心以後之事면 則可어니와 若分遜志與務時敏하야 以應立心與講學이면 則恐未免牽合之失이니라

살펴보건대 《書經》의 註에 "만일 미치지 못하는 바가 있으면 부지런히 힘써서 자신을 勉勵하는 것이다." 하였다. 朱子는 말씀하기를 "그 뜻을 겸손히 하고 또 모름지기 때로 민첩하게 해야 하니, 만일 공부를 하는 둥 마는 둥 하여 혹 하기도 하고 혹 그치기도 한다면 또한 일을 이루지 못한다." 하였다. 그렇다면 時敏은 行을 힘쓰는 것을 말씀한 것이고 다만 講學하는 것만 가지고 말씀한 것이 아니다. 만약 遜志와 務時敏을 立心 이후의 일로 삼는다면 괜찮지만, 만약 遜志와 務時敏을 나누어서 立心과 講學에 맞춘다면 일부러 꿰어 맞추는 잘못을 면하지 못할 듯하다.

**93. 明善이 爲本이요 固執之라야 乃立이라 擴充之則大요 易視之則小니 在人能弘之而已[1]니라**

〈橫渠先生이 말씀하였다.〉

"善을 밝힘이 根本이 되고 이것을 굳게 잡아지켜야 비로소 확립된다. 擴充하면 커지고 하찮게 보면 작아지니, 사람이 이것을 크게 함에 달려 있을 뿐이다."

**明善者**는 **爲學之本**이니 **知之旣明**이요 **由是固守之**면 **則此德有立**이라 **推廣之**면 **則此德日大**요 **苟以忽心視之**면 **則所見者亦寖微**[2]**矣**리라

善을 밝힘은 學問을 하는 근본이니, 앎이 이미 분명하고 이로 말미암아 굳게 지키면 이 德이 서게 된다. 이것을 미루어 넓히면 이 德이 날로 커질 것이요, 만일 소홀히 여기는 마음으로 하찮게 보면 보는 바가 또한 점점 작아질 것이다.

**【張伯行 註】此**는 **張子合中庸孟子論語之言**하야 **以明爲學之功也**라 **學貴知行竝進**하니 **乃能盡道之量**이로되 **而入手**는 **必自知始**라 **故必先明乎至善之所在然後**에 **用力以求其至**면 **則明善**이 **爲學之本**이라 **知之旣明**이면 **則必固而執之**라야 **其德**이 **乃植立而不移**요 **守之旣固**면 **則必推廣而擴充之**라야 **其德**이 **乃能光大而不隘**니 **若忽以爲易**면 **便是不能明善**하야 **而所見亦卑狹**하야 **而不足語夫道之大全矣**리라 **然則由知而行**하고 **由行而大**가 **皆所以盡乎道之量**이니 **而不可以自畫其功者也**라 **人心有覺**하고 **道體無爲**하니 **弘道之力**이 **豈不在乎人哉**아

이는 張子가 《中庸》과 《孟子》, 《論語》의 말씀을 모아 學問하는 공부를 밝힌 것이다. 學問은 知·行이 함께 진전함을 귀하게 여기니, 知·行이 함께 진전하여야 비로소 道의 量을 다할 수 있으나 손을 대는 것은 반드시 知工夫로부터 시작해야 한다. 그러므로 반드시 먼저 至善의 소재를 밝게 안 뒤에야 힘을 써서 그 지극함을 구할 수 있으니, 그렇다면 善을 밝힘이 學問의 根本이 되는 것이다. 앎이 이미 밝아지면 반드시 굳게 잡아야 德이 비로소 꿋꿋이 세워져 시 옮겨가지 않고, 지킴이 이미 견고해지면 반드시 미루어 넓혀서 확충하여야 德이 비로소 光大하여 좁지 않을 것이니, 만약 이것(知工夫)을 소홀히 여겨서

쉽게 생각한다면 곧 善을 밝히지 못하여 보는 바가 또한 낮고 좁아서 道가 완전히 갖추어져 모자람이 없다고 말할 수 없을 것이다. 그렇다면 知로 말미암아 행하고 行으로 말미암아 커지는 것이 모두 道의 量을 다하는 것이니, 그 공부를 스스로 한계지을 수 없는 것이다. 人心은 깨달음이 있고 道體는 함이 없으니, 道를 넓히는 힘이 어찌 사람에게 달려 있지 않겠는가.

**1** 【漢文大系】明善爲本……在人能弘之而已：中庸曰 不明乎善이면 不誠乎身矣라하고 又曰 擇善而固執之者也라하니라 ○ 孟子公孫丑上篇에 凡有四端於我者를 知皆擴而充之라하니라 ○ 論語衛靈公篇曰 人能弘道라하니라 ○ 欄外書曰 非道弘人이라 故易視之則小耳니라

《中庸》에 "善을 밝게 알지 못하면 몸을 성실히 하지 못한다." 하였으며, 또 "善을 가려서 굳게 지키는 자이다." 하였다.

○《孟子》〈公孫丑 上〉에 "무릇 나에게 있는 四端을 알아서 다 넓힌다." 하였다.

○《論語》〈衛靈公〉에 "사람이 道를 넓힌다." 하였다.

○《欄外書》에 말하였다. "道가 사람을 크게 넓히는 것이 아니므로 하찮게 보면 작아지는 것이다."

**2** 【釋疑】所見者亦寢微：按 大小는 以德言也니 葉說이 未曉라

살펴보건대 大小는 德으로 말한 것이니, 葉氏의 말은 분명치 못하다.

**94.** 今且只將尊德性而道問學爲心하야 日自求호되 於問學者에 有所背否아 於德性에 有所懈否아하라 此義亦是博文約禮, 下學上達이니 以此警策一年이면 安得不長이리오 每日에 須求多少爲益이니 知所亡(無)하며 改得少不善이 此德性上之益이며 讀書에 求義理하고 編書에 須理會有所歸著이요 勿徒寫過하며 又多識前言往行이 此問學上益也니 勿使有俄頃閑度(渡)하야 逐日似此하면 三年에 庶幾有進이리라

**94-1 今且只將尊德性而道問學[1]爲心**하야 **日自求**호되 **於問學者**에 **有所背否**아 **於德性**에 **有所懈否**아하라 **此義亦是博文約禮, 下學上達**이니 **以此警策一年**이면 **安得不長[2]**이리오

〈橫渠先生이 말씀하였다.〉

"이제 우선 尊德性과 道問學만을 가지고 마음을 삼아 날마다 스스로 찾되 問學에 위배되는 바가 있는가, 德性에 게으른 바가 있는가 하라. 이 뜻이 또한 博文·約禮요 下學·上達이니, 이것으로 일년동안 경계하고 채찍질한다면 學問이 어찌 진전되지 않겠는가.

**尊者**는 **崇尙敬持之意**요 **道**는 **由也**라 **由學問而惟恐背違**하고 **崇德性而惟恐懈怠**하야 **日以此自省**하야 **積之歲月**이면 **則內外兼進矣**리라 **尊德性**은 **則是約禮上達之事**요 **道問學**은 **則是博文下學之事[23]**니라

尊은 높이고 공경히 잡는 뜻이요 道는 말미암음이다. 學問으로 말미암되 행여 위배될까 두려워하고 德性을 높이되 행여 게으를까 두려워하여, 날마다 이것으로써 스스로 살펴서 歲月이 쌓이면 內外가 겸하여 진전될 것이다. 尊德性은 約禮와 上達의 일이요, 道問學은 博文과 下學의 일이다.

**1** 【釋疑】尊德性而道問學 : 中庸本註曰 尊者는 恭敬奉持之意요 德性者는 吾所受於天之正理라하니라

《中庸》의 本註에 "尊은 공경하여 받들어 지킨다는 뜻이요, 德性은 내가 하늘에서 받은 正理이다." 하였다.

**2** 【漢文大系】今且只將……安得不長 : 中庸曰 君子는 尊德性而道問學이라하니라 ○ 論語子罕篇曰 博我以文이요 約我以禮라하고 同憲問篇曰 不怨天하며 不尤人이요 下學而上達이라하니라

《中庸》에 "군자는 德性을 높이면서 問學으로 말미암는다." 하였다.

○《論語》〈子罕〉에 "나의 지식을 文으로써 넓히시고 나의 행동을 禮로써 요약하게 하셨다." 하였으며, 같은 책 〈憲問〉에 "하늘을 원망하지 않고 사람을 탓하지 않고 아래로 사람의 일을 배워 위로 天理를 통달한다." 하였다.

3 【釋疑】尊德性則是約禮……下學之事：按 葉氏는 以尊德性爲上達하고 道問學爲下學이라 然尊德性中에도 亦有下學上達하니 操存은 是下學이요 極高明은 是上達이라 道問學亦然하니 博學이 雖是下學이나 盡精微而道中庸도 亦是下學乎아

살펴보건대 葉氏는 尊德性을 上達로, 道問學을 下學으로 삼았다. 그러나 尊德性 가운데에도 또한 下學과 上達이 있으니, 操存은 바로 下學이고 極高明은 바로 上達이다. 道問學 또한 그러하니, 博學이 비록 下學이나 정미함을 극진히 하고 中庸을 말미암는 것도 下學이라 할 수 있겠는가.

## 94-2 每日에 須求多少爲益이니 知所亡(無)하며 改得少不善[12]이 此德性上之益이며

매일 모름지기 多少의 유익함을 구하여야 하니, 없는 바(알지 못하는 것)를 알며 조그마한 不善이라도 고치는 것 이것은 德性上의 유익함이며

學者日省其身호되 所以增益其不知者何如며 所以改治其不善[3]者何如오하야 以是存心이면 則德日新矣리라

배우는 자가 날마다 자기 몸을 살피되 알지 못하는 것을 더 앎이 어떠하며 不善을 고치고 다스림이 어떠한가 살펴서 이것을 마음속에 둔다면 德이 날로 새로워질 것이다.

【張伯行 註】自此以下는 示其求益工夫라 言每日에 旣以違背懈怠自警策하고 又須於德性問學上에 實得求益工夫라야 方爲有用이라 如吾心中에 有所未知어든 涵泳久而心體自瑩徹하야 便知其所亡하고 吾心中에 未能滿其本然之善이어든 卽是不善이니 磨礪深而不善亦漸少라 是謂改得少不善이니 此乃德性上之益而每日所當知者也니라

이 이하는 유익함을 구하는 공부를 보인 것이다. 매일 道理에 위배되는가 게으른가를 이미 스스로 경계하고, 또 모름지기 尊德性과 道問學 상에서 실제로 유익함을 구하는 공부를 얻어야 비로소 유용하다. 만일 내 마음속에 알지 못하는 바가 있으면, 오랫동안 涵泳하면 마음의 體가 저절로 밝아져서 곧 알지 못하던 바를 알게 될 것이요, 내 마음속에 本然의 善을 충만하게 하

지 못하였으면 곧 이것이 不善이니, 갈고 닦기를 깊이 하면 不善함이 또한 점점 적어진다. 이것을 일러 적은 不善도 고친다고 하는 것이니, 이것이 바로 尊德性 상의 유익함으로서 매일 마땅히 알아야 할 것들이다.

1 【漢文大系】每日……改得少不善：欄外書曰 益字宜句絶이라 多少爲益은 指下文言이요 知所亡는 論語子夏語니 知字重看이라 亡者는 謂本體雖具나 而未察識者라

《欄外書》에 말하였다. "益字에서 마땅히 句를 떼어야 한다. 多少爲益은 아랫글을 가리켜 말한 것이요, 知所亡는《論語》에 있는 子夏의 말이니 知字를 중요하게 보아야 한다. 亡라는 것은 본체에 비록 갖추어져 있으나 살펴 알지 못함을 이른다."

2 【釋疑】每日……改得少不善：論語註에 亡는 無也니 謂己之所未有라 按 退溪答栗谷曰 須求多少爲益知所亡하며 改得少不善은 此段文義果似未瑩이라 然其大義는 只如葉註之說이라 註中에 不知二字는 貼所亡字하니 乃論語日知其所亡之意也라 但其文嶢崎하야 令人難讀耳라 改得少不善은 謂有少不善이어든 輒改之也니 非欠一多字라하니라 栗谷은 釋求字 在善字下하야 與退溪釋으로 不同하니라

《論語》의 註에 "亡는 없음이니, 자기가 아직 가지고 있지 않은 것을 이른다." 하였다. 살펴보건대 退溪가 栗谷에게 답한 글에 '"須求多少爲益 知所亡 改得少不善'은 이 단락의 글 뜻이 과연 분명치 못한 듯하다. 그러나 그 大義는 다만 葉氏 註의 내용과 같을 뿐이다. 註 가운데에 '不知' 두 글자는 所亡라는 글자에 해당되니, 바로《論語》에 '日知其所亡'의 뜻이다. 다만 文章이 까다로워 사람으로 하여금 읽기가 어렵게 할 뿐이다. '改得少不善'은 '작은 不善이라도 있으면 곧 고침'을 이른 것이니, 한 多字가 빠져 있는 것이 아니다." 하였다. 栗谷은 求字를 善字의 아래에 해석하여 退溪의 해석과 다르다.

3 【釋疑】增益其不知……改治其不善：按 多少爲益之益은 卽德性上益이요 問學上益之益은 統言兩益字也라 知所亡者는 日知其所未知也니 此非德性上事요 乃學問上事也며 必日知所亡하야 而改得少不善이 乃屬德性上事矣라 緣葉氏以增益其不知와 改治其不善으로 分作兩脚說이라 故誤看此段文義者多하니 不可不辨이라 且葉氏增益其不知는 文字有病하니 益字下에 有知字라야 乃通이니라

살펴보건대 多少爲益의 益은 바로 德性上의 유익함이요, 問學上 유익함의 益은 두 益字를 통합하여 말씀한 것이다. '知所亡'는 날마다 그 알지 못했던 것을 아는 것이니, 이는 德性上의 일이 아니고 바로 學問上의 일이며, 반드시 날

마다 없는 바를 알고 작은 不善이라도 고치는 것이 바로 德性上의 일에 속한다. 그런데 葉氏가 '增益其不知'와 '改治其不善'을 두 갈래로 나누어 해석하였기 때문에 사람들이 이 단락의 뜻을 잘못 풀이하는 자가 많으니, 분변하지 않을 수 없다. 또 葉氏의 '增益其不知'는 文字에 병통이 있으니, 益字 아래에 知字가 있어야 뜻이 비로소 통한다.

## 94-3 讀書에 求義理하고 編書에 須理會有所歸著이요 勿徒寫過하며 又多識前言往行이 此問學上益也니

책을 읽을 적에 義理를 찾고, 책을 엮을 적에 모름지기 歸着할 곳이 있음을 理解하고 한갓 써 내려가지 말며, 또 先哲들의 훌륭한 말씀과 행실을 많이 아는 것 이것은 問學上에 유익함이니,

讀書者는 必窮其義理하고 不徒事章句訓詁之末하며 編書者는 必求其旨歸하고 不徒務博洽紀錄之功하며 多識前哲之言行하야 以廣所知하면 則學日進矣리라

책을 읽는 자는 반드시 그 義理를 연구하고 한갓 章句와 訓詁의 지엽적인 것을 일삼지 말며, 책을 엮는 자는 반드시 그 뜻의 귀결되는 바를 찾고 한갓 博洽(박학)과 紀錄(기억)하는 功夫를 힘쓰지 말며, 先哲들의 훌륭한 말씀과 행실을 많이 알아서 아는 바를 넓힌다면 學問이 날로 진전될 것이다.

【張伯行 註】聖賢之書는 皆義理所寓니 不徒文辭而已라 讀聖賢書에 必講求其義理하야 了然心目이요 不僅佔畢字句之習이라 古人之書에 有關於日用倫常者를 吾欲採錄而編輯之면 則必理會其綱領條目과 先後次序하야 使有所歸著이요 勿雜亂湊集하고 汎然寫過하야 以資博洽而已라 又必多識前人之嘉言以廣其識하고 前人之善行以昭其鑑이니 此乃問學上之益而每日之所當知者也니라

聖賢의 책은 모두 義理가 담겨져 있으니, 한갓 문장일 뿐만이 아니다. 聖賢의 책을 읽을 때에 반드시 그 義理를 講求하여 마음과 눈에 분명하게 해

야 하고, 단지 字句를 읽어 익힐 뿐만이 아니다. 옛사람의 책 중에 일상생활하는 倫理에 관계되는 것을 자신이 採錄하여 편집하고자 한다면 반드시 그 綱領과 條目, 先後의 차례를 이해하여 歸着하는 곳이 있게 할 것이요, 雜亂하게 모으고 汎然히 기록해서 문견을 넓히고 지식을 흡족히 하는 데에 이용할 뿐이어서는 안 된다. 또 반드시 옛사람의 훌륭한 말씀을 많이 기억하여 지식을 넓히고, 옛사람의 훌륭한 행실을 많이 알아 밝게 비추어 살필 것이니, 이것이 바로 道問學 상의 유익함으로 매일 마땅히 알아야 할 것들이다.

## 94-4 勿使有俄頃閑度(渡)하야 逐日似此하면 三年에 庶幾有進이리라

잠시 동안이라도 한가히 보내지 말아, 날마다 이와 같이 하면 3년이면 거의 진전됨이 있을 것이다."

君子之學이 一有間斷이면 則此心外馳하야 德性日隳(휴)하고 問學日廢矣리라

君子의 學問이 조금이라도 間斷함이 있으면 이 마음이 밖으로 달려서 德性이 날로 무너지고 問學이 날로 폐해질 것이다.

## 95. 爲天地立心하며 爲生民立道하며 爲去聖繼絶學하며 爲萬世開太平이니라

〈橫渠先生이 말씀하였다.〉

"天地를 위하여 마음을 세우고 生民을 위하여 道를 세우며, 가신 옛 聖人을 위하여 끊어진 學問을 잇고 萬世를 위하여 太平을 열어야 한다."

天地以生生爲心하니 聖人參贊化育[1]하야 使萬物各正其性命이 此爲天地立心也요 建明義理하야 扶植綱常이 此爲生民立道也라 繼絶學은 謂纘述

道統이요 開太平은 如有王者起면 必來取法하야 利澤垂於萬世라 學者以此立志면 則所任至大而不安於小成이요 所存至公而不苟於近用이리라

天地가 낳고 낳는 것으로 마음을 삼으니, 聖人이 天地의 化育에 참여하여 도와서 萬物로 하여금 각각 性命을 바르게 하는 것이 天地를 위하여 마음을 세우는 것이요, 義理를 세우고 밝혀서 綱常을 붙드는 것이 生民을 위하여 道를 세우는 것이다. 끊어진 學問을 잇는다는 것은 道統을 纘述함을 이르고, 太平을 연다는 것은 만일 王者가 나오면 반드시 와서 法을 취하게 하여 이익과 은택이 萬世에 드리워지는 것이다. 배우는 자가 이것으로 마음을 세우면 책임지는 바가 지극히 커서 小成을 편안히 여기지 않을 것이요, 마음에 두고 있는 바가 지극히 公正하여 가까이 씀에 구차하지 않을 것이다.

1 【釋疑】參贊化育 : 中庸曰 可以贊天地之化育이면 則可以與天地參矣라한대 朱子曰 贊은 猶助也라 與天地參은 謂與天地竝立而爲三也라 又曰 天人所爲 各自有分하니 人做得底를 却有天做不得底라 如天能生物而耕必用人하고 水能潤物而灌必用人하고 火能熯物而爨用人하야 財(裁)成輔相이 皆人이니 非贊而何오 按程子曰 人者는 天地之心이라하고 朱子曰 所謂天地之心而人之極也라하시니 據此면 立心은 似爲立人極也어늘 葉氏引參贊化育等語하야 以釋之하니 恐未然이니라

《中庸》에 이르기를 "天地의 化育을 도우면 天地에 참여할 수 있다." 하였는데, 朱子가 말씀하였다. "贊은 助와 같다. 天地에 참여한다는 것은 天地와 함께 서서 셋이 됨을 말한 것이다." 또 말씀하였다. "하늘과 사람이 하는 바가 각기 구분이 있으니, 사람이 할 수 있는 것을 하늘이 도리어 하지 못하는 경우가 있다. 예컨대 하늘은 물건을 낳을 수 있으나 밭을 가는 것은 반드시 사람을 필요로 하고, 물은 물건을 적셔 줄 수 있으나 물을 대는 것은 반드시 사람을 필요로 하고, 불은 물건을 말릴 수 있으나 불을 때는 것은 반드시 사람을 필요로 하여, 財成하고 輔相하는 것은 모두 사람이니, 이것이 돕는 것이 아니고 무엇이겠는가." 하였다. 살펴보건대 程子는 "사람은 天地의 마음이다." 하였고, 朱子는 "이른바 天地의 마음으로 사람의 極이다." 하였으니, 이것을 근거해 보면 立心은 사람의 極을 세우는 것인 듯하다. 그런데 葉氏는 參贊化育 등의 말을 인용하여 풀이하였으니, 옳지 않은 듯하다.

**96. 載所以使學者로 先學禮者는 只爲學禮면 則便除去了世俗一副當習熟纏繞니 譬之延蔓之物[1]을 解纏繞면 卽上去니 苟能除去了一副當[2]世習이면 便自然脫洒(灑)也리라 又學禮則可以守得定[3]이니라**

〈橫渠先生이 말씀하였다.〉

"내가 배우는 자들로 하여금 먼저 禮를 배우게 하는 까닭은 다만 禮를 배우면 곧 세속의 一副當(한 벌)의 習慣에 속박됨을 제거할 수 있기 때문이니, 비유하건대 뻗어나가는 물건이 감긴 것을 풀어주면 곧 위로 뻗어 올라가는 것과 같다. 만일 一副當의 세속의 습관을 제거한다면 곧 자연 깨끗이 벗어날 것이다. 또 禮를 배우면 지킴이 안정될 수 있다."

學禮則可以消除習俗之累요 又有所據依而自守니라

禮를 배우먼 習俗의 얽매임을 사라지게 할 수 있고, 또 依據하는 바가 있어 스스로 지키게 된다.

1 【釋疑】延蔓之物 : 退溪曰 譬之下에 恐脫被字하니 似以延蔓之物로 比世習이라 言學者被世習纏繞어든 若能學禮而除去世習纏繞면 則自然脫灑長進이니 若草木이 被延蔓之物이라가 若有人解去蔓物이면 則自然長大上去也라 但上無草木字하고 又無被字하고 而其下에 只云卽上去라하니 文理甚不穩이니라 ○ 按 延蔓之物은 卽是上去者也요 纏繞는 別物纏繞也❶라

退溪가 말씀하였다. "譬之 아래에 被字가 빠진 듯하니, 뻗어가는 물건을 가지고 세속의 나쁜 습관을 비유한 듯하다. 배우는 자가 세속의 습관에 속박을 당할 경우 만약 禮를 배워서 세속의 나쁜 습관을 제거해 버리면 자연히 벗어나서 길이 진전할 수 있음을 말한 것이니, 마치 草木이 뻗어가는 물건에 감겨 있다가 만약 어떤 사람이 감겨 있는 물건을 풀어주면 자연히 자라서 위로 올라가는 것과 같다. 다만 위에 草木이라는 글자가 없고 또 被字가 없고 그 아래에 다만 卽上去라고 말하였으니, 文理가 매우 온당치 못하다."

○ 살펴보건대 뻗어가는 물건은 바로 위로 올라가는 것이고, 纏繞는 딴 물건이 감아서 속박하는 것이다.

❶ 【譯註】按 延蔓之物……別物纏繞也 : 《心經附註》 권1에도 이 내용이 실려있는 바, 尤菴의 按說이 더욱 자세하므로 여기에 싣는다. "살펴보건대 延蔓의 앞에 억지로 被字를 붙였으니 온당치 못한 듯하며, 또 草木이라는 글자를 끼워 넣었으니, 더욱 군더더기인 듯하다. 延蔓과 纏繞는 같은 뜻인데, 문자가 같지 않다. 삼가 생각하건대 만연하는 물건이란 칡덩굴과 등나무 따위이니, 이 물건이 저희들끼리 서로 감겨있는 것을 이제 이미 풀어주면 저절로 위로 올라가는 것과 같은 것이다."

2 【釋疑】一副當 : 退溪曰 吏文에 凡物一件을 謂之一副라

退溪가 말씀하였다. "吏文에 모든 물건의 한 件을 한 副라 한다."

3 【漢文大系】載所以使學者……可以守得定 : 程伯淳曰 子厚以禮教學者하니 最善이라 使學者로 先有所持守니라 ○ 欄外書曰 一副當은 猶言一種이라

程伯淳(明道)이 말씀하였다. "子厚(張橫渠)가 禮로써 배우는 자들을 가르쳤으니 매우 좋다. 배우는 자들로 하여금 먼저 잡아 지킬 바가 있게 하였다."

○ 《欄外書》에 말하였다. "一副當은 一種이라는 말과 같다."

**97. 須放心[1]寬快公平以求之라야 乃可見道니 況德性自廣大온여 易曰 窮神知化 德之盛也라하니 豈淺心可得이리오 〈橫渠易說〉**

〈橫渠先生이 말씀하였다.〉

"모름지기 마음을 크게 하여 寬快하고 公平하게 구하여야 비로소 道를 볼 수 있으니, 하물며 德性이 본래 廣大함에랴. 《周易》에 '神明의 德을 연구하고 造化를 아는 것이 德의 성함이다.' 하였으니, 어찌 얕은 마음으로 얻을 수 있겠는가." 〈《橫渠先生易說》에 보인다.〉

人之德性이 本自廣大라 故必廣大心求之니 偏狹固滯면 豈足以見道리오

사람의 德性이 본래 스스로 廣大하다. 그러므로 반드시 廣大한 마음으로 찾아야 하는 것이니, 偏狹하고 固滯하면 어찌 道를 볼 수 있겠는가.

1 【漢文大系】放心 : 欄外書曰 放心은 只是豁大其心이라 下文亦曰 必要洪放이라하니

與畢命, 孟子所云으로 同字異義니라

《欄外書》에 말하였다. "放心은 다만 그 마음을 넓혀 키우는 것이다. 아랫글에 또한 '반드시 洪放하여야 한다.' 하였으니, 여기의 放心은 《書經》〈畢命〉과 《孟子》에 말씀한 것과 글자는 같지만 뜻은 다르다."

**98. 人多以老成則不肯下問이라 故終身不知하고 又爲人以道義先覺處之하야 不可復謂有所不知라 故亦不肯下問하나니 從不肯問하야 遂生百端欺妄人我하야 寧終身不知하나니라 〈橫渠論語說〉**

〈橫渠先生이 말씀하였다.〉

"사람들은 대부분 老成하면 아랫사람에게 물으려고 하지 않는다. 그러므로 종신토록 알지 못하고, 또 사람들이 道義와 先覺者로 處遇해 주어서 다시는 알지 못하는 것이 있다고 생각하지 않는다. 그러므로 또한 아랫사람에게 물으려고 하지 않는 것이니, 아랫사람에게 물으려 하지 않음으로 말미암아, 마침내 여러 가지 남과 나를 속이는 것을 낳게 되어 차라리 종신토록 알지 못하고 만다." 〈《橫渠先生論語說》에 보인다.〉

言人虛驕하야 恥於下問이면 內則欺己하고 外則欺人하야 終於不知而已니라

사람들이 헛되이 교만하여 아랫사람에게 묻는 것을 부끄러워하면 안으로는 자신을 속이고 밖으로는 남을 속여서 不知로 끝마칠 뿐임을 말씀한 것이다.

【張伯行 註】 此는 言好問이 乃爲學之益也라 凡人耳目心思 不能無所不知하니 不知而問은 固其宜也어늘 人多以年紀已長하야 旣屬老成이면 則欲自尊大하야 不肯下問於後輩라 故終身無以解其惑而終不知하며 又或爲人平日以道義相推重하고 以先覺相稱許하야 自當無所不知라하니 若一旦問人이면 是見理不明而有愧其名也라 故亦不肯下問이라 獨不思不知而問이

**何妨於老成**이며 **何傷於道義先覺**이리오 **且我旣實有不知**면 **又何必以之爲諱**리오 **因此不肯下問一端**하야 **遂不得不掩飾回護**하야 **要瞞得人**하니 **種種病痛**이 **皆從此出**이라 **自甘做箇奸詐之人**하야 **寧終身不知而不恤**하니 **不亦愚之盛乎**아

이는 묻기를 좋아함이 바로 학문하는데 유익함을 말한 것이다. 무릇 사람들이 耳目과 心思에 알지 못하는 바가 없지 못하니, 알지 못해서 묻는 것은 진실로 당연한 것이다. 그런데 사람들은 대부분 年紀(年歲)가 많아 이미 老成함에 속하면 스스로 높이고 훌륭하게 여기려고 하여 후배들에게 묻는 것을 즐거워하지 않는다. 그러므로 종신토록 의혹을 풀 수가 없어서 끝내 알지 못하며, 또 혹은 남들이 평소 道義의 所有者로 서로 推尊하고 先覺者로 칭찬하고 허여해 주어 자연 알지 못하는 바가 없을 것이라고 여기니, 만약 하루 아침에 남에게 물으면 이는 이치를 보는 것이 밝지 못하여 자신의 명성에 부끄러움이 있다고 여긴다. 그러므로 또한 아랫사람에게 묻는 것을 즐거워하지 않는다. 이는 다만 알지 못하여 묻는 것이 어찌 老成함에 해로우며, 어찌 道義와 先覺에 해로운가를 생각하지 않은 것이다. 또 내가 이미 실제로 알지 못함이 있다면 또 하필 이것을 속일 필요가 있겠는가. 아랫사람에게 묻기를 즐거워하지 않는 한 가지로 인해 마침내 자신을 엄폐하여 꾸미고 숨겨서 사람들을 속이려고 하지 않을 수가 없으니, 여러 가지 병통이 모두 이로부터 생겨난다. 그리하여 자연 간사한 사람이 되는 것을 달게 여겨, 차라리 종신토록 알지 못하면서도 걱정하지 않으니, 지극히 어리석은 것이 아니겠는가.

**99. 多聞**이 **不足以盡天下之故[1]**니 **苟以多聞而待天下之變**이면 **則道足以酬其所嘗知**요 **若劫之不測**이면 **則遂窮矣[2]**리라 **〈橫渠孟子說 下同〉**

〈橫渠先生이 말씀하였다.〉

"多聞(見聞을 많이 함)으로는 天下의 所以然을 다할 수 없으니, 만일 多聞을 가지고 天下의 事變에 대응하려고 한다면 道가 일찍이 알고 있던 것에만 酬應할 뿐이요, 만약 예측하지 못한 것을 갑자기 들이대면 知識이 마침내 궁해질 것이다." 〈《橫渠先生孟子說》에 보인다. 이하도 같다.〉

**故**는 **所以然也**[3]요 **酬**는 **應也**라 **心通乎道**면 **則能盡夫事理之所以然**이라 **故應變而不窮**이어니와 **不通乎道而徒事乎記問**이면 **則見聞有限而事變無涯**라 **卒然臨之以所未嘗知**면 **則窮矣**리라

故는 所以然이요 酬는 응함이다. 마음이 道를 통달하면 事理의 所以然을 다할 수 있으므로 事變에 대응하여 곤궁하지 않을 수 있지만, 道를 통달하지 못하고 한갓 記問만 일삼으면 見聞이 한계가 있고 事變이 끝이 없어서 마침내 일찍이 알지 못한 것으로 임하면 知識이 곤궁해질 것이다.

**1** 【釋疑】多聞 不足以盡天下之故 : 按 繫辭曰 感而遂通天下之故라하고 孟子曰 天下之言性也는 則故而已라하니 註에 故者는 其已然之迹이니 若所謂天下之故者也라 事物之理 雖若無形而難知나 然其發見之已然은 則必有迹而易見이라하니라

살펴보건대 〈繫辭傳〉에 "감동하여 마침내 天下의 故를 통한다." 하였고,《孟子》에 "天下의 性을 말함은 故일 뿐이다." 하였는데, 集註에 "故는 이미 그러한 자취이니, 〈繫辭傳〉에 이른바 '天下의 故'와 같다. 사물의 이치가 비록 형체가 없어서 알기 어려운 듯하나 그 발현함의 이미 그러함은 반드시 자취가 있어 보기가 쉽다." 하였다.

**2** 【漢文大系】多聞……則遂窮矣 : 欄外書曰 天下之事 萬變無窮하야 固非聞見所盡이라 況復劫之以不測이면 死生禍福이 變起倉卒하니 彼記問學者 其能不喪膽奪魂이리오 則窮矣라 不測字는 指事變이니 卽聞見不及處니라

《欄外書》에 말하였다. "천하의 일이 만 가지로 변화하여 무궁하니, 진실로 보고 들어서 다할 수 있는 바가 아니다. 더구나 다시 예측할 수 없는 것으로 들이대면 死生과 禍福의 事變이 창졸간에 일어나니, 저 記問의 學者가 어찌 肝膽이 서늘해지고 魂을 빼앗기지 않겠는가. 이렇게 되면 곤궁해진다. 不測이라는 글자는 事變을 가리킨 것이니, 바로 보고 들음이 미치지 못하는 부분이다."

3 【釋疑】故所以然也：按 此與孟子註不同하니 以孟子註意看이면 恐於多聞字에 爲襯[1]이니라

살펴보건대 이는《孟子》의 註와 같지 않으니,《孟子集註》의 뜻으로 보면 多聞이라는 글자에 가까울 듯하다.

[1] 【譯註】此與孟子註不同……爲襯：《孟子集註》의 뜻으로 보면 故는 '이미 그러한 자취'이니, 已然之迹을 많이 들어서 알면 天下의 事變에 충분히 대응할 수 있어 多聞과 故가 서로 부합함을 가리킨 것이다. 즉 '多聞足以盡天下之故'라 해야 함을 말한 것이다.

## 100. 爲學大益은 在自求變化氣質이니 不爾면 皆爲人之弊라 卒無所發明하야 不得見聖人之奧리라

〈橫渠先生이 말씀하였다.〉

"學問을 함에 크게 유익함은 스스로 氣質을 변화시키기를 구함에 있으니, 그렇지 않으면 모두 爲人之學의 병폐이다. 끝내 發明하는 바가 없어서 聖人의 심오함을 보지 못할 것이다."

所貴於學은 正欲陶鎔氣質하야 矯正偏駁이니 不然則非爲己之學이라 亦何以推明聖人之蘊哉리오 ○ 朱子曰 寬而栗, 柔而立[1], 剛而無虐, 簡而無傲는 便是教人變化氣質이니라

學問을 귀하게 여기는 까닭은 바로 氣質을 陶冶하여 편벽되고 雜駁함을 矯正하려 해서이니, 그렇지 않으면 爲己之學이 아니다. 또한 어떻게 聖人의 심오함을 미루어 밝힐 수 있겠는가.

○ 朱子가 말씀하였다.

"너그러우면서도 엄격하고, 부드러우면서도 서고, 剛하면서도 사나움이 없고, 간략하면서도 오만함이 없음은 곧 사람들에게 氣質을 변화시키도록 가르친 것이다."

1 【釋疑】柔而立：皐陶謨本註에 柔而立者는 柔順而植立也라하니라

〈皐陶謨〉의 本註에 "柔而立은 유순하면서도 꼿꼿이 서는 것이다." 하였다.

## 101. 文要密察[1]이요 心要洪放이니라 〈語錄 下同〉

〈橫渠先生이 말씀하였다.〉

"글은 세밀하게 살펴야 하고 마음은 넓고 크게 가져야 한다."〈《橫渠先生語錄》에 보인다. 이하도 같다.〉

文不密察則見理麤疎요 心不洪放則所存狹滯니라

글은 세밀하게 살피지 않으면 이치를 보는 것이 거칠어지고, 마음은 넓고 크게 갖지 않으면 두고 있는 바가 좁고 막히게 된다.

【張伯行 註】密은 詳細也요 察은 明辨也라 洪은 寬廣이요 放은 舒展也라 密察則見理精細하고 洪放則志氣從容하니 如是而外粹美而內安和하야 文與心洽하야 純是天理之流行而已니라

密은 상세함이요 察은 밝게 분변함이다. 洪은 너그러움이요 放은 폄이다. 상세하게 분변하면 이치를 봄이 정밀하고 마음이 너그럽고 펴지면 志氣가 여유가 있으니, 이와 같이 하면 밖이 순수하고 아름다우며 안이 편안하고 和하여, 文이 마음과 흡족해져서 순수하게 天理가 유행할 뿐이다.

1 【釋疑】文要密察 : 按 中庸曰 文理密察이 足以有別이라한대 註에 密은 詳細也요 察은 明辨也라하니라

살펴보건대 《中庸》에 "文理密察이 분별함이 있다." 하였는데, 註에 "密은 자세함이요, 察은 밝게 구분함이다." 하였다.

## 102. 不知疑者는 只是不便實作이니 旣實作則須有疑하야 必有不行處리니 是疑也니라

〈橫渠先生이 말씀하였다.〉

"의심할 줄 모르는 것은 다만 실제로 해보지 않아서이니, 이미 실제로 해본다면 모름지기 의심나는 것이 있어서 반드시 행하지 못할 부분이 있을 것이니, 이것이 의심이다."

**始學之士 知必有所不明**이요 **行必有所不通**이니 **不知疑者**는 **是未嘗實用功也**니라

처음 배우는 선비는 앎이 반드시 밝지 못한 바가 있고 행실이 반드시 통하지 못하는 바가 있을 것이니, 의심할 줄을 모르는 자는 일찍이 실제로 공부를 쓰지 않았기 때문이다.

## 103. 心大則百物皆通이요 心小則百物皆病[1]이니라

〈橫渠先生이 말씀하였다.〉

"마음이 크면 온갖 일이 다 통하고, 마음이 작으면 온갖 일이 모두 병이 된다."

**心大則寬平弘遠**이라 **故處己待人**[2]에 **無往而不達**이요 **心小則褊急固陋**하야 **無所處而不爲病也**리라

마음이 크면 寬平하고 遠大하므로 자기와 남을 대처함에 가는 곳마다 통달하지 않음이 없고, 마음이 작으면 褊急하고 固陋하여 처하는 곳마다 병이 되지 않음이 없을 것이다.

**1** 【釋疑】心大則百物皆通 心小則百物皆病 : 朱子曰 通은 只是透得那道理去요 病則是窒礙了니라 問如何是小오 曰 此言狹隘면 則事有窒礙不行이니 如仁則流於姑息이요 義則入於殘暴니 皆見此, 不見彼니라

朱子가 말씀하였다. "通은 다만 이 道理를 통하여 가는 것이고, 病은 막히는 것이다." "어찌하여 작다고 하였습니까?" 하고 묻자, 朱子가 말씀하였다. "이는 좁으면 일이 막혀 행하지 못함이 있음을 말씀한 것이니, 예컨대 仁은 姑息으로 흐르고 義는 殘暴함으로 들어가는 것과 같으니, 모두 이것만 보고 저것은 보지 못하는 것이다."

**2** 【釋疑】處己待人 : 按 葉氏只言己與人而不及於物은 何耶아 吾儒는 與萬物爲一體하고 釋氏는 滅絶天倫하니 此心大小之相去 爲如何哉아 通은 無隔塞也라

살펴보건대 葉氏가 단지 자신과 남만 말하고 물건을 언급하지 않음은 어째서인가? 우리 儒家는 萬物과 一體(한몸)가 되고 釋氏는 天倫을 끊어 버리니, 이 마음의 크고 작은 거리가 어떠하겠는가. 通은 막힘이 없는 것이다.

**104. 人雖有功不及於學이나 心亦不宜忘이니 心苟不忘이면 則雖接人事라도 卽是實行이라 莫非道也요 心若忘之면 則終身由之 只是俗事니라**

〈橫渠先生이 말씀하였다.〉

"사람이 비록 공부가 學問에 미치지 못함이 있더라도 마음에 또한 잊어서는 안 되니, 마음에 만일 〈학문을〉 잊지 않으면 비록 人事(인간의 일)를 접하더라도 바로 진실한 행실이어서 道 아님이 없고, 마음에 만약 〈학문을〉 잊으면 종신토록 행하는 것이 다만 세속의 일일 뿐이다."

人有妨廢學問之功者나 然心不忘乎學이면 則日用無非道라 故曰卽是實行이요 心苟忘乎學이면 則日用而不知라 故曰只是俗事니 實行與俗事 非二事요 特以所存者不同耳니라

사람이 〈일 때문에〉 學問의 공부를 폐하는 것을 해롭게 여기는 자가 있다. 그러나 마음이 學問을 잊지 않으면 날마다 쓰는 것이 모두 道이므로 바로 진실한 행실이라고 말씀하였고, 마음이 만일 學問을 잊으면 날마다 쓰면서도 알지 못하므로 다만 세속의 일일 뿐이라고 말씀하였으니, 진실한 행실과 세속의 일은 두 가지 일이 아니요, 다만 마음에 두고 있는 것이 똑같지 않을 뿐이다.

【張伯行 註】此는 欲學者存心體道하야 不可有間也라 人或有他務하야 妨廢學問之功이나 然道體事而無不在하니 此心操持在己면 到處是學이라 苟念念不忘이면 則雖酬接人事라도 卽是學道工夫요 若逐事紛馳하야 毫無見地면 則日用而不知하야 終身汨沒於俗事中하리니 何有實行哉아 蓋心存則爲實行이요 心不存則爲俗事니 非二事也라 心之存亡不同也니 然則學者亦何適而可不存其心哉아

이는 배우는 자가 마음을 보존하여 道를 體行해서 間斷함이 있지 않게 하고자 한 것이다. 사람이 혹 딴 일이 있어서 학문의 공부를 방해하고 폐한다.

그러나 道는 일의 體(根幹)가 되어 있지 않은 곳이 없으니, 이 마음을 잡아 지켜서 자기 몸에 있게 하면 이르는 곳마다 學問이다. 만일 생각하고 생각하여 잊지 않으면 비록 人事를 酬應하더라도 道를 배우는 공부가 된다. 그리고 만약 마음이 일을 따라 어지럽게 달려가서 조금도 보는 것이 없으면 날마다 쓰면서도 알지 못하여 종신토록 세속의 일에 골몰할 것이니, 어찌 實行이 있겠는가. 마음이 보존되면 實行이 되고 마음이 보존되지 않으면 世俗의 일이 되니, 두 가지 일이 있는 것이 아니다. 마음이 보존되고 보존되지 않음이 똑같지 않기 때문이니, 그렇다면 배우는 자가 또한 어디를 간들 마음을 보존하지 않을 수 있겠는가.

## 105. 合內外, 平物我 此見道之大端[1·2]이니라

〈橫渠先生이 말씀하였다.〉

"內·外를 합하고 物·我(남과 나)를 공평히 함은 이는 道의 큰 단서를 볼 수 있는 것이다."

合內外者는 表裏一致니 就己而爲言也요 平物我者는 物我一體니 合人己而爲言也니라

內·外를 합한다는 것은 表·裏가 일치함이니 자신에게 나아가 말한 것이요, 物我를 공평히 한다는 것은 남과 내가 一體이니 남과 자신을 합하여 말한 것이다.

**1** 【漢文大系】合內外……道之大端 : 欄外書曰 大端은 謂大體요 非每事之一端이니라

《欄外書》에 말하였다. "大端은 大體를 이르고 每事의 한 가지가 아니다."

**2** 【釋疑】合內外……道之大端 : 朱子曰 蓋道只是致一公平之理而已라 ○ 按 見字釋在端字下니라

朱子가 말씀하였다. "道는 다만 한 공평한 이치를 지극히 할 뿐이다."

○ 살펴보건대 見字를 端字 아래에서 풀이하여야 한다.

**106. 既學而先有以功業爲意者는 於學에 便相害니 既有意면 必穿鑿[1]創意하야 作起事端也라 德未成而先以功業爲事면 是는 代大匠斲이니 希不傷手[23]也리라**

〈橫渠先生이 말씀하였다.〉

"이미 학문을 하면서 먼저 功業으로 뜻을 삼는 것은 學問에 있어 곧 서로 해로우니, 이미 功業에 뜻이 있으면 반드시 穿鑿하고 創意하여 事端을 일으키게 된다. 德이 이루어지기 전에 먼저 功業을 일삼으면 이는 큰 목수를 대신하여 나무를 깎는 격이어서 손을 다치지 않을 자가 드물 것이다."

功業은 立言立事 皆是也라 爲學而先志於功業이면 則穿鑿創造하야 必害于道矣리라

功業은 立言(훌륭한 글을 씀)과 事功을 세움이 모두 이것이다. 학문을 하면서 먼저 功業에 뜻을 두면 穿鑿하고 創造하여 반드시 道를 해치게 된다.

1 【釋疑】穿鑿 : 退溪曰 穿墻鑿壁이니 如太極賦에 穴墻垣爲戶牖云爾라

退溪가 말씀하였다. "穿鑿은 담장을 뚫고 벽을 뚫는 것이니, 〈太極賦〉에 '담장에 구멍을 뚫어 창문을 냈다.'는 것과 같은 것이다."

2 【漢文大系】既學而先有……希不傷手 : 欄外書曰 功業은 專指事功이요 非兼指文章이니 此條는 似道荊公一輩人이라 ○ 老子經第七十四章에 是謂代大匠斲者니 希有不傷手矣라하니라

《欄外書》에 말하였다. "功業은 오로지 事功을 가리킨 것이요 文章을 겸하여 가리킨 것이 아니니, 이 조항은 荊公(王安石) 一派의 사람들을 말한 것인 듯하다." ○《老子道德經》第74章에 "이것이 바로 큰 목수를 대신하여 나무를 깎는다는 것이니, 손을 다치지 않을 자가 드물 것이다." 하였다.

3 【釋疑】代大匠斲 希不傷手 : 按 韓退之祭柳子厚文에 用此意曰 不善爲斲하야 血指汗顏이라 巧匠傍觀하고 縮手袖間이라하니라

살펴보건대 韓退之(韓愈)가 柳子厚(柳宗元)를 제사한 글에 이 뜻을 사용하여 말하기를 "나무를 잘 깎지 못하여 손가락을 다치고는 부끄러워 땀을 흘린다. 훌륭한 목수는 옆에서 팔짱을 끼고 보고만 있다." 하였다.

**107. 竊嘗病孔孟既沒에 諸儒囂然하야 不知反約窮源하고 勇於苟作하야 持不逮之資而急知後世라 明者一覽에 如見肺肝然이니 多見其不知量[1]也라 方且創艾(刈)其弊하야 默養吾誠이니 顧所患은 日力不足而未果他爲也[2]니라**

〈橫渠先生이 말씀하였다.〉

"내 일찍이 孔·孟이 별세하신 뒤에 여러 儒者들이 시끄럽게 떠들어서 要約함으로 돌아와 根源을 궁구할 줄을 모르고 구차히 일함에 용감하여, 미치지 못하는 資質을 가지고 後世에 알려지는 것을 급하게 여김을 병폐로 여겼다. 현명한 자가 한 번 보면 肺肝을 들여다 보듯 환하게 알 것이니, 다만〔多〕 자신의 分量(분수)을 알지 못함을 나타낼 뿐이다. 바야흐로 장차 이 병폐를 징계하여 묵묵히 자신의 誠을 길러야 하니, 다만 염려되는 것은 날짜가 부족하여 이것을 할 수가 없는 것이다."

不知反約窮源이라 故浮淺而無實이니 默養吾誠은 則反約窮源之事也니라

要約함으로 돌아와 根源을 궁구할 줄 모르므로 들뜨고 얕아서 실제가 없는 것이니, 묵묵히 자신의 誠을 기름은 要約함으로 돌아와 根源을 궁구하는 일이다.

**1** 【釋疑】 多見其不知量：論語本註에 多는 與祗同하니 適也라 不知量은 謂不自知其分量也라 漢儒註釋에도 亦曰 適自見其不知量也라하니라

《論語》의 本註에 "多는 祗와 같으니 다만이다. 不知量은 스스로 그 分量을 알지 못함을 이른다." 하였으며, 漢儒들의 주석에도 "다만 스스로 그 分量을 알지 못함을 볼 뿐이다." 하였다.

**2** 【漢文大系】 竊嘗病……而未果他爲也：論語子張篇曰 多見其不知量이라하니라 ○ 欄外書曰 未果他爲也는 猶言未暇他及이라

《論語》〈子張〉에 이르기를 "다만 그 分量(分數)을 알지 못함을 나타낼 뿐이다." 하였다.

○《欄外書》에 말하였다. '"딴 것을 할 수가 없다.〔未果他爲〕'는 것은 딴 일에 미칠 겨를이 없다는 말과 같다."

**108. 學未至而好語變者는 必知終有患이니 蓋變은 不可輕議라 若驟然語變이면 則知操術[1]已不正이니라**

〈橫渠先生이 말씀하였다.〉

"學問이 지극하지 못하면서 變通을 말하기 좋아하는 자는 반드시 끝내 患難이 있을 줄을 아노니, 變通은 가볍게 말해서는 안 된다. 만약 대번에 變通을 말한다면 그가 잡고 있는 心術이 이미 바르지 못함을 알 수 있다."

變者는 非常行之道니 蓋權宜之事也라 自非見理明, 制義精者면 不足以與此라 苟學未至而輕於語變이면 則知其學術之源이 已不正하야 終必流於邪譎(휼)이니라

變通은 떳떳이 행하는 道가 아니니, 마땅함을 저울질하는 일이다. 만일 이치를 봄이 밝고 義를 분별함이 정밀한 자가 아니면 여기에 참여할 수 없다. 만일 學問이 지극하지 못하면서 쉽게 變通을 말하면 學術의 根源이 이미 바르지 못하여, 끝내 반드시 간사하고 속임에 이를 줄을 알 수 있다.

1 【釋疑】操術 : 按 操는 謂所操요 術은 謂心術이라
살펴보건대 操는 잡은 바를 이르고 術은 心術을 이른다.

**109. 凡事蔽蓋不見底는 只是不求益이요 有人이 不肯言其道義所得所至하야 不得見底는 又非於吾言無所不說이니라**

## 109-1 凡事蔽蓋不見底는 只是不求益이요

〈橫渠先生이 말씀하였다.〉

"모든 일을 蔽蓋(은폐)하여 밑바닥을 보여주지 않는 것은 다만 유익함을 구하지 않는 것이요,

行己無隱이면 則是非善惡을 有所取正이라 庶可以增益其所未知, 所未能이어니와 苟固爲蔽覆하야 恐人之知면 是則非求益者也니라

자기를 행함에 숨김이 없으면 是非와 善惡을 바로잡음을 취할 곳이 있어서 거의 알지 못하는 바와 능하지 못한 바를 增益할 수 있지만, 만일 굳게 은폐하여 남이 알까 두려워한다면 이는 유익함을 구하는 자가 아니다.

## 109-2 有人이 不肯言其道義所得所至하야 不得見底는 又非於吾言無所不說[1]이니라

사람들이 道義에 얻은 바와 이른 바를 말하려 하지 아니하여 밑바닥을 보지 못하게 하는 것은, 또 내 말에 기뻐하지 않는 바가 없는 자가 아니다."

人不肯言其知之所得, 行之所至하야 使人不可得而見者는 蓋苟安自足하야 恐人之非己라 又非若顔子之如愚[2]하야 於聖言에 無所不悅者之比也니라

사람들이 지식의 얻은 바와 행실의 이른 바를 말하려고 하지 않아서 사람들로 하여금 자신을 볼 수 없게 하는 것은 구차히 편안하고 스스로 만족하게 여겨서 남이 자신을 비난할까 두려워해서이다. 이는 또 顔子처럼 어리석은 듯이 하여 聖人의 말씀에 기뻐하지 않음이 없는 자의 무리가 아닌 것이다.

【張伯行 註】人不肯言其知之所得과 行之所至하야 使人不可得而見者는 蓋苟安自足하야 恐人之非己니 又非若顔子之如愚하야 於聖言無所不說者之比也라 學者心地光明磊落이면 自日務求益하리니 豈甘爲自覆之計哉아

사람들이 자신의 지식의 얻은 바와 행실의 이른 바를 말하려고 하지 않아서 사람들로 하여금 자신을 볼 수 없게 하는 것은 구차히 편안하고 스스로 만족하게 여겨서 남들이 자신을 비난할까 두려워해서이니, 이는 또 顔子처럼 어리석은 듯이 하여 聖人의 말씀에 기뻐하지 않음이 없었던 것에 견줄 수 있는 바가 아니다. 배우는 자가 心地가 光明하고 우뚝하면 자연 날마다 유익함을 구하기를 힘쓸 것이니, 어찌 스스로 자신을 은폐하는 계책을 달게 여기겠는가.

1 【漢文大系】有人……又非於吾言無所不說：論語先進篇曰 子曰 回也는 非助我者也로다 於吾言에 無所不悅이라하니라

《論語》〈先進〉에 이르기를 "顏回는 나를 돕는 자가 아니구나! 나의 말에 대해 기뻐하지 않는 바가 없다." 하였다.

2 【漢文大系】顏子之如愚：論語爲政篇曰 吾與回言에 終日不違하야 如愚라하니라

《論語》〈爲政〉에 이르기를 "내 顏回와 말함에 종일토록 어기지 아니하여 어리석은 듯하였다." 하였다.

## 110. 耳目이 役於外하야 攬外事者는 其實은 是自墮하야 不肯自治하고 只言短長하야 不能反躬者也니라

〈橫渠先生이 말씀하였다.〉

"耳目이 外物에 사역되어 바깥일을 취하는 자는 그 실제는 스스로 무너져서 자기몸을 다스리려 하지 않고, 다만 남의 장단점을 말하여 자기몸에 돌이키지 못하는 자이다."

急於自治면 何暇務外[1]며 厚於反躬이면 何暇議人이리오

자기 몸을 다스림에 급하면 어느 겨를에 밖을 힘쓰겠으며, 자기몸을 다스림에 후하면 어느 겨를에 남을 비난하겠는가.

1 【釋疑】急於自治 何暇務外：按 此解耳目役外之意나 而下語有病하니 然則不肯自治를 當屬上句讀耶아 恐不然이로라

살펴보건대 이는 耳目이 外物에 사역당하는 뜻을 풀이한 것이나 말에 병통이 있으니, 그렇다면 不肯自治를 마땅히 윗구에 붙여서 읽어야 한단 말인가. 옳지 않을 듯하다.

## 111. 學者大不宜志小氣輕이니 志小則易足이요 易足則無由進이며 氣輕則以未知爲已知하고 未學爲已學[1]이니라

〈橫渠先生이 말씀하였다.〉

"배우는 자는 뜻이 작고 氣가 가벼워서는 절대로 안 되니, 뜻이 작으면 만족하기 쉽고 만족하기 쉬우면 말미암아 나아갈 수가 없으며, 氣가 가벼우면 알지 못하는 것을 이미 안다 하고 배우지 않은 것을 이미 배웠다고 하게 된다."

**志小則易於自足**이라 **故怠惰而無新功**이요 **氣輕則易於自大**라 **故虛誕而無實得**이니라

뜻이 작으면 스스로 만족하게 여기기 쉬우므로 게을러서 새로운 공부가 없고, 氣가 가벼우면 스스로 잘난 체하기 쉬우므로 허탄하여 실제로 얻음이 없는 것이다.

1 【漢文大系】學者大不宜……未學爲已學：欄外書曰 志小는 是規模狹小요 氣輕은 是氣性輕浮라 愚謂規模遠大면 則終身而不息이요 氣性敦重이면 則望道而(如)未見이니라

《欄外書》에 말하였다. "뜻이 작음〔志小〕은 규모가 협소한 것이요, 氣가 가벼움〔氣輕〕은 氣質이 경솔하고 들뜬 것이다. 내가 생각하건대 규모가 원대하면 종신토록 쉬지 않고 氣稟이 돈독하고 후중하면 道를 바라보고도 보지 않은 것처럼 여긴다."

# 參考圖書


論語集註
孟子集註
大學集註
中庸集註
詩經集傳
書經集傳
周易傳義
禮記大全
近思錄(漢文大系本)
心經附註
通書(周惇頤)
朱子大全
朱子語類
二程全書
張子全書(張載)
近思錄集解(江永)
近思錄集解(張伯行)
退溪全書
旅軒集(張顯光)
淵齋集(宋秉璿)
艮齋集(田愚)
省齋集(柳重敎)
近思錄釋疑(金長生)
近思錄釋疑(鄭曄)
近思錄附註(金平默)
近思錄箚疑(李震相)
近思錄疾書(李瀷)
近思錄註解叢編 10책 宋熹準 編 學民文化社
近思錄解 李栢淳 著 學民文化社
近思錄 李民樹 譯 乙酉文化社
近思錄 成元慶 譯 明文堂
近思錄 李基東 譯 弘益出版社
近思錄 崔大林 譯 明新文化社

東洋古典譯註叢書 23

譯註 近思錄集解 1　　정가 42,000원

2003년 12월 31일 초판 발행
2025년 11월 30일 재판 9쇄

역　주　성백효
편　집　동양고전번역편집위원회

발 행 인　김 현
발 행 처　(사)전통문화연구회
서울 종로구 삼봉로 81 두산위브파빌리온 1332호
전화 : (02)762-8401　FAX : (02)747-0083
홈페이지 : juntong.or.kr
사이버서원 : hm.cyberseodang.or.kr
온라인서점 : book.cyberseodang.or.kr
등　록　1989. 7. 3. 제1-936호
총　판　한국출판협동조합(070-7119-1750)

ISBN　978-89-85395-87-8 94150
978-89-85395-71-7 (세트)

※ 이 책은 2003년도 교육인적자원부 고전문헌 국역지원사업 지원비에 의해 초판(비매품) 간행.